21世纪经济与管理学系列教材

管理信息系统

第二版

MANAGEMENT INFORMATION SYSTEM

主编 曾凡涛 曾子轩

WUHAN UNIVERSITY PRESS
武汉大学出版社

总　序

　　一个学科的发展，物质条件保障固不可少，但更重要的是软件设施。软件设施体现在三个方面：一是科学合理的学科专业结构，二是能洞悉学科前沿的优秀的师资队伍，三是作为知识载体和传播媒介的优秀教材。一本好的教材，能反映该学科领域的学术水平和科研成就，能引导学生沿着正确的学术方向步入所向往的科学殿堂。作为一名教师，除了要做好教学工作外，另一个重要的职能就是，总结自己钻研专业的心得和教学中积累的经验，以不断了解学科发展动向，提高自己的科研和教学能力。

　　正是从上述思路出发，武汉大学出版社准备组织一批教师在两三年内编写出一套《21 世纪经济学管理学系列教材》，同时出版一批高质量的学术专著，并已和武汉大学商学院达成共识，签订了第一批出版合作协议，这是一件振奋人心的大事。

　　我相信，这一计划一定会圆满地实现。第一，合院以前的武汉大学经济学院和管理学院已分别出版了不少优秀教材和专著，其中一些已由教育部通过专家评估确定为全国高校通用教材，并多次获得国家级和省部级奖励，在国内外学术界产生了重大影响，对如何编写教材和专著的工作取得了丰富的经验。第二，近几年来，一批优秀中青年教师已脱颖而出，他们不断提高教学质量，勤奋刻苦地从事科研工作，已在全国重要出版社，包括武汉大学出版社，出版了一大批质量较高的专著。第三，这套教材必将受到读者的欢迎。时下，不少国外教材陆续被翻译出版，在传播新知识方面发挥了一定的作用，但在如何联系中国实际，建立清晰体系，贴近我们习惯的思维逻辑，发扬传统的文风等方面，中国学者有自己的优势。

　　《21 世纪经济学管理学系列教材》将分期分批问世，武汉大学商学院教师将积极地参与这一具有重大意义的学术事业，精益求精地不断提高写作质量。系列丛书的出版，说明武汉大学出版社的同志们具有远大的目光，认识到，系列教材和专著的问世带来的不止是不小的经济效益，更重要的是巨大的社会效益。作为武汉大学出版社的一位多年的合作者，对这种精神，我感到十分钦佩。

前　言
——写给管理者和未来的管理者

　　大多数人把我们当前所处的时代称为信息时代，但是，这个概念是很容易造成误解的。人类并不是现在才开始重视信息的，获取、处理信息并对信息作出反应是人类生存的基本能力，任何能生存到今天的生物均在此方面有自己的独特技能。彼得·德鲁克认为："当前的信息革命实际上是人类历史上第四次信息革命。"第一次信息革命是文字的发明；第二次信息革命是手抄书的发明；第三次信息革命是德国人古登堡的印刷机及同时期雕刻术的发明。每经过一次信息革命，人类的信息处理能力都得到了极大的提高，而且这种能力的增强是以几何级数的方式展开的。另外一个对信息时代的误解是，很多人认为信息时代就是指计算机或互联网时代。在今天，我们获取信息的手段还有很多，如电报、电视、电话、传真、邮件等，或许我们可以称今天为"信息工具大发明时代"。到了这个时代，我们发现了一个问题，我们所获得的信息不是太少，而是太多，以至于无法处理了，20世纪80年代就有人称之为信息爆炸。我们迫切需要一种工具来帮助我们"管理"信息，这种工具就是：管理信息系统。

　　1967年，美国明尼苏达大学卡尔森管理学院（Carlson School of Management, University of Minnesota）的著名教授高登·戴维斯（Gordon B. Davis）创建了管理信息系统（Management Information System, MIS）学科。经过四十多年的艰难发展，管理信息系统才逐渐被世人所重视。但是，目前的现状离德鲁克的梦想还较远。德鲁克使管理成为了一门学科，他很早就预见到了，管理信息系统将成为管理活动中的重要组成部分。他认为21世纪的工作者是"知识工作者"，因此，不仅要有针对组织的管理信息系统，还要有针对个人（即知识工作者）的管理信息系统，而且还要像使用电话一样方便、简单。我们今天所使用的手机似乎在朝这个方向发展，智能手机的功能正变得越来越强大，微软公司甚至专门为智能手机开发了操作系统 Windows CE。但手机是否最终能发展成个人管理信息系统终端，目前还是个未知数。

　　1996年，曼纽尔·卡斯特的恢弘巨著《信息时代三部曲》的第一部《网络社会的崛起》在美国出版，当即在全世界引起强烈的反响，到目前已经被翻译成12种语言，发行量超过100万册。在曼纽尔·卡斯特的眼中，信息化的本质就是信息空间（或称为"虚拟空间"、"流动空间"、"网络社会"）的重组。信息空间具有三个层次：电子化的互联构成了信息空间的第一个物质基础；节点与核心构成了信息空间的第二个层次；占支配地位的管理精英的空间组织构成了信息空间的第三个层次。在卡斯特的视野中，网络社会既是一种新的社会形态，也是一种新的社会模式。信息技术就像工业革命时期的能源一样，重塑着今日社会的基本结构。互联网作为现代社会的普遍技术范式，引导着社会的再结构化，从而改变了社会的基本形态。如果我们仅仅从信息技术的视角来考察管理信息系统，那么我们就将失去对这场信息化革命最根本的把握。

本书假设使用者是非计算机专业人员，因此，你们不需要课余钻研深奥的计算机知识。你们将来是管理信息系统软件制造商的用户，就像你们是微软公司 Windows 软件的用户一样。如果要求我们必须学会编程才能使用该软件的话，我们完全可以把这个软件扔到垃圾堆里去。在西蒙的研究中有一个著名的有关"蚂蚁"的比喻。一只蚂蚁在沙滩上爬行，蚂蚁爬行所留下的曲折的轨迹并不表示蚂蚁认知能力的复杂性，只是说明海岸的复杂性。同样的道理，管理信息系统的复杂性只是说明了管理活动的复杂性，把握了复杂的管理知识才能把握复杂的管理信息系统知识。

在这里，我并不是要让你们认为，一个非常易于使用的软件就等于我们不需要学习了。我们需要把注意力从技术层面转移到管理层面上来，如何充分发挥管理信息系统在管理活动中的作用是我们关注的核心问题。

由此，本书在内容上作如下安排：

首先，介绍管理信息系统的基本理论：第一章　管理信息系概述；然后，从历史的角度阐述信息技术的发展历史：第二章　信息革命与信息时代；继而，将管理信息系统放到组织中进行探讨：第三章　组织与管理信息系统、第四章　决策支持与商务智能；进一步描述管理信息系统中的四个常见主题：第五章　ERP、第六章　电子商务、第七章　信息系统规划与开发、第八章　信息系统的管理；信息技术的更新速度极快，有必要对未来作有根据的构想：第九章　管理信息系统的现实与未来。

历史观是本书的最大特点，因为任何知识或理论都依存于具体的时代背景，同时信息技术又是一个发展非常迅速的领域。信息技术不会孤立地存在，总是和具体的经济和社会状况相适应。所以本书在介绍每一个新的理论时，都会首先介绍该理论是如何产生与发展的。并且，在本书每章的参考阅读部分，列举了一些与本课程内容紧密相关的书籍和资料，读者可以借助这些内容进一步深刻理解课程内容。

本书是在参考了国内外大量相关教材和资料的基础上形成的，试图做到既能追踪本学科前沿，又能适合中国国情。

曾凡涛

2018 年 1 月

目　录

第一章　管理信息系统概述

本章主要内容如下：

第一节讲述管理信息系统是如何产生和发展的，分别从技术基础、理论基础和学科建设三个方面加以阐述；

第二节将管理信息系统的核心概念——加以说明，这些概念包括：管理信息系统的定义、信息、系统、信息论、系统论、控制论、管理信息系统学科、安东尼模型等；

第三节重点讲述信息技术是如何为企业带来竞争优势的，分别从信息技术在竞争中的作用和企业竞争战略两个方面加以说明；

第四节重点讲述信息技术所引致的管理变革，这种变革包括三个层次：组织结构的变革、管理方法的变革和管理内容的变革。

第一节　管理信息系统的产生与发展

如果人类没有发明计算机，很难想象会有管理信息系统的概念，管理信息系统的产生与发展实际上是伴随着计算机的产生与发展的。计算机最开始被作为密码加密、解密工具发明出来，进而推广到科学计算工具；随后人们认识到计算机并不是孤立存在的，还必须和相关的资源结合起来使用，这些相关资源的结合就构成了系统，信息系统的概念应运而生。商业组织对技术的嗅觉从来都是非常灵敏的，当它们意识到计算机技术可以帮助商业组织提高工作效率、降低生产成本后，开始迅速研发相应的技术以辅助商业组织的管理活动，管理信息系统就由此产生了。

一、计算机的发明奠定技术基础

计算机最初被发明出来时，并不是今天这个样子，其实就是一个"大型计算器"。如果追根溯源，我们发现计算机的发明与第二次世界大战有着千丝万缕的联系。第二次世界大战中的谍报战是相当惊心动魄的，德军最初的闪电战获得巨大成功除了他们有精明的军事将领外，同时还得益于德军的间谍和谍报技术。其中尤以被称为"谜"（Enigma）的密码电报机最为著名，由德国人在第一次世界大战和第二次世界大战之间研制成功。在战争初期，德军把欧洲各国打得几乎无还手之力，欧洲强国法国竟然投降，唯有英国借助地理优势勉强撑到最后。盟军认识到了德军谍报技术的强大，丘吉尔秘密组建了一个强大的团队来破解德军的密码。许多大数学家加入了这个团队，包括图灵。当盟军破译了德军的密码后，迅速组织了一场相当漂亮的反击战：诺曼底登陆，从此德军开始节节败退。第二次世界大战结束后，英国将由此发展起来的谍报技术雪藏，没有大量开展后续研究。美国则相反，1946年，美国军方与大学合作发明了 ENIAC。该发明激发了美国民众研究计算机的强烈兴趣，媒体的报导甚至让很多人认为 ENIAC 是世界上第一台电子计算机。即便如此，此时的计算机依然是台计算器。当然，它的计算范围扩大了许多，不仅仅做编码解码工作，还能计算弹道、天体运行轨道等其他复杂的计算工作，或称为科学计算。但是此后的一系列相关技术发明，彻底改变了计算机的面貌。首先，晶体管和集成电路的出现极大地缩小了计算机的体积，同时也极大地提高了运算速度。但是，此时的计算机仍然只有政府大型机构和大企业有能力使用，因为它仍然体型庞大，并且价格昂贵，似乎对于普通人来说，计算机也没有什么意义。有趣的是，真正推动计算机普及的原始动力竟然是玩游戏。20世纪70年代，美国拥有大量的电子爱好者，他们总是爱搞些新奇的玩意。为了玩游戏，苹果电脑公司创始人之一沃茨涅克把电视机屏幕和计算机连接了起来。至此，computer 才和今天的计算机有些相似了。正是因为苹果公司率先设计出了适合普通老百姓使用的个人计算机，使计算机具有被广泛使用的可能性，所以媒体对乔布斯给予了很高的评价："他改变了世界。"在巨大的商机面前，IBM 猛然醒悟，奋起直追，迅速设计出了它们的 PC（personal computer），并引发了一场全球计算机热，从此一个与计算机相关的各种信息技术的大发明时代开始了。

二、信息系统理论奠定理论基础

20世纪后半叶是系统科学蓬勃发展的时期。自20世纪40年代以来，许多系统名词相继出现，其中包括系统科学、系统工程、系统理论、控制论、系统分析、系统方法，以及系统思维等。此后所有这些名词被统一在系统科学之下。系统科学的思想曾渗透到许多自然科学和社会科学学科中，其中也自然包括信息系统学科。系统科学被认为是信息系统的理论基础，其概念被广泛用于信息系统研究。信息系统的基本概念是建立在普通系统理论（General Systems Theory）和系统科学（Systems Sciences）的基础之上的。这主要包括两大普通系统理论模型，即输入—处理—输出模型和系统—子系统—系统环境模型。

一个普通系统模型由许多互联功能模块所组成，其目的是以有组织的形式接受输入产生输出。普通系统通常是一个动态系统，其中三个相互作用的基本功能包括输入、处理和输出。输入指进入系统参与过程的元素如原材料或能量。处理指把输入转化为输出的进程如制造过程或数学计算。输出指经过转化过程得到的元素如制成品或管理信息。一个实例可以是一个制造系统接受原材料作为输入，在输入参与过程后，产生制成品作为输出。而在这一制造过程中伴随物流的必有信息流，作为信息系统正是去追踪和描述此种信息流的系统。当然信息系统本身也是一个普通系统，即接收数据作为输入在参与过程后以信息的形式输出。如在上述普通系统模型中引入另外两个功能则使模型更为有用。这两个功能是反馈和控制。一个具备反馈和控制能力的系统被称为控制系统（Cybernetic System），即具备自动监控、自动调节能力的系统。反馈主要指系统有能力把有关系统输出的数据反馈给其输入部分为必要的调节提供信息。控制则指在对系统反馈数据进行分析后确定系统是否实现目标。如未实现目标，系统则要对其输入或过程部分进行适当调节以得到期望的输出。把反馈和控制功能加入信息系统的基本模型中去将会使模型更适用于管理信息系统。

另一个普通系统模型称为"系统—子系统—系统环境模型"。在设计企业信息系统时，往往把企业看成是一个系统，企业部门为子系统，企业外部为系统环境。通过对系统—子系统—系统环境的多层次精细化分析，无论系统如何复杂，从系统分析和系统设计的角度来说都有可能设计出一个较好的系统。简单地说，输入—处理—输出模型使我们有可能仿真物流和信息流，而系统—子系统—系统环境模型则使我们有可能在概念和逻辑水平上理解、分析和设计具有高度复杂性的企业信息系统。

用系统的观点来分析企业组织结构：企业是一个有生命的开放系统，信息系统则是企业的一个子系统。随着计算机技术的发展，信息系统越来越多地被用于企业各管理层的决策，信息系统从而被视为企业内部最具价值的子系统之一。

一般来说，信息系统接收数据（或信息）以作为输入，通过处理转换，以信息的形式输出结果。此种信息往往是为满足某一信息需求服务的。在这一信息转换过程中涉及的功能如下：①数据的产生、企业内部数据的产生或获取；②数据的记录；③数据的处理过程；④信息的产生、存储、检索和传递；⑤信息为其需求者所用。

信息系统不单纯是一个计算机系统，该系统是由人员、事务处理程序、数据、硬件、软件和组织结构组成的一个相对复杂的系统。因而自 20 世纪 70 年代初期，早期企业信息系统投入运行以来，出现了许多需要从管理学角度来解决的问题。于是在 20 世纪 70 年代后期美国管理学界开始对企业信息系统加以关注。

三、管理信息系统学科应运而生

1967 年，明尼苏达大学卡尔森管理学院（Carlson School of Management, University of Minnesota）的著名会计学教授高登·戴维斯（Gordon B. Davis）创建了 MIS（Management Information System）学科，但是受到了 CS（Computer Science）学科的嘲笑。像加州理工大学、斯坦福大学这样的常春藤名校具有雄厚的计算机技术研究基础，拥有众多著名的计算机研究专家，它们的学生创立了令人称羡的硅谷，它们无法接受一个会计学教授创立一个新的计算机应用学科的想法。对它们而言，这确实是一个笑话。当然，对于会计学出身的高登·戴维斯而言，建立管理信息系统学科确实存在困难，他甚至无法提出一个让大家都能接受的管理信息系统的定义。但是，他深信计算机信息系统必将在管理领域发挥巨大作用。

20 世纪 80 年代，管理信息系统开始大放异彩。1985 年，高登·戴维斯终于提出了管理信息系统的经典定义。出现这种变化绝不是偶然的。20 世纪 60 年代到 70 年代是大型、中型计算机时代，只有少数的大型企业才有足够的资金应用计算机信息系统。同时，这些计算机信息系统的兼容性非常差，美国中央情报局会同时使用几种完全不兼容的计算机系统，令管理者无法有效地处理数据。80 年代是计算机在美国普及的时代，微型计算机使得中小企业或组织也能够使用计算机信息系统。IBM 公司采用的计算机开放标准的竞争策略使得全球的计算机相关技术研发人员能够根据一个统一的标准开发软件、硬件，这使得研发人员能把更多的精力放在使信息系统更好地支持企业管理，而不是兼容问题上。在企业内部管理中，会计领域是一个主要与数字打交道的领域，会计信息化迅速成为企业信息化的热门领域，高登·戴维斯培养的学生迅速成为企业争抢的人才。

随着对信息系统的需求扩大到高层管理，信息系统开始面向企业的各个层次并为之提供服务，同时系统的名称也开始分化。管理信息系统开始由三个子系统来加以定义和描述。子系统一是，为企业基础层即生产运作层服务的系统，称为数据处理系统（Data Processing System，DPS），从系统的角度来说，此类系统以事务处理系统为主；子系统二是，为企业中层即中层管理服务的系统，称为管理信息系统（Management Information System，MIS），从系统的角度来说此类系统在事务处理系统的基础上增加了可供中层管理决策使用的部分系统；子系统三是，为企业高层即高层管理服务的系统，称为决策支持系统（Decision Support System，DSS），从系统的角度来说，此类系统在数据处理系统和管理信息系统的基础上提供了可供高层管理决策使用的部分系统。

20世纪90年代以后，支持管理信息系统的一些环境和技术有了很大的变化，出现了管理信息系统过时论，一些人试图以别的名词和内容来代替管理信息系统，主要的几个名词有决策支持系统、信息技术、信息系统和信息管理等。

第二节　管理信息系统的基本概念

管理信息系统的基本概念主要有：管理信息系统、信息、系统、系统管理、控制论、管理信息系统学科和安东尼模型等。

一、管理信息系统的定义

"以书面或口头的形式，在合适的时间向经理、职员以及外界人员提供过去的、现在的、预测未来的有关企业内部及其环境的信息，以帮助他们进行决策。"[1]

这个定义是从管理的角度提出的，而不是从计算机的角度。它没有强调一定要用计算机，它强调了用信息支持决策，没有强调应用模型，这些均显示了这个定义的初始性。

"它是一个利用计算机硬件和软件，分析、计划、控制决策模型和数据库的系统。它能提供信息，支持企业或组织的运行、管理和决策。"[2]

这个定义说明了管理信息系统的目标、功能和组成，而且反映了管理信息系统当时已达到的水平。它说明了管理信息系统的目标是在高、中、低三个层次，即决策层、管理层和运行层上支持管理活动。

"一个由人、计算机等组成的能进行信息的收集、传递、储存、加工、维护和使用的系统。管理信息系统能实测企业的各种运行情况；利用过去的数据预测未来；从企业全局出发辅助企业进行决策；利用信息控制企业的行为；帮助企业实现其规划目标。"[3]

这是最早从事管理信息系统工作的中国学者给管理信息系统下的一个定义。

"管理信息系统是一个由人、机械（计算机等）组成的系统，它从全局出发辅助企业

---

① Walter J. Kennevan. MIS Universe. Management of Information Handling Systems，1970：63.

② 高登·戴维斯. 布莱克韦尔管理信息系统百科辞典. 北京：对外经济贸易大学出版社，2001：65.

③ 中国企业管理百科全书编辑部. 中国企业管理百科全书. 北京：企业管理出版社，1990：96.

进行决策，它利用过去的数据预测未来，它实测企业的各种功能情况，它利用信息控制企业行为，以期达到企业的长远目标。"①

这个定义指出了当时中国一些人认为管理信息系统就是计算机的应用的误区，再次强调了计算机只是管理信息系统的一种工具。对于一个企业来说没有计算机也有管理信息系统，管理信息系统是任何企业必备的系统。对于企业来说管理信息系统只有优劣之分，不存在有无的问题。

二、信息

信息是生物存在的必要条件。我们这个星球上的所有生物都是群体性组织，个体之间如果没有畅通高效的交流方式是不可能凝聚成一个能够繁衍后代的庞大集体的。而信息正是作为各种生物之间的交流方式，将一堆散沙碎石整合成了我们这个目前所知唯一存在生物的星球。

信息是人类认识世界的媒介。信息是事物的普遍属性，人类都是在接受、感知、识别、分析、整理信息的基础上来认识事物的。信息"消除系统不确定性"的重要属性，反映了信息在帮助人类认识世界过程中的巨大作用。信息是强大的生产力要素。"Knowledge is power."弗兰西斯·培根的这句名言正是强调了被人类处理后的信息反过来指导人类改造世界的强大作用。现在我们所说的"信息社会"、"信息化革命"，都是因为信息日益凸显的创造性作用正深刻地改变着整个世界。

1. 信息的含义

作为一个严谨的科学术语，信息的定义却不存在一个统一的观点，这是由它的极端复杂性决定的。信息的表现形式数不胜数：声音、图片、温度、体积、颜色……信息的分类也不计其数：电子信息、财经信息、天气信息、生物信息……要对信息作一个严密而又具有普适性的定义，就必须从本质上来把握信息。现在学术界主要有以下几种观点：

（1）狭义的定义

美国数学家、信息论的奠基人克劳德·艾尔伍德·香农（Claude Elwood Shannon）在他的著名论文《通信的数学理论》（1948）中提出计算信息量的公式（一个信息 X 由 n 个符号所构成，每个符号出现的概率为 p）如下：

$$H(X) = -\sum_{i=1}^{n} P(X_i)\log_2[P(X_i)]$$

这个公式和热力学的熵的计算方式一样，故也称为熵（或信息熵）。从公式可知，当几率平均时，"不确定性"（uncertainty）最高，信息熵最大。故信息可以视为"不确定性"或"选择的自由度"的度量。

美国数学家、控制论的奠基人诺伯特·维纳在他的《控制论——关于在动物和机器中控制和通信的科学》中指出，信息是"我们在适应外部世界，控制外部世界的过程中同外部世界交换的内容的名称"。"信息就是信息，不是物质也不是能量。不承认这一点的唯物论，在今天就不能存在下去。"

① 朱镕基．管理现代化．北京：科学普及出版社，1983：35.

英国学者阿希贝认为，信息的本性在于事物本身具有变异度。

意大利学者朗高在《信息论：新的趋势与未决问题》中认为，信息是反映事物的形成、关系和差别的东西，它包含在事物的差异之中，而不是在事物本身之中。

（2）广义的定义

本体论认为，信息是事物运动的状态和运动的方式，而与是否被其他事物所反映无关。

认识论认为，信息是关于事物运动的状态和运动方式的反映，而并不是事物运动的状态和运动的方式本身。

加拿大传播学家麦克卢汉认为，媒介即是信息（medium is message）。[1] 麦克卢汉没有用 information，而用 message。麦克卢汉认为，媒介是那些延伸人类器官的所有工具、技术和活动。一般的观点认为媒介的内容是信息，媒介只不过是一个工具或者说是载体，具有影响的是媒介的内容而不是媒介本身，而媒介即是信息的观点表明媒介本身就是一种内容，内容和载体是不可分离的。而具有影响的是媒介本身，媒介产生的直接后果是在实践中会产生新的标准和行为方式，这种标准和行为方式不是由媒介内容所决定的。

中国台湾地区的学者谢清俊教授在《一个通用的资讯定义》中提出，资讯即所知表现在媒介上的形式，或形式即资讯。[2]

2. 信息的特征

尽管从不同的角度出发对信息有不同的定义，但是对于信息的一些基本性质还是达成了共识。主要包括：普遍性、客观性、动态性、时效性、可识别性、可传递性、可共享性。

（1）普遍性

只要有事物的地方，就必然存在信息。信息在自然界和人类社会活动中广泛存在。

（2）客观性

信息是客观现实的反映，不随人的主观意志而改变。如果人为地篡改信息，那么信息就会失去它本来的价值，误导我们的决策。

（3）动态性

事物是在不断变化发展的，信息也必然随之运动发展，其内容、形式、容量都会随时间而改变。信息是如此地捉摸不定，为了弄清楚它的真实状态，人类已经发明了无数的工具。

（4）时效性

由于信息的动态性，一个固定的信息的使用价值必然会随着时间的流逝而衰减。

（5）可识别性

人类可以通过感觉器官和科学仪器等方式来获取、整理、认知信息。这是人类利用信息的前提。信息的识别也包含对虚假信息的识别，伪装是自然生物的本能，人类社会制造的虚假信息在当今信息时代更是达到了一个无以复加的地步。

---

① ［加］马歇尔·麦克卢汉. 理解媒介：论人的延伸. 北京：商务印书馆，2000：12.

② 中国台湾地区将 information 翻译为资讯。

（6）可传递性

信息可以通过各种媒介在不同对象之间传递，如果信息不能被传递，信息的存在就毫无意义。我们生存的星球，乃至整个宇宙中的一切事物存在的基础就是，任何一个个体都要和其他个体进行物质和能量的交换，在这个交换过程中，信息的传递始终起着指导作用。

（7）可共享性

信息与物质、能量显著不同的是信息在传递过程中并不是"此消彼长"，同一信息可以在同一时间被多个主体共有，而且还能够无限地复制、传递。

3. 信息的 3 个维度

为了更加精确地认识信息、运用信息去工作，甚至把信息作为一种产品来生产，我们还可以从信息的 3 个维度，即时间、内容和形式来确定人们对信息的需求。信息的 3 个维度如图 1.1 所示。

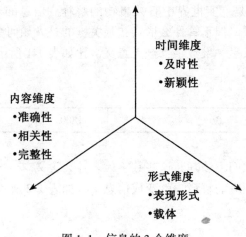

图 1.1　信息的 3 个维度

（1）时间维度

不论我们是运用信息进行决策，还是向客户提供有关产品和服务的信息，信息的时间维度都是非常重要的。信息的时间维度特征包括两个方面：及时性和新颖性。

及时性：在人们需要信息时，及时获得。

新颖性：最新的信息，而不是过时的信息。

（2）内容维度

信息的内容通常被认为是信息中最重要的方面，它涉及信息是什么的问题。内容维度的特征包括：准确性、相关性、完整性。

准确性：准确的信息才能有准确的决策。

相关性：与决策不相关的信息，即使准确也没有意义。

完整性：信息的完整程度越高，决策的不确定性就越小。

（3）形式维度

信息的形式维度就是指信息是如何呈现出来的，其特征包括：表现形式和载体。

表现形式：信息的表现形式多种多样，有文字、图表、图像、动画、影像、声音、气味、触觉等，世界上信息的表现形式多得可能需要一个庞大的分类系统才能加以概括。

载体：信息不可能不依附于任何事物而独自存在，它必须通过某种载体才能表现出来。文字的载体可以是纸张，还可以是计算机屏幕。文字没有被发明前，信息的载体可能是绳结（所谓结绳记事）。

4. 数据、知识、情报与信息的关系

数据、知识、情报与信息是我们在工作和日常生活中的常用词，而且我们常常不加区分地使用这些词，这正是很多争论发生的根本原因。为了规范术语，不致引起不必要的争议，有必要将这四个词加以区分，并描述它们之间的关系。

（1）数据与信息

数据（Data），用以表示信息的物理符号。实际上数据是信息的表现形式，以数字的方式来呈现信息，这些数字甚至还和图表结合在一起。

信息（Information）是现实世界中有关事物的解释。信息的表现形式是多种多样的，并不局限于数字这种形式。但不管什么形式，最关键的是人如何去理解、去解释，离开了人的主观理解，数字就只是一堆数字，毫无意义。比如表 1-1 所示的一组数字。

表 1-1

| 3257 | 1 | 36 | 4 | 1800 | 19960901 |

如果不加以解释，我们无法判断这些数字代表什么含义。

如果赋予这些数字相应的解释，就变成信息了，如表 1-2 所示。

表 1-2

职工号	性别	年龄	职位	工资	参加工作时间
3257	1	36	4	1800	19960901

注：1. 男性用数字 1 表示；2. 职位 4 表示助工。

（2）信息与知识

信息是原始数据，它既可以是一个新闻报道中得到的一则消息，也可以是天空中出现了乌云。就信息本身而言，基本不可能依据原始的、未经评估的信息作出决策。

知识是将可靠信息与高质量的分析合并的结果，是经过评估的信息，是信息和数据经过分析后增值的产品。

（3）信息与情报

将情报与信息混用是中国特有的，许多人将情报等同于信息。在英文中，情报（intelligence）与信息（information）有着严格的区别，前者是指经过分析的信息，后者则泛指所有信息。究其原因，是 information 最初被翻译为中文时就既对应于"情报"，又对应于"信息",由此造成情报和信息的混用,延误至今。

关于信息与情报具体如何区分,可以参考马费成先生的相关著作。在此,我们需要特别指出的是,情报概念具有政治含义,一般和间谍有关;信息概念是一个中性词,不涉及政治领域,无论哪个阶层使用都不会产生歧义。所以,在本课程中,我们不会使用情报这个词。实际上,中国高校的图书情报专业基本上都改名为信息管理专业了。

(4) 数据、信息与知识的关系

数据就像水滴,数据与数据汇合并以某种方式表达了信息;信息就像河流,信息与信息汇合成知识;知识就像大海,它是由数据与信息组成的综合体,知识是数据与信息的高度概括与提炼。

它们三者的关系可以用图 1.2 表示。

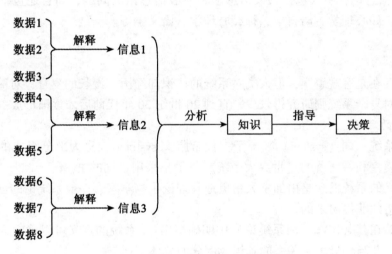

图 1.2 数据、信息与知识的关系图

5. 信息论

信息论是一门用数理统计方法来研究信息的度量、传递和变换规律的科学。它主要是研究通信和控制系统中普遍存在的信息传递的共同规律以及信息的获取、度量、变换、储存和传递等问题的最佳解决方法的基础理论。

信息论将信息的传递作为一种统计现象来考虑,给出了估算通信信道容量的方法。信息传输和信息压缩是信息论研究中的两大领域。这两个领域存在着相互联系的两个定理,即信息传输定理和信源—信道隔离定理。

香农被称为"信息论之父"。人们通常将香农于 1948 年 10 月发表于《贝尔系统技术学报》上的论文 *A Mathematical Theory of Communication*(《通信的数学理论》)作为现代信息论研究的开端。这一文章部分基于哈里·奈奎斯特和拉尔夫·哈特利先前的成果。在该文中,香农给出了信息熵的定义。

这一定义可以用来推算传递经二进制编码后的原信息所需的信道带宽。信息熵度量的是消息中所含的信息量,其中去除了由消息的固有结构所决定的部分,比如,语言结构的冗余性以及语言中字母、词的使用频度等统计特性。信息论中熵的概念与物理学中的热力学熵有着紧密的联系。玻耳兹曼与吉布斯在统计物理学中对熵做了很多的工作。信息论中的熵也正是受此启发。

信息论被广泛应用在编码学、密码学与密码分析学、数据传输、数据压缩、检测理论、估计理论等方面。

信息论的研究范围极为广阔。一般把信息论分成以下三种不同类型：

① 狭义信息论，是一门应用数理统计方法来研究信息处理和信息传递的科学。它是一门研究通信和控制系统中普遍存在的信息传递的共同规律，以及如何提高各信息传输系统的有效性和可靠性的通信理论。

② 一般信息论，主要是研究通信问题，此外还包括噪声理论、信号滤波与预测、调制与信息处理等问题。

③ 广义信息论，不仅包括狭义信息论和一般信息论的问题，而且还包括所有与信息有关的领域，如心理学、语言学、神经心理学、语义学等。

三、系统

系统的存在是客观事实，但人类对系统的认识却经历了漫长的岁月，对简单系统研究得较多，而对复杂系统则研究得较少，直到 20 世纪 30 年代前后才逐渐形成一般系统论。

1. 系统的定义

英文中系统一词（system）来源于古代希腊文 systεmα，意为部分组成的整体。古希腊哲学家德谟克利特所著的《世界大系统》是最早采用该词的书。

近代意义的系统概念是由加拿大籍奥地利理论生物学家、一般系统论的创始人路德维希·冯·贝塔朗菲提出来的。

贝塔朗菲在其著作《一般系统论》中明确指出："系统的定义可以确定为处于一定的相互关系中，并与环境发生关系的各组成部分的总体。"①

贝塔朗菲在 1924—1928 年曾多次发表文章阐述系统论的思想。他反对生物学中机械论的思想，强调生物学中有机体的概念，主张把有机体当做一个整体或系统来考虑，认为生物学的主要任务应当是发现生物系统中一切层次上的组织原理。1932 年和 1934 年，他分别发表了《理论生物学》和《现代发展理论》，论述了整体性原则，提出用数学和模型来研究生物学的方法和机体系统论的概念。1937 年，他提出了一般系统论原理，之后在1945 年和 1950 年分别发表了《关于一般系统论》和《物理学和生物学中的开放系统理论》。1955 年他出版了专著《一般系统论》。

贝塔朗菲认为机械论的观点是错误的，其主要错误观点：一是简单相加的观点，即把有机体分解为各要素，并采用简单地相加的方式来说明有机体的属性；二是机械观点，即把生命现象简单地比做机器；三是被动反应的观点，即把有机体看做只有受到刺激时才能反应，否则就静止不动。

他概括地吸取了生物机体论的思想，并加以发展，提出了新的机体论思想。贝塔朗菲的上述思想，既受到一些科学家的赞赏，又受到一些科学家的责难，几经波折，直到第二

---

① ［奥］路德维希·冯·贝塔朗菲．一般系统论．北京：社会科学文献出版社，1987：163.

次世界大战以后，他的系统论思想才逐渐得到承认，系统论作为一门新学科才得以成立，并不断发展。20 世纪 50 年代，贝塔朗菲为宣传和发展系统论付出了艰苦的努力，60—70 年代，系统论思想才真正受到人们的重视。他临终前，发表了《普遍系统论的历史和现状》，试图突破人们仅从"技术"和"数学"上对一般系统论的理解，认为系统论作为新的科学规范，可运用于广泛的研究领域。

2. 系统的特征

一般认为，系统具有以下六个方面的特征：

（1）整体性

系统是由相互依赖的若干部分组成的，各部分之间存在着有机的联系，构成一个综合的整体，以实现一定的功能。这表现为系统具有集合性，即构成系统的各个部分可以具有不同的功能，但不能实现系统的整体功能。因此，系统不是各部分的简单组合，而要有统一性和整体性，要充分注意各组成部分或各层次的协调和连接，提高系统的有序性和整体的运行效果。

（2）相关性

系统中相互关联的部分或部件形成"部件集"，"集"中各部分的特性和行为相互制约和相互影响，这种相关性确定了系统的性质和形态。

（3）目的性或功能性

大多数系统的活动或行为可以完成一定的功能。如，经营管理系统要按最佳经济效益来优化配置各种资源；军事系统为保全自己，消灭敌人，就要利用运筹学和现代科学技术组织作战，研制武器。

这一点实际上是从人类的角度来看问题的，所有的人造系统都是有目的性的，但是，自然系统就不能从人类的角度来看其目的性了。如，太阳系存在的目的是什么呢？你无法从人类的角度给出答案。

（4）环境适应性

一个系统和包围该系统的环境之间通常都有物质、能量和信息的交换，外界环境的变化会引起系统特性的改变，相应地引起系统内各部分相互关系和功能的变化。为了保持和恢复系统原有的特性，系统必须具有对环境的适应能力，例如反馈系统、自适应系统和自学习系统等。

（5）动态性

物质和运动是密不可分的，各种物质的特性、形态、结构、功能及其规律性，都是通过运动表现出来的，要认识物质首先要研究物质的运动，系统的动态性使其具有生命周期。开放系统与外界环境有物质、能量和信息的交换，系统内部结构也可以随时间变化。一般来讲，系统的发展是一个有方向性的动态过程。

（6）有序性

由于系统的结构、功能和层次的动态演变有某种方向性，因而使系统具有有序性的特点。一般系统论的一个重要成果是把生物和生命现象的有序性和目的性同系统的结构稳定性联系起来，也就是说，有序能使系统趋于稳定，有目的才能使系统走向期望的稳定系统结构。

3. 一般系统论

1747 年出版的拉美特利的《人是机器》，是哲学与科学思想史上一部对神学挑战的光辉杰作。此后，随着哲学与科学、特别是社会科学与人文科学的进步，它的机械论观点便日益显露出来了。

《人是机器》是 16—18 世纪以牛顿为代表的力学机械论在哲学与科学中的反映；到了 20 世纪前期，爱因斯坦批评了力学机械论的局限性，他致力于构建统一场论，以此作为科学大厦的新的基础，试图把一切科学还原为物理学，以代替牛顿把一切科学还原为力学，这是现代的物理学机械论。

通常认为，机械论哲学到牛顿那里达到了巅峰，因为正是通过他的《自然哲学的数学原理》，人们看到，世界机器遵循着形式上是数学的，并能用数学语言表达的规律，数学和机械论由此合为一体。

一般系统论来源于生物学中的机体论，是在研究复杂的生命系统中诞生的。1925 年英国数理逻辑学家和哲学家 N. 怀特海在《科学与近代世界》一文中提出用机体论代替机械决定论，认为只有把生命体看成是一个有机整体，才能解释复杂的生命现象。系统思维最早出现在 1921 年建立的格式塔心理学中。1925 年美国学者 A. J. 洛特卡发表的《物理生物学原理》和 1927 年德国学者 W. 克勒发表的《论调节问题》中先后提出了一般系统论的思想。1924—1928 年加拿大籍奥地利理论生物学家贝塔朗菲多次发表文章表达一般系统论的思想，提出生物学中有机体的概念，强调必须把有机体当做一个整体或系统来研究，才能发现不同层次上的组织原理。1947—1948 年贝塔朗菲在美国讲学和参加专题讨论会时进一步阐明了一般系统论的思想，指出不论系统的具体种类、组成部分的性质和它们之间的关系如何，存在着适用于综合系统或子系统的一般模式、原则和规律，并于 1954 年发起成立一般系统论学会（后改名为一般系统论研究会）。虽然一般系统论几乎是与控制论、信息论同时出现的，但直到 60—70 年代才受到人们的重视。1968 年贝塔朗菲的专著《一般系统论——基础、发展和应用》，总结了一般系统论的概念、方法和应用。1972 年他发表《一般系统论的历史和现状》，试图重新定义一般系统论。贝塔朗菲认为，把一般系统论局限于一种数学理论是不适宜的，因为有许多系统问题不能用现代数学概念表达。一般系统论这一术语有更广泛的内容，包括极广泛的研究领域，其中有三个主要的方面：①关于系统的科学，又称数学系统论。这是用精确的数学语言来描述系统，研究适用于一切系统的根本学说；②系统技术，又称系统工程。这是用系统思想和系统方法来研究工程系统、生命系统、经济系统和社会系统等复杂系统；③系统哲学。它研究一般系统论的科学方法论，并将其上升到哲学方法论的地位。贝塔朗菲企图把一般系统论扩展到系统科学的范畴，几乎把系统科学的三个层次都包括进去了。但是现代一般系统论的主要研究内容尚局限于系统思想、系统同构、开放系统和系统哲学等方面。而系统工程专门研究复杂系统的组织管理的技术，已成为一门独立的学科，并不包括在一般系统论的研究范围内。

4. 复杂系统论

一般系统论的主要研究领域是简单系统，对于复杂系统的研究还需要不断发展新的理论方法，在这一指导思想下，又出现了一些新的系统理论，主要包括：比利时化学家普利高津提出的"耗散结构理论"、德国物理学家哈肯提出的"协同论"、法国数学家雷内·托姆提出的"突变论"等。

(1) 耗散结构理论

耗散结构理论把复杂系统的自组织问题当做一个新方向来研究。在复杂系统的自组织问题上，人们发现有序程度的增加随着所研究对象的进化过程而变得复杂起来，会产生各种变异。由此针对进化过程时间方向不可逆的问题，人们借助于热力学和统计物理学用耗散结构理论研究一般复杂系统，提出非平衡是有序的起源，并以此作为基本出发点，在决定性和随机性两方面建立了相应的理论。

耗散结构理论比较成功地解释了复杂系统在远离平衡态时出现的耗散结构这一自然现象，并得到广泛的应用。它已在解释和分析流体、激光器、电子回路、化学反应、生命体等复杂系统中出现的耗散结构方面获得了很多有意义的结果，并且人们正在用耗散结构理论研究一些新的现象。诸如核反应过程，生态系统中的人口分布，环境保护，交通运输和城市发展等，都可当做远离平衡态的复杂系统来研究。这方面的工作也取得了一定的进展。

耗散结构理论是物理化学上的一个重大发现，但它的意义同时也是哲学上的。当耗散结构理论在 20 世纪 80 年代传入中国时，也曾引起中国哲学界的重视。依据耗散结构理论所述：一个开放系统与外界交换能量才能维持系统组织的熵的逆增的有序状态。中国的哲学家们以此来说明中国改革开放的哲学意义。而西方人毫不夸张地认为：用耗散结构理论可以研究人类无所不包的问题，例如：一个国家或者一个城市的变化，人类的战争和平问题。耗散结构理论是 20 世纪 80 年代世界上一个时髦的理论。

(2) 协同论

联邦德国斯图加特大学教授、著名物理学家哈肯 (Hermann Haken)，于 1971 年提出了协同的概念。1976 年他系统地论述了协同理论并发表了《协同学导论》。

协同论着重探讨各种系统从无序变为有序时的相似性。哈肯把这个学科称为"协同学"，一方面是由于我们所研究的对象是许多子系统的联合作用，以产生宏观尺度上的结构和功能；另一方面，它又是由许多不同的学科进行合作，来发现自组织系统的一般原理。协同论是在研究事物从旧结构转变为新结构的机理的共同规律上形成和发展的，它的主要特点是通过类比对从无序到有序的现象建立了一整套数学模型和处理方案，并推广到更多的领域。它基于"很多子系统的合作受相同原理支配而与子系统的特性无关"的原理，设想在跨学科领域内，考察其类似性以探求其规律。哈肯在阐述协同论时讲道："我们现在好像在大山脚下从不同的两边挖一条隧道，这个大山至今把不同的学科分隔开，尤其是把'软'科学和'硬'科学分隔开。"

协同论具有广阔的应用范围，它在物理学、化学、生物学、天文学、经济学、社会学以及管理科学等许多方面都取得了重要的应用成果。比如我们常常无法描述一个个体的命运，但却能够通过协同论去探求群体的"客观"性质。又如，针对合作效应和组织现象能够解决一些系统的复杂性问题，可以应用协同论去建立一个协调的组织系统以实现工作的目标。哈肯提出了"功能结构"的概念。认为功能和结构是互相依存的，当能流或物质流被切断的时候，所考虑的物理和化学系统要失去自己的结构；但是大多数生物系统的结构却能保持一个相当长的时间，这样生物系统颇像是把无耗散结构和耗散结构组合起来了。他还进一步提出，生物系统是有一定的"目的"的，所以把它看做"功能结构"更为合适。

（3）突变论

突变论的创始人是法国数学家雷内·托姆。他于1972年发表的《结构稳定性和形态发生学》一书阐述了突变理论，并因此荣获国际数学界的最高奖——菲尔兹奖章。突变论的出现引起了各方面的重视，被称为"是牛顿和莱布尼茨发明微积分300年以来数学上最大的革命"。

突变论是研究客观世界非连续性突然变化现象的一门新兴学科，自20世纪70年代创立以来，数十年间获得迅速发展和广泛应用，引起了科学界的重视。

"突变"一词，法文原意是"灾变"，是强调变化过程的间断或突然转换的意思。突变论的主要特点是用形象而精确的数学模型来描述和预测事物的连续性中断的质变过程。突变论是一门着重应用的科学，它既可以用在"硬"科学方面，又可以用于"软"科学方面。当突变论作为一门数学分支时，它是关于奇点的理论，它可以根据势函数而把临界点分类，并且研究各种临界点附近的非连续现象的特征。突变论与耗散结构理论、协同论一起，在有序与无序的转化机制上，把系统的形成、结构和发展联系起来，成为推动系统科学发展的重要学科之一。

在自然界和人类的社会活动中，除了渐变的和连续光滑的变化现象外，还存在着大量的突然变化和跃迁现象，如水的沸腾、岩石的破裂、桥梁的崩塌、地震、细胞的分裂、生物的变异、人的休克、情绪的波动、战争、市场变化、经济危机等。突变论方法正是试图用数学方程描述这种过程。突变论的研究内容简单地说，是研究从一种稳定组态跃迁到另一种稳定组态的现象和规律。

突变论能解释和预测自然界和社会上的突然现象，无疑它也是软科学研究的重要方法和得力工具之一。突变论在数学、物理学、化学、生物学、工程技术、社会科学等方面有着广阔的应用前景。1977年出版的《大英百科年鉴》中写道："突变论使人类有了战胜愚昧无知的珍奇武器，获得了一种观察宇宙万物的深奥见解。"突变论本身也还有待于进一步完善，在突变论的方法上也有许多争议之处。

四、系统管理

1990年，美国麻省理工学院（MIT）斯隆管理学院教授皮特·圣吉（Peter Senge）在其著作《第五项修炼——学习型组织的艺术和实务》中指出，学习型组织的五项修炼是：自我超越、心智模型、建立共同愿景、团体学习、系统思考。系统思考与其他几项修炼结合起来就发生了思想上的转变，改变了看问题的角度，即：有时是自身行为引发了曾面对的问题，而不是将棘手的问题归咎于外界因素。该书的出版引起了企业管理者对系统管理思想研究的高度热情。实际上，系统管理思想30多年前就已经出现了。

理查德·约翰逊、弗里蒙特·卡斯特和詹姆斯·罗森茨韦克于1963年共同撰写了《系统理论与管理》一书，比较全面地阐述了管理的系统理论。

1970年卡斯特和罗森茨韦克又合作出版了《组织与管理——系统方法与权变方法》

一书，进一步充实了这一理论。

1. 系统管理思想的形成

社会系统学派的代表人物巴纳德最早提出了协作系统的概念，并指出管理的职能就在于保持组织同外部环境的平衡。

在 20 世纪 30 年代，福莱特也明确地提出了管理的整体性思想，她把企业组织视为一个不断运动着的统一整体，指出管理必须着眼于整体内部的协调。

此后，管理科学学派也把系统分析作为一种基本方法用于解决某些工程项目的规划和复杂管理问题的决策。

第二次世界大战之后，企业组织规模日益扩大，企业内部的组织结构也更加复杂，从而提出了一个重要的管理课题，即如何从企业整体的要求出发，处理好企业组织内部各个单位或部门之间的相互关系，保证组织整体的有效运转。以往的管理理论都只侧重于管理的某一个方面，它们或者侧重于生产技术过程的管理，或者侧重于人际关系，或者侧重于一般的组织结构问题，为了解决组织整体的效率问题，系统管理理论产生了。

到 20 世纪 60 年代西方的系统管理学派开始盛行。当时，"系统科学"、"系统理论"、"系统工程"、"系统分析"、"系统方法"等术语充斥于管理文献之中。追根溯源，系统管理理论的发展同一般系统理论有密切的关系。近代比较完整地提出"系统"概念的是亨德森，后来发展为贝塔朗菲的一般系统论。1948 年，诺伯特·维纳创立"控制论"。美国经济学家肯尼思·博尔丁又尝试把控制论与信息论结合起来，并于 1956 年发表了题为《一般系统论：一种科学的框架》的文章。1968 年，贝塔朗菲出版的《一般系统理论——基础、发展和应用》一书，更加全面地阐述了动态开放系统的理论，被公认为一般系统论的经典著作。一般系统理论建立以后，把它应用于工商企业的管理，形成了系统管理学派。

2. 系统管理思想的主要观点

系统管理思想主要有以下三个方面。

① 组织是一个由许多子系统组成的；组织作为一个开放的社会技术系统，是由五个不同的分系统构成的整体，这五个分系统包括：目标与价值分系统、技术分系统、社会心理分系统、组织结构分系统、管理分系统。这五个分系统之间既相互独立，又相互作用，不可分割，从而构成一个整体。这些系统还可以继续分为更小的子系统。

② 企业是由人、物资、机器和其他资源在一定的目标下组成的一体化系统，它的成长和发展同时受到这些组成要素的影响，在这些要素的相互关系中，人是主体，其他要素则是被动的。管理人员需力求保持各部分之间的动态平衡、相对稳定以及一定的连续性，以便适应情况的变化，达到预期目标。同时，企业还是社会这个大系统中的一个子系统，企业预定目标的实现，不仅取决于内部条件，还取决于企业外部条件，如资源、市场、社会技术水平、法律制度等，它只有在与外部条件的相互影响中才能达到动态平衡。

③ 如果运用系统的观点来考察管理的基本职能，可以把企业看成是一个投入—产出系统，投入的是物资、劳动力和各种信息，产出的是各种产品（或服务）。运用系统的观点使管理人员不至于只重视某些与自己有关的特殊职能而忽视了大目标，也不至于忽视自己在组织中的地位与作用，可以提高组织的整体效率。

以上系统管理思想可以进一步简化如下：

① 组织是由人们建立起来的相互联系并共同运营的要素（子系统）所构成的系统；

② 任何子系统的变化均会影响其他系统的变化；

③ 系统具有开放性——与外界沟通的特性。

3. 系统管理思想的缺陷

但是，也有不少学者指出，现代组织和管理面临着十分复杂的条件，系统管理理论企图用系统的一般原理和模式来解决如此复杂的现实问题是难以奏效的。他们认为，系统方法过于抽象，实用价值不大。结果，曾经风行一时的"系统热"渐渐地变冷了。就连系统管理理论的主要代表人物卡斯特和罗森茨韦克，在他们的后期著作《组织与管理——系统方法和权变方法》中，也把系统管理理论同权变管理理论结合起来了。

系统理论研究的对象是组织，系统理论通过对组织的研究来分析管理行为，虽然在理论上是正确的，但系统理论对组织的构成因素的分析存在一定的问题，导致其理论并未提出具体的管理行为和管理职能，只是笼统地提出一些原理和观点，初学者在实践中会无所适从。因此，与其他管理理论相比较，它在解决具体的管理问题上的研究显得不足，许多人只是把它看做解决管理问题的一种崭新的方法，而不是一种新的管理理论。

五、控制论

自从 1948 年诺伯特·维纳发表了著名的《控制论——关于在动物和机器中控制和通信的科学》一书以来，控制论的思想和方法已经渗透到了几乎所有的自然科学和社会科学领域。维纳把控制论看做一门研究机器、生命和社会中控制和通信的一般规律的科学，更具体地说，是研究动态系统在变化的环境条件下如何保持平衡状态或稳定状态的科学。他特意创造"cybernetics"这个英语新词来命名这门科学。

1. 控制论的基本概念和基本思想

控制论强调系统的行为能力和系统的目的性。维纳提出了负反馈概念和功能模拟法。

行为——系统在外界环境作用（输入）下所做的反应（输出）。人和生命有机体的行为是有目的、有意识的。生物系统的目的性行为又总是同外界环境发生联系，这种联系是通过信息的交换实现的。外界环境的改变对生物体的刺激对生物系统来说就是一种信息输入，生物体对这种刺激的反应对生物系统来说就是信息输出。控制论认为任何系统要保持或达到一定目标，就必须采取一定的行为，输入和输出就是系统的行为。

反馈——系统输出信息返回输入端，经处理，再对系统输出施加影响的过程。反馈分正反馈和负反馈。负反馈是控制论的核心问题。

正反馈——反馈信息与原信息起相同的作用，使总输入增大。系统目标偏离会加剧系统不稳定。

负反馈——反馈信息与原信息起相反的作用，使总输入减小。系统目标偏离减小，系统趋于稳定。

控制论的研究表明，无论自动机器，还是神经系统、生命系统，以至经济系统、社会系统，都可以看做一个自动控制系统。在这类系统中有专门的调节装置来控制系统的运转，维持自身的稳定和系统的功能。控制机构发出指令，作为控制信息传递到系统的各个部分（即控制对象）中去，由它们按指令执行之后再把执行的情况作为反馈信息输送回来，并作为决定下一步调整控制的依据。这样我们就看到，整个控制过程就是一个信息流通的过程，控制就是通过信息的传输、变换、加工、处理来实现的。反馈对系统的控制和稳定起着决定性的作用，无论是生物体保持自身的动态稳定（如温度、血压的稳定），或是机器自动保持自身功能的稳定，都是通过反馈机制实现的。控制论就是研究如何利用控制器，通过信息的变换和反馈作用，使系统能自动按照人们预定的程序运行，最终达到最优目标的学问。它是自动控制、通信技术、计算机科学、数理逻辑、神经生理学、统计力学、行为科学等多种科学技术相互渗透形成的一门横断性学科。它研究生物体和机器以及各种不同基质系统的通信和控制的过程，探讨它们共同具有的信息交换、反馈调节、自组织、自适应的原理和改善系统行为、使系统稳定运行的机制，从而形成了一大套适用于各门科学的概念、模型、原理和方法。

2. 控制论的基本方法

控制论是具有方法论意义的科学理论。控制论的理论、观点，可以成为研究各门科学问题的科学方法，这就是撇开各门科学的质的特点，把它们看做一个控制系统，分析它的信息流程、机制和控制原理，这样往往能够寻找到使系统达到最佳状态的方法。

控制论的主要方法有信息方法、反馈方法、功能模拟法、黑箱方法和白箱方法等。

信息方法是把研究对象看做一个信息系统，通过分析系统的信息流程来把握事物规律的方法。

反馈方法则是用反馈控制原理去分析和处理问题的研究方法。所谓反馈控制就是由控制器发出的控制信息的再输出发生影响，以实现系统预定目标的过程。正反馈能放大控制作用，实现自组织控制，但它也使偏差愈益加大，导致振荡。负反馈能纠正偏差，实现稳定控制，但它减弱控制作用、损耗能量。

功能模拟法是用功能模型来模仿客体原型的功能和行为的方法。所谓功能模型就是以功能行为相似为基础而建立的模型。如猎手瞄准猎物的过程与自动火炮系统的功能行为是相似的，但两者的内部结构和物理过程是截然不同的，这就是一种功能模拟。功能模拟法为仿生学、人工智能、价值工程提供了科学方法。

黑箱方法（又称系统辨识）是通过考察系统的输入与输出关系以认识系统功能的研究方法。它是探索复杂大系统的重要工具。黑箱方法是在输入、输出的基础上，从一类系统中确定一个与所测系统等价的系统。黑箱就是指那些不能打开箱盖，又不能从外部观察内部状态的系统。

黑箱方法也是控制论的主要方法。具体是：首先给黑箱一系列的刺激（系统输入），其次通过观察黑箱的反应（系统输出），从而建立起输入和输出之间的规律性联系，最后把这种联系用数学语言描述出来形成黑箱的数学模型。

黑箱方法不涉及复杂系统的内部结构和相互作用的大量细节，而只是从总体行为上去描述和把握系统、预测系统的行为，这在研究复杂系统时特别有用。

白箱方法是研究系统的可观性和可控性，通过定量分析找出两者之间的关系的方法。

白箱方法的目的在于为黑箱建立模型，使黑箱变成白箱。有时黑箱模型不止一个，这种情况下，通过黑箱方法确定其中最合理的一个。

黑箱方法的主要步骤是：试验设计、选择模型、参数估计和检验模型。

3. 控制论在管理上的应用

从控制系统的主要特征出发来考察管理系统，可以得出这样的结论：管理系统是一种典型的控制系统。管理系统中的控制过程在本质上与工程的、生物的系统是一样的，都是通过信息反馈来揭示成效与标准之间的差，并采取纠正措施，使系统稳定在预定的目标状态上的。因此，从理论说，适合于工程的、生物的控制论的理论与方法，也适合于分析和说明管理控制问题。

维纳在阐述他创立控制论的目的时说，控制论的目的在于创造一种思想和技术，使我们有效地研究一般的控制和通信问题，同时也寻找一套恰当的思想和技术，以便通信和控制问题的各种特殊表现都能借助一定的概念加以分类。的确，控制论为其他领域的科学研究提供了一套思想和技术，以至于在维纳的《控制论——关于在动物和机器中控制和通信的科学》一书发表后的几十年中，各种冠以控制论名称的交叉学科如雨后春笋般生长出来。例如工程控制论、生物控制论、神经控制论、经济控制论以及社会控制论等。而管理更是控制论应用的一个重要领域。甚至可以这样认为，人们对控制论原理最早的认识和最初的运用是在管理方面。用控制论的概念和方法分析管理控制过程，更便于揭示和描述其内在机理。

控制论中的"控制"，实质上是一个简单的信息反馈，它的纠正措施是即刻就可付诸实施的。而且，若在自动控制系统中，一旦给定程序，衡量成效和纠正偏差就往往都是自动进行的。但是，管理工作中的控制活动比上述自动控制系统更为复杂和实际。主管人员当然是要衡量实际的成效情况，并与标准相比较，以及明确地分析出现的偏差和原因。但是，为了随之做出的纠正，主管人员必须为此而花费一定的人力、物力和财力去拟订计划并实施这一计划，才有可能纠正偏差以达到预期的成效。

对于管理控制工作中的信息来说，它是根据管理过程和管理技术而组织起来的在生产经营活动中产生的。经过分析整理后的信息流或信息集所包含的信息种类繁多、数量巨大。这种管理信息（包括管理控制工作中的信息）和管理系统结合一起，就形成了一个系统——管理信息系统。这种系统既要反映生产过程，以便使信息系统能起到控制产品的生产过程和产品的价值形成过程的作用；又要适应管理决策的需要，使信息系统能起到为各级管理服务的作用，使信息的流动符合管理决策的需要，使信息系统成为进行科学管理和严格执行计划的有力工具。

六、管理信息系统学科

管理信息系统（Management Information System，MIS）是一个较新的交叉学科，是计算机科学、管理科学及行为科学等的交叉组合。当电子计算机于 20 世纪 50 年代迅速成为支持现代工业发展的有力的自动化工具时，美国明尼苏达大学（University of Minnesota）会计系教授 Gordon B. Davis 认识到，计算机技术不仅是一个将工业生产及操作自动化的工具，还将对现代管理、企业组织结构及运作等产生深远而重大的影响。而计算机对企业的非技术性的影响却是传统计算机科学及当时的管理科学都不研究的对象。Gordon 于 1967 年创立了世界上第一个 MIS 学科的博士学位课程，宣告了 MIS 学科的创立，并奠立了他作为 MIS 学科之父的基础。

1. 国际 MIS 学科核心课程体系

美国大学里的 MIS 学科核心课程在最初的一二十年里，也是各自为政，各自按自己对 MIS 学科的认识及自身条件来发展。不少有识之士发现了这一问题，开始成立学术协会整合不同大学对 MIS 学科发展的认识。然而，由于意见不一致，产生了各自为政的中小型学术协会，分散了 MIS 学科本身的影响力及权威性。从 1967 年 MIS 学科创立，到 20 世纪 80 年代，MIS 学科的课程设置权落在了偏重计算技术但较为开通的国际计算技术的权威学术机构——国际计算机器协会（Association for Computing Machinery，ACM）的手中。ACM 与 MIS 学术团体进行沟通与协商，使制定的 MIS 学科的核心课程能为 MIS 学术界基本接受。这样，ACM 就在 MIS 学科课程设置方面领导了 MIS 学科 20 多年。

到 20 世纪 80 年代末及 90 年代初，MIS 学科完成了内部的"统一大业"——将世界五大洲的 MIS 学术团体汇聚一堂，成立了 MIS 领域最大也最有权威的 MIS 学术组织——国际信息系统协会（Association of Information Systems，AIS）。AIS 采用较为民主的分权管理方式，协会总裁每年由会员投票选举产生，而且候选人由三大主要区域——美洲、欧洲及亚太地区轮流产生。从此，AIS 开始统一地以 MIS 学科世界代理人的身份在国际学术界出现，大大提高了 MIS 学科在世界学术界的声誉及影响力。

AIS 也开始较为独立地研究创立 MIS 学科的核心标准课程。在与其他同 MIS 学科有关的学术团体，如 ACM、AITP（Association of Information Technology Professional）和 IFIP（International Federation for Information Processing）合作的基础上，经过三四年的踏实工作，AIS 于 1997 年推出了以 MIS 学科自身的学术团体为主创立的 MIS 学科的标准核心课程方案并为世界各主要大学的 MIS 专业所采纳使用。20 世纪 90 年代初，AIS 决定将 1997 年的标准核心课程版本进行一次全面的修订，于 2002 年公布了新的 MIS 学科的标准核心课程。

最新的 MIS 学科的标准核心课程基于以下三个经抽样调查确定的关键因素：①MIS 专业的毕业生必须具备宽广的商业和现实世界的视角及学识；②他们必须具备很强的分析与带批判性思考的能力；③他们必须具备很强的人际关系沟通、交流以及团队合作的能力。更具体地说，MIS 专业的毕业生应该在以下几方面得到正规的培训与教育：人际关系沟通与团队合作技能、商业知识、企业组织过程的发展（包括信息系统的分析与设计）、项目管理、数据库技术、网络技术、软件开发、网站编程技术以及系统集成等。

2. MIS 领域的国际权威学术刊物

每过几年（一般 2~3 年），MIS 领域中权威的学术刊物都会发表 MIS 领域中学术刊物的排名，这是对在 MIS 领域从事研究与教学的上千名教授的问卷调查进行统计分析之后做出的排名，同时采用其他国际通用的指标对问卷调查得到的排名进行补充分析。这个排名对美国、欧洲、澳洲及亚洲一些国家和地区，如新加坡、中国香港、中国台湾地区的大学的 MIS 系及专业的研究经费支持、职称评定及各大学 MIS 专业的名望有重大影响，所以各个国家和地区的大学对此排名都非常关注。

2010 年，*Communication of ACM* 发表的全球 MIS 学术刊物排名前三位的依次为 *Management Information Systems Quarterly*，*Information Systems Research*，*Communication of ACM*。

3. 明尼苏达流派

20 世纪 60 年代，世界名牌大学都对新问世的 MIS 学科不屑一顾，因为它们有 CS（计算机科学），在当时，如何制造计算机确实是头等大事，如何应用的问题还不在考虑之列。由于 MIS 不是诞生于像哈佛或沃顿这样的世界著名的大学里，这便使明尼苏达大学几乎成为当时世界 MIS 的学术中心。十几年后，许多大学才猛然悟到 MIS 学科的重要性，奋起直追，但为时已晚，明尼苏达大学的 MIS 学科已稳稳地占据了世界 MIS 学科中心的地位。

明尼苏达大学有着 42 年发展 MIS 学科的领先经验，世界最具权威的 MIS 学术刊物及 90%以上的国际会议由明尼苏达大学 MIS 专业毕业的博士或其流派的教授主持或管理。MIS 领域最权威的国际学术协会——世界信息系统协会的正副总裁，Professor Richard Watson 教授和 K. K. Wei（魏国基）教授都是明尼苏达流派的。Professor Richard Watson 是 Gordon 的学生。K. K. Wei（魏国基）教授虽不是明尼苏达大学的毕业生，但曾进修于该大学 MIS 专业，且采用明尼苏达大学 MIS 学科体系于其教学及科研中，所以一般也都认为他属于明尼苏达流派。可见明尼苏达流派在国际 MIS 学科方面的影响之大。至今，美国明尼苏达流派仍然是世界 MIS 学科的主导流派，其较具权威的教授很多，如 Davis 教授，Watson 教授等。①

七、安东尼模型（Anthony Model）

1965 年，安东尼（Anthony）等企业管理研究专家通过对欧美制造业长达 15 年的大量实践观察和验证，创立了制造业经营管理业务流程及其信息系统构架理论，即著名的"安东尼模型"，该理论认为经营管理业务活动（即企业管理系统）可分为战略规划、战术决策和业务处理 3 个层次（见图 1.3）。

① 战略规划层（Strategic Planning Layer, SPL）：为最高管理层，是指诸如企业组织目标的设定与变更、为实现该目标所采取的资源政策的计划、规划、预算等过程。

② 战术决策层（Tactics Decision Layer, TDL）：又叫管理控制层，为中间管理层，是为实现企业目标，使企业能够有效地获得并利用资源的具体过程。

③ 业务处理层（Business Treatment Layer, BTL）：又叫运行控制层，为下层管理层，是为确定某特定业务能够被有效地、高效地执行的全过程。

在"安东尼模型"中，首次将制造型企业管理系统视为一个以经营资源为基本元素的企业经营业务活动的整体，系统化地描述出了企业内外信息流、资金流、物流的传递和接收过程。

安东尼等通过对以组装加工业务为主的制造型企业进行大量的观察分析发现，其管理系统业务流程包括物流、资金流和信息流的双向流动及其基本规律。首先，物流的流程一般体现在从采购部件到产品销售出去的整个过程之中，是自上游向下游方向流动，先从供

---

① Huang Wayne Wei. 管理信息系统（MIS）：背景、核心课程、学术流派及主要国际学术会议与刊物评介 . 管理科学学报，2003，6（6）：87.

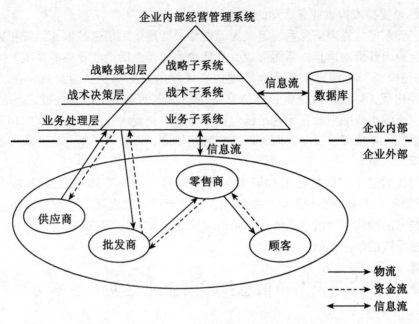

图 1.3 安东尼模型示意图

应商流到企业，再到批发商、零售商和顾客，即企业需要经过零部件采购、调拨、生产加工、发送、销售等业务流程，同时，在企业进行上述调拨或采购零部件流程之前，零部件制造商及原材料加工商等供应商也在进行销售活动；在企业进行销售活动之前，批发商和零售商也在进行采购活动。而资金流的流程与物流相反，是从下游向上游方向流动，即从顾客流到零售及批发商，然后到企业（或直接到企业），再流到供应商。其次，信息流与物流、资金流等相比较，其流动过程要复杂得多。企业信息主要包括订货信息、发货信息、收支信息等，信息流在与物流、资金流互补的同时，又起着管理企业整体活动的作用。不难看出，其实安东尼所描述的正是一幅供应链全景图。

安东尼所提出的管理信息系统（Management Information System，MIS）是一个针对其提出的企业管理系统所具有的战略规划层、战术决策层和业务处理层等 3 个层次，分别确定并提供有效信息的系统。安东尼首次描绘出了 MIS 提供信息的基本流程，即：MIS 通过与顾客、贸易伙伴的交互，从环境中获取信息，并将信息存储于数据库中，然后分别向安东尼所定义的管理系统的 3 个层次传送信息。把交易处理与决策系统的组合作为管理信息系统，"安东尼模型"将 MIS 视为一个以业务交易为基础的、能提供固定形式的信息的信息系统。

安东尼认为，企业管理信息系统是以企业经营所涉及的"信息"资源为元素的企业管理规划和控制系统。在支持企业的经营管理活动中和在企业各层次做出决策时，管理"信息"资源发挥着重要作用。与此同时，基于计算机的信息系统在提高和优化企业经营业务的 Quality（质量）—Cost（成本）—Delivery（交货）—Service（服务）各要素方面以及在实施各项业务活动中也发挥着作用。也就是说，MIS 包含以下两层含义：

① MIS 是对企业经营管理活动提供支持的系统;

② MIS 是支持或构成业务活动的系统。

因此,安东尼将管理信息系统定义为,能够灵活地运用信息技术,系统化地传送、存储、交换企业内外部的信息,从而形成或支持企业的经营活动或业务的系统。

"安东尼模型"可谓是现代企业管理信息系统的开山鼻祖,很显然,在"安东尼模型"中已经出现了体现现代企业管理信息系统新理念的雏形,这与在此之前的其他管理信息系统定义的本质区别就在于它是已包含和考虑了企业内外部环境因素的相互关联和影响的管理系统,正确反映了企业内外部供应链的物流、资金流、信息流的真实流向,反映了企业管理的本质。

随着时代的进步、信息技术和管理科学的发展,企业管理信息系统的功能已经在"安东尼模型"的基础上不断加以扩展与完善,时至今日已发展为基于计算机网络技术和电子商务技术的现代管理信息系统。但是,无论怎样发展,"安东尼模型"仍然是我们理解管理信息系统的理论基础。

第三节　信息技术与企业竞争优势

竞争优势的概念中最关键的是比较对象的确定,离开了具体的比较对象,这个概念毫无意义。就像比较中石化和搜狐公司的竞争优势一样,将两个根本不具有可比性的企业放在一起比较其竞争优势,就显得有些滑稽了。正是因为这一点,有的学者干脆将这个概念称为"比较优势"或"比较竞争优势"。

一、技术在竞争中的作用

两个世纪以来出现了许多得到广泛应用的技术,比如蒸汽机、铁路、电报和电话以及发电机和内燃机等,而信息技术则是其中的新生力量。当这些技术融入商业基础设施时,在短时间内它们确实有可能为有远见的公司谋得真正的优势。但是,随着市场上这类技术供应的增加以及成本的下降,这些技术就会变成常规投入。我们有必要区分独特性技术和所谓的基础性技术。

1. 独特性技术的作用

独特性技术能够为某一家公司所拥有或有效控制。例如,一家制药公司也许拥有某种特定化合物的专利,而该化合物正是合成一系列药物的基础;一家工业品制造商也许掌握了某种独特的工艺流程,而该流程是竞争对手难以模仿的;一家日用消费品公司也许获得了某种新包装材料的独家使用权,其产品的保存期限要长于同类竞争性的品牌。只要这些专有技术受到保护,它们就能够成为长期战略优势的基础,使公司获得高于对手的利润。

如果企业对新技术的应用具有超凡的洞察力,那么它也可以出其不意地超过竞争对手抢占先机。电力再次为我们提供了很好的例证。在 19 世纪末之前,大多数制造商依赖水压或蒸汽等动力来带动机器。那时候,动力的来源单一而固定,例如工厂旁边的水车。企业为了将动力传递到工厂的各个工作区,需要精心设计滑轮和齿轮传动系统。当发电机初次投入使用时,许多制造商只是简单地把它们当做单一能源的替代物,为现有的滑轮和齿轮系统提供动力。然而,一些精明的制造商看到,电力的巨大优势之一是便于传输,可以将它直接输送到各个工作区。在工厂中架设电网、安装电动机后,企业就能够摆脱掉笨重、死板而且昂贵的齿轮系统,从而在效率上把那些尚未采取此行动的竞争对手甩在后面。

2. 基础性技术的作用

基础性技术的价值则是在共享时比独占时更大。不妨设想在 19 世纪初,假如某家制造公司拥有建造铁路所需的全部技术。只要该公司愿意,就可以在其供应商、生产厂以及经销商之间铺设铁路专线,让自己的火车行驶在这些铁路上,从而提高这家公司生产的效率。然而,从经济的全局来看,如果能够铺设公共铁路网联结众多公司和众多购买者,将能创造更大的价值。无论是铁路、电报线还是发电机,基础性技术的特点和经济特性都会使其不可避免地走向广泛共享,并最终成为整个社会商业基础设施的一部分。

基础性技术在最初阶段是以专有技术的形式出现的。只要技术的获取受到限制,无论是有形的限制还是知识产权保护、高成本制约,公司就能够用它获得竞争优势。例如,从 1880 年左右建造第一座电站到 20 世纪初全面架设输电网之间的这段时间里,电力是一种稀缺的资源,得近水楼台之便的制造商常常能够获得重要的竞争优势。美国最大的螺钉螺帽制造商 Plumb, Burdict and Barnard 公司将它的工厂设在纽约州的尼亚加拉瀑布附近,这并非巧合,而是因为美国最早的大型水电站之一就设在此处。

基础性技术除了带来效率更高的全新运作方法之外,通常还能引发大范围的市场变化。在这种情况下,眼光长远的公司也能借机领先目光短浅的竞争对手。19 世纪中期,当美国开始风风火火地铺设铁路时,数以百计的轮船已经定期穿梭于美国的河流之中,使长途货运成为可能。许多商人以为铁路运输将基本上沿袭轮船的运输模式,只是在某些方面有所改进而已。事实上,铁路运输凭着更快的速度、更大的运量以及更广的通达范围,从根本上改变了美国的产业结构。突然间,成品的长途运输像原材料和工业部件的长途运输一样变得非常经济划算,大众消费品市场应运而生。有些公司看到了这个良机,于是立刻开始建设大规模的批量生产工厂,由此产生的规模经济使它们击败了在此之前一直统治着制造业的地方性小型生产厂。

二、信息技术与企业竞争战略

1. 信息技术的战略意义

虽然基础性技术为我们打开了获取优势的机会之门,但这扇门敞开的时间非常短暂。当一项技术的商业效用开始受到广泛推崇时,自然会吸引海量的资金投入,它的扩张建设将以超常的速度进行。铁轨、电报线、输电线的铺设或架设工作无一不犹如急风暴雨一般展开。扩张建设进入尾声,公司赢得独家优势的机会大多已消失殆尽。一拥而上的投资带来的是产能扩大、竞争加剧以及价格跌落,这使技术变得随处可得,而且价格也让人能够承受。与此同时,扩张建设迫使用户采用统一的技术标准,这就使专有系统变成了过时之物。随着应用技术的最佳实践得到广泛的认识和模仿,最后连使用技术的方式也开始变得标准化。实际上,最佳实践往往会融入基础设施之中。譬如,电气化以后,所有新建的工厂都安装了许多分布合理的电源插座。技术及其使用方式实际上都变得大众化了。在技术扩张建设结束后，剩下的唯一尚可争取的优势就是成本优势，然而即使是这一优势也很难得到保证。

当然，这并不是说基础性技术不再影响竞争。它们对竞争的影响依然存在，但这种影响只有在宏观经济层面才能感受到，在单个公司的层面上是感受不到的。例如，如果某个国家的某项基础性技术的建设滞后于经济的发展，无论这项技术是全国铁路网、供电网还是通信设施，该国的国内工业都将遭受严重的损失。同样，如果一个行业在利用某项技术力量上落后了，它就很容易被淘汰或取代。通常，一个公司的命运与影响其所在地区、所在行业的更大的力量息息相关。不过，关键问题在于，随着技术的普及和成本的降低，它的战略潜力——使公司有别于同类企业的能力无疑会渐渐消退。

虽然信息技术比先前的一些基础性技术更加复杂，更加灵活多变，但是它同样具有基础性技术的一切标志性特征。实际上，众多的特点集于一体更加快了信息技术大众化的速度。首先，网络仍然是一种传输机制，就像铁路运输货物、电网输送电力一样，信息技术传递的是数字形式的信息。与所有其他传输机制相似，信息技术在共享时的价值要远远超过独用时的价值。信息技术的商业应用历史，是互联性和互通性不断增加的历史，开始是主机分时系统，然后是以微机为基础的局域网，再后来演变成范围更广的以太网，最后出现了因特网。这个前进历程中的每个阶段都涉及技术的进一步标准化，近来更是有功能趋同的态势。对于今天的大多数商业应用软件而言，定制的好处根本抵消不了孤立所带来的高成本。

信息技术还极易复制，很难想象还有什么其他东西可以无止境地进行成本几乎为零的完美复制。信息技术的许多功能都具有近乎无限的可扩缩性，当这个特征与技术的标准化相结合时，大多数专用软件注定将会成为牺牲品。当你能够用少量的钱买到现成的先进软件时，为什么还要煞费苦心地编写自己独有的文字处理、电子邮件或者供应链管理程序呢？然而并非只有软件是可以复制的。由于大多数商业活动和流程已嵌在了软件之中，因此它们也变得可以复制了。当公司购买了一种通用的应用软件后，它们同时也就买下了一种通用业务流程。从节约成本和互通性这些好处来考虑，牺牲独特性在所难免。

因特网的出现为通用应用软件提供了一种完美的交货渠道，从而加速了信息技术的大众化。公司越来越倾向于向第三方购买收费的"网络服务"来满足它们的信息技术需求，这与购买电力或电信服务没有太大的区别。主要的商业技术供应商，从微软到IBM，大多试图将自己定位成信息技术的公用事业服务商，希望在所谓的"网格"（grid）上获得控制权，以控制各种商业应用软件的供应。最终的结果同样是导致信息技术能力的日益趋同，因为有更多的公司以通用软件来取代专用软件。

信息技术常常出现价格骤跌。当戈登·摩尔做出他那著名的预见性论断——计算机芯片上集成电路的密度每两年翻一番时，他预言的是计算处理能力的爆炸式增长。但是，这个预言也可以理解为计算机功能的价格也将暴跌。计算处理能力的价格从1978年480美元/MIPS（每秒百万指令）跌至1985年的50美元/MIPS，然后又跌到1995年的4美元/MIPS，而且跌势仍没有丝毫减弱。数据存储和数据传输的价格也一样在快速下降。信息技术价格的快速下降不但使计算机革命让一般的公司和民众受益，而且让阻碍竞争的最重要的一个潜在障碍荡然无存。现在，即使是最先进的信息技术能力也能很快变得人人皆可拥有。

　　竞争优势和核心竞争力的关系同时又类似于独特性技术和基础性技术的关系。最开始，企业常常因为某种独特性技术而获得了竞争优势，但是，随着时间的推移，竞争对手也掌握了这种技术，这时候这种技术就不成其为竞争优势了。当然，这种技术并不等于说没有用了，这种技术很快能转化为核心竞争力，转化为企业生产一系列相关产品的能力，很快又能获得某种竞争优势。

　　2. 基于信息技术的企业竞争战略

　　(1) 复杂性技术壁垒策略

　　公司研究的产品和工艺技术越来越难以保持专有。随着时间的推移，技术更加成熟，其知识传播越来越广。在没有专利的保护下，竞争优势将逐步消失，不管某些公司多么不情愿接受这一事实。因而任何建立在专有知识或专门技术基础上的技术壁垒将随时间消失。同样，缺乏合格的专业人员也将导致这种壁垒消失。这些变化不仅是新的竞争对手出现的温床，而且为供应方或买方纵向整合挤入此产业提供了方便。

　　专有技术的扩散速度取决于特定的产业。技术越复杂，要求的技术人员越专业，所需要的关键研究人员越多，或者研究职能的规模经济越大，专有技术将扩散得越慢。当仿制者面临巨额资本要求和研究与开发的规模经济时，专有技术将提供坚实的进入壁垒。一种抵制专有技术扩散的重要力量是专利保护，从法律上禁止扩散。但是，这种保护不太可靠，因为类似的发明可绕过专利。另一种抵制扩散的力量是通过研究与开发不断创立新的专有技术。新技术将延长公司专有技术优势的时间。但是，如果扩散期短，买主并不十分忠于发明公司，则不断创新可能不太合算。

　　(2) 纵向整合产业价值链策略

　　通过纵向整合产业价值链策略，可以使企业获得行业竞争优势、速度优势。

　　为了说明这一点，我们首先看图 1.4。

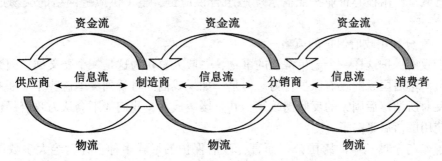

图 1.4　产业价值链的三流

　　在新经济时代，对企业来讲，制胜的武器就是速度，这里的速度就是最快地满足消费者的个性化需求。网络经济时代，企业实行敏捷供应链战略的一个重要竞争优势就在于速度。在传统的企业运作方式中，从接受订单到成品交付是一个漫长的过程：首先，企业要将所有的订单信息集中汇总到计划部门，由计划部门分解任务。从采购原材料开始，从前到后按工艺流程完成订单生产，除了必备的作业时间，中间不可避免地产生诸多等待现象。企业如果按敏捷供应链观念组织生产，其独特的订单驱动生产组织方式，在敏捷制造技术的支持下，可以最快速度响应客户需求。戴尔公司是成功利用信息技术实行敏捷供应链战略的楷模，企业收到订单后，快速将订单分解，并通过互联网将子任务分派给供应链上的各节点企业，各企业按电子订单生产并按核心企业的时间表供货，无论是需要一台电脑的个人还是数百台电脑的大公司，戴尔在接到订单后都会在几个工作日内送货，以北京为例，只需七天。

通常情况下，产品的个性化生产和产品成本是一对负相关目标，从事传统产业经营的人员对这一点体会更为深刻。然而在电子商务的实践中，这一对矛盾却得以成功解决，在获得多样化产品的同时，企业仍然可以具有低廉的成本优势。成本优势的取得源于两种成本的降低：库存成本和交易成本。

先分析库存成本。整条供应链的库存，可以被分为企业内部库存与企业间库存两种。传统组织方式是按照从供应到生产再到销售的推动生产方式进行的，企业内部缺乏后工序拉动的按订单即时生产的能力，很容易造成企业内部大量库存堆积。在企业与企业之间，由于供应链上游企业缺少相邻下游企业的即时信息，结果难以逃脱需求被逐级放大的"牛鞭效应"，导致企业间库存不断翻升。敏捷供应链依赖信息技术的支持，成功地实现了客户需要什么就生产什么的订单驱动生产组织方式，极大地降低了整条供应链的库存量。

再分析交易成本。任何一个企业都会有很多供应商，随着竞争的日渐激烈，许多企业都会将一些非核心技术外包，因此，每一个企业都将面临与供应商之间的交易问题。传统的供应商与生产企业之间存在价格博弈，双方讨价还价的过程是一个利益博弈过程，为了各自的利益，双方会尽量保留私有信息，因而造成交易成本，这种成本正是科斯在企业边界理论中所提到的交易费用，是一种巨大的摩擦成本。而在敏捷供应链管理思想下，核心企业及构成供应链的上下游节点企业在战略一致的前提条件下结盟，所有的同盟利益一致，信息共享，由核心企业按照需求动态组合供应链，整个供应链网络的交易成本降到最低。

（3）充分利用政府保护的策略

对于政府保护这样一个老生常谈的事物，一般人总认为这是一个贬义词，因为似乎美国总在反对落后国家的政府保护行为。但是，如果我们同时看到美国这些年不断利用政府保护来反对所谓落后国家的反倾销政策，并且屡屡成功，我们就不会认为政府保护是落后国家所使用的落后策略了。

对于参与全球竞争的跨国公司而言，政府保护的形式多种多样，绝大多数以保护本地企业或本地就业为借口。如，关税和其他税费，在限制实现规模经济效应上它们与运输成本有相同的效果；配额；政府或准政府实体（如电话公司、国防承包商）向本地企业的优先购买；政府坚持研究开发本土化或要求产品部件生产本土化；使当地企业受益的税收优惠待遇、劳工政策或其他经营法律法规；本国政府颁布的有利于该国企业从事全球经营的生产和反贿赂法、税法以及其他政策等。

政府保护能帮助本地所有的企业，政府法规也可能迫使跨国公司向特定国家出售特定的产品类型，也能使其以更加独特化的方式影响营销策略的实施。政府保护最易于发生在特色鲜明或影响某些重要的政府目标的产业中，这些目标包括就业、地区发展、本地战略性原料资源、国防和文化特色。例如，在电力和通信这样的产业里政府保护的力度就非常大。

对于个人计算机的组装生产来说，全世界最具竞争优势的企业莫过于 DELL 公司，就连 PC 的鼻祖 IBM 都被逼出了这个市场。如果将该公司与我国的联想集团进行比较，后者肯定与之相差很远。或许有人认为联想集团具有人力成本的优势，如果这么想就错了，实际上 DELL 仅仅是一个计算机整机拼装厂，所有的零部件除了 CPU，全部都是东南亚各国制造的，该公司最大的竞争优势来源于一种快速拼装计算机部件、快速发货的能力。如果在这个市场上没有任何影响自由竞争的障碍，那么这个市场将只会有 DELL 一个公司存在。但是，现在的问题是，计算机产业将类似于电力这种传统的产业，成为一个国家的基础性资源，如果我们自己不能生产，整个国家将陷入一种被挟持的地位。所以，国家必须保护这个产业，这是美国企业不愿看到的情况，反而恰恰是像中国这样的发展中国家不能忽视的。表面看来，似乎联想集团具有政府保护的优势，实际上这种优势目前处于逐渐丧失的状况。DELL 早已经开始雄心勃勃地进攻中国的政府采购领域，而且份额越来越大，甚至比联想集团更善于处理与政府机构的关系。

第四节　信息技术带来的管理变革

自 20 世纪 90 年代以来，经济全球化与信息化迅猛发展，世界上开始掀起新一轮管理变革的浪潮，随之而来的是许多传统的管理模式和管理理念越来越不合时宜。组织中的专业分工曾长期被认为是提高组织效率的有力工具，然而组织中由专业分工形成的金字塔组织结构亦导致了组织中僵化的本位主义和见树不见林的狭隘风气，造成组织结构叠床架屋，部门之间相互推诿，无形之中引起顾客的不满和抱怨，亦降低了组织的竞争能力。为此，许多组织无法适应当前快速变化的国际市场环境，无法适应顾客的需求，更无法在激烈的市场竞争中占据有利地位。在这种严峻的挑战面前，组织该怎样应对？许多组织学家都提出了自己的见解。IT 带来的管理变革主要包括三个方面：组织结构的变革、管理方法的变革和管理内容的变革。

一、组织结构的变革

1. 组织结构扁平化

组织结构扁平化是指通过减少企业的管理层级、压缩职能部门和机构、裁减冗员，使企业的决策层和操作层之间的中间管理层级尽可能减少来建立一种紧凑的横向组织，以便使企业快速地将决策权延至企业生产、营销的最前线，从而为提高企业效率而建立起来的富有弹性的新型管理模式。组织结构扁平化避免了传统金字塔式的企业管理模式的诸多难以解决的问题和矛盾，达到使组织变得灵活、敏捷，富有柔性、创造性的目的。它强调系统、管理层次的简化、管理幅度的增加与分权。

传统的企业组织结构是功能部门制，即按照不同的功能和职能设立不同的部门，每个部门由若干人员组成，部门设立相应的部门负责人，每个下级部门从属于某个上级部门。

上下级之间形成一个树形的组织结构。整个企业的组织结构呈金字塔式结构。企业的决策周期由上层到下层呈逐渐缩短的趋势，不同层次的实时性由下向上呈从低到高的趋势。

这种组织结构已经明显不能够适应当前竞争日益激烈的市场环境的要求。这种不适应主要反映在企业的柔性差、生产周期长、市场响应速度慢、客户需求满足度差。在传统的企业组织结构下，一个产品或者客户服务需要通过许多不同的功能部门，一个部门为许多不同的产品提供服务，为完成产品或者服务而执行的活动在不同的部门之间的传递逻辑复杂，因此，在未完成最终产品的制造前，客户几乎无法知道其订单的执行情况。

在这种组织结构下，每个单元都由其上一级的功能单元进行管理，它的工作完成的质量由上级进行评价，决策也由上级进行。因此，在出现问题的时候，每一级都会把责任推到上一级的功能单元，导致出现扯皮和责任不清的现象，不利于解决问题和改进工作。这种职责不清的现象最直接的后果是产品设计制造过程时间长和产品成本高。每个单元是对其上级负责而不是对用户负责，往往导致客户的满意度不高。另外，这种组织结构的柔性非常低，在客户订单投入生产后，客户想改变订单的需求、功能或者性能要求是非常困难的，即使能够改变，所涉及的生产成本的增加也是非常大的。

然而，产品客户化定制生产比例增加、客户希望了解产品设计及生产流程情况的需求、企业希望通过改进业务流程以降低产品成本和生产周期的要求等内外因素的不断增强，迫使企业必须改变传统的组织结构，更好地适应日益变化的市场环境。这种变化的最终结果是将传统的功能组织结构改变成面向市场的过程组织结构。相对于传统的功能组织结构，过程组织结构有两个明显的特点，一是以外部或者内部的客户作为过程的输出接收者，这样每个过程的执行结果都可以得到及时正确的检验，无论是内部还是外部的客户都可以对过程输出结果进行满意度评价；二是跨越传统的功能部门的边界，从而将原来割裂的业务过程集成起来，减少了不必要的部门间的协调过程和可能出现的扯皮现象。这种过程组织结构给企业从根本上大幅度缩短市场响应时间、提高服务质量和产品质量提供了一种可行的方案。

因此，采用过程管理将使企业改变传统的按照功能来配置人员的组织结构，变成按照企业要实现的主要业务流程来配置人员的组织结构，从而大大缩短了其主要业务过程的处理时间，提高了其对市场的响应能力。

组织结构的改变将大大减少在企业内部不必要的物料、信息的传递时间。当然，整个企业组织结构的改变首先需要调整传统的以部门组织生产、人员从属于某个部门的做法，变成以项目来组织生产和人员的工作方法，这样一个人可能同时从属于多个项目。

企业组织结构的变化需要经历一个相当长的过程，除了需要企业领导提高意识和进行组织结构调整外，还需要在整个企业普及过程管理的概念和方法，并建立相应的管理制度和支撑环境。在当前环境下，为了提高企业对市场响应的灵活性和柔性，许多企业已经将传统的金字塔的瘦长形结构转变为扁平形的组织结构。这种扁平形的结构在尽可能的条件下减少企业的组织层次，减少不必要的决策环节，提高对市场的响应速度。这种扁平形的组织结构可以看成是由功能部门组织结构到面向过程的组织过程的过渡阶段。图1.5给出了从功能部门组织结构到面向过程组织结构的转化过程。图中箭头方向反映了企业组织结构的变化趋势。

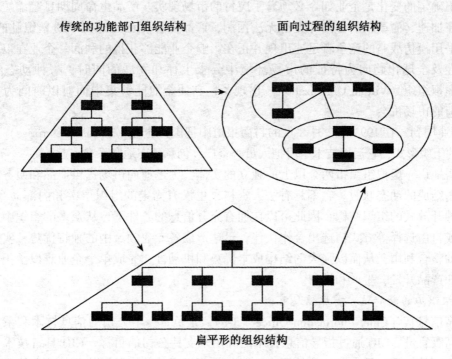

图 1.5　企业组织结构的变化趋势

从功能部门组织结构到面向过程的组织结构的转化过程就是一个管理跨度增加的过程。在传统的功能部门制结构下，按照最优管理方法设计的管理模式，一个部门管理的下属机构通常不超过 7 个（根据人类认知科学和企业管理的经验，一个人直接管理的事务数量最好小于 7 个，才能够保证最高的管理效率）。如果一个部门管理的下属机构超过 7 个，一般会将一部分机构进行重新分类并在它们之上定义一个新的中间机构，这个新的中间机构为这个部门的下级并对从原来部门中分离出来的机构进行管理。如一个厂的车间超过 7 个，可能会在车间之上定义分厂这个机构，并使分厂管理的车间少于 7 个。因此，在功能部门制的组织结构下，如果哪个管理部门由于管理的机构太多而导致效益低下，就会对组织结构进行调整以提高效率，而这种不断调整的结果就是产生了多层的阶梯形组织结构。从表面上看，部门的效率提高了，但是相应的官僚主义和扯皮现象却大大增加了，实际上效率反而降低了。

使一个组织的管理跨度增加，同时又能有效管理，除了运用面向过程的组织设计原理，还需要管理信息系统加以辅助。信息技术实际上延伸了人体器官，过去的办公环境通常局限在几栋办公楼里，现代企业可以远程控制其下属机构，甚至产生了虚拟企业。正是现代信息技术突破了以前组织结构的局限，可以创建规模更庞大，效率却更高的扁平化组织结构。

2. 虚拟组织

科学技术的进步、信息网络技术的飞速发展推动着经济全球化的进程。任何一个公司都不能忽视来自本国和外国的竞争者，也不能忽视消费者的需求。可以说，市场和竞争中急剧而不确定的变化是企业如今必须着手应付的市场现实。产品生命周期日趋缩短，革新的步伐在加速，而革新的方向却变得无法预测，产品多样化已经达到了纷繁缭乱的程度，同时，采用模仿战略的竞争者迅速出现并正在影响企业能够获得的利润。企业在以多变和不确定性及全球化趋向为特征的市场环境中寻求生存和发展的同时，一种动态组织机制——虚拟组织（Virtual Organization）出现了，它使企业能够集中面对以时间为基础的转瞬即逝的市场机会。

《商业周刊》在1993年2月8日的封面报道中把虚拟企业（Virtual Enterprise）定义为一种新的组织形式，它运用技术手段把人员、资产、创意动态地联系在一起。

通俗地讲，虚拟组织指两个以上的独立的实体，为迅速向市场提供产品和服务、在一定时间内结成的动态联盟。它不具有法人资格，也没有固定的组织层次和内部命令系统，而是一种开放式的组织结构，因此可以在拥有充分信息的条件下，从众多的组织中通过竞争招标或自由选择等方式精选出合作伙伴，迅速形成各专业领域中的独特优势，实现对外部资源的整合利用，从而以强大的结构成本优势和机动性，完成单个企业难以承担的市场功能，如产品开发、生产和销售。

3. 组织中的新职位：首席信息官

首席信息官（Chief Information Officer，CIO）是负责一个公司的信息技术和系统所有领域的高级官员。CIO通过指导信息技术的利用来支持公司的目标。CIO具备技术和业务过程两方面的知识，具有多功能的概念，常常是将组织的技术调配战略与业务战略紧密结合在一起的最佳人选。

随着管理信息系统在组织中的地位上升到战略位置后，一种新型的管理职位产生了。作为概念的CIO出现于20世纪80年代初，主要是信息资源管理理论研究和发展的产物。首次提出CIO概念的不是信息界，而是工商企业界。1981年，美国波士顿第一国民银行经理William R. Synnott和坎布里奇研究与规划公司经理William H. Gruber两人在其著作《信息资源管理：80年代的机会和战略》中首次提出了CIO的概念。作为职位的CIO则出现于20世纪80年代中期，是一个组织的信息管理发展到战略信息管理阶段时的必然产物。

一个企业的运营过程，不论其身处哪个行业，其实都是一个信息不断产生、传递、分析和输出的过程。对信息进行很好的管理，事实上也就是对企业的运营有一个很好的管理。

CIO所管理的IT系统越来越多地掌控企业的信息流、资金流以及业务流程，甚至业务流程的改变都需要CIO来参与和推动，这就是未来CIO的一个发展方向。这个方向已经体现在一些先进企业的CIO身上了，而且这个数量在不断地增加。

在企业信息功能领域，战略信息管理是沿着两个方向成长的：沿着技术方向，经由数据处理—管理信息系统—战略信息系统—IT战略管理，而最终实现了与业务战略的整合，形成了战略信息管理；沿着信息资源方向，经由文献管理（包括档案管理、记录管理和图书馆管理）—科技情报管理—竞争情报分析—战略规划，而最终依托战略信息系统，开创了战略信息管理的新领域。当企业信息功能领域的两大主流沿着不同的方向到达战略信息管理的高度时，信息技术与信息资源已自成一体，需要做的只是通过信息体制使这种自成一体的新的"信息功能体"制度化和组织化，以最大限度地发挥信息功能的作用。首席信息官这种新职位的产生就是要从战略的高度解决企业的信息问题。

二、管理方法的变革

1. 业务流程重组

BPR（Business Process Reengineering）就是业务流程重组或企业流程再造，是20世纪90年代由美国麻省理工学院（MIT）的计算机教授迈克尔·哈默（Michael Hammer）和 CSC 管理顾问公司的董事长钱皮（James Champy）提出的。1993年，在他们合著的《公司重组——企业革命宣言》一书中，迈克尔·哈默和钱皮指出，200年来，人们一直遵循亚当·斯密的劳动分工的思想来建立和管理企业，即注重把工作分解为最简单和最基本的步骤；而目前应围绕这样的概念来建立和管理企业，即把工作任务重新组合到首尾一贯的工作流程中去。他们给 BPR 下的定义是，为了飞跃性地改善成本、质量、服务、速度等现代企业的主要运营基础，必须对工作流程进行根本性的重新思考并彻底改革。它的基本思想就是：必须彻底改变传统的工作方式，也就是彻底改变传统的自工业革命以来，按照分工原则把一项完整的工作分成不同部分、由各自相对独立的部门依次完成的工作方式。

BPR 理论为什么会于90年代出现？这是与世界经济的发展，社会环境的变化，科学技术的进步，新技术、新方法的推广应用以及人的素质的大幅度提高分不开的，其主要原因可归纳为以下几点：

第一，信息技术的发展与应用为 BPR 理论的出现提供了强有力的支持。利用信息技术能够有效地帮助企业实现 BPR，譬如利用仿真建模工具可以重新设计经营过程；采用计算机网络、数据库和多媒体等技术建立企业级、地区级乃至全球级网络，能够加快信息传递，实现信息共享，其结果是将传统的串行工作方式变为并行工作方式，将企业组织结构的层次由垂直变为水平，使企业成为协同工作的组织；利用专家系统和决策支持系统，可以使原来只能由专业技术人员和领导担当的工作转为由一般员工也可以担当等。美国在80年代投资1万亿美元进行信息化装备建设，在1993年又掀起了一股建设未来信息产业基础设施——信息高速公路的热潮，到1995年国内企业计算机联网率高达90%，雄厚的技术基础使美国企业得以在90年代推行以 BPR 理论为指导思想的变革，并取得立竿见影的效果。

第二，先进的制造技术、管理模式日臻完善，它们为 BPR 的实施创造了条件。例如，柔性制造系统，是一种能高效率、高质量地进行多品种、中小批量生产的自动化可变加工系统，利用它生产产品可以快速响应市场变化，满足顾客的多样化和个性化需求。一些现代管理模式，如精益生产、准时制造和全面质量管理等，提倡以顾客为中心、小组工作、自我负责、增值第一和质量第一的原则，企业在实施 BPR 时，可以创造性地采用这些原则，使重组活动开展得更好。

第三，员工素质的明显提高是保障 BPR 实施成功的前提条件。企业员工是经营过程的基本元素，他们素质的高低是 BPR 能否取得成功的决定性因素。现在，员工工作的积极性和主动性高于过去，不再满足于从事单调、简单的工作，而是希望承担一定的责任，有一定的权力，在工作中能充分发挥自我，有成就感。这样，就能帮助企业以更大的可能实施 BPR。

第四，巨大的经济效益的拉动。企业管理模式的改变，特别是与全面信息系统化相结合所产生的直接经济效益是极其巨大的。美国惠普公司人事管理部的改革是这方面的成功案例。惠普公司的人事管理部原来由分散在 50 多个分公司和 120 个销售办事处的 50 多个分支机构组成，下设的各个分支机构没有人事决策权，用人申请必须经过总公司的裁定。低层经理如果要招聘人员，需要自下而上，层层申请，自上而下，层层批复，通过贯穿于公司的整套机构才能完成。这种效率低下的人事工作流程不仅对应聘者而言太过烦琐，而且对于需要用人的经理而言也难以忍受。为此，惠普的人事管理改革首先着眼于员工求职过程，设立专门的招聘系统（EMS），由"应聘响应中心"统一接收申请人的人事材料，经过初步处理后，发往美国各地的惠普人事部门，人事信息就可能通过 EMS 得到共享，并且可以获得快捷的服务。以此为开端的惠普人事管理部改革，为惠普的人事工作带来了巨大的效益。

企业业务流程再造的理论彻底地改变了 200 年来遵循亚当·斯密的劳动分工思想建立和管理企业的观念，将企业管理的核心由"职能"转变为"流程"，即"一套完整地贯彻始终的、共同为顾客创造价值的活动"，原来的社会分工模式将企业的流程人为地分解为一个个专门化的任务，在企业内部形成一个个职能堡垒，严重地阻碍了企业面向顾客、为顾客创造价值，使许多企业不能适应迅速变化的市场环境，因此，必须打破组织中的这些职能堡垒，以"为顾客创造价值的流程"的视角来重新设计组织的结构，以实现企业对外界市场环境的快速反应，提高企业竞争力。该理论一经提出，即引起了西方管理学界和工商企业界的极大震动和高度重视，被喻为是继 20 世纪 70 年代以日本为先导的全面质量管理（TQM）运动之后的第二次管理革命。美国的一些大公司，如 IBM、柯达、通用汽车、福特汽车、施乐和 AT&T 等大企业使用该理论进行改革以后，取得了巨大成功，企业界把它视为获得竞争优势的重要战略。

2. 准时制生产与精益生产

有些学者认为，精益生产（Lean Production，LP）就是指 JIT，这种说法并不准确，但两者确实关系密切。

20 世纪初，从美国福特汽车公司创立第一条汽车生产流水线以来，大规模的生产流水线一直是现代工业生产的主要特征。大规模生产方式是以标准化、大批量生产来降低生产成本，提高生产效率的。这种方式适应了美国当时的国情，汽车生产流水线的产生，一举把汽车从少数富翁的奢侈品变成了大众化的交通工具，美国汽车工业也由此迅速成长为美国的一大支柱产业，并带动和促进了包括钢铁、玻璃、橡胶、机电以至交通服务业等在内的一大批产业的发展。大规模流水生产在生产技术以及生产管理史上具有极为重要的意义。

1950 年，日本的丰田英二考察了美国底特律的福特公司，在鲁奇厂进行了三个月的参观。当时鲁奇厂是世界上最大而且效率最高的汽车制造厂，这个厂每天能生产 7000 辆轿车，比日本丰田公司一年的产量还要多。但丰田英二在他的考察报告中却写道，那里的生产体制还有改进的可能。第二次世界大战后的日本经济萧条，缺少资金和外汇。怎样建立日本的汽车工业？照搬美国的大量生产方式，还是按照日本的国情，另谋出路，丰田英二选择了后者。日本的社会文化背景与美国是大不相同的，日本的家族观念、服从纪律和团队精神是美国人所没有的，日本没有美国那么多的外籍工人，也没有美国的生活方式所形成的自由散漫和个人主义的泛滥。日本的经济和技术基础也与美国相距甚远。日本当时没有可能全面引进美国的成套设备来生产汽车，而且日本当时所期望的生产量仅为美国的几十分之一。"规模经济"法则在这里面临着考验。丰田英二和他的伙伴大野耐一进行了一系列的探索和实验，根据日本的国情，提出了解决问题的方法。经过 30 多年的努力，终于形成了完整的丰田生产方式，使日本的汽车工业超过了美国，年产量达到了 1300 万辆，占世界汽车年总产量的 30% 以上。在制造、电子、计算机、飞机制造等工业中，丰田生产方式是日本工业竞争战略的重要组成部分，它反映了日本在重复性生产过程中的管理思想。

关于这两个概念，下面分别加以阐述。

（1）准时生产

JIT（Just In Time）即准时生产，又译为实时生产系统，简称 JIT 系统或 JIT 生产方式。

在 20 世纪后半期，全球汽车市场进入了一个市场需求多样化的新阶段，而且对质量的要求也越来越高，随之给制造业提出的新课题即是如何有效地组织多品种小批量生产，否则的话，生产过剩所引起的将是设备、人员、库存费用等一系列的浪费，从而影响到企业的竞争能力以至于生存。

在这种历史背景下，1953 年，日本丰田公司的副总裁大野耐一综合了单件生产和批量生产的特点和优点，创造了一种在多品种小批量混合生产条件下高质量、低消耗的生产方式即准时生产。JIT 在推广应用过程中，经过不断发展完善，为日本汽车工业的腾飞插上了翅膀，提高了生产效率。这一生产方式亦为世界工业界所注目，被视为当今制造业中最理想且最具有生命力的新型生产系统之一。JIT 是第二次世界大战以后最重要的生产方式之一。由于它起源于日本的丰田汽车公司，因而曾被称为"丰田生产方式"，后来随着这种生产方式的独特性和有效性被越来越广泛地认识、研究和应用，人们才称为 JIT。

JIT 的基本思想是"只在需要的时候，按需要的量，生产所需的产品"，也就是追求一种无库存，或库存达到最小的生产系统。JIT 的基本思想是生产的计划和控制及库存的管理。

JIT 以准时生产为出发点，首先暴露出生产过量和其他方面的浪费，然后对设备、人员等进行淘汰、调整，达到降低成本、简化计划和提高控制的目的。在生产现场控制技术方面，JIT 的基本原则是在正确的时间，生产正确数量的零件或产品，即准时生产。它将传统生产过程中前道工序向后道工序送货，改为后道工序根据"看板"向前道工序取货，看板系统是 JIT 生产现场控制技术的核心，但 JIT 不仅仅是看板管理。JIT 的基础之一是均衡化生产，即平均制造产品，使物流在各作业之间、生产线之间、工序之间、工厂之间平衡、均衡地流动。为达到均衡化，在 JIT 中采用月计划、日计划，并根据需求变化及时对计划进行调整。

JIT 提倡采用对象专业化布局，用以减少排队时间、运输时间和准备时间，在工厂一级采用对象专业化布局，以使各批工件能在各操作间和工作间顺利流动，减少通过时间。JIT 可以使生产资源合理利用，包括劳动力柔性和设备柔性。当市场需求波动时，要求劳动力资源也作相应调整。设备柔性是指在产品设计时就考虑加工问题，发展多功能设备。JIT 强调全面质量管理，目标是消除不合格品。消除可能引起不合格品的根源，并设法解决问题。JIT 哲理的核心是：消除一切无效的劳动与浪费，在市场竞争中永无休止地追求尽善尽美。JIT 十分重视客户的个性化需求、重视全面质量管理、重视人的作用、重视对物流的控制、主张在生产活动中有效降低采购、物流成本。任何类型的企业都可以采用 JIT。

　　随着互联网技术的广泛运用，企业已经能够将 JIT 扩展延伸至组织边界之外。通过要求供应商实时提供原材料，实现 JIT 生产，公司的订货、配送等流程变得更快捷、更灵活、更高效。现在，综合化的供需网络（亦被称为"电子供应链"）正在形成。

　　JIT 在 20 世纪 70 年代末期从日本引入我国，长春第一汽车制造厂最先开始应用看板系统控制生产现场作业。80 年代初，中国企业管理协会组织推广现代管理方法，看板管理被视为现代管理方法之一，在全国范围内宣传推广，并为许多企业采用。近年来，在我国的汽车工业、电子工业、制造业等实行流水线生产的企业中应用 JIT，获得了明显效果，例如第一汽车制造厂、第二汽车制造厂、上海大众汽车有限公司等企业，结合企业自身情况创造性地应用 JIT，取得了丰富的经验，创造了良好的经济效益。

　　（2）精益生产（Lean Production）

　　从 20 世纪 70 年代开始，日本作为一个第二次世界大战的战败国，竟然成为世界上最大的债权国，而美国则是最大的债务国。日本企业家开始在美国"攻城略地"，象征美国企业家精神的洛克菲勒中心大楼竟然被日本企业买下，好莱坞的影业巨头哥伦比亚广播公司也被日本企业收购，夏威夷岛上的豪华酒店几乎都被日本人收购。从 70 年代到 80 年代初，由于片面强调第三产业的重要而忽视了制造业对国民经济健康发展的保障作用，美国的制造业严重地衰退，逐步丧失了其世界霸主的地位，出现巨额的贸易赤字。1986 年，在国家科学基金会（NSF）和企业界的支持下，美国麻省理工学院（MIT）的"工业生产率委员会"开始深入研究衰退的原因和振兴对策。研究的结论是：一个国家要生活得好，必须生产得好。研究重申作为人类社会赖以生存的物质生产的基础产业——制造业的社会功能，提出了以技术先进、有强大竞争力的国内制造业夺回生产优势，振兴制造业的对策。

　　1985 年美国麻省理工学院筹资 500 万美元，确定了一个名叫"国际汽车计划"（IMVP）的研究项目。在丹尼尔·鲁斯教授的领导下，组织了 53 名专家、学者，用 5 年时间对 14 个国家的近 90 个汽车装配厂进行实地考察。他们查阅了几百份公开的简报和资料，并将西方的大量生产方式与日本的丰田生产方式进行对比分析，最后于 1990 年出版了《改变世界的机器》一书，第一次把丰田生产方式定名为 Lean Production，中国内地翻译为精益生产。这个研究成果在汽车业内的轰动，掀起了一股学习精益生产方式的狂潮。精益生产方式的提出，把丰田生产方式从生产制造领域扩展到产品开发、协作配套、销售服务、财务管理等各个领域，贯穿于企业生产经营活动的全过程，使其内涵更加全面，更加丰富，对指导生产方式的变革更具有针对性和可操作性。接着在 1996 年，经过 4 年的

"国际汽车计划"（IMVP）第二阶段的研究，他们出版了《精益思想》。《精益思想》解决了前一研究成果并没有对怎样能学习精益生产的方法提供多少指导的问题，描述了学习丰田方法所必需的关键原则，并且通过例子讲述了各行各业均可遵从的行动步骤，进一步完善了精益生产的理论体系。

在此阶段，美国企业界和学术界对精益生产方式进行了广泛的学习和研究，提出很多观点，对原有的丰田生产方式进行了大量的补充，主要是增加了很多 IE 技术、信息技术、文化差异等对精益生产理论进行完善，以使精益生产更具适用性。特别是在 20 世纪末，随着研究的深入和理论的广泛传播，越来越多的专家学者参与进来，出现了百花齐放的现象，各种新方法层出不穷，如大规模定制（mass customization）与精益生产相结合、单元生产（cell production）、JIT2、5S 的新发展、TPM 的新发展等。很多美国大企业将精益生产方式与本公司的实际相结合，创造出了适合本企业需要的管理体系，例如，1999 年美国联合技术公司（UTC）的 ACE 管理（Achieving Competitive Excellence）、精益六西格玛管理、波音的群策群力、通用汽车的竞争制造系统（GM Competitive MFG System）等。

从以上描述我们可以发现，JIT 主要指日本独特的"丰田生产方式"，这种方式同时包含日本的企业文化。美国汽车制造业在学习"丰田生产方式"后，当然不能完全照搬，必须同时考虑美国的企业文化。因此，MIT 的专家学者不断根据美国企业的特点对"丰田生产方式"加以修订，从而使美国汽车制造业能在下一轮竞争中胜出。所以，两者并不完全等同。

3. 敏捷制造和虚拟制造

如果说 20 世纪 70 年代到 80 年代是美国制造业的低迷期，那么 90 年代就是其振兴期。克林顿成为总统后，大力发展美国的制造业，尤其是利用信息技术。

1988 年由美国通用汽车公司和美国里海大学工业工程系共同提出了一系列新的制造企业战略，其中敏捷制造和虚拟制造备受关注。他们为此成立了国家制造科学中心和制造资源中心，得到国家科学基金会、国防部、商业部和许多公司的支持，经国会听证后向联邦政府提出建议。1992 年，由美国国会和工业界在里海大学建立了美国敏捷制造企业协会（AMEF）。该协会每年召开一次有关敏捷制造的国际会议。

从 1991 年开始，以美国为首的各发达国家对敏捷制造进行了大量的研究。美国国防部主持了一项 21 世纪制造业发展研究计划，该计划始于 1991 年，有一百多家公司参加，由通用汽车公司、波音公司、IBM、德州仪器公司、AT&T、摩托罗拉等 15 家著名大公司和国防部代表共 20 人组成了核心研究队伍。此项研究历时 3 年，于 1994 年底提出了《21世纪制造企业战略》。在这份报告中，提出了既能体现国防部与工业界各自的特殊利益，又能获取他们共同利益的一种新的生产方式，即敏捷制造。

半个世纪以来，特别是近三十年来，信息革命已经渗透至各个经济部门，迅速改变着传统产业和整个经济的面貌。计算机和通信技术的迅猛发展极大地拓展了制造业的广度和深度，产生了一批新的制造技术，使制造业正发生着质的飞跃。

纵观制造业的信息化进程，可将其分为以下几个阶段：

（1）功能自动化阶段

20 世纪 70 年代电子技术和计算机技术的发展为生产领域的自动控制提供了可能，使得以计算机为辅助工具的制造自动化技术成为可能，由此出现了计算机辅助设计（CAD）、计算机辅助制造（CAM）、计算机辅助工艺规划（CAPP）、物料管理计划（MRP）等自动化系统。

（2）信息集成和过程优化阶段

80年代针对设计、加工和管理中存在的自动化孤岛问题，为实现制造信息的共享和交换，采用计算机采集、传递、加工处理信息，形成了一系列信息集成系统，如CAD/CAPP/CAM、CAD/MRPⅡ、CAPP/MRPⅡ、CIMS。90年代信息和通信技术在知识经济发展过程中处于中心地位，企业意识到除了信息集成这一技术外，还需要对生产过程进行优化。如用并行工程（CE）的方法，在产品设计时考虑下游工作中的可制造性、可装配性等，重组设计过程，提高产品开发的能力；用业务流程重组（BPR），将企业结构调整成适应全球制造的新模式。

（3）敏捷化阶段

1995年以后，以Internet为代表的国际互联网以极快的速度发展。Internet在改变信息传递方式的同时也改变着企业的组织管理方式，使以满足全球化市场用户的需求为核心的快速响应制造活动成为可能，敏捷制造（Agile Manufacturing，AM）、虚拟制造（Virtual Manufacturing，VM）等新的制造模式应运而生。

从制造业的信息化进程可看出，随着信息技术、计算机技术的迅速发展，从知识到应用之间的间隔越来越短，未来的制造业在某种意义上将成为一种信息产业，信息将成为制造业的决定因素，用信息技术促进未来制造业的改造已成为时代潮流。21世纪，世界制造业发展的总趋势是：信息技术在促进制造业发展过程中的作用仍然是第一位的；独占性技术决定了产品的价值和价格；联合和竞争两位一体，并超出国界，敏捷性成为制造业追求的目标；管理创新对制造业发展的作用日益突出。制造技术继续围绕信息化、智能化、精密化、集成化和绿色化方向发展。

三、管理内容的变革

1. 知识管理

知识管理（Knowledge Management，KM）是网络新经济时代的新兴管理思潮与方法，管理学者彼得·德鲁克早在1965年就预言，知识将取代土地、劳动、资本与机器设备，成为最重要的生产因素。当20世纪90年代因特网迅速发展后，知识管理的观念成为企业积累知识财富，创造更多竞争力的利器。

知识管理可以定义为，在组织中建构一个量化与质化的知识系统，让组织中的信息与知识，通过获得、创造、分享、整合、记录、存取、更新、创新等过程，不断地回馈到知识系统内，永不间断地累积个人与组织的知识，并形成组织智慧，进而在企业组织中成为管理与应用的智慧资本，以便企业做出正确的决策，以顺应市场的变迁。

21世纪企业的成功越来越依赖于企业所拥有的知识的质量，利用企业所拥有的知识为企业创造竞争优势和持续竞争优势对企业来说始终是一个挑战。企业实施知识管理的原因在于以下几个方面：

（1）竞争

市场竞争越来越激烈，创新的速度加快，所以企业必须不断获得新知识，并利用知识为企业和社会创造价值。

（2）顾客导向

企业要为客户创造价值。

（3）工作流动性的挑战

雇员的流动性加快，雇员倾向于提前退休，如果企业不能很好地管理其所获得的知识，企业有失去其知识基础的风险。

（4）环境的不确定性

环境的不确定性表现在由于竞争而导致的不确定性和由于模糊性而带来的不确定性，在动态的不确定环境下，技术更新的速度加快，学习已成为企业得以生存的根本保证，组织成员获取知识和使用知识的能力成为组织的核心技能，知识已成为企业获取竞争优势的基础，成为企业重要的稀缺资产。

（5）全球化的影响

全球化经营要求企业具有交流沟通能力以及知识获取、知识创造与知识转换的能力。知识创造、知识获取和知识转换依赖于企业的学习能力，学习是企业加强竞争优势和核心竞争力的关键。

知识管理就是为企业实现显性知识和隐性知识共享提供新的途径，是利用集体的智慧提高企业的应变和创新能力。知识管理包括以下几个方面的工作：建立知识库；促进员工的知识交流；建立尊重知识的内部环境；把知识作为资产来管理。

2. 服务外包

20 世纪 90 年代以来，随着信息技术的迅速发展，特别是互联网的普遍存在及广泛应用，服务外包得到蓬勃发展。从美国到英国，从欧洲到亚洲，无论是中小企业还是跨国公司，都把自己有限的资源集中在公司的核心能力上而将其余业务交给外部专业公司，服务外包成为发达经济中不断成长的现象。

服务外包是指企业将其非核心的业务外包出去，利用外部最优秀的专业化团队来承接其业务，从而使其专注核心业务，达到降低成本、提高效率、增强企业核心竞争力和对环境的应变能力的一种管理模式。

服务外包包括 BPO（Business Process Outsourcing），ITO（Information Technology Outsourcing），KPO（Knowledge Process Outsourcing）。三者统称为服务外包业。

目前，服务外包广泛应用于 IT 服务、人力资源管理、金融、会计、客户服务、研发、产品设计等众多领域，服务层次不断提高，服务附加值明显增大。根据美国邓百氏公司的调查，全球的服务外包领域中扩张最快速的是 IT 服务、人力资源管理、媒体公关管理、客户服务、市场营销。

根据服务外包承接商的地理分布状况，服务外包可以分为三种类型：离岸外包、近岸外包和境内外包。离岸外包是指转移方与为其提供服务的承接方来自不同国家，外包工作跨境完成；近岸外包是指转移方和承接方来自于邻近国家，近岸国家很可能会讲同样的语言、在文化方面比较类似，并且通常提供了某种程度的成本优势；境内外包指转移方与为其提供服务的承接方来自同一个国家，外包工作在境内完成。

Diromualdo 和 Gurbaxani（1998）把服务外包的战略意图分为三类：降低成本和提高 IT 资源的效率、提高 IT 对企业绩效的贡献、利用市场上与技术相关的资产来开发和销售以新技术为基础的货物或服务。

信息技术和互联网对服务外包的支持和促进作用表现在：一是互联网的延展性和灵活性使地理位置、自然资源对企业的约束化于无形，市场可以无限制地延伸到任何时间、任何地方，从而为服务外包跨越时空障碍提供技术支持。二是计算机技术、通信技术、光电子技术、自动控制技术和人工智能技术等的发展大幅度降低了信息处理的成本，增加了信息储存的容量，提高了信息的传播速度，消除了人们搜集和应用信息的时空限制，保证了信息传输的安全可靠，为服务外包各方参与者之间方便、快捷、安全地交流和传递信息提供了技术支持。三是基于计算机技术、仿真技术和信息技术建立的决策支持系统（Decision Support System，DSS）帮助企业决策者以最快的方式尽可能多地获得有关企业内外部及企业之间的信息，及时对这些信息进行综合处理，为服务外包管理者准确快速地决策提供了技术支持，信息技术发展与服务外包的程度正相关。

服务外包通过有效节省成本来提高企业绩效。降低成本，减少投入是企业提高绩效最原始的手段。根据美国外包研究所的估计，服务外包能够为企业带来 9% 的成本节省。服务外包实现成本节省的途径：一是通过供应方的规模经济获得成本节省。二是通过供应方的范围经济获得成本节省。三是通过供应方的学习效应获得成本节省。四是虽然交易成本会随着企业的服务外包程度的提高而增加，但在具体实施过程中，服务外包企业可以依靠信息技术、通过与供应方建立长期稳定的合作关系等手段来降低交易成本。可见，成本与服务外包存在相关关系。实际上，成本越高，企业越希望通过服务外包来降低成本，服务外包的程度也越高。

美国企业在目前服务外包潮流中再次扮演着领先者角色，其向外发包引领潮流，在全球性 BPO 提供商中美国企业也居多。凭借产权、企业制度和竞争环境等基本面的相对优势，美国企业已经在服务外包市场占有某种先行者优势。一国企业竞争力是一国经济繁荣的基础。服务外包是 21 世纪发达国家经济战略优势角力的关键因素之一。

本 章 小 结

1. ENIAC 的发明激发了美国民众研究计算机的强烈兴趣，媒体的报导甚至让很多人认为 ENIAC 是世界上第一台电子计算机；自 20 世纪 40 年代以来，许多系统名词相继出现，其中包括系统科学、系统工程、系统理论、控制论、系统分析、系统方法，以及系统思维等。系统科学被认为是信息系统的理论基础，其概念被广泛用于信息系统研究。信息系统的基本概念是建立在普通系统理论（General Systems Theory）和系统科学（Systems Sciences）的基础之上的。1967 年，明尼苏达大学卡尔森管理学院的著名教授高登·戴维斯创建了 MIS 学科，20 世纪 80 年代，管理信息系统开始大放异彩。

2. 管理信息系统的核心概念包括：管理信息系统、信息、系统、系统管理、控制论、管理信息系统学科和安东尼模型等。

3. 独特性技术能够为某一家公司所拥有或有效控制，能够成为长期战略优势的基础，使公司获得高于对手的利润,基础性技术的价值则是在共享时比独占时更大。竞争优势和核心竞争力的关系同时又类似于独特性技术和基础性技术的关系。最开始,企业常常因为某种独特性技术而获得了竞争优势,但是,随着时间的推移,竞争对手也掌握了这种技术,这时候这种技术就不成其为竞争优势了。当然,这种技术并不等于说没有用了,这种技术很快能转化为核心竞争力,转化为企业生产一系列相关产品的能力,很快企业又能获得某种竞争优势。

4. 信息技术所引致的管理变革包括三个层次:组织结构的变革、管理方法的变革和管理内容的变革。组织结构的变革包括组织结构的扁平化、虚拟组织和 CIO;管理方法的变革包括 BPR、准时生产与精益生产、敏捷制造与虚拟制造;管理内容的变革包括知识管理和服务外包。

参考阅读

[1] [加] 马歇尔·麦克卢汉. 理解媒介:论人的延伸. 北京:商务印书馆,2000.

[2] [奥] 路德维希·冯·贝塔朗菲. 一般系统论. 北京:社会科学文献出版社,1987.

[3] [美] 米歇尔·沃尔德罗普. 复杂:诞生于秩序与混沌边缘的科学. 上海:生活·读书·新知三联书店,1997.

[4] [比] 伊利亚·普利高津. 确定性的终结——时间、混沌与新自然法则. 上海:上海科技教育出版社,1998.

[5] [美] 德鲁克. 21 世纪的管理挑战. 北京:机械工业出版社,2006.

思考与练习

1. 管理信息系统是如何产生与发展的?
2. 请表述与评价管理信息系统的 4 个定义。
3. 试评价麦克卢汉"媒介即信息"的观点。
4. 系统具有哪几个特征?
5. 简述信息论、系统论、控制论的主要内容。
6. 简述安东尼模型的主要内容。
7. 说明信息技术在竞争中的作用。
8. 简述信息技术产生的管理变革。

第二章　信息革命与信息时代

本章主要讲述两个主题：信息革命与信息时代。

第一节根据人类处理信息的工具将人类的文明史划分为五个阶段：第一次信息革命以前（文字发明以前）、第一次信息革命（文字和手抄书出现）、第二次信息革命（造纸和印刷术出现）、第三次信息革命（电报和电话出现）和第四次信息革命（计算机普及和因特网出现）。

第二节将近现代信息技术的发展过程分为五个阶段：机械式计算器时代、大型主机时代、计算机的小型化时代、微型计算机时代和因特网时代。

第一节　信 息 革 命

彼得·德鲁克认为："当前的信息革命实际上是人类历史上第四次信息革命。"第一次信息革命出现了文字和手抄书；第二次信息革命出现了造纸和印刷术；第三次信息革命出现了电报和电话。每一次信息革命都是人类在信息处理能力上的大飞跃。

人类迄今为止所发明的信息工具可谓数不胜数，每一种工具都是信息在获取、存储、分析和传递等四个方面对人体器官的延伸。因为，首先人类自身就是一部超强的信息工具。我们的五官，包括皮肤都能获取自身和外部的信息，我们的大脑是存储和分析信息的总部（目前医学发现，心脏对于信息的存储具有不可思议的作用），我们身体的外部器官均能传递信息（当然如果你不会解读这些信息，你就感觉不到有信息在传递）。但是，面对复杂的外部世界，人类为了更好地生存下去，现有的这些器官不够用了，于是我们发明了各种工具来延伸我们的身体器官。在没有显微镜之前，人类根本无法相信还有微生物（人体内存在数以亿计的各种微生物）这样庞大而可怕的生物存在，显微镜正是人类眼睛的延伸。

下面我们用五个发展阶段对人类处理信息的工具进行简单的描述。

一、第一次信息革命以前

文字发明以前主要有两种方式来记录和传递信息：结绳和契刻。

1. 结绳记事

结绳记事，即在一条绳子上打结，用以记事，是被原始先民广泛使用的一种信息表达方式，是原始社会创造的以绳结形式反映社会活动及其数量关系的记录方式。用于记事的绳结如图 2.1 所示。

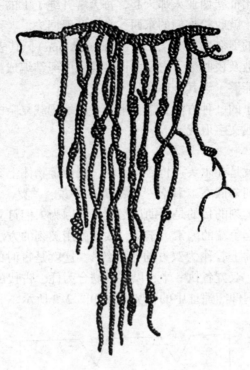

图 2.1　用于记事的绳结

我国文献记载："上古结绳而治，后世圣人易以书契，百官以治，万民以察。"① 古代埃及、波斯、秘鲁都曾用结绳来记事。大洋洲的波利尼西亚人也曾用结绳来记事。直到近现代，有些少数民族仍在采用结绳的方式来记录客观活动。

中国云南的独龙族、傈僳族、怒族、佤族、瑶族、纳西族、普米族、哈尼族和西藏的珞巴族等，在中华人民共和国成立前，也仍用结绳方法记日子。傈僳族用结绳法记账目；哈尼族借债，用同样长的两根绳子打同样的结，各执其一作为凭证；纳西族、普米族常用打结的羊毛绳传达消息，召集群众。

原始社会绘画遗存中的网纹图、陶器上的绳纹和陶制网坠等实物均提示出先民结网是当时渔猎的主要条件，因此，结绳记事（或计数）作为当时的记录方式是具有客观基础的。

结绳方法，据我国古书记载为："事大，大结其绳；事小，小结其绳，之多少，随物众寡。"② 即根据事件的性质、规模或所涉数量的不同，系出不同的绳结。利用绳子的颜色和结法，可以精确地记下一些事情来。甚至有专家认为二进制思想在这里就已经产生了。

波斯王大流士给他的指挥官们一根打了 60 个结的绳子，并对他们说，爱奥尼亚的男

---

① 黄寿祺，张善文．周易译注．上海：上海古籍出版社，1989.
② 南怀瑾．易经系传别讲．上海：复旦大学出版社，2002.

子汉们，从你们看见我出征塞西亚人那天起，每天解开绳子上的一个结，到解完最后一个结那天，要是我不回来，就收拾你们的东西，自己开船回去。

古秘鲁印加人打结的绳名为"魁普"（quipu 或 khipu），其表示的数目完备清楚，他们用来登录账目、人口数及税收数。它是由许多颜色的绳结编成的。这种结绳记事方法已经失传，目前还没有人能够了解其全部含义。

结绳记事为上古记事的一种方法，毕竟不能全面地记载复杂的事物，文明发展到一定程度时，必然会被图画或文字取代。

2. 契刻记事

刻契，或称契刻，就是在木头、竹片、石块、泥板等物体上刻画各种符号和标志，用以表示一定的意义。汉朝刘熙在《释名·释书契》中说："契，刻也，刻识其数也。"这清楚地说明契就是刻，契刻的目的是帮助记忆数目。因为人们订立契约关系时，数目是最重要的，也是最容易引起争端的因素。于是，人们就用契刻的方法，将数目用一定的线条作符号，刻在竹片或木片上，作为双方的"契约"。这就是古时的"契"。后来人们把契从中间分开，分作两半，双方各执一半，以二者吻合为凭。古代的契上刻的是数目，主要用来作债务的凭证。中国仰韶遗址中的骨契图形如图 2.2 所示。

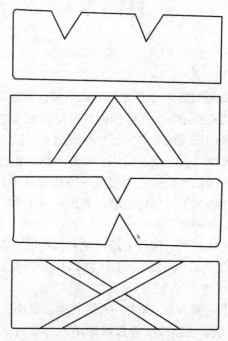

图 2.2　中国仰韶遗址中的骨契图形

中华人民共和国成立之初，居住在云南省的佤族仍用刻契的方法在木棍上记载重大事项。

按照刻契结果所留痕迹的不同，其记事（计数）有两种形式：一种形式为在某种物体上契刻缺口或钻空孔洞，以缺口或孔洞的数目反映客观经济活动的数量关系。此契刻记事形式的考古学典型例证有：处于旧石器晚期距今 1.8 万多年前的山顶洞人利用禽类腿骨钻孔以记事，距今 5 千多年前的原始人（今青海湾出土）用刻缺口动物骨片以记事。此记事方式以刻契材料的差异而分别称做刻骨记事及刻木记事、刻竹记事等，后两种记事材料的原始社会遗存因材料质地不经年月而未能从考古中获得实物，但近现代许多少数民族的刻木、刻竹记事方式可提供间接的证据；另一种形式为在某种物体上契刻抽象符号，以符号反映客观经济活动及其数量关系。此契刻记事形式的考古学典型例证有：处于旧石器晚期的峙峪人利用动物骨片刻制划痕，距今约 7 千年的半坡人利用陶器刻制的符号。在陕西临潼姜寨、甘肃临洮马家窑、青海乐都湾、河北永年、山东青岛、浙江余杭良渚、山东章丘城子崖、上海马桥和崧泽等遗址多有发现。其地域分布广泛，符号也日趋统一和规范。

在这个时期还有一种重要的信息传递工具烽火台，又称烽燧、烟墩，是古时用于点燃烟火传递重要消息的高台，是古代重要的军事防御设施。烽火台是为防止敌人入侵而建的，遇有敌情发生，则白天施烟，夜间点火，台台相连，传递信息。烽火台一般相距 10 里左右，明代也有距离 5 里左右的，守台士兵发现敌人来犯时，立即于台上燃起烽火，邻台见到后依样随之，这样敌情便可迅速传递到军事中枢部门。

烽火台的建筑早于长城，但自长城出现后，长城沿线的烽火台便与长城紧密连成一体，成为长城防御体系的一个重要组成部分，有的甚至就建在长城上，特别是汉代，朝廷非常重视烽火台的建筑。

二、第一次信息革命

结绳记事和契刻记事，毕竟是原始的、非常简陋、粗略的记事方法，记事范围小，准确性差。人们不得不采用一些其他的、譬如图画的方法来帮助记忆、表达思想。绘画导致了文字的产生。唐兰先生在《中国文字学》中说："文字的产生，本是很自然的，几万年前旧石器时代的人类，已经有很好的绘画，这些画大抵是动物和人像，这是文字的前驱。"然而图画发挥文字的作用，转变成文字，只有在"有了较普通、较广泛的语言"之后才有可能。譬如，只有在这时，有人画了一只虎，大家见了才会叫它为"虎"；画了一头象，大家见了才会叫它为"象"。久而久之，大家约定俗成，类似于上面说的"虎"和"象"这样的图画，就介于图画和文字之间，兼而用之了。随着时间的推移，这样的图画越来越多，画得也就不那么逼真了。这样的图画逐渐向文字方向偏移，最终导致从图画中分离出来。这样，图画就分了家，分成原有的逼真的图画和作为文字符号的图画文字。图画文字进一步发展为象形文字。正如《中国文字学》所说："文字本于图画，最初的文字是可以读出来的图画，但图画却不一定能读。后来，文字跟图画渐渐产生分离，差别逐渐显著，文字不再是图画的，而是书写的。"而"书写的技术不需要逼真的描绘，只要把特点写出来，大致不错，使人能认识就够了"，这就是原始的文字。

世界上最古老的文字，除了中国文字外，还有苏美尔人、巴比伦人的楔形文字、埃及人的圣书文字和中美洲的玛雅文字，这些文字造就了古文明的历史成就。如今楔形文字、圣书文字、玛雅文字已销声匿迹不再使用，且该地区现行的文字和这些古文字也没有渊源关系，故中国文字应该算是现存最古老的文字。中国象形文字、巴比伦楔形文字分别如图

2.3 和图 2.4 所示。

图 2.3　中国象形文字

图 2.4　巴比伦楔形文字

　　表意文字的诞生源于图画文字的无止境增加和用图画文字表达抽象概念的困难。表意文字表现字音（表音符号），并且将多个表意文字结合，就可以写出一些新词。西方的表意文字又逐渐向音节文字演变，并且和楔形表意文字以及埃及的象形文字一起构成了西方古代文化的重点。中国文字是一种表意文字，但它融合了语音特性。五四运动以前，中国汉字的读音需要两个汉字来切音（如果这两个汉字也不会读，就麻烦了）。

　　在公元前 1300 年左右，东地中海区域居住的腓尼基人使用一种含有 22 个符号的文字体系，每个符号代表一个辅音（几个辅音的结合体是字的骨架），并且自右向左书写。作为航海家和商人的腓尼基人建立的商行遍及整个东地中海地区和迦太基，腓尼基文字得到了广泛传播。公元前 10 世纪末期，希腊字母逐渐形成，希腊人又将腓尼基文字加以结合。亚历山大大帝建立他庞大的帝国后，希腊语成为整个东地中海通用的语言。同时，希腊语又是早期基督教采用的语言，随着基督教的不断扩大，希腊语成为西方通用而高贵的语言。

中国的文字从出现至今，已经历了早期的图画文字、甲骨文字、古文、篆书、隶书、楷书、行书、草书，以及印刷术发明后为适应印刷要求而逐渐派生出来的各种印刷字体等漫长的发展历程。其中，甲骨文字被人们看做中国最早的定型文字。

甲骨文字是商朝后期写或刻在龟甲、兽骨之上的文字，其内容多为"卜辞"，也有少数为"记事辞"。因为那时人们用被灼烫过的甲骨上的纹络来判断事物的吉凶。占卜完毕，就将占卜的时间、人名、所问事情、占卜结果，以及事后验证刻在上面，形成了具有明显特征的甲骨文。

甲骨文字，有刀刻的，也有朱书、墨书的。现已发现的甲骨文字有四五千个，经过文字学家和考古学家们的分析、判断，能够辨认的已近两千。这些甲骨文字，多为从图画文字中演变而成的象形文字，许多字的笔画繁复，近似于图画，而且异体字较多。这说明中国的文字在殷商时期尚未统一。另一方面，甲骨文中已有形声、假借的字，说明文字的使用已经有了相当长久的历史。在龟甲兽骨上刻辞，即所谓"甲骨文"。在青铜产生以后，又在青铜器上铸刻铭意，即"金文"或"钟鼎文"。再后，将字写在用竹、木削成的片上，称"竹木简"，如较宽厚的竹木片则叫"牍"。同时，有的也写于丝织制品的绢帛上。先秦以前，除以上记事材料外，还发现了刻于石头上的文字，比如著名的"石鼓文"。秦始皇统一中国后，统一了汉字。到了汉代，中国文字又被统一规范了一次，从此，中国的文字就一直称为汉字了。

书籍是文字的载体，因此，书籍的出现与发展应该是与文字的出现与发展相辅相成的。随着世界人口变得越来越多，国家的疆域也逐渐扩大，帝王、贵族和宗教为了统治自己的子民需要能承载更多信息量、传递更加方便的信息载体。于是，新的文字载体逐渐被发明出来。牛皮和羊皮是较早被用来书写较多文字信息的载体，这样的书籍一般是被卷起来保存，称为卷轴，随后人们又发现竹木简是一种物美价廉的书写介质。古代的埃及人则发现，遍及尼罗河两岸的纸莎草经过简单加工后就能成为一种非常适于书写的文字载体。笔的形式也发生了重大改变，最开始刀适于在硬质载体上刻画，但人们发现，刻写的速度太慢。埃及人把长在纸莎草旁边的芦苇秆加工后，形成硬质的芦苇笔。一直到公元 13 世纪，欧洲人在某些证书和典礼手稿上依然采用芦苇笔书写在纸莎草纸上。中国则在春秋末期就开始使用软质的毛笔在竹木简上书写了，而使用软质毛笔的最大好处就是书写速度快（竹木简书的制作形式造就了中国文字从上往下的排列方式）。这个时期纸张出现了，但是由于加工技术粗糙、烦琐，自然昂贵而不适合推广。没有出现印刷术前，书籍必须靠专门人员一个字一个字地书写，这确实是一项很少人能胜任的体力活，作者一般都是口述，由秘书来代写。

三、第二次信息革命

在欧洲，商人对于文明的传播总能起到关键作用，西方历史学家就把文明的快速传播归功于书商。欧洲一直流传这样的说法：在日耳曼美因兹附近，住着一个名为约翰的人，也就是谷登堡，他是第一个发明了印刷术的人，多亏了这印刷术，无须芦苇笔、羽毛笔，只要用金属活字的方法，图书就被快速、准确和精美地印刷出来了。北宋庆藩（1041—1048）年间，布衣毕昇就开始使用泥活字印刷书籍，毕昇比德国谷登堡使用相同原理印制书籍早了近四百年。

印刷术又分两种：雕版印刷和活字印刷。

1. 雕版印刷

从纸张发明到隋唐时代（公元一世纪至七世纪），纸书的制作主要靠手写。随着社会的不断进步，这种方式不能适应客观的需求。一千三百多年前的隋末唐初，发明了雕版印刷术。

雕版印刷术的发明，大大促进了书籍的发展。唐咸通九年（868）印制的《金刚经》为现存最早的有确切纪年的印刷品。雕版印刷如图 2.5 所示。

图 2.5　雕版印刷

宋代为我国雕版印刷术发展的黄金时代，其雕印的书籍，校、写、刻、印、纸、墨皆精，反映出宋代的刻版、印刷、造纸、制墨等技术工艺都达到了相当高的水准。元代刻书承宋人之风，字体流行赵孟頫刚劲秀逸之体，对明初刻书影响较大。

明代刻书更为发达。其末期出现的拱花及雕版套印技术，将雕版印刷术推向新的高峰，成为中国印刷史上最光辉的篇章。

随着书籍生产材料的不断变化，书籍的装帧形式已产生了相应的变化。纸书出现后，大致流行过卷轴装、经折装、梵夹装、蝴蝶装、包背装、线装等多种形式。

2. 活字印刷

北宋庆历（1041—1048）年间，布衣毕昇首先使用泥活字印制书籍。这一发明，为快速印制书籍创造了条件，是印刷史上的一座里程碑。活字印刷如图 2.6 所示。

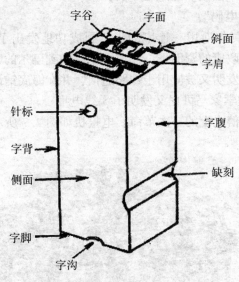

图2.6 活字印刷

元代大德（1297—1307）年间，王桢又发明了木活字，明代还有铜活字出现。现存最早的木活字印本为西夏文本《大方广佛华严经》。明弘治（1488—1505）年间的华燧会通馆，用铜活字印制了《宋诸臣奏议》、《锦绣万花谷》、《容斋随笔》等很多书籍。

清代由于政府的提倡，活字印刷有了更大的发展。雍正朝排印了《古今图书集成》，共铸铜字二十多万个。乾隆时期制定了《钦定武英殿聚珍版程式》，并排印了《武英殿聚珍版丛书》，是活字印刷发展、普及的一个标志。

活字印刷术的发明与运用，标志着中国印刷术进入了一个新的时代。

四、第三次信息革命

发电机的出现，为人类利用能源开辟了道路，以电为基础的新的技术发明不断出现，电报、电话、收音机、广播电台、扩音器、电视、电影等应运而生。

在古代有鸿雁传书，烽火连天，暮鼓晨钟等说法，这反映了人们对寻求不同的远距离通信方法的努力。

随着生产的发展，贸易交往的增加，金融情报及各种情报需要迅速地传播，古代长跑的方式已不能满足需要了，就是利用蒸汽机车和轮船也远远不够。

1. 电报的出现

当电登上历史舞台的时候，立即引起人们的注意，各种原始电报相继出现。

当奥斯特发现电流可以影响磁针偏转后，1820年，安培用26根导线连接发与收两端各26个相对应的英文字母，试制出了一种以电磁感应为基础的磁针电报装置。

1833年，德国数学家高斯和青年电学家韦伯在哥廷根建立了一个电报系统，它在相距为8000英尺的实验室和天文观测站之间建立了电信系统。真正使电报成为一种实用通信设备的，是美国画家莫尔斯。在研制电报的过程中，莫尔斯拜美国大电学家亨利为师，学习必要的理论基础和技术基础。经过几年的探索，在 1837 年，莫尔斯发明了一套用点、画组成的著名的"莫尔斯电码"。

1844 年 5 月 24 日，莫尔斯用一连串的点、画成功地发出了电文，实现了第一次通信。当年，莫尔斯在美国政府的资助下，建成了华盛顿到巴尔的摩之间的世界上第一条有线电报线路。后来，他的发明又被应用于铁路通信，并在海底铺设电缆，进行环球通信。

1895 年，意大利物理学家马可尼又发明了无线电报。

电报的发明是人类通信史上的一次革命。电报机如图 2.7 所示。

图 2.7　电报机

2. 电话的出现

当电报得到广泛应用，成为一种新兴的通信工具时，人们就想既然电流能够传递电波信号，为什么不能传播音波信号呢？如果用电缆直接通话，那该多方便啊！1876 年，美国的贝尔首先发明了电话。

贝尔和麦克斯韦是同乡，1847 年出生于英国爱丁堡的一个声学世家，大学时学习声学，毕业后当聋哑学校的教师。由于专业的原因，他研究过听和说的生理功能，并潜心研究传送声音的"音乐电报"。1869 年，贝尔受聘为美国波士顿大学的声学教授，教学之余，仍进行电话研究。

贝尔曾看到电报中，应用了能够把电信号和机械运动相互转化的电磁铁，受到很大启发。于是开始设计制造磁式电话。他最初把音叉放在带铁芯的线圈前，音叉振动引起铁芯作相应运动产生感应电流，电流信号传到导线另一头作相反转换，变做声信号。随后，贝尔又把音叉改换成能够随着声音振动的金属片，把铁芯改做磁棒，经过反复实验，制成了实用的电话。

1876 年 2 月 14 日，贝尔向政府提出了电话专利的申请。几个小时后，美国的另一名电技工程师戈雷也提出了电话专利申请。但戈雷电话的送话器和受话器不在一个装置中，使用时不如贝尔电话方便，加上时间在后，美国最高法院把电话的发明专利权判给了贝尔。

1881 年，贝尔在美国建立了第一家著名的贝尔电话公司。1884 年，波士顿和纽约之间架设了第一条长途电话线路。

电话的发明是人类通信史的又一次革命。第一部电话如图 2.8 所示。

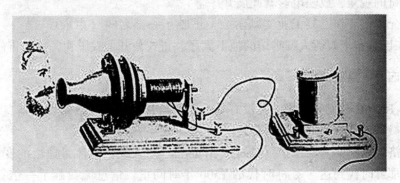

图 2.8　第一部电话

3. 电影的出现

电影诞生之初，在英语中被称为 motion picture，即指活动画面；后来又有了其他的名称，如 film，意即胶片，强调电影的媒介特征；cinema 则专指艺术电影；movie 经常指好莱坞商业电影。"电影的史前史几乎和它的历史一样长"，作为现代科学技术的产物，电影的诞生，确实经历了欧洲许多的科学家、发明家，甚至模仿者的漫长的实验过程。他们对运动的光学幻觉所进行的科学探索与实验，在时间上可以追溯到 19 世纪初。但人类对于"光影理论"的认识与应用，则可以从 2000 多年前的中国讲起。据文字记载公元前五世纪，墨子关于"光至景（影）亡"的学说，是人类对"光学理论"的最早、最科学的贡献。而产生于汉武帝时期，并在唐宋以后广为流传的"灯影戏"，则是对"光学理论"的最初、最朴素的应用与实践。13 世纪"灯影戏"传入中东、欧洲、东南亚等地，这便产生了以后的"幻灯"、"走马灯"等形象的、运动的视觉游戏。电影正是起源于这些视觉娱乐游戏之中。

1895 年卢米埃兄弟向大众展现火车进站的画面时，观众被几乎是活生生的影像吓得惊惶四散。从此，由他们所启动的活动摄影（cinematogrphy）在人类纪实工具的发展史上展现了划时代的意义，火车进站的镜头也象征了电影技术发展的源起。

电影究竟是谁发明的？美国人认为是爱迪生发明的，法国人认为是卢米埃兄弟发明的。但今天看来，他们都是发明者。

1888 年，爱迪生开始研究活动照片，而当伊斯曼发明了连续底片后，爱迪生立刻将连续底片买回来，请威廉·甘乃迪和罗利·狄克生着手进行研究。到了第二年的 10 月，狄克生提出研究的结果，他将其拍摄成会活动的马，这就是电影史上最早摄影的成功。成功之后的狄克生，继续埋首更深的研究，1890 年，他用能活动的图片申请到专利，这些活动图片每秒钟能拍四十张，这就是现代影片的鼻祖。1891 年，托马斯·阿尔瓦·爱迪生申请影像映出管和摄影装置的专利权，该装置来到中国后被称为"西洋镜"。不久，爱迪生又创造了世界最早的摄影棚。

起初，在欧洲，也有人在对这些活动照片作研究。1895 年，伦敦有两位名叫巴德艾卡和 R. W. 保罗的人，把初步的摄影棚改良后，在大庭广众之下举行表演。同时，在法国有两位名叫路易·卢米埃和奥古斯特·卢米埃的兄弟，他们将照片映射在布幕上，因而吸引了大批好奇的观众，放映电影就此展开序幕。

卢米埃兄弟接着在巴黎工业奖励学会上试映了一部名叫《卢米埃工厂》的影片，同年 12 月，在巴黎布辛奴街大咖啡馆的地下大厅，正式公开上映影片，并出售门票。

五、第四次信息革命

1946 年 ENIAC 被发明出来，并没有马上产生信息革命。导致第四次信息革命的两个关键事件是微型计算机和因特网的普及。

法国经济学家乔治·安德拉（George Anderla）对人类信息流量速度的变化进行研究后认为，从耶稣时代到达·芬奇时代的 1500 年时间里，信息流量翻了一倍；到 1750 年（约 250 年之后），信息流量又翻了一倍；到 19 世纪末 20 世纪初（约 150 年之后），信息流量再翻一倍；到计算机时代后，大约每过 5 年，信息流量就会翻一倍；到因特网出现后，大约每过 1 年，信息流量就会翻一倍。如果在中国购买一部英国出版的 33 卷《大不列颠百科全书》，获得其纸质版本，大约需要 2 个月的时间；如果使用因特网出现前的计算机网络传输其电子版本，大约需要 13 个小时；如果采用因特网直接传输其电子版本，只需要 4 秒钟。在今天，这个世界每天产生的信息量达到了前所未有的程度，其信息传播工具也达到了前所未有的传播速度。这一切都有赖于我们发明的各种"超级信息工具"，如智能手机、即时通信软件等。因此，我们也把第四次信息革命称为"信息工具大发明时代"。

在当今世界经济的竞争中，谁能有效地应用信息谁就能获得竞争优势。美国未来学家阿尔文·托夫勒在其著作《力量转移》中指出，以信息为基础创造财富的体系的崛起，是当代经济中最重要的事情，信息已经成为经济和军事活动中最重要的影响因素。

我们正在经历一场信息革命，这一次不是在技术层面上的革命，不是关于机器设备、计算机软硬件的革命，是一场关于"信息概念"的革命。这次信息革命的重点不在技术上，而是在于我们如何理解信息。世界版图不再以地理因素来划分，高山、大河不再是人们难以逾越的障碍，这个世界上大多数过去被认为是正确的判断标准也将被改写，各种超级信息工具的不断发明正在悄悄地改变一切，甚至已经改变了我们的生活方式，"Information is power!"成为时代的最强音。

这样的场景或许会让很多人害怕，但世界并不会因为我们的害怕而停止脚步。适者生存的自然规律在信息时代依然有效，只有那些能迅速改变自己、适应环境的人才能在信息时代创造奇迹。

第二节　我们所处的时代：信息时代

西方学者常用最具代表性的生产工具来代表人类历史上的某个时期，如石器时代、青铜时代、铁器时代、蒸汽时代等。如果用这种思维模式来观察 20 世纪，我们恐怕应该称之为计算机时代。20 世纪 80 年代末，计算机逐步普及，把信息对整个社会的影响逐步提高到一种绝对重要的地位。信息量、信息传播的速度、信息处理的速度以及应用信息的程度等都以几何级数的方式在增长，人类从此进入了"信息时代"。

一、机械式计算器时代

计算机（computer）这个单词在 17 世纪出现。然而，在最开始的好几百年里，computer 并不是指一台机器，而是指在办公室中进行计算的职员。直到 20 世纪，该单词才有了这个时髦的意义。类似于所有技术发明，今天的计算机也是建立在过去的成就之上，而大部分成就都是在 19 世纪产生的。然而，如果将计算机定义为一台可以进行快速计算的机器，就太落伍了，甚至可以说是远古和原始。

1. 算盘——第一代机械式计算器

大概在 300 到 500 年前，古代中国和巴比伦的旅行商人便开始使用算盘（abacus）进行计算，最初是使用铺满沙子的扁平的大石板。要使用这个古老的算盘，商人必须首先在石头上的沙子中画出一些线条。早期的计算设备允许商人快速进行加、减、乘、除运算。最后，算盘发展为在一个框架中有几个串着珠子的杆子的便携式计算器。一个杆子上的珠子表示一，接下来是十，然后是百，等等。

这种计算工具在远古世界被广泛应用，如古希腊、古罗马、古埃及和古代中国。今天，算盘大概只有在教导孩子们学习速算的培训机构里和极少数场合才能见到。

2. 齿轮式加法器

大概在 17 世纪 40 年代，法国少年 Blaise Pascal 决定发明一个计算工具来帮助他的收税员父亲。Blaise Pascal 的齿轮计算器即 Pascaline，在箱子里添加了 8 个可以旋转的金属转盘，这些转盘由齿轮结合在一起。每个齿轮有 10 个槽口。每个转盘转动一周就是 10，齿轮带动下一个转盘转动 1 个槽口。由于有 8 个转盘，因此可以将总数加到上千万，但很少能够达到这个数字。齿轮式加法器在今天仍然被用做杂货店的计算工具。

Blaise Pascal 发明的齿轮式加法器（如图 2.9 所示）是机械计算器发展史上的一个重要里程碑，但是还有更伟大的发明等着这个天才年轻人。他后来成为 17 世纪最重要的哲学家和数学家之一。

3. 机械式编程工具——穿孔卡片

19 世纪早期，Joseph-Marie Jacquard 因为发明了新式的节省劳力的织机而引起全法国丝绸织工的强烈不满。织布机在远古时期就已经使用，用于纺织布料和其他纺织品。在熟练的织工手中，通过垂直（经）和水平（纬）丝线的交错可以生产出非常复杂的图案。提花织机（jacauard loom）在 1801 年巴黎工业展览中被推出，它使用一套穿孔卡片控制机械编织的图案（如图 2.10 所示）。如果织机上的连杆碰到一个孔，它直接穿过，上面

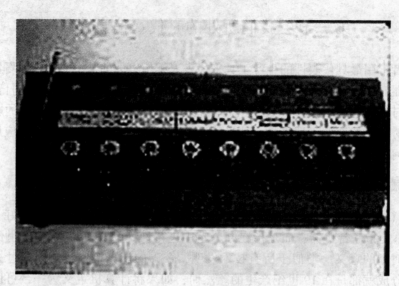

图 2.9 Blaise Pascal 发明的齿轮加法器

的引线不在此进行纺织。

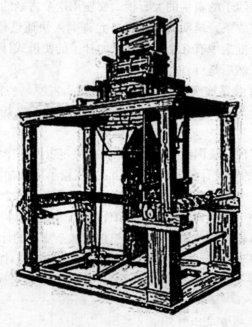

图 2.10 提花织机

在这个新织机发明之前，复杂图案的大规模生产是无法想象的。有了这个织机，就可以无差错地重复生产。如果使用各种不同颜色的丝线，商人甚至可以提供图案相同而颜色不同的布料。

19 世纪末，利用穿孔卡片控制机器的提花织机的发明证明了它在现代计算机发展史上的重要性。首先，因为它的卡片是机械记忆的第一个示例；其次，因为穿孔卡片系统只允许两个操作（串线或不串线）。这种系统是所有计算机的基本语言，就像我们今天所了解的二进制代码。

4. Charles Babbage 的差分机和解析机

在 18 世纪，统计生产数学用表被认为是上班族（如同计算员）的枯燥乏味的工作，类似于航海和天文所用的一些表格，因为它们用于英国商船舰队的航线统计有着全国性的重要意义。误差经常会发生，这不仅对全体船员以及商船的所有者，而且对国家经济也是一种灾难。当时，统计错误被认为是犹如海底暗礁似的灾难。英国数学家 Charles Babbage 将他的大部分职业生涯都用来创造一种机械，希望通过这种工具结束危险的人为误差。他召集科学界的同事以获取对这个伟大项目的支持。

他和他的父亲使国会相信，找到一个更为科学的方法进行精确统计是英国的国家利益所在。结果，他被给予大量的政府补助来开发他所命名的差分机。如他所说，该计算机能够进行机械化的、无差错的数学统计计算。他还将自己的机器设计为可以自动打印，因为他知道实际情况中大部分的差错不是来自于算法误差，而是来自于手工抄写数字的过程。1833 年，差分机（difference engine）的一个小型工作模型终于完成。然而，它并不能打印，而且也不能完全实现真正的功能统计。Charles Babbage 是一个有着丰富想象力的数学家，并且经常修正和提高他的观念。1834 年，他放弃差分机项目，转向一个更为重大的项目——解析机（analytical engine）（如图 2.11 所示）。

图 2.11　Charles Babbage 的解析机模型

虽然从来没有实现，但解析机奠定了当今计算机的大量基础概念。在努力创作灵活通用的计算机过程中，Charles Babbage 有一个天才的想法——借用提花织机的穿孔卡片来进行控制。本质上，穿孔卡片蕴含了代数运算的规则，我们今天称之为"程序"，而当时 Charles Babbage 将它命名为"磨坊"。这些卡片存储在他称为"储备室"的地方以便以后使用，我们今天将它称为"存储器"。解析机是一种由卡片上的信息控制的机器。将卡片存储起来，在以后的任何时间都可以修改这些公式（如前面所说，这是早期的一种存储器）。解析机有一个内置打印机，可以输出数字化的结果。因此，在 19 世纪早期，Charles Babbage 构建了利用程序控制的自动工作机械，并且带有存储器和打印机。

19 世纪后期，在大西洋对岸，Charles Babbage 使用穿孔卡片向解析机传送指令的概念成为设计高效的计算机的一个至关重要的因素。

5. 世界上第一位女程序设计师：Augusta Ada King

帮助 Charles Babbage 为他的重大项目担保政府资金的一个同事就是 Augusta Ada King，她是英国伟大的浪漫诗人拜伦（Lord Byorn）唯一的孩子。她被父亲抛弃后，由母亲培养成人，她脱离诗歌而向科学方面发展，从而成为一个天才数学家。在认识 Charles Babbage 以后，她被他的创意深深吸引，开始和他进行广泛的联系。

她后来被称为 Lovelace 夫人，她比 Charles Babbage 以外的其他任何人都更了解解析机。她的著作《解析机草图》向科学界说明了发明者的理念。她认为，解析机不仅可以用于数学和科学目的，还可以用于创作艺术和音乐。实际上，今天的计算机就被大量地用于艺术和音乐的创作。Lovelace 夫人最出名的成就是因为她编写了一系列驱动发动机的指令，用于进行数学功能计算。正因为这样，现在她被认为是第一位女程序设计师。1979 年美国国防部开发的程序语言 ADA 就是以她的名字命名的。

6. Herman Hollerith 的计算器

谁也没有想到，在美国的一次全国人口普查会导致计算处理技术的一次重大飞跃。它还使得美国最终成为大型计算的世界领导者。

当美国国会在 1790 年第一次进行全国人口普查时，全美国人口还不到 400 万人。到 1880 年，人口已经跃升到 5000 万人，但人口普查主要还是依靠手工完成的。长达 21000 页的人口普查报告是由无数分为多个列和行的手写页组成的。1880 年的人口普查，其最后的报告竟然于 1887 年才完成。随着 1890 年人口普查的临近，让人担心的是工作量变得更大，以至于在 1900 年人口普查开始之前都不能完成。这样就产生了一个提出新方法的竞赛。

当时只有 3 个人参加了这个竞赛，但其中一个参赛者，年轻的工程师 Herman Hollerith，改变了计算处理的历史。他提议使用可以由机器统计的穿孔卡片系统来代替手写页。穿孔卡片是 Joseph-Marie Jacquard 和 Charles Babbage 发明的继承物，在每个卡片上每个人可以存储 80 个变量。在一次测试中，Herman Hollerith 的统计系统比最接近的竞争者快出 10 倍。

1890 年 6 月，数万名人口普查工作者访问了数百万个家庭。不到两个月之后，人口普查官员就通告了美国的新人口数——将近 6300 万人，每十年大约增长 25%。令人遗憾的是，美国公众的反应并不像官方或 Herman Hollerith 所期望的那样。不是对机械统计令人难以置信的速度感到吃惊，而是引起了强烈的愤怒。大多数美国人曾经认为全国人口已经增长到 7500 万人。Herman Hollerith 的穿孔卡片系统（如图 2.12 所示）是一个重大的科技成果，而人口普查数字对民族自豪感却是一种打击。

图 2.12 用于美国 1890 年人口普查的 Hollerith 统计系统

7. 制表机械公司变成 IBM

1896 年，Herman Hollerith 创建了制表机械公司，同时他还受雇于处理 1900 年的人口普查。然而，随着 McKinley 在 1901 年被暗杀，以及对 Theodore Roosevelt 行政部门的控诉，新的人口普查部门主管认为，停止支付 Herman Hollerith 酬金是政府的利益所在，同时开发他们自己的设备。当 Herman Hollerith 的公司完成 1900 年的人口普查后，就立即面临为他的制表机械公司寻找新的应用的问题。

他将它们进行简化以供普通的办公室使用，并且重新命名为自动机械。在他的系统中，制表成为一个有组织的 3 步程序，并运用了 3 种不同的机械：打孔机、制表机和分类机。在接下来的 10 年中，Herman Hollerith 的自动机械应用到了各行各业，从百货公司到保险公司，从纺织厂到汽车制造厂。

1911 年，在 Herman Hollerith 身体情况糟糕的时候，他在医生的建议下以 230 万美元的价格出售了制表机械公司。新业主雇用了一个雄心勃勃的年轻人 Thomas J. Watson 来管理该公司，他的名字将成为冉冉升起的计算机工业的同义词。

Thomas J. Watson 很好地了解了制表机械的潜力。他是个成功的商人，并且是国家资金注册公司（National Cash Register Company，NCR 公司）的新星。在快要结束 NCR 公司的任期时他突然被解雇，Thomas J. Watson 以很低的薪水加入这个新公司，但是拥有公司总利润的 5% 的佣金。20 年之后，他的个人薪水在美国独占鳌头。

Thomas J. Watson 运用了 NCR 公司成功的市场和销售技巧来帮助他的新公司，使它的收入增加了 3 倍。他在全世界都开设了办事处。1924 年，作为公司总裁，他将公司重新命名为国际商用机械公司（International Business Machines Corporation），也就是闻名全球的 IBM 公司。

二、大型主机时代

1. Alan Mathison Turing 的 Colossus

第二次世界大战期间，人类发明了无数强大的战争机器。海面上的海军、空中的轰炸机驾驶员以及炮车的炮手都需要最精确的数据来定位和袭击敌人。错误的天气预报可能会削弱最好的军事计划。带有穿孔卡片的计算器被招募为战争机器，还有数百名人员来操作它们。政府（特别是在美国和英国）也全力支持开发运转更快且可以进行更复杂计算的机械。

努力开发能够解开纳粹密码的计算机是秘密组织的工作重心，这些组织（称为Bletchley Park 团队）来自伦敦郊外 Bletchley Park 的某个地域。他们当中有 D. W. Babbage（Charles Babbage 的亲戚）、杰出数学家 Alan Mathison Turing 等。

Alan Mathison Turing 是个爱好幻想的天才。他设计了一个叫做通用自动机的机械，后来以图灵机（Turing Machine）而著称。当 Bletchley Park 团队的大多数工作还处于保密状态时，Alan Mathison Turing 的第一个智能机器就已经能够破译德国人的 Enigma 密码（当然，Enigma 机器的俘获也起到了作用）。这样，盟军几乎可以立即截获破译德军的信息。

遗憾的是，德国人很快使用一种更为复杂的密码代替了 Enigma 密码，英国人称之为Fish。为了攻克这种密码，Alan Mathison Turing 和他的同事设计了一个更大的机器，称为Colossus。它是第一个真正的可编程计算机。与其他计算机使用的电子继电器相比，它使用了 1800 多个电子真空管。电子真空管比电子继电器的运转速度更快而且更安静。但由于巨大的能耗，当以最快的速度运行时，过高的速度会使得磁带崩溃并且四分五裂。速度是解码的基础，Blethley Park 团队减慢了处理速度，但使用 5 个可以同时工作的处理器进行处理，这种技术现在称为并行处理（parallel processing）。Colossus 将会一直工作，直到问题被解决，然后打印出解决方案。

Colossus 作为战争工具的影响是相当大的。德国人从来不知道它的存在，也不知道他们的密码经常被破解（据说丘吉尔经常先于希特勒看到消息）。许多盟军的生命都是被Blethley Park 团队拯救的。然而，Colossus 在计算机历史上的影响是有限的。Colossus 计算机在第二次世界大战结束后被销毁，而且它们存在的详细情况也一直被保密到战争结束后很久。只是在 20 世纪的最后 25 年，Alan Mathison Turing和他的同事在 Bletchley Park 团队中梦幻般的工作才开始被人们所了解。

2. Howard Aiken 的 Mark 1

20 世纪 30 年代，哈佛大学的一个物理专业研究生 Howard Aiken 忙于为他的论文（巧合的是，他的主题是电子真空管）进行冗长复杂的计算，并想象最好有一个机器可以帮助他很快地处理。他设法拉上一些同学参与这个项目，但谁都没有兴趣。Howard Aiken 对他的同学很失望，因此开始带着他的思路走向商务计算机公司。他在 IBM 得到热心资助。到 1939 年，Howard Aiken 和 IBM 几个最好的工程师一起开发他理想中的机器。

1943 年，他们完成了自动序列控制计算机（Automatic Sequence Controlled Calculator）。

被 IBM 当做礼物送给了哈佛大学，该项目的成本从最初预计的 15000 美元增长到 10 万美元。这个机器渐渐被人们称为 Mark 1（如图 2.13 所示），其本身也增长到一间房子的大小。它重 5 吨，长 51 英尺，高 8 英尺，看上去像一个巨大的制造业机械装置。有大约 100 万个零件和数百英里长的线路，可以进行加、减、乘、除运算。它通过成卷的纸带输入信息，是第一台真正的自动机械。一旦启动，它可以连续计算处理好几天。与 Colossus 不同，它没有使用电子管，而使用老式的电子继电器。Mark 1 工作的声音被描述为"满屋的夫人在针织"。

图 2.13　Mark 1

1944 年，Mark 1 在哈佛大学的公众捐献是一件重大的事情。IBM 的 Thomas Watson 任命高级工业设计师 Norman Bel Geddes 在该机器上安装圆滑的、现代化的、设计明亮的钢铁和玻璃。报纸上的大字标题赞美了这台自动计算机，公众也开始迷上了计算机。但公众没有意识到 Mark 1 的计算处理速度非常慢，它真正的成就也非常有限。但 Mark 1 的开发是大型计算机时代所展示的一个重要里程碑。它还是第一代计算机科学家的重要训练设备。

Grace Hopper 是计算机程序发展史上一名领军人物，她在操作 Mark 1 的时候是一名年轻的海军上尉。作为最初的程序设计师，她编写了第一本数字计算机书籍——Mark 1 操作指南。她的最著名的解决方法来自 Mark 2 的开发过程。1945 年，在这个闷热的夏天，Mark 2 没有出现任何报警就关机了。Grace Hopper 检查了机器内部，查找问题的来源。她发现其中一个继电器上有一个死虫，于是将它清除掉。当 Howard Aiken 问她发生什么问题的时候，她说在"调试（debugging）"计算机。从那以后，"调试"软件成为每个程序设计师的家常便饭。

3. 电子数字积分计算机（ENIAC）

在宾夕法尼亚大学，与军队签订合同的另一组工程师在开发速度比 Mark 1 更快的大型计算机，称为电子数字积分计算机（Electronic Numerical Integrator and Computer），即 ENIAC（如图 2.14 所示），它的速度很大程度上归功于使用约 18000 个电子管代替了老式的机械继电器。当 ENIAC 于 1946 年完成时，它是有史以来速度最快的计算机。可以在炮弹落地之前快速计算出它的运动轨迹（不超过 30 秒）。测试表明，如果使用这台机械，只需要两天的时间便可以计算耗时 40 年的复杂运算。ENIAC 的速度比 Mark 1 快 1000 倍，因此它取代了早期的机器成为公众的最爱。

图 2.14　ENIAC

然而，这个 50 吨重的 ENIAC 存在一些严重的问题。工程师需要更多的电子管来增强它的能力。但是增加这个巨大计算机的复杂性并没有多少收益，特别是增加如此多的电子管。更多的电子管只会增加失败的频率，因为它需要能量。ENIAC 出众的速度事实上也是问题，因为穿孔卡和磁带不可能被传送得如此之快，也跟不上它每秒钟 5000 次的运行速度。

4. 电子离散数据计算机（EDVAC）

爱因斯坦在普林斯顿的同事冯·诺依曼（John Von Neumann）很早就因为研究量子力学数学和第一代原子弹而闻名（在间谍界，他号称是唯一精通东西方密码的超人），他也被 ENIAC 的计算速度和问题深深吸引。当他听说军方正在研究 ENIAC 的消息后，敏锐地意识到这是一个非常有价值的项目，很快他就成为一个新项目——研究电子离散数据计算机（Electronic Discrete Variable Automatic Computer，EDVAC）的顾问。

John Von Neumann 的设计要求机器具有真正的计算机存储器：不仅可以存储程序，还可以存储数据。EDVAC 的工程师通过创建一种新存储器回应了 John Von Neumann 的挑战，用水银继电器存储线（早已在雷达装置中应用的设备）代替电子管。一条这样的线

路可以代替 20 多个电子管。在 1951 年设计完成时，运算速度更快的 EDVAC 跟 ENIAC 的
18000 个电子管相比只包含 3500 个电子管。第一次具有重大意义的计算机硬件小型化就
这样完成了，这个初期趋势也一直延续到今天。"更小"和"更快"成为未来计算机创新
的口号。

或许更重要的是，John Von Neumann 在 EDVAC 中表明的存储程序概念成为所有未来
计算机的基础。由于计算机的电子存储器存储了程序以及所有的数字符号，计算机能够以
更快的速度运转。EDVAC 的另外一个发明是中央处理器即 CPU，它跟存储器一起协同处
理所有操作，CPU 对未来计算机也有着至关重要的作用。它使得作业快速转换成为可能，
而在以前，每次转换都需要用一大堆笨重的纸带输入新指令。

5. 通用自动计算机（UNIVAC）

第二次世界大战之后，巨大的新型计算机的开发已经从军事领域转移到和平时期的应
用领域。宾夕法尼亚大学的 ENIAC 项目中的两个关键工程师 J. Presper Eckert 和 John
Mauchly 决定一起进入商业领域，并且设计下一代大型计算机。与半个多世纪前的 Herman
Hollerith 一样，1946 年，他们提出为美国人口普查局创造新机器。他们称之为通用自动计
算机（Universal Automatic Computer）即 UNIVAC（如图 2.15 所示）。

图 2.15 UNIVAC

Ecker-Mauchly 计算机公司于 1950 年被 Remington-Rand 公司（后来成为 Sperry-Rand
公司）兼并，它是发展到计算机领域的一个打字机制造商。有了新的资源和职员（包括
Mark 1 的主导程序设计师 Grace Hopper），该团队于 1951 年向人口普查局交付了 UNIVAC，
公司花费的成本将近 100 万美元。尽管有些财务损失，但这个新公司还是成功的，它是当
时最先进的科技公司。UNIVAC 比 ENIAC 的运行速度更快，占地 352 平方英尺，差不多
是老式巨型计算机的 1/5。UNIVAC 的内部存储器可以存储 1000 个单词，并且数据不再保

存在老式的纸带上，而是存储在新的磁带机上。磁带的读写速度是穿孔卡或纸带的 100 倍，而且不容易破碎。

1952 年，政府订购了 5 台 UNIVAC。到 1955 年，该公司生产的计算机已经超过 15 台，而且像电气总局这样的大公司也开始订购他们的 UNIVAC 计算机。

UNIVAC 的商业成功在 1952 年的总统大选中被证实。在一系列激动的公众联系中，Sperry-Rand 使得哥伦比亚新闻广播公司（CBS News）相信可以让 UNIVAC 成为大选之夜的一部分。该公司宣称他们的电脑能够预测大选结果。

在统计开始时，CBS News 的新闻发言人宣布 Dwight D. Eisenhower 和 Adlai Stevenson 之间的竞争太接近而不能分辨胜负。观众们被告知即使 UNIVAC 也"被难住"。这很令人失望，但一点也不奇怪，因为所有的投票已经预测了这是一场激烈的竞争。观众们并不知道他们已经被误导。UNIVAC 根本就没有被难住。实际上，在当晚的早些时候，它已经预测 Eisenhower 将胜出。因为计算机的预测与常规学识相距甚远，新闻广播员决定暂时不公布这一结果。甚至 UNIVAC 的工程师也深信他们的计算机出现了一些问题，从而开始改写它的程序。

然而，几个小时之后，Dwight D. Eisenhower 胜出已经变得很明显，UNIVAC 最初的预言最后也被公布出来。它是令人诧异的精确，与最后的结果只有 4 票出入。公众被这个看上去比专家和评论员更聪明的机器吸引了。UNIVAC 通过电视机展示在数百万观众面前，并且成为一个新时代的象征。今天，其中一个最初的 UNIVAC 被当做计算机时代的里程碑而陈列在史密森学会（Smithsonian Institution）。

6. IBM 奋起直追

在 Thomas J. Watson 的领导下，IBM 继续重视政府合同，但没有看到 Eckert 和 Mauchly 公司的潜力。Thomas J. Watson 相信 IBM 可靠的穿孔卡计算机不同于高效昂贵的大型计算机，它是个独立特殊的市场。然而，他的儿子 Thomas J. Watson Jr. 在 20 世纪 50 年代进入公司管理层，认为危险的 UNIVAC 开始挑战 IBM 的计算机统治地位。UNIVAC 在大型商用计算中的声望正在增长，而 IBM 不能提供与之相竞争的产品。这主要来自 UNIVAC 使用磁带机进行数据存储的威胁。很快，数百万穿孔卡的收入不再得到保证。最让 Thomas J. Watson Jr. 感到不安的是 Eckert 和 Mauchly 在将公司出售给 Remington-Rand 之前曾向他父亲提议过出售给 IBM 公司，而 Thomas J. Watson 竟然拒绝了出价。

在经过几年的努力之后，Thomas J. Watson Jr. 最终使得他的父亲相信 IBM 已经落后。公司立即做出反应，在研究和开发中投入双倍预算，并且雇佣了数百名新工程师。IBM 转移到在行业内部称为"恐慌模式（panic mode）"的领域，结果 IBM 生产了 700 系列的计算机。当时这个代表性的系统并没有包括打卡机和阅读机，它也使用磁带机存储信息，最终使穿孔卡系统走向灭亡，而这正是 Thomas J. Watson Jr. 所担心的。该系统专门为商业和会计领域设计，每个系统的租金是每月 2 万美元。利用出众的销售力量、巧妙的标准设计（有史以来第一次，每个组件缩小到可以装进一台升降机中）和客户服务的声誉，到 1956 年，IBM 700 系列的租金收入超过 UNIVAC。最后，IBM 控制了全世界 75% 的市场份额。

7. 第一代程序设计语言与软件业

20 世纪 50 年代后期，大型计算机在商业、政府和大学的使用变得司空见惯。除了

IBM 以外，大型计算机制造商还包括 Sperry-Rand、Honeywell、Control Data 以及 Burroughs。每个计算机公司都有自己的专用机械代码，从而使公司很难改变原有系统，并且难以雇佣在其他系统培训过的计算机程序员。如果某个公司敢于改变计算机系统，那么所有的程序都必须重写。对标准化程序设计语言的需求变得越来越明显。

1957 年，John Backus 在 IBM 中领导的一个团体开发了第一个独立于硬件的程序设计语言。他们将它命名为 FORTRAN，代表"公式转换"。FORTRAN 的升级版本今天仍然在使用，主要用于科学计算。

同时，美国政府要求 Mark 1 和 UNIVAC 的程序设计师 Grace Hopper（计算机早期发展史上最出色的女程序设计师，debugging 的术语就来自她）将这个标准化运动引入政府和商业领域的标准化程序设计语言。1959 年，她为程序员开发了面向商业的通用语言 COBOL。与 FORTRAN 不同，COBOL 是一种应用语句而不是数字语言。1960 年，政府宣布禁止使用非 COBOL 编写的任何系统。这样就迅速终结了专用语言的时代，打开了通向未来的 BASIC、Pascal、C 和 C++等独立于硬件的语言的大门。

三、计算机的小型化时代

1. 晶体管被发明

1948 年，当 UNIVAC 还处于发展阶段的时候，贝尔（Bell）电话实验室诞生了一个重大的发明，最后不仅改变了年轻的计算机工业，同时还改变了大多数消费品。由 John Bardeen、Walter Brittain 和 William Shockley 发明的晶体管相比于它最终替代的电子管有许多优点。体积更小，不需要预热，只需要很少的电量来运行，产生更少的热量，并且寿命更长。因为所有工作部分都是固体的，而不像电子管，所以它被称为固态装置。

2. 硅谷诞生

晶体管也称为半导体，这种导体通过导电和不导电的两种状态可以表示二进制的"1"和"0"。贝尔实验室晶体管团队的领导者 William Shockley 于 1955 年离开贝尔实验室开始创业，他走遍全国来到加利福尼亚（California）的 Palo Alto 开始创建自己的公司。他的 Shockley 半导体实验室是第一批建立在斯坦福（Stanford）大学周围的众多实验室之一。其中一个实验室——Fairchild 半导体实验室（具有讽刺意味的是，它是由 Shockley 公司的叛离者创立的）设计了一个新的晶体管制造方法，它引导产生了下一代计算机，并且产生了这个区域的绰号：硅谷（硅是制造半导体的基本元素）。

3. Intel 的摩尔定律

1968 年，Fairchild 半导体实验室的两个创始人 Robert Noyce（他参与发明了集成电路）和 Gordon Moore，与他们的同事 Andrew Grove（他发现了电路中使用的硅的最佳形态）一起否决了当时 Fairchild 的运行方式。他们共同建立了一个新公司，致力于直接设计特定的硅片，用于计算机存储器。他们将公司命名为 Integrated Electronics 即 Intel。

Gordon Moore 是一个天才的科学家，1965 年，一家媒体采访他时，请他谈谈对计算机未来走向的看法。他认为，计算机存储芯片的容量大概每隔 18 个月就可以增加一倍，而生产成本将会降低一半。这就是著名的摩尔定律，但是不断有人对此定律加以润色，以至于我们搞不清原始版本是什么了。逐渐闻名的摩尔定律经受住了时间的考验，直到今天依然有效，甚至更加强烈（今天的时间间隔可能只有 6 个月）。

4. 第一代微处理器

第一代微处理器是 Intel 4004（4004 是指该芯片的晶体管数目）（如图 2.16 所示）。当一些生产商将芯片植入玩具时，他们将芯片的计算能力限制在相当简单的操作，就像手持式计算器使用的操作。

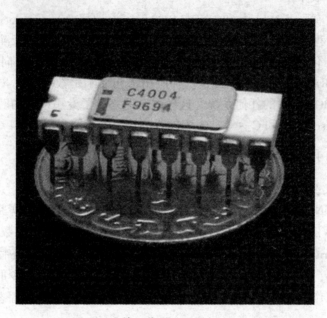

图 2.16   第一代微处理器 Intel 4004

同时，IBM 凭借它的 System/360 系统开始在主机世界占据统治地位。这是一个共享所有零件并使用同种语言的计算机系列——可扩展的体系结构（scalable architecture）。如果客户需要升级计算机，他们不需要购买新的软件和重新培训全体员工就能简单地达到目的。到 20 世纪 70 年代，IBM 完全占据了该领域，与之竞争的主机公司的系统只有运行 IBM 的软件才能生存。

在 20 世纪 60—70 年代，计算机的诱惑力开始吸引新一代的学生进入这个行业。在美国，计算机科学成为大学校园发展最快的主修课。程序设计作业要求每个学生获得有价值的计算机时间，在这段时间里他们将精心穿孔的一大包计算机卡片输入到连接在校园主机的阅读器上。成功的程序会从打印机中打出又长又宽的绿纸。然而，经常会出现弯曲的穿孔卡和程序错误。"不可折叠、加长或损坏"和"错误输入/错误输出"等语句就是从年轻的学生程序员的挫折中诞生的。如果这些失落的学生只知道什么是赚钱，那么，很少有人能够看到他们的手持式计算器中的小处理器正在打开通往全新计算方法的大门，并且开始进行下一代计算机革命。

穿孔卡和穿孔带分别如图 2.17 和图 2.18 所示。

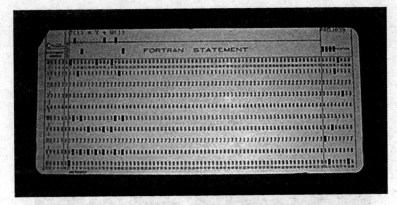

图 2.17 用于大学主机上运行程序的 Fortran 穿孔卡

图 2.18 穿孔带

四、微型计算机时代

1. Altair 8800

两件事情标志着下一个计算机时代的开始：Intel 公司在 1974 年公布了 8080 芯片和《大众电子学》(*Popular Electronics*)杂志在 1975 年初刊登的一篇文章。8080 比 4004 强劲 20 多倍，它的存储器有足够大的容量可以处理大约 4000 个字符，它不仅可以存储数字和字母，甚至可以存储一些简单的程序。这个芯片的成本低于 200 美元。

1975 年 1 月号的《大众电子学》的封面标题为《世界首台微型电脑组件挑战商业电脑》，并附带了一张带有二极管的小箱子的图片，该机器被称为 Altair 8800（如图 2.19 所示）。它的成本低于 400 美元，使用 8080 芯片作为它的大脑。正是这台机器引发了一次革命。年轻的爱好者有序地加入 MITS 公司，开始编写他们自己的程序。

在华盛顿，两个富有想象力的年轻朋友用 5 个星期的时间为 Altair 改编了一门简单的程序设计语言 BASIC（Beginners All-purpose Symbolic Instruction Code）。他们对便宜的小型计算机的未来如此兴奋，以至于决定开始创建自己的软件公司。其中一个是 Paul Allen，

图 2.19　Altair 8800

他辞去了在 Honeywell 的程序设计工作；另一个是 Bill Gates，他离开了哈佛大学。他们转移到 MITS 公司所在的新墨西哥州。他们的公司后来搬迁到西雅图并且命名为微软公司（Microsoft）。

2. 苹果计算机

当 Altair 8800 发布的时候，来自 California 的两个年轻人早已在出售"蓝盒子"，它是一种非法的机器，可以让用户拨打免费长途电话（据说 Steve Jobs 拨通过教皇的电话）。Hewlett Packard 公司的程序设计师 Steve Wozniak 和后来离开 Reed 大学的 Steve Jobs 成为"Home-brew 计算机俱乐部"（由业余爱好者组成）的成员。Steve Jobs 认为可以将它出售给同样为 Altair 8800 感到兴奋的业余爱好者，他很快就有了第一张订购 25 台机器的订单。为了筹钱制造机器，Steve Wozniak 和 Steve Jobs 卖掉了他们最值钱的东西：一辆大众小汽车和一个可编程计算器。1976 年 3 月，Steve Wozniak 和 Steve Jobs 凭借筹集的 1300 美元，开发出微型计算机 Apple I（如图 2.20 所示），4 月 1 日愚人节这天，他们成立了 Apple 计算机公司，同时他们设计了著名的标志——在外面被咬（bite，单词 byte 的双关语）了一口的苹果。Apple I 的价格是 666 美元，他们最终出售了 600 台。

第一台苹果计算机，由于没有提供机箱，因此业余爱好者必须自己做机箱。1977 年，他们的 Apple II 真正开始了微型计算机的革命。Apple II 不是工具箱，而是集成机器，它有图形、声音和一个彩色显示器。甚至还是一款 Steve Wozniak 设计的电脑游戏——在屏幕周围用双桨弹球。Steve Jobs 还招募了一些程序员来设计其他应用程序。VisiCalc 是微型机的第一个电子制表预算程序。就是该程序将微型机的市场从爱好者的范围转移到商业世界。Apple II 最后产生了超过 1 亿美元的销售额。1978 年，第一个软盘驱动器推向用户，这也推动了他们的成功。软盘驱动器取代了曾经用来存储信息的磁带机。

当 Apple II 连续 5 年成为微型机销售冠军的时候，微型机的爆发仍然在继续，其他公司也开始出售微型机，这些竞争者当中有 Radio Shack、Atari、Texas Instruments 和 Commodore。

1978 年 Apple 计算机公司的股票上市，3 周内市值达到 17.9 亿美元，超过福特汽车。

图 2.20　苹果公司第一代计算机

1981 年 Apple 计算机公司进入《财富》500 强，叛逆青年 Steve Jobs 成为《时代》周刊的封面人物。

1979 年 10 月，跟着苹果二号电脑推出的世界上第一款电子表格软件 VisiCalc（由 Dan Bricklin 和 Bob Frankston 开发），成为 Apple Ⅱ 上的"杀手级应用软件"，Dan Bricklin 后来回忆说："当我们向一家波士顿的电脑公司推销 VisiCalc 的时候，业务代表看了只是觉得有点兴趣，但店里的会计看了几乎兴奋得颤抖起来。"

3. IBM 的 PC 机

1980 年，当 IBM 控制主机市场 80%份额的时候，它的执行主管开始关注那些以前没有参与的、发展迅速的、重要的小型计算机市场，IBM 并不是以快速的生产开发流程而闻名，它采取不同寻常的举动，批准有创新意识的实验室主管 William Lowe 将工程师集中起来快速开发微型原型机，以保证在 1 年内上市。1980 年 7 月 IBM PC 之父埃斯特利奇带领"跳棋计划"的 13 人小组秘密来到佛罗里达州波克罗顿镇的 IBM 研究发展中心，开始研发后来被称为 IBM PC 的计算机。

1981 年 8 月 12 日，埃斯特利奇在纽约曼哈顿中心区沃尔夫饭店底层的礼堂宣布 IBM 第一台 PC 诞生（如图 2.21 所示）。这是一个开创计算机历史新篇章的伟大时刻。1982 年成为 IBM PC 展示其巨大魅力的演出年度。IBM 原来预计在一年中售出 241683 台 PC，然而用户的需求被大大低估了，实际上一个月的订货量就超出了预计。这一年 IBM PC 共生产了 25 万台，以每月 2 万台的速度迅速接近 Apple Ⅱ 的产量。

IBM 在 1983 年 3 月 8 日发布了 PC 的改进型 IBM PC/XT，凭借 IBM PC/XT，IBM 的市场占有率超过 76%，一举把 Apple 挤下微型电脑霸主的宝座，当时占领 PC 市场的除了 IBM 公司，还有 7 家小公司。由于 IBM 所占市场份额巨大，所以有人称 PC 市场是 IBM 和 7 个"小矮人"。

图 2.21   IBM 第一代个人计算机

4. 向蓝色巨人宣战

在 1984 年的超级碗（Super bowl，美式橄榄球决赛）的实况转播中播放了一段 60 秒钟的苹果公司的广告。观众首先看到一个手持大铁锤的奔跑者，跑步经过一群黯淡的、浅色调的工人。然后，她把沉重的铁锤掷向显示"老大哥"（George Orwell 小说《1984》中的人物形象，暗示 IBM）的大屏幕。随着这个大屏幕的破碎，出现了画外音，"在 1 月 24 日，Apple 计算机将要推出 Macintosh，您将会看到 1984 年与《1984》的不同之处"。

Apple 公司的 Macintosh 的设计是它与众不同的一个方面（如图 2.22 所示）。它只是配备干净弯曲的线路和一个与 CPU 一起固定在机箱上的显示器。包括操作系统在内的所有软件都是图形显示的，或者是基于图像而不是基于文本的。这就是 Apple 公司敢于挑战蓝色巨人的利器——GUI（图形用户界面）。即使没有太多经验也没有操作手册的人也可以了解并操作 Macintosh。该界面有窗口、图标和下拉菜单，这些都可以通过移动和单击鼠标来控制，而不是通过键盘控制。以桌面为例，文件可以被放到简单标注的文件夹中。可以通过简单地单击并拖动到驱动器图表上从而将文件复制到另一个驱动器。

由于 IBM 在商业圈已经建立的声誉以及在 PC 平台上使用更广泛的商业软件，大多数商业用户并不购买 Macintosh。然而，因为它是基于图形的机器，Macintosh 立即被艺术家接受并作为他们的专用电脑。Macintosh 提供了广泛的数字艺术程序，像有趣的 MacDraw 和 MacPaint 软件。Macintosh 灵活的操作使它也受到家庭和学校的欢迎。此外，结合了 Apple 激光打印机和 Adobe 新设计的软件，Macintosh 成为设计和出版行业最受欢迎的计算机。它推出了桌面出版及多种不同的字样和字体。创作者可以写作、编辑、设计、插图和排版一本完整的书籍——所有这些都可以在小型计算机上完成。

Macintosh 的出现加大了 IBM PC 和 Apple 公司 Macintosh 的区别：IBM PC 用户被看作是举止严谨的、严肃的、守旧的，而 Macintosh 用户则是富有创造性的、自发性的、年轻的、有品位的。

图 2.22　1984 年推出的第一款 Macintosh

　　在当时，想要挑战蓝色巨人的英雄不止乔布斯一个。1984 年 2 月间，美国各大商业报纸上刊登出一则电脑广告："请让我们试一试，我们就会在阁下的订单上把 IBM 像风一样吹走！"这是大胆妄为的王安电脑公司公开向蓝色巨人下的战书。

　　5. 丑小鸭变天鹅

　　1975 年 1 月号的《大众电子学》，刊出了一篇 MITS 介绍其 Altair 8800 计算机的文章，这篇文章让两个年轻人看到了机会。Paul Allen 和 Bill Gates 在三周内为 Altair 开发出 BASIC 语言，MITS 成为两个未来富翁的第一个客户。在西雅图，微软的事业开始蒸蒸日上——销售符合不同微型计算机要求的各种 BASIC 版本。

　　1980 年 10 月，IBM 在秘密进行代号为"跳棋计划"的开发项目（第一台 IBM PC）时，原计划使用 Digital Research 的 CP/M 操作系统，但双方未能达成协议，这赋予了微软一个绝好的机会。当 IBM 四处寻找便宜的、可用于其 PC 机的操作系统时，敏锐的 Bill Gates 立刻意识到机会来了。他立刻到 IBM 公司毛遂自荐，声称可以为 IBM 提供一套操作系统，而此时的微软公司手中根本就没有什么操作系统产品，关系甚广的 Paul Allen 无奈之下只好准备去买一个操作系统。幸运的是，Seattle Computer Products 的 Tim Patterson 看不到自己开发的产品 QDOS（quick & dirty operating system）的价值，微软向其支付了不到 10 万美元，就获得了其 QDOS 操作系统的版权。他们对其进行了一些修改，然后命名为 PC-DOS，从而做成了与这个神秘客户（IBM）的大买卖。微软以一次付清的低价向 IBM 公司报价，允许 IBM 在任何计算机上使用该系统。作为回报，IBM 同意让微软保留专利权，允许微软可以同时出售该软件使用权给其他公司。

　　1983 年 1 月，康柏推出了与 IBM PC 相兼容的便携 PC "Compaq Portable"。Compaq Portable 点燃了 PC 克隆市场，推动了 MS-DOS 授权业务，同时也奠定了微软今天的基础，使微软业务从编程语言转为操作系统。

傲慢的 Steve Jobs 此时根本没把 Bill Gates 放在眼里，所以他竟然把自己的商业秘密在 Bill Gates 面前显摆。1981 年，Bill Gates 第一次看到 Apple 的 GUI 的工作情形时，他知道自己落后太远了，立刻开始了 Windows 的设计工作。平心而论，在软件设计方面，Bill Gates 确实不算高手。尽管模仿了 Macintosh 的界面，但 Windows 的第一个版本由于存在两个重大缺陷而没有受到欢迎。第一，市场需要的主要操作系统仍然是 DOS 系统，从而旧有的 DOS 软件还可继续使用（这也使得 Bill Gates 被迫在 DOS 系统的基础上建立 Windows 操作系统，而不是重新设计一个全新的操作系统）；第二个问题是，Windows 的运行速度非常慢，让用户感到失望，并且跟 Apple 的 Macintosh 相比存在很大的差距。实际上，Steve Jobs 的 GUI 界面创意（加上鼠标）也是从施乐公司偷学来的，他只是看了一下演示效果，却做出了更好的产品。微软 Windows 1.0 的界面如图 2.23 所示。

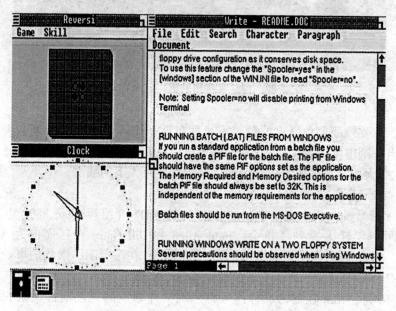

图 2.23   微软 Windows 1.0 的界面

由于与 John Sculley 有分歧，苹果 CEO Steve Jobs 于 1985 年 5 月离开苹果（由于乔布斯把自己所持的股票几乎全部卖光了，实际上他被苹果公司开除了）。继任者斯卡莱来自百事可乐，善于营销，但其营销策略与苹果格格不入，并且让苹果 Macintosh 计算机日益平民化。苹果的问题就是微软的机会，最终让 Windows 统治了操作系统市场。

1990 年 5 月 22 日，Microsoft 推出 Windows 3.0 并开始发售，7 月，Microsoft 的销售额在过去的一年中达到 10 亿美元，这是业界第一个个人电脑软件公司取得如此出色的业绩，Microsoft 成了名副其实的大公司。9 月，Microsoft 与 IBM 结束在操作系统上的合作，根据协议，Microsoft 继续研究 Windows、DOS 和便携版的 OS/2 操作系统，IBM 继续开发 16 位和 32 位版本的 OS/2。

微软的软件设计师重新改写了其他软件以适合这个新环境，并且开发了它的 Office 套件 Word、Excel 和 PowerPoint。像 WordPerfect 和 Lotus 1-2-3 这些曾经占统治地位的计算机产品现在已经成为配角。在发布 Windows 3.0 之前，微软甚至已经成为世界上最大的软件公司。在 20 世纪 90 年代早期就可以预测到，到 90 年代末，除了 Apple 之外微软将没有几个竞争对手。

20 世纪 90 年代，Lotus 1-2-3 是电子表格市场的霸主。但 Lotus 坚守 DOS 市场，并押宝 IBM 的 OS/2 系统。当时，微软在秘密开发 Windows 95。尽管 Lotus 后来回心转意，放弃了 OS/2，但为时已晚，微软的 Excel 已经乘虚而入。

6. 兼容技术的冲击

采用"开放标准"系统，是 IBM PC 迅速称雄最关键的一步。20 世纪 80 年代初期，市场上存在大量不同标准的个人电脑，例如 Apple 机、TRS-80 机（便携式电脑的鼻祖之一，由 Radioshack 公司生产）、日本的 PC-9801 机（由 NEC 公司生产，80 年代到 90 年代垄断日本市场）、王安电脑等。IBM 推出 IBM PC 后的第二年，即 1982 年，IBM 公开了 IBM PC 上除 BIOS 之外的全部技术资料，从而形成了 PC 机的"开放标准"，使不同厂商的标准部件可以互换。开放式体系结构（open architecture）概念在当时确实是一个非常具有革命性的概念，开放标准聚拢了大量板卡生产商和整机生产商，大大促进了 PC 机的产业化发展速度。IBM 采用"开放标准"战略的根本目的就是要利用自己强大的优势地位摧毁采用其他生产标准的竞争者，包括苹果电脑。从此，IBM 的微型计算机都叫 PC 机，采用 IBM PC 标准生产的其他微型计算机叫"兼容机"，如美国本土企业 Compaq、Texas Instruments 和 Dell，日本企业 Toshiba，中国台湾地区的企业宏碁等。使用特殊软件系统和硬件的公司大多数都以破产而告终。Commodore 和 Atari 等少数幸存的公司从商业领域转移到了模拟机领域，当时著名的王安电脑公司惨遭破产（王安在哈佛大学计算机实验室发明磁芯存储器后开始创业），Apple 公司也一落千丈。

IBM 通过"开放标准"战略几乎完全灭掉了老对手，但同时又培养了一批更贪婪的新对手。

1982 年 2 月，Compaq 公司成立，并在极短的时间内获得了令人瞩目的商业成功。11 月，Compaq 推出了其 PC 兼容机 Compaq Portable PC。几年之内，全世界冒出了数百家生产 IBM PC 兼容机的公司。

1984 年，年仅 18 岁的大一新生 Michael Dell 中途辍学，创立 Dell 公司，首先从宿舍邮购销售计算机开始，开创了计算机产品的直销模式。

1984—1986 年，畅销一时的 IBM 的 AT 微机，采用英特尔生产的 80286 中央处理器芯片，建立在 286 的 16 位技术基础上。1984 年，英特尔开始开发新一代 386CPU 芯片。由于 386 是 32 位的中央处理器，386 的开发成功意味着微型计算机技术的革命。虽然英特尔在 386 的开发中就给 IBM 打招呼，并希望 IBM 首先使用 386 芯片开发出 386 微机，但 IBM 表现得极为冷淡。直到 1985 年末，386 芯片生产出来，IBM 仍然拒绝采用。IBM 拒绝采用 386 来更新产品有它的考虑：当时 286 在市场上是畅销货，而 286 芯片属于老产品，价格低，利润颇为丰厚，如果产品换代，不但配套元件和外围设备要重新设计，整个生产线也需要彻底改造。由于 386 芯片价格很高，IBM 电脑整机的利润就会大大下降。另外，此前只有大型计算机才使用 32 位元技术。如果 IBM 带头在微机上使用 32 位元技术，将对自己的大型机形成挑战。从自身利益出发，IBM 做出了只在老产品上作技术延伸的改进，而不采用革命性技术的决策，利用自己在电脑市场上的统治地位和微机技术标准制定者的身份，阻碍 386 技术的推广。但是，市场并不会听命于既有权威。在成熟健全的市场里，顾客才是真正的上帝。只有倾听市场呼声、善于创新的企业才能昌盛。当 IBM 把送上门来的新技术拒之门外时，康柏、宏碁等公司却抓住了机遇，激烈地向 IBM 的霸主地位发起了挑战。

1986 年 9 月，Compaq 比 IBM 更早地推出了它的基于 16MHz Intel 80386 的个人电脑 Compaq Deskpro PC，兼容机开始领先于 IBM PC，Compaq 的业绩在短短四年间跃入《财富》500 强，并在 1994 年第一次超过 IBM 登上 PC 电脑的宝座。紧接着，戴尔计算机公司以其独特的邮购销售方式使个人电脑售价大幅度降低。而后，康柏和 Gateway 等公司又加入了新一轮竞争。面对严峻的挑战，IBM 公司逐渐丧失了竞争力和获利能力。

受到冲击的 IBM 和 Apple 在个人计算机市场开始失去他们的份额。随着微软公司新产品 Windows 95 的成功和物美价廉的计算机的增长，许多专家预言 Apple 到 90 年代末将不复存在。到 20 世纪 90 年代中期，虽然图形和多媒体用户对 Apple 仍然很忠诚，但是 Apple 公司的经营开始举步维艰。

1996 年，直销之王 Dell 开始通过网络销售其 PC 产品并大获成功。

五、因特网时代

1. 因特网的起源

因特网经历了漫长的发展过程。

受苏联于 1957 年发射 Sputnik 事件的刺激，美国空军和国防部为重新树立在军事科技应用开发方面的领导地位做出了很大的努力。于 1962 年，美国空军与洛克希德公司共同组建了 RAND（兰德）公司，并开发了一种主要进行声音通信处理的包交换式网络；美国国防部于 1969 年创建了高级研究项目局（ARPA），用来验证计算机互联网的不同方法，但是它仅限于军事用途，它的目标就是重新树立美国在军事科技应用开发方面的领导地位。

此后，技术重心转向了"包交换技术"，包交换技术是一种独特的传送信息的方法，由于这些数据包遵循一定的协议，所以它们在目的地可以重新组成完整的信息。如果某一个数据包丢失或损坏，那么整个数据就会因此而无法保持完整。包交换技术在网络中使用与发展完全改变了计算机之间共享信息的方式，在 1968 年达到高潮，在这一年中，ARPD 与 BBN（Bolt，Beranek 和 Newman）对包交换技术进行升级，由原来的 3 个终端升级到一个相联系的系统，于是产生了 Honeywell 微型计算机，被选作建构 IMP 的基础设备。将该设备悬挂在天花板上运行，用长柄大锤砸击之后仍然可以工作。

实际的网络于 1969 年建立起来。它联结了 4 个节点（或处理位置）：加州大学洛杉矶分校、斯坦福研究院（SRI）、加州大学 Santa Barbara 分校和 Utah 大学。Leonard Klernrock 在加州大学洛杉矶分校（UCLA）的团队成为 ARPANET 上的第一个功能性节点。一个月后，Engelbart 的斯坦福研究中心成为第二个功能性节点。随着第二个节点的加入，加州大学洛杉矶分校首创了主机之间通过 Internet 的信息传送。1970 年 ARPANET 的加入是第三个节点。1972 年 BBN 的 Ray Tomlinson 编写了第一个电子邮件程序，号召

ARPANET 科学家进行广泛的协作，不久电子邮件就成了网络中应用最广泛的功能。第四个节点是 Kahn 提出了开放式网络架构这一概念，他将其称为 Internetting（网络的相互作用）。在开放式网络架构中，不同的网络不需要根据硬件进行内部修改就可以连接到 Internet。正是开放式网络架构导致了一种常见协议的发展，这就是大家熟知的 TCP/IP（传输控制协议/网际协议）。正是由于 Internet 协议（如 TCP/IP）结合到了支持性操作系统中，Internet 才得到了广泛的认可。分组交换技术示意图如图 2.24 所示。

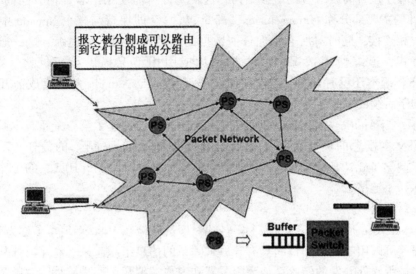

图 2.24　分组交换技术示意图

2. 超文本与超链接

随着 Internet 从 ARPANET 起源到今天互联网的连续分散化，保持不变的只有一件事情，即已经相当可观的用户访问量还在不断扩大。随着越来越便宜、功能越来越强大的计算机走向大众，Internet 的使用也一直在增长。大的方面来讲，这种情况导致的直接结果就是：产生一种新型软件，利用 Internet 的功能来传递图像和文字（以后还有音频和视频流）。这就是 HTML（超文本链接标示语言），将 HTML 嵌入点击式浏览器，一般的用户就可以在网络中漫游并获取信息。

1945 年 6 月，Vannevar Bush（罗斯福总统的科学顾问）在《大西洋月刊》中发表了一篇文章，文中描述了一种设备，它不仅可能存储信息，还允许用户将文字和图像形式的信息链接起来，以备将来引用。Vannevar Bush 指出，当前使用的众多索引系统多数采用字母表或数字方式进行查找，因此使用这些系统查询信息常常十分困难。即使信息仅仅位于一个位置，在其他文件夹中引用或连接数据也非常困难。如果信息位于多个位置，则情况会更加糟糕。他将这种机器设备称为 Memex，并将其看做对个人记忆力的补充。Memex 机器是一种带有半透明屏幕的桌子，在屏幕上可以投影或读取具体的条目，或者从屏幕中拍下文字和图像并存储到特殊的 Memex 影片上，可以将所有信息编码成一个文件，从而便于简单快速地查阅。

1965 年，Ted Nelson 在写给第 20 届 ACM 全国大会的文章中使用了 Hypertext（超文本）和 hypermedia（超媒体）这两个术语。超文本描述了一种非线性的书写方式，它允许读者对所遵循的信息线索进行选择。为了实现这个目标，超文本语言在文本中创建了与其他词汇、图像或文件之间的链接，从而为读者搜寻信息提供了全新的非线性方式。

1981 年，Ted Nelson 描绘了 Xanadu 项目的前景，该项目将创造全球文学环境，即存储所有文字作品的仓库，该仓库是按文件收费的超文本数据库。Xanadu 包含基本的超文本特性，同时还包含高度综合的链接结构，这就允许可能使用沿着任何方向的多个链接。Xanadu 设计的主要部分称为 transclusion（跨越包含），即保持与整个 Xanadu 中的"可视化无限源"相连接，同时对所有指向任何数据的连接或引用进行追踪。这一概念允许用户遵循所有权，追踪使用情况并且根据使用或引用情况提供小额付款。直到今天，Xanadu 的工作版本还没有达到完美。然而，在 1999 年，Xanadu 的代码成为开放的源代码，这有利于后续的开发。

1967 年，当 Andries Van Dam 和 Brown 上大学时，他创建了第一个超文本系统，同时还赢得了超文本概念的创立者们（Ted Nelson 和 Doug Englebart）的信任。Andries Van Dam 的大学同学 Ted Nelson，与他一起从事开发超文本编辑系统（HES）的工作。于是产生了超文本和超链接。

3. Web 的发明

Tim Berners-Lee 是 CERN 中的一个年轻的程序员，他在 1980 年编写了称为 Enquire 的程序，该程序可以用链接将文件间具有开放式关系的信息组织起来。利用以前从事多任务操作系统和排版软件开发的经验，他为服务器和客户端编写了原型软件，这就是后来大家所熟知的 World Wide Web。它的出现改变了当时共享信息和研究数据的繁杂操作程序和系统。

1992 年，CERN 公布了他们的服务器和浏览器的源代码，并开始筹划学术研究团体之外的 Web。这一举措的成效立刻显现了出来，Web 为各行各业的用户提供了通信媒介。网页无处不在，不仅用在学术课题中，还用在各种学科中。不久，软件开发者就开始用更强大的工具为 PC 和 Macintosh 系统创建第二代 Web 浏览器和更简洁的界面。时至今日，World Wide Web 服务器的数量正以几何级数的速度增加。

World Wide Web 将计算机网络和超文本组合成远大于各组成部分的一个整体，这是一个全球信息系统，用户可以使用键盘和鼠标打开简单的浏览器界面，从而实现对该系统的访问。超文本的使用是与信息链接在一起的，这是一种相互引用的关系，它可以将用户带到 Web 这一虚拟社区的任何角落，可以引用这个世界（在 Web 中）现有的所有文件。通过单击一个又一个链接，用户可以在不同的页面之间漫步和浏览。

4. 从 Mosaic 到 Netscape

1992 年，Marc Andreesen 还是一个学生，他在 Illinois 大学（位于 Urbana-Champaign）的国家超级计算应用中心（NCSA）做兼职助手。在 NCSA 工作期间，Marc Andreesen 发现 Unix 命令和协议如 FTP、Gopher 和 Telnet 搜寻并下载文件是一个冗长费时的过程。World Wide Web 浏览器连入 UNIX 计算机的浏览器相对较难掌握，他希望研究一种更简单易用的浏览器。得到了同在 NCSA 的 Eric Bina 的协助，他开始研究一种新的浏览器，这种浏览器将分散的功能集成在简单的程序中，同时还使用了图片。于是他研究出了 Mosaic 浏览器——在 UNIX 中的 X Window 系统环境下运行，它在许多研究者所共用的平台上提供了友好的窗口式界面。与当时的其他浏览器相比，Marc Andreesen 新创的浏览器在图片利用方面的综合性更强。Mosaic 对超链接的处理方式也有所不同，用户只要在超链接上单击就可以到达链接文件。

SGI（硅图公司）的创立者 Jim Clark，从 SGI 退出之后，计划开办一家专营交互式电视技术的公司，他认为 Marc Andreesen 的浏览器可以作为一个接口。Marc Andreesen 使 Jim Clark 相信 Internet 提供了更好的市场，他们决定在 Marc Andreesen 已经成功的 Mosaic Web 浏览器的基础上进行发展。然而，等待他们的是一个坏消息：Illinois 大学宣称 Marc Andreesen 从学校窃取了 Mosaic，并要求他停止使用 Mosaic 这个名字，还要停止已开发的浏览器的进一步流通。这使 Jim Clark 感到特别吃惊，他还在斯坦福大学做助教时就开发出对浏览器进行支持的技术，之后他就开办了 SGI。斯坦福大学默认了 Jim Clark 将在学校期间开发的技术进行商业化的行为，而 Illinois 大学并没有这么大方。结果，Marc Andreesen 将 Mosaic 改名为 Netscape。1994 年底他同意以 300 万美元的代价与 Illinois 大学达成经济和解，避免了它们对 Netscape 的进一步索赔。

年轻而又缺乏经验的 Netscape 通信公司于 1994 年成立，但马上又面临新的问题，他们必须编写超越 Mosaic 浏览器（现在是 Illinois 大学的专有财产）的新浏览器。1995 年，Netscape 通信公司发行了第二代浏览器：Netscape Navigator 2.0。它包括许多今天常见的新特性，如框架（将屏幕划分成可以分别进行控制的窗口）和图像地图（用户通过单击图像的某一部分就可以到达其他地方）。此外，它还提供了 Java 支持、LiveScript（JavaScript）、作为插件的应用编程界面（API）和实现安全处理的 SSL 加密技术。Netscape 还包含 Newsreader、WYSIWYG HTML 编辑器的电子邮件程序。

5. 浏览器之战

当比尔·盖茨认识到 21 世纪将是网络世纪时，他猛然醒悟，决定大举进军网络市场。于是一场占领网络市场的战争爆发了。

从 Microsoft 公司的 IE2.0 发展到 IE3.0，这一步相当关键。该浏览器的风格类似于 Microsoft 公司的新操作系统，它不仅可以完成 Netscape 浏览器所能完成的所有工作，还添加了对样式表的支持。样式表定义了页面布局的元素，并将它们应用到一整套页面中，从而使整个网络产生统一连续的效果。该浏览器可以明确建立从字体大小到页边距、再到图像位置的所有页面元素，这一功能为从事整个网站开发的设计者提供了方便。

Netscape 通信公司的市场策略是免费向大众开放软件，而向公司和设备供应商出售服务器软件，这使它获得了巨大的成功，并为公司赢得了大量的浏览器市场；而 Microsoft 公司能够后来居上，不仅因为它们将浏览器绑定为 Windows 操作系统（由于每个 PC 都已经安装了该软件，这在可选性和可用性方面已经为公司带来了巨大的优势）的一部分，还因为它们放弃了 Netscape 通信公司赖以赢利的服务器终端软件市场。到 1998 年底，由于 Netscape 通信公司看到自己的市场份额不断萎缩，它以股票价值 100 亿美元的价格转售给美国在线（AOL）。

Netscape 通信公司和 Microsoft 公司竞争的结果如何？Microsoft 公司赢得了浏览器方面

竞争的胜利，但被拖进了数年的官司中；而 Netscape 通信公司则并入了 AOL 集团。然而，比这些公司事务更重要的是，两者之间的竞争刺激了他们进行更快、更富想象力的革新，正是这些革新使 Web 呈现出今天这种繁荣的景象。

6. 搜索引擎混战

所有搜索引擎的祖先，是 1990 年由加拿大 Montreal（蒙特利尔）的 McGill University（麦吉尔大学）学生 Alan Emtage、Peter Deutsch、Bill Wheelan 发明的 Archie（Archie FAQ）。虽然当时 World Wide Web 还未出现，但网络中文件传输还是相当频繁的，由于大量的文件散布在各个分散的 FTP 主机中，查询起来非常不便，因此 Alan Emtage 等想到了开发一个可以用文件名查找文件的系统，于是便有了 Archie。

由于 Archie 深受欢迎，很多人受到它的启发，先后开发了各种搜索引擎，引发了搜索引擎混战。Nevada System Computing Services 大学于 1993 年开发了一个 Gopher（Gopher FAQ）搜索工具 Veronica（Veronica FAQ）。Jughead 是后来的另一个 Gopher 搜索工具。

1993 年 10 月 Martijn Koster 创建了 ALIWEB（Martijn Koster Annouces the Availability of Aliweb），它相当于 Archie 的 HTTP 版本。ALIWEB 不使用网络搜寻 Robot，如果网站主管们希望自己的网页被 ALIWEB 收录，需要自己提交每一个网页的索引简介信息，类似于后来大家熟知的 Yahoo 搜索软件。1994 年 1 月，第一个既可搜索又可浏览的分类目录 EINet Galaxy（Tradewave Galaxy）上线。除了网站搜索，它还支持 Gopher 和 Telnet 搜索。1994 年 4 月，Stanford University 的两名博士生，美籍华人杨致远和 David Filo 共同创办了 Yahoo。1994 年初，Washington University CS 学生 Brian Pinkerton 开始了他的小项目 WebCrawler（Brian Pinkerton Announces the Availability of Webcrawler）。1995 年 9 月 26 日，加州伯克利分校 CS 助教 Eric Brewer、博士生 Paul Gauthier 创立了 Inktomi，1997 年 8 月，Northernlight 搜索引擎正式现身。1999 年 2 月，Google 完成了从 Alpha 版到 Beta 版的蜕变。2000 年 1 月，两位北大校友，超链分析专利发明人、前 Infoseek 资深工程师李彦宏与好友徐勇（加州伯克利分校博士后）在北京中关村创立了百度（Baidu）公司。2001 年 8 月发布 Baidu.com 搜索引擎 Beta 版。Gigablast 由前 Infoseek 工程师 Matt Wells 创立，2002 年 3 月展示 pre-beta 版，2002 年 7 月 21 日发布 Beta 版。2002 年 6 月，Openfind 重新发布基于 GAIS30 Project 的 Openfind 搜索引擎 Beta 版，推出多元排序（PolyRankTM），开始进入英文搜索领域，此后技术升级明显加快。

在 2000 年以前，各公司争先恐后研发了新的引擎，搜索引擎的混战看是激烈，但因为数据库不如其他搜索引擎大，缺乏高级搜索语法，所以推广并不快。直到 2000 年，数据库升级后，又借被 Yahoo 选作搜索引擎的东风，才一飞冲天，2000 年后市场逐渐被 Baidu 和 Google 瓜分。

7. 挑战微软霸权

2009 年 7 月 8 日，Google 宣布研发 Chrome 操作系统的消息后，媒体已多次嘀咕它的降临，11 月 18 日它果真如约而至，第一款预装 Chrome 操作系统的上网本，很有可能成为不少人的圣诞礼物。

那将是一个 Google 的世界——你需要安装一个叫做 Chrome 的操作系统，通过 Chrome 的浏览器，使用那个将 HTTP 提速了 55% 的 SPDY 网络协议，登录一个叫做 Google 的搜索引擎主页，打开一个叫做 Gmail 的邮箱收发邮件，用 Gtalk 的即时通信工具和人交流，用 Google Reader 订阅喜欢的博客和资讯，进 Google Library 看书，用 Google Docs 写字，用 Picasa 编辑、存储照片，用 Youtube 看视频，用 Google Voice 拨打电话，用 Google Map 查看地球上任何一个地方……

Chrome 操作系统，打破了微软的游戏规则，使 Web 操作系统成为现实——系统只需解决本机的硬件驱动问题，如前所述，它更多的软件应用是由网络来实现的。人们可以随时随地调出和使用各自的文件，所需不过一个网络接入终端——无论它叫手机、电脑还是其他。2004 年 4 月 1 日，Google 推出 1GB 容量的 gmai。Chrome 是一款 Web 版的 Outlook，它可以实现即时通信、视频聊天，它附着了一系列办公软件应用，如日历、Docs……不知不觉，它已经提供了全套 office 解决方案。不仅如此，Chrome 对 CPU 要求也不高，这或许是 AMD、威盛、国产龙芯等厂商们打破 Intel 独大局面的机会。

Chrome 操作系统挑战微软霸权，电脑将变得越来越简单，甚至可以不需要微软，这是 Google 告诉我们的未来。

六、物联网时代

物联网（The Internet of Things）的概念是在 1999 年由 MIT Auto-ID Center 提出的，指的是将各种信息传感设备，如射频识别（RFID）装置、红外感应器、全球定位系统、激光扫描器等种种装置与互联网结合起来而形成的一个巨大网络（如图 2.25 所示）。就目前来说，IT 技术已经进入高速发展阶段，互联网开始进入物联网的科技时代。物联网把感应器装备和嵌入电网、铁路、桥梁、隧道、公路、建筑、供水系统、大坝、油气管道等各种物体中，与现有的互联网整合起来，以实现人类社会与物理系统的整合。

物联网核心技术包括射频识别（RFID）装置、WSN 网络、红外感应器、全球定位系

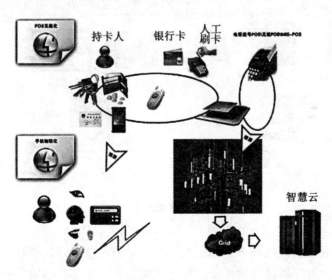

图 2.25　物联网

统、Internet 与移动网络，网络服务，行业应用软件。其中 RFID 作为物联网中最核心的技术，对物联网的发展起着至为重要作用。

"物联网"被称为继计算机、互联网之后，世界信息产业的第三次浪潮。物联网一方面可以提高经济效益，大大节约成本；另一方面可以为全球经济的复苏提供技术动力。目前，美国、欧盟等国家和地区都在投入巨资深入探索研究物联网。我国也正在高度关注、重视物联网的研究，工业和信息化部会同有关部门，在新一代信息技术方面正在开展研究，以形成支持新一代信息技术发展的政策措施。

物联网具备规模性、流动性和安全性的特点，将会对多种产业产生影响，比如电力电网、医疗系统、城市设施、交通管理、物流供应链和通信行业等。

七、可穿戴设备时代

可穿戴设备的出现，没有一个明确的时间点。在 20 世纪 70 年代，国外科学家打造出了配有数码相机功能的可穿戴式计算机。1977 年，国外科学家为盲人做了一款背心，它把头戴式摄像头获得的图像通过背心上的网格转换成触觉意象，让盲人也可以看得见，这可以说是世界上第一款可穿戴健康设备。在后来的发展中，可穿戴设备却是陷入发展的沉寂，直到 2013 年，可穿戴设备技术作为一类重大科技变革而被人们所关注，其将像 20 世纪 80 年代的个人电脑和目前的移动计算机及平板电脑一样推动创新。可穿戴设备如图 2.26 所示。

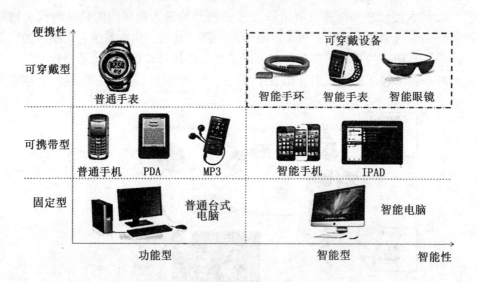

图 2.26　可穿戴设备

可穿戴设备时代遇到的挑战在于产品的设计，移动消费电子设计面临着成本紧张、功耗和尺寸约束的问题，可穿戴设备的标准架构、功能集和专用芯片的缺失更是给可穿戴设备产品的设计带来了前所未有的挑战。在现有的技术当中，要解决当前可穿戴设备的发展面临的问题，可从以下几个方面入手：为现有微控制器、传感器、显示器等之间的接口桥接；为现有的微控制器和 ASSP 添加新的互连和功能；以及在某些情况下提供了一种替代 ASIC 或 SoC 的选择。

可穿戴设备进入快速发展的时代，巨大的市场潜力吸引了众多公司开始布局可穿戴设备，不断推出新品，将可穿戴设备热度推向新的高潮，而可穿戴设备将是把人"物联网化"的重要一环。随着科技的发展和技术的不断创新，可穿戴设备未来将往健康服务、社交助手、娱乐利器、身份验证、通信等方面发展，厂商积极探索差异化细分市场，满足用户的个性化需要，市场预期，突破功能使用瓶颈的可穿戴设备将逐渐走向成熟。

本 章 小 结

1. 根据人数处理信息的工具将人类的文明史划分为七个阶段：第一次信息革命前（文字发明以前）、第一次信息革命（文字和手抄书出现）、第二次信息革命（造纸和印刷术出现）、第三次信息革命（电报和电话出现）和第四次信息革命（计算机普及和因特网出现）。

2. 近现代信息技术的发展过程分为七个阶段：机械式计算器时代、大型主机时代、计算机的小型化时代、微型计算机时代、因特网时代、物联网时代和可穿戴设备时代。

参 考 阅 读

[1] ［美］尼葛洛庞帝．数字化生存．海口：海南出版社，1997.
[2] ［美］杰弗里·扬．福布斯电脑革命史．海口：海南出版社，1999.
[3] ［美］阿尔弗雷德·D. 钱德勒．信息改变了美国——驱动国家转型的力量·2 版．上海：上海远东出版社，2011.
[4] ［美］沃尔特·艾萨克森．史蒂夫·乔布斯传．北京：中信出版社，2011.

思考与练习

1. 除了课本中提到的信息工具，你认为还有哪些信息工具也很重要？

2. 与你的家人交谈第一次接触计算机的情形，弄清楚他们第一次听说计算机是什么时候，那时候的计算机是什么样子，询问他们何时购买的第一台计算机，并且请他们描述该计算机。

3. 有人说《易经》是糟粕，你认为呢？

4. 当我们为大学毕业找不到工作而烦恼时，你考虑过自己创业吗？你认为阻碍你创业的因素是什么呢？当你遇到一个创业的好机会时，你会抛弃一流大学的毕业证书而去创业吗？

第三章　组织与管理信息系统

本章主要内容如下：

第一节管理信息系统在组织中的角色。根据明茨伯格的观点，管理者在组织中扮演三类角色：人际关系角色、信息角色和决策角色。管理信息系统在组织中的角色就是辅助管理者更好地扮演上述三类角色。

第二节创建信息时代的组织。信息时代组织结构的变化趋势是扁平化，新型的组织结构如学习型组织、虚拟组织和临时性组织在经济活动中开始发挥越来越重要的作用。

第三节"以人为本"的管理信息系统。传统的管理信息系统以技术为核心，系统的设计总是围绕着如何让计算机更好地运行；现代的管理信息系统以人为核心，系统的设计围绕着如何让人更有效率、更舒适地工作。

第一节　管理信息系统在组织中的角色

我国是从 20 世纪 90 年代开始，随着国家倡导"信息化"后逐渐开始研究管理信息系统的。对于管理者来说，管理信息系统是一个新生事物，所以总是下意识地将管理信息系统对应于某个具体的事物，如计算机、软件等。早期的管理者满心希望一旦企业买了一套管理信息系统软硬件后，企业就可以迅速获利，但这种梦想破灭了。很多管理者经过多年摸索后，仍然会问，管理信息系统到底是什么？下面我们就从管理信息系统在组织中的角色定位来说明这一点。

一、管理者在组织中的角色

1973 年，亨利·明茨伯格（Henry Mintzberg）出版了其最负盛名的经典名著《管理工作的本质》（*The Nature of Managerial Work*，又译《管理工作的实质》）。

明茨伯格在书中把管理者（或经理）扮演的十种主要角色分为三大类型：人际关系角色、信息角色、决策角色。具体为：①挂名首脑；②领导者；③联络者；④信息接收者；⑤信息传播者；⑥发言人；⑦企业家；⑧故障排除者；⑨资源分配者；⑩谈判者。

1. 人际关系角色

人际关系角色是指管理者要与各界打交道，故需建立各种人际关系。管理者的角色有3 个直接来自于正式权力并且涉及基本的人际关系。人际关系角色具体包括：挂名首脑角色、领导者角色、联络者角色。

管理学从来都承认领导者的角色，特别是那些与激励相关的部分。相比之下，直到最近，管理学才提到管理者在他的垂直指挥链之外与人接触的联络者角色。通过对每种管理工作的研究我们发现，管理者花在同事和单位之外的其他人身上的时间与花在自己下属身上的时间一样多。

联络者角色涉及的是管理者同他所领导的组织以外的无数个人和团体维持关系的重要网络。联络者角色代表着管理者职务中一个关键部分的开始。管理者通过联络者角色同外界联系。然后，通过发言人、信息传播者和谈判者这些角色进一步发展这种联系，并获得这种联系所提供的好处和信息。

2. 信息角色

信息角色是指管理者是复杂组织关系中的信息中心。他不可能知道每件事情，但却肯定比任何下属都知道得多。不论这个管理者是街头团伙的头目还是美国总统，管理学上的研究结果都支持该观点。信息角色具体包括：信息接收者角色、信息传播者角色、发言人角色。

管理者为了得到信息而不断审视自己所处的环境。他们询问联系人和下属，通过各种内部事务、外部事情和分析报告等主动收集信息。担任监控角色的管理者所收集的信息很多都是口头形式的，通常是传闻和流言。当然也有一些董事会的意见或者是社会机构的质问等。管理者得到的信息大致有以下五类：

① 内部业务的信息。通过标准的业务报告、下属的特别报告、对组织的视察等获得。

② 外部事件的信息。如顾客、人事关系、竞争者、同行、供货者、市场变化、政治变动、工艺技术的发展等，通过下属、同业组织、报刊等获得。

③ 分析报告。从各种不同的来源（下属、同业组织或外界人员）得到各种不同事件的分析报告。

④ 各种意见和倾向。管理者通过许多途径来更好地了解他的环境和获得各种新思想。他参加各种会议，注意阅读顾客的来信，浏览同业组织的报告，并从各种联系和下属那里获取各种意见和建议。

⑤ 压力。各种压力也是信息的来源，如下属的申请和外界人士的要求，董事会的意见和社会机构的质问等。

作为信息传播者，管理者把外部信息传播给他的组织，把内部信息从一位下属传播给另一位下属。

信息可分为两种：①有关事实的信息。这类信息可以用某种公认的衡量标准来判断是否正确。管理者由于代表着正式的权威，收到许多有关事实的信息，并把其中的很大部分传达给有关的下属；②有关价值标准的信息。这类信息涉及一个人的选择和有关"应该"是什么的主观信念。

组织内部可能会需要这些通过管理者个人的外部联系收集到的信息。管理者必须分享并分配信息，把外部信息传递到企业内部，把内部信息传给更多的人知道。当下属彼此之间缺乏便利联系时，管理者有时会分别向他们传递信息。

管理者作为正式的权威，被外界要求代表其组织来讲话，他作为组织的神经中枢，也拥有信息来这样做。

管理者作为组织的权威，被要求对外传递关于本组织的计划、政策和成果信息，使得那些对企业有重大影响的人能够了解企业的经营状况。例如，首席执行官可能要花大量时间与有影响力的人周旋，要就财务状况向董事会和股东报告，还要履行组织的社会责任等。

管理者的发言人角色要求他把信息传递给两个集团：第一个是对组织有着重要影响的那一批人。对总经理来说是董事会，对中层经理来说是他的上级；第二个集团是组织之外的公众。对总经理来说包括：供货者、同业组织、其他组织的总经理、政府机构、顾客以及新闻界。

3. 决策角色

决策角色是指处理信息并得出结论。管理者制定决策让工作小组按照既定的路线行事，并分配资源以保证计划的实施。信息是制定决策的基本投入。管理者在组织的决策制定系统中起着主要作用。作为具有正式权力的人，只有管理者能够使组织专注于重要的行动计划；作为组织的神经中枢，只有管理者拥有及时全面的信息来制定战略。决策角色具体包括：企业家角色、故障排除者角色、资源分配者角色、谈判者角色。

二、管理信息系统在组织中的角色

目前的信息技术在所有的三大类角色里，都有不同程度的参与，有些被定义在管理信息系统的系统功能里，有些还只是单独的软件来配合管理信息系统的运行。图3.1描述了管理信息系统在组织中的辅助角色功能。

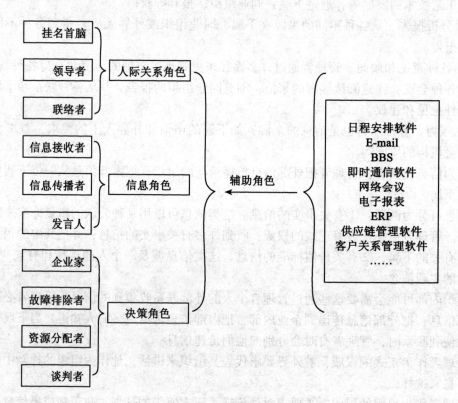

图 3.1　管理信息系统的辅助角色功能

管理信息系统是帮助管理者成功实现人际关系角色、信息角色和决策角色的辅助工具。管理信息系统的好坏取决于它在这三个方面参与的程度。

以前的管理信息系统专家基本上是从控制论的思想来设计管理信息系统。系统论的思想虽好，但更多地停留在概念上，实际应用中并没有具体的实现方法；运筹学的数学方法也很好，但依然属于控制论的思想。

西方的文明越来越重视人的因素，大量的科学研究集中探讨人类的行为和心理。新的信息技术不断在改变人类的行为方式和心理感觉，因此将人际交往的功能加入管理信息系统中是一个新的课题。

过去管理信息系统中的决策功能，基本上是应用了运筹学的数学模型，但新的决策研究者认为：人类实际的决策行为包含复杂的心理和行为机制，传统的运筹学对于高层管理人员的决策辅助显得脆弱无力，如何让管理信息系统的决策功能真正成为管理者的决策顾问也是一个需要解决的问题。

第二节 创建信息时代的组织

管理信息系统与组织之间是相互影响的关系，新的组织结构需要新的信息技术，新的信息技术又会催生新型的组织结构。

一、信息时代组织结构的变化趋势

在信息时代，组织结构的核心变化趋势就是扁平化，这主要是经济全球化的产物。激烈的竞争要求企业组织结构更加灵活，传统的、比较稳定的科层制难以适应全球化竞争。

1. 信息时代对组织结构的能力要求

信息时代对组织结构的能力要求主要包括三个方面：快速反应能力、创新能力和团队合作能力。具体如下：

（1）快速反应能力

从 20 世纪 70 年代后期开始，美国纺织服装的进口急剧增加，到 80 年代初期，进口商品大约占纺织服装行业总销量的 40%。针对这种情况，美国纺织服装企业一方面要求政府和国会采取措施阻止纺织品的大量进口；另一方面进行设备投资来提高企业的生产率。但是，即使这样，价格低廉的进口纺织品市场占有率仍在不断上升，而本地生产的纺织品市场占有率却在连续下降。为此，一些主要的经销商成立了"用国货为荣委员会"。一方面通过媒体宣传国产纺织品的优点，采取共同的销售促进活动；另一方面，委托零售业咨询公司 Kurt Salmon 从事提高竞争力的调查。Kurt Salmon 公司在经过了大量充分的调查后指出，虽然纺织品产业拥有完整的供应链，但是整体的效率却并不高。为此，Kurt Salmon 公司建议零售业者和纺织服装生产厂家合作，共享信息资源，建立一个快速反应系统（quick response）来实现销售额增长。

快速反应关系到一个厂商是否能及时满足顾客需求的能力。信息技术提高了在最近的可能时间内完成物流作业和尽快地交付所需存货的能力。这样就可减少传统上按预期的顾客需求过度地储备存货的情况。快速反应的能力把作业的重点从预测和对存货储备的预期，转移到从生产到装运的方式对顾客需求做出反应上来。

大型企业的官僚化的组织制度和企业文化，使这类企业的运营模式越来越稳定，由于控制严密，效率也越来越低。很多大型企业都想变革，通过 BPR、ERP 等手段改变现有模式，但是大多收效甚微。所以，管理学界认为，大企业就如大象，变革就如跳舞，大企业不能变革，就是大象不能跳舞。20 世纪 90 年代初，郭士纳从 IBM 沉重的硬件服务基础上，建立起了如今世界上最具影响力的信息技术服务企业，不仅拯救了当时步履蹒跚的蓝色巨人，同时也创造了"大象也能跳舞"的神话。

（2）创新能力

在 20 世纪二三十年代，福特一世以大规模生产黑色轿车独领风骚十余载，但随着时代变迁，消费者的消费需求也发生了变化，人们希望有更多的品种、更新的款式、更加节能降耗的轿车。而福特汽车公司的产品，不仅颜色单调而且耗油量大、废气排放量大，完全不符合日益紧张的石油供应和日趋紧迫的环境治理的客观要求。此时，通用汽车公司和其他几家公司则紧扣市场脉搏，制定出正确的战略规划，生产节能降耗、小型轻便的汽车，在 20 世纪 70 年代的石油危机中，后来居上，使福特汽车公司一度濒临破产。所以，福特公司前总裁亨利·福特深有体会地说："不创新，就灭亡。"

"创新之父"熊彼特认为：创新就是建立一种新的生产函数，即把一种从来没有过的关于生产要素和生产条件的新组合引入生产体系。管理大师彼得·德鲁克则指出：创新的行动就是赋予资源以创造财富的新能力。事实上，创新创造出新资源。凡是能改变已有资源的财富创新潜力的行为，就是创新。因此，企业创新力就是企业在市场中将企业要素资源进行有效的内在变革，从而提高其内在素质、驱动企业获得更多的与其他竞争企业的差异性的能力，这种差异性最终表现为企业在市场上所能获得的竞争优势。企业创新能力的提升是企业竞争力提高的标志。创新能力的高低，直接关系到一个企业竞争力的强弱。创新能力强的企业，其竞争力也强，反之亦然。

提起企业创新，人们往往联想到技术创新和产品创新，其实企业创新的形态远不止这些。一般地，企业创新主要有发展战略创新、产品（或服务）创新、技术创新、组织与制度创新、管理创新、营销创新、文化创新等。

创新力提升的途径主要有以下几个方面：

① 推进企业领导者的观念创新。企业领导者要树立知识价值观念，确立"终身学习"理念，不断提高学习能力。企业领导者一方面要高度重视自身知识结构的更新，树立自身的知识价值观念；另一方面，要顺应企业的变化，不断改进思维方式和工作思路，重视企业的知识价值，并通过有效的激励促进企业所拥有的知识价值的增值。

② 建立企业创新的激励机制。实行新产品（服务）开发的项目负责制。可以采取技术入股、收入分成等方式调动员工参与创新的积极性。建立科技人才、科技成果的奖励和宣传制度，通过每年奖励和宣传几个重点项目和有突出贡献的人员来推动全员创新。

推行人才合理流动制。在保证工作安排相对稳定的基础上，产品（服务）开发人员可以带着产品（服务）开发、市场难题参加企业内外的科研开发项目，企业外的科研人员也可以带着科研成果到企业做技术转化工作，建立这种人才流动机制，可以解决知识、技术、信息交流的障碍，有利于培养创新队伍。

建立企业知识产权保护制度。知识、技术和信息都是"无形物质"，与材料、设备等"有形物质"有重大差别，其创造、管理、使用和交易过程都极易"泄露"，保护知识产权刻不容缓。

③ 构建"鼓励冒险，宽容失败"的创新型企业文化。创新型企业文化表现在两方面：一方面，在企业内部营造崇尚创新的氛围，塑造创新的文化，让每一位员工都成为创新的源泉；另一方面，对于创新中遇到的挫折和失败，应采取大度和宽容的态度。培育一种创新的文化，是企业员工不断提出科学的新设想、生产的新方案，创造出新知识、新产品，孕育出新观念、新思想的动力。企业必须抛弃传统呆板的管理方式，突破原有的思维方式，淡化员工与领导的距离，采用以支持和协调为主的领导方式。对员工建立在科学基础上的新颖想法，领导要积极支持，使员工在这种文化氛围中具有开阔的视野、丰富的想象力、锐意进取的雄心，使管理方式更为多元化、人性化、柔性化，以激励其主动献身于创新的精神。诺基亚公司之所以人才流失率较低，他们的经验就是宽容失败，鼓励冒险。

（3）团队合作能力

在冷战时的史普托尼克（前苏联的第一颗人造卫星）危机之前，项目管理还没有用做一个独立的概念。在危机之后，美国国防部需要加速军事项目的进展以及发明完成这个目标的新的工具（模型）。在 1958 年，美国发明了计划评估和审查技术（Program Evaluation and Review Technique，PERT）。与此同时，杜邦公司发明了一个类似的模型称为关键路径方法（Critical Path Method，CPM）。PERT 后来被工作分解结构（Work Breakdown Structure，WBS）所扩展。军事任务的这种过程流和结构很快传播到许多私人企业中，项目管理逐渐成为一种常见的管理模式。

1994 年，组织行为学权威、美国圣迭戈大学的管理学教授斯蒂芬·罗宾斯首次提出了"团队"的概念：为了实现某一目标而由相互协作的个体所组成的正式群体。在随后的十年里，关于"团队合作"的理念风靡全球。

团队合作是一种为达到既定目标所显现出来的自愿合作和协同努力的精神。它可以调动团队成员的所有资源和才智，并且会自动地驱除所有不和谐和不公正现象，同时会给予那些诚心、大公无私的奉献者适当的回报。如果团队合作是出于自觉自愿时，它必将会产生一股强大而且持久的力量。

要建设一个具有凝聚力并且高效的团队，第一个且最为重要的一个步骤，就是建立信任。这不是任何种类的信任，而是坚实地以人性脆弱为基础的信任。这意味着一个有凝聚力的、高效的团队成员必须学会自如地、迅速地、心平气和地承认自己的错误、弱点、失败。他们还要乐于认可别人的长处，即使这些长处超过了自己。团队合作一个最大的阻碍，就是对于冲突的畏惧。这来自于两种不同的担忧：一方面，很多管理者采取各种措施避免团队中的冲突，因为他们担心丧失对团队的控制，以及有些人的自尊会在冲突中受到伤害；另外一些人则是把冲突当做浪费时间。他们更愿意缩短会议和讨论时间，果断做出自己看来早晚会被采纳的决定，留出更多时间来实施决策，以及其他他们认可的"真正的"工作。要学会识别虚假的和谐，引导和鼓励适当的、建设性的冲突。

2. 信息时代组织结构的变化趋势：扁平化

（1）扁平化的由来

现代企业组织结构理论源自于西方，并可以分为两个阶段。

第一阶段，从亚当·斯密的分工理论开始至 20 世纪 80 年代，这一阶段强调高度分工，组织结构也越来越庞大，组织形式从直线制开始，一直到事业部制，我们可称之为传统的科层制组织结构。

自工业革命以来，英国经济学家亚当·斯密的劳动分工理论几乎一直成为传统的西方企业组织结构设计的核心，并由此逐步形成了具有绝对统治地位的传统的企业组织形式——科层制组织。这种组织形式，以提高劳动生产率为目标，特别强调分工，其组织结构形式，从纵向看，是一个等级分明的权力金字塔，组织被划分为若干层次，处在金字塔塔顶的高层管理人员通过管理的"等级链"控制着整个组织；从横向看，组织被分解为若干个并列部门，每一个部门负责一个专门的工作，按照部门的职能，各司其职，各自独立。这种组织，纵向是一个以等级为基础，以命令控制为特征的金字塔结构，横向是一个以"直线组织"为支柱、以部门职能为核心的框架结构。它的基本运行法则是上层决策、中层管理、基层执行。这种等级分明、分工精细的组织在过去一个相当长的历史时期曾经起到了提高劳动生产率和产品质量及降低生产成本的积极效果。但它只适合于以前市场和条件相对比较稳定的时代。那时，由于信息传递的不畅，加上工人受的教育一般不多，因此企业需要建立这样一种体系来收集管理信息，并对工人实施监督。

第二阶段，自 20 世纪 90 年代开始，这一阶段强调简化组织结构，减少管理层次，使组织结构扁平化。

科层制组织模式中，直线—职能制是企业较常采用的组织形式，其典型形态是纵向一体化的职能结构，强调集中协调的专业化。适用于市场稳定、产品品种少、需求价格弹性较大的情况。其集中控制和资产专业化的特点，使得它不容易适应产品和市场的多样化而逐渐被事业部制组织取代。事业部制组织强调事业部的自主和企业集中控制相结合，以部门利益最大化为核心，能为公司不断培养出高级管理人才。这种组织形式有利于大企业实现多元化经营，但企业长期战略与短期利益不易协调。

90 年代以来，西方企业面临的经营环境发生了巨大变化，多层次的金字塔形科层组织已显得笨重、迟缓而缺乏灵活性和人情味。随着企业规模扩大，科层制组织不可避免地面临以下问题：①沟通成本、协调成本和控制监督成本上升；②部门或个人分工的强化使得组织无法取得整体效益的最优；③难以对市场需求的快速变化作出迅速反应等。

而扁平化组织是组织模式的根本性改变，通过减少管理层次、压缩职能机构、裁减冗余人员而建立纵横向都比较紧凑的扁平化结构，使得组织变得灵活、敏捷、快速、高效，从而使企业在变幻莫测的市场竞争中立于不败之地，正如科特所评价的那样："一个有更多代理即有一个平坦层次结构的组织，比一个有臃肿的中层结构的组织处于更有利的竞争地位。"① 扁平化组织，正是由于科层式组织模式难以适应激烈的市场竞争和快速变化的环境的要求而出现的。

科层制组织模式是建立在专业分工及经济规模假设的基础之上的，由一个企业的高层、中层、基层管理者组成一个金字塔式的形状，各职能、功能部门之间界限分明，当企

---

① 约翰·科特. 领导变革的制胜法则. 北京：中国纺织出版社，2003：59.

业规模扩大时，通过增加管理层次来强化组织结构。这样建立起来的组织比较难以适应环境的快速变化。

而扁平化组织则是打破原有的部门界限，绕过原来的中间管理层次，增加管理幅度，当管理层次减少而管理者幅度增加时，金字塔状的组织形式就被"压缩"成扁平状的组织形式。

（2）扁平化的特点

扁平化组织的特点包含以下五个方面：

① 以工作流程为中心而不是以部门职能来构建组织结构。公司的结构是围绕有明确目标的几项"核心流程"建立起来的，而不再是围绕职能部门；职能部门的职责也随之逐渐淡化。

② 纵向管理层次简化，削减中层管理者。组织扁平化要求企业的管理幅度增大，简化烦琐的管理层次，取消一些中层管理者的岗位，使企业指挥链最短。

③ 企业的资源和权力下放于基层，以顾客需求为驱动。基层员工与顾客直接接触，使他们拥有部分决策权能够避免顾客的反馈信息在向上级传达的过程中的失真与滞后，大大改善了服务质量，快速地响应市场变化，真正做到"顾客满意"。

④ 现代网络通信手段。企业内部与企业之间通过使用 E-mail、办公自动化系统、管理信息系统等网络信息化工具进行沟通，大大增加了管理幅度与效率。

⑤ 实行目标管理。在下放决策权给员工的同时实行目标管理，以团队作为基本的工作单位，员工自主作出自己工作中的决策，并为之负责；这样就把每一个员工都变成了企业的主人。

二、信息时代的新型组织结构模式

信息时代产生了三种新型的组织结构模式：虚拟组织、学习型组织和临时性组织，具体如下：

1. 虚拟组织

企业在以全球化趋向为特征的市场环境中寻求生存和发展的同时，一种动态组织机制——虚拟组织（Virtual Organization）出现了。虚拟组织中的成员可以遍布在世界各地，彼此也许并不存在产权上的联系，不同于一般的跨国公司，相互之间的合作关系是动态的，完全突破了以内部组织制度为基础的传统的管理方法。

网络的发展推动了虚拟组织的发展。其实，网络本身也是虚拟组织的一种形式，它是一系列预先认证合格的合作伙伴，同时，作为辅助工具，网络又推动了各个领域中合作的开展和众多虚拟组织的形成。

真正吸引顾客的是虚拟组织天衣无缝的合作。购买了福特汽车的顾客不会知道是一个虚拟设计工作室在负责福特汽车的款式设计，它通过电子手段将世界各地的设计人员组合在一起，这些人员实际上分属福特的 7 个设计中心。越来越多的航空公司，如美国航空公司与英国航空公司，西北航空公司与荷兰皇家航空公司，联合航空公司与汉莎航空公司正在整合它们的飞行业务，以便向乘客提供更多的飞行航线。对于顾客来说，一体化实现以后，他们面对的好像只是一家航空公司。

　　有人预言，随着信息技术的发展、竞争的加剧和全球化市场的形成，没有一家企业可以单枪匹马地面对全球竞争。因此，由常规组织过渡到虚拟组织是必然的，虚拟组织日益成为公司竞争战略"武器库"中的核心工具。这种组织形式有着强大的生命力和适应性，它可以使企业准确有效地把握住稍纵即逝的市场机会。对于小型企业来说，借用大型合作伙伴的一个特殊好处在于容易被银行和客户所接纳。如一家名字为"Telepad"的小型公司最初生产手写型电脑输入设备，后来扩展到多媒体输入系统。这家小公司使用著名设计公司的设计让 IBM 生产，仅仅使用 28 个临时工、4 个长期雇员，在 12 个月内就成功地推出了 4 种新产品。当 Telepad 公司说 IBM 加工他们的产品，并且他们与其他大公司有业务联系时，他们就在业务融资、展示实力、实现承诺的能力上获得了重要的信誉。

　　但是，我们还应该看到，尽管宣传使用虚拟组织的概念十分容易，但是虚拟组织的组成与运作并不简单，最为明显的是实施上的困难。如各组成部分如何做实体上的接触及协调上的困难。目前能成功实施虚拟组织的企业还不多，戴尔公司是其中最著名的企业。

　　2. 学习型组织

　　学习型组织（Learning Organization）是美国学者彼得·圣吉（Peter M. Senge）在《第五项修炼》（*The Fifth Discipline*）一书中提出的管理概念。企业应建立学习型组织，其含义为面临变化剧烈的外在环境，组织应力求精简、扁平化，富有弹性，终生学习，不断地进行组织再造，以维持竞争力。

　　（1）学习型组织的特点

　　学习型组织不存在单一的模型，它是关于组织的概念和雇员作用的一种态度或理念，是用一种新的思维方式对组织进行思考。在学习型组织中，每个人都要参与识别和解决问题，使组织能够进行不断的尝试，改善和提高它的能力。学习型组织的基本价值在于解决问题，与之相对的传统组织设计的着眼点是效率。在学习型组织内，雇员参加问题的识别，这意味着要懂得顾客的需要。雇员还要解决问题，这意味着要以一种独特的方式将一切综合起来考虑以满足顾客的需要。组织因此通过确定新的需要并满足这些需要来提高其价值。它常常是通过新的观念和信息而不是物质的产品来实现价值的提高。学习型组织的特点可以用图 3.2 来表示。

　　（2）学习型组织的五要素

　　学习型组织应包含以下五项要素：

　　① 建立共同愿景（Building Shared Vision）。共同愿景可以凝聚公司上下的意志力，达成组织共识，大家努力的方向一致，个人也乐于奉献，为组织目标奋斗。

　　② 团队学习（Team Learning）。团队智慧应大于个人智慧的平均值，以利于做出正确的组织决策。通过团队学习及集体思考和分析，找出个人弱点，强化团队向心力。

　　③ 改变心智模式（Improve Mental Models）。组织的障碍，多来自于个人的旧思维，例如固执己见、本位主义，唯有通过团队学习，以及标杆学习，才能改变心智模式，有所创新。

　　④ 自我超越（Personal Mastery）。个人有意愿投入工作，专精于所工作的专业，个人与共同愿景之间有一种创造性的张力，这些正是自我超越的来源。

　　⑤ 系统思考（System Thinking）。应通过资讯搜集，掌握事件的全貌，以避免见树不

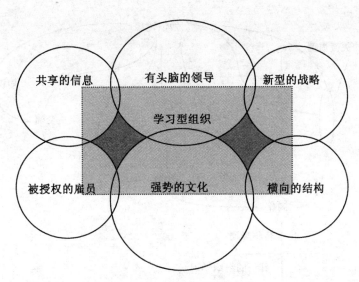

图 3.2 学习型组织的特点

见林，培养综观全局的思考能力，看清楚问题的本质，这样有助于清楚地了解因果关系。

学习是心灵的正向转换，企业如果能够顺利导入学习型组织，不仅能够获得更高的组织绩效，而且更能够带动组织的生命力。

（3）学习型组织的横向结构

学习型组织废弃了使管理者和工人之间产生距离的纵向结构，同样也废弃了使个人与个人、部门与部门相互争斗的支付和预算制度。团队是横向组织的基本结构。伴随着生产的全过程，人们一起工作为顾客创造产品。在学习型组织里，实际上已经排除了老板，团队成员负责培训、安全，安排休假、采购，并对工作和支付作出决策。

部门之间的界限被减少或消除，而且组织之间的界限也变得更加模糊。公司之间以前所未有的方式进行合作，新兴的网络组织和虚拟组织由若干个公司组成，它们就是为了达到某种目的而联合起来的，这些新的结构提供了适应迅速变化的竞争条件所需的灵活性。

（4）N 型组织

斯德哥尔摩经济学院的 Gunnar Hedlund 于 1994 年提出 N 型组织的概念。Gunnar Hedlund 认为该模型有一个重要的原则性贡献，那就是它对两类知识：隐性知识和明晰知识（Articulated Knowledge），以及对四种社会集合（个体、群体、组织、跨组织领域）做了综合分析。在此基础上，Gunnar Hedlund 提出了知识传递和转化的动力。知识的传递、储存和转换是通过不同类型和形式的知识之间的相互作用所形成的一整套过程，组织正是通过这一过程才实现了知识的创造。隐性知识的明晰化及明晰知识的内化过程在每一层次的载体上都会发生，它们之间的相互作用，构成了知识创造的基本源泉。较低层次的载体对隐性知识或明晰知识的获取称做挪用（Appropriation）。而隐性知识或明晰知识向较高层次载体的传播称做扩展（Extension），它们共同组成了知识在不同层次载体之间的运动。它们之间的互动称做对话。如图 3.3 所示。

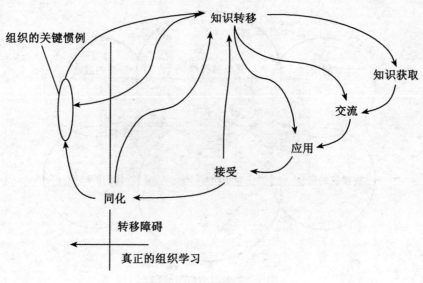

图 3.3　N 型组织

N 型组织是一个由众多独立的创新经营单位组成的彼此有紧密纵横联系的网络，其主要特点如下：

① 其组织原则是急剧的分散化。它不是几个或十几个大的战略经营单位（事业部）的集合，而是由为数不多的小规模经营单元构成的企业联邦，这些经营单元有很大的独立性。

② 有很好的创新环境和独特的创新过程。N 型组织中，基层经营单位拥有很大的权力和责任，它们要对本单位的经营绩效负责。N 型组织中创新是一个自下而上的自发的过程。

③ 具有较大的灵活性和对市场快速反应的能力。N 型组织采用的是一种精瘦形扁平结构，管理层次少（在典型的 N 型企业中有 8~9 个管理层，而在 ABB 及 GE 等改革激烈的公司现在只有 3~4 个管理层），行政管理和辅助职能十分简练，基层有必要的经营自主权，较少有繁文缛节。

④ 密集的横向交往和沟通。在 N 型组织中，独立的小规模经营单位的资源是有限的，不能像事业部组织中那样自给自足，在生产经营中必须大量依赖与其他单位的广泛合作。N 型组织内经营单位间的横向整合是多元的，存在信息交流、人员的流动、非正式的个人人际交往等社会交换过程。

3. 临时性组织（项目团队）

按照现代项目管理的观点，项目团队是指"项目的中心管理小组，由一群人集合而成并被看作是一个组，他们共同承担项目目标的责任，兼职或者全职地向项目经理进行汇报"。

从项目管理过程来对项目团队进行定义："项目团队包括被指派为项目可交付成果和项目目标而工作的全职或兼职的人员，他们负责：理解完成的工作；如果需要，对被指派的活动进行更详细的计划；在预算、时间限制和质量标准范围内完成被指派的工作；让项目经理知悉问题、范围变更和有关风险等；主动交流项目状态，主动管理预期事件。项目团队可以由一个或多个职能部门或组织组成。一个跨部门的团队来自多个部门或组织的成员，并通常涉及组织结构的矩阵管理。"

此外，广义的项目团队还包括项目利益相关者，如项目业主、项目发起人、客户等。本书所指的项目团队是从事项目全部或某项具体工作的组织或群体，是由一组个体成员为实现项目的一个或多个目标而协同工作的群体。

（1）项目团队的特征

项目团队的特征如下：

① 项目团队具有一定的目的。项目团队的使命就是完成某项特定的任务，实现项目的既定目标，满足客户的需求。此外项目利益相关者的需求具有多样性的特征，因此项目团队的目标也具有多元性。

② 项目团队是临时组织。项目团队有明确的生命周期，随着项目的产生而产生，项目任务完成后，即可解散。它是一种临时性的组织。

③ 项目经理是项目团队的领导。

④ 项目团队强调合作精神。

⑤ 项目团队成员的增减具有灵活性。

⑥ 项目团队建设是项目成功的组织保障。

（2）项目团队的发展阶段

项目团队从组建到解散，是一个不断成长和变化的过程，一般可分为五个阶段：组建阶段、磨合阶段、规范阶段、成效阶段和解散阶段。

① 组建阶段。在这一阶段，项目组成员刚刚开始在一起工作，总体上有积极的愿望，急于开始工作，但对自己的职责及其他成员的角色都不是很了解，他们会有很多的疑问，并不断摸索以确定何种行为能够被接受。在这一阶段，项目经理需要进行团队的指导和构建工作。

项目经理应向项目组成员宣传项目目标，并为他们描绘未来的美好前景及项目成功所能带来的效益，公布项目的工作范围、质量标准、预算和进度计划的标准和限制，使每个成员对项目目标有全面深入的了解，建立起共同的愿景。

明确每个项目团队成员的角色、主要任务和要求，帮助他们更好地理解所承担的任务。与项目团队成员共同讨论项目团队的组成、工作方式、管理方式以及方针政策，以便取得一致意见，保证今后工作的顺利开展。

② 磨合阶段。这是团队内激烈冲突的阶段。随着工作的开展，各方面的问题会逐渐暴露。成员们可能会发现，现实与理想不一致，任务繁重而且困难重重，成本或进度限制太过紧张，工作中可能与某个成员合作不愉快。这些都会导致冲突产生、士气低落。在这一阶段，项目经理需要利用这一时机，创造一个理解和支持的环境。允许成员表达不满或他们所关注的问题，接受及容忍成员的任何不满；做好导向工作，努力解决问题、矛盾；依靠团队成员共同解决问题，共同决策。

③ 规范阶段。在这一阶段，团队将逐渐趋于规范。团队成员经过磨合阶段逐渐冷静

下来，开始表现出相互之间的理解、关心和友爱，亲密的团队关系开始形成，同时，团队开始表现出凝聚力。另外，团队成员通过一段时间的工作，开始熟悉工作程序和标准操作方法，对新制度，也开始逐步熟悉和适应，新的行为规范得到确立并为团队成员所遵守。在这一阶段，项目经理应做到：尽量减少指导性工作，给予团队成员更多的支持和帮助；在确立团队规范的同时，要鼓励成员的个性发挥；培育团队文化，注重培养成员对团队的认同感、归属感，努力营造出相互协作、互相帮助、互相关爱、努力奉献的精神氛围。

④ 成效阶段。在这一阶段，团队的结构完全功能化并得到认可，内部致力于从相互了解和理解转换到共同完成当前工作上来。团队成员一方面积极工作，为实现项目目标而努力；另一方面成员之间能够开放、坦诚及时地进行沟通，互相帮助，共同解决工作中遇到的困难和问题，创造出很高的工作效率和满意度。在这一阶段，项目经理工作的重点应是：授予团队成员更大的权力，尽量发挥成员的潜力；帮助团队执行项目计划，集中精力了解掌握有关成本、进度、工作范围的具体完成情况，以保证项目目标得以实现；做好对团队成员的培训工作，帮助他们获得职业上的成长和发展；对团队成员的工作绩效作出客观的评价，并采取适当的方式给予激励。

⑤ 解散阶段。在这一阶段，项目目标基本完成，团队成员准备离开。

在项目团队的各阶段，其团队特征也各不相同，如表 3-1 所示。

表 3-1   项目管理各阶段的特征

组建阶段	磨合阶段	规范阶段	成效阶段	解散阶段
团队成员试图确定自己在团队内部的角色	成员之间关系紧张；出现内部斗争；谋取控制权；向领导者挑战	团队接受了工作环境；项目规程得以改进和规范化；凝聚力开始形成	相互理解；高效沟通；充分授权；密切配合；高团队绩效	项目目标基本完成；团队成员准备离开

第三节   "以人为本"的管理信息系统

查理·卓别林（Charles Chaplin）的经典影片《摩登时代》（*Modern Times*）描述了人和机器的冲突。20 世纪 20 年代的美国正处于经济萧条时期，失业率居高不下，工人受尽压榨，成为大机器生产中的一颗螺丝钉。

西方早期的人本思想，主要是相对于神本思想而言的，主张用人性反对神性，用人权反对神权，强调把人的价值放到首位。工业革命以后，神确实被打倒了，但机器逐渐代替了神的地位。当机器凌驾于人之上时，必然会产生人的反抗。"以人为本"的思想就是在这样的背景下产生的。

管理信息系统是伴随着计算机这种超级机器成长起来的，因此，大多数人都将管理信息系统视为一系列计算机硬件和软件的混合体，人在这个系统里并不具有重要地位。人类已经进入 21 世纪，是讨论计算机系统如何适应人的问题的时候了，而不是人如何适应计算机。

一、工业文明的社会问题

20世纪20年代左右，随着工人的日益觉醒、工会组织的日益发展，工人有组织地与雇主进行斗争，经济发展与周期性经济危机的加剧，以及科学技术的快速发展，使得单纯应用古典管理的理论和方法已不能有效地控制工人来达到提高生产率和增加利润的目的。在这种情况下，一些学者开始从生理学、心理学等角度进行提高生产率的研究，其中管理史上最著名的也是最成功的研究实验就是"霍桑实验"。工业社会的根本问题，是工业的飞速发展导致了社会的反常状态。从梅奥开始，我们认识到，管理首先要注重人的因素。梅奥之后，马斯洛提出了需求层次理论，赫茨伯格提出了双因素理论，"以人为本"的管理思想逐渐形成。

1. 霍桑实验

1927年，美国管理学家乔治·埃尔顿·梅奥（1880—1949年）应邀参与"霍桑实验"和对实验结果的研究，并进行了历时多年的实验研究。

"霍桑"一词源于用于实验的工厂，它是美国西部电气公司坐落在芝加哥的一间工厂的名称。霍桑实验是一项以科学管理的逻辑为基础的实验。从1924年开始到1932年结束，在将近8年的时间内，前后共进行过两个回合：第一个回合是从1924年11月至1927年5月，在美国国家科学委员会的赞助下进行的；第二个回合是从1927年至1932年，由梅奥主持。整个实验前后经过了四个阶段。

阶段一，车间照明实验——"照明实验"

照明实验的目的是为了弄明白照明的强度对生产效率所产生的影响。这项实验前后共进行了两年半的时间。然而照明实验进行得并不成功，其结果令人感到迷惑不解，因此有许多人都退出了实验。

阶段二，继电器装配实验——"福利实验"

1927年梅奥接受了邀请，并组织了一批哈佛大学的教授成立了一个新的研究小组，开始了霍桑的第二阶段的"福利实验"。

"福利实验"的目的是为了找到更有效地控制职工积极性的因素。梅奥他们对实验结果进行归纳，排除了四种假设：①在实验中改进物质条件和工作方法，可导致产量增加；②安排工间休息和缩短工作日，可以解除或减轻疲劳；③工间休息可减少工作的单调性；④个人计件工资能促进产量的增加。最后得出"改变监督与控制的方法能改善人际关系，进而能改进工人的工作态度，促进产量的提高"的结论。

阶段三，大规模的访谈计划——"访谈实验"

既然实验表明管理方式与职工的士气和劳动生产率有密切的关系，那么就应该了解职工对现有的管理方式有什么意见，为改进管理方式提供依据。于是梅奥等人制订了一个征询职工意见的访谈计划，在1928年9月到1930年5月不到两年的时间内，研究人员与工厂中的两万名左右的职工进行了访谈。

阶段四，继电器绕线组的工作室实验——"群体实验"

在以上的实验中研究人员似乎感觉到在工人当中存在着一种非正式的组织，而且这种非正式的组织对工人的态度有着极其重要的影响。"群体实验"的目的就是要证实在工人当中是否存在非正式组织。

在霍桑实验的基础上，梅奥于 1933 年出版了《工业文明的人类问题》一书，正式创立了人际关系学说，第一次涉及了影响员工生产积极性的社会与心理方面的因素，探讨了人际关系因素在生产与管理中的作用。1945 年，梅奥又出版了《工业文明的社会问题》一书，进一步阐述了他的观点。

梅奥的著作探讨的主题，是人类社会的协调与平衡。工业社会的根本问题，是工业的飞速发展导致了社会的反常状态。他强调，工业革命以后，社会在物质方面和技术方面的进步和成就是十分巨大的。但正是这种进步和成就，使社会失去了原有的协调与平衡。已近两个世纪的现代文明在人们的合作能力上没有扩大和发展，而在提高物质生产水平的科学和神圣的名义下不知不觉地做了许多事情损害着团体协作和处理人事能力的提高。他还引用一位澳大利亚医生写给他的信中的言论说道，科学的发展能够使我们认识一切，唯一的例外是，人类迄今仍不知道如何和谐地共处。近代国家都很重视科学技术的发展，却忽视了更为本质的社会和人类问题。从维多利亚时代开始，人们就对社会进步充满信心，眼前似乎一片光明。

"以人为本"是梅奥人际关系理论的核心思想。从梅奥开始，管理注重人的因素超越了设备的因素。梅奥深刻地认识到人与组织的密切关系，强调管理者需要在组织中理解人而非在社会中理解人。

梅奥通过霍桑实验发现人际关系中的关键活动是激励人，激励要以团队精神为导向是梅奥的又一个主张，通过集体既能满足个人需求，又能实现组织目标。霍桑实验表明：个人需求和组织目标实现是可以相互融合的，通过对于个人需求的关注和满足，可以促进组织目标的实现。

2. 马斯洛需求层次原理（Maslow's Hierarchy of Needs）

亚伯拉罕·马斯洛（Abraham Harold Maslow，1908—1970 年），美国社会心理学家、人格理论家、比较心理学家、人本主义心理学的主要发起者和理论家、心理学第三势力的领导人、美国心理学会主席（1967 年）。

马斯洛在 1943 年发表的《人类动机论》（A Theory of Human Motivation）一文中提出了需求层次论。这种理论的构成基于以下 3 个基本假设：

① 人要生存，他的需求能够影响他的行为。只有未满足的需求能够影响行为，满足了的需求不能充当激励工具。

② 人的需求按重要性和层次性排成一定的次序，从基本的（如食物和住房）到复杂的（如自我实现）。

③ 当人的某一级的需求得到最低限度的满足后，才会追求高一级的需求，如此逐级上升，成为推动继续努力的内在动力。

马斯洛理论把需求分成生理需求、安全需求、社会需求、尊重需求和自我实现需求五类，依次由较低层次到较高层次（如图 3.4 所示）。

五种需求像阶梯一样从低到高，按层次逐级递升，但这样的次序不是完全固定的，可以变化，也有种种例外情况。

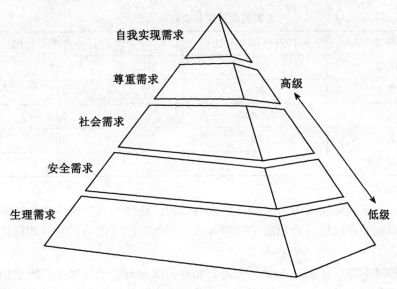

图 3.4 马斯洛需求层次图

一般来说，某一层次的需求相对满足了，就会向高一层次发展，追求更高一层次的需求就成为驱使行为的动力。相应地，获得基本满足的需求就不再是一股激励力量。

在马斯洛看来，人类价值体系存在两类不同的需求，一类是沿生物谱系的上升方向逐渐变弱的本能或冲动，称为低级需求和生理需求。一类是随生物进化而逐渐显现的潜能或需求，称为高级需求。

五种需求可以分为高低两级，其中生理需求、安全需求和社会需求都属于低一级的需求，这些需求通过外部条件就可以满足；而尊重需求和自我实现需求是高级需求，它们是通过内部因素才能满足的，而且一个人对尊重和自我实现的需求是无止境的。同一时期，一个人可能有几种需求，但每一时期总有一种需求占支配地位，对行为起决定作用。任何一种需求都不会因为更高层次需求的发展而消失。各层次的需求相互依赖和重叠，高层次的需求发展后，低层次的需求仍然存在，只是对行为影响的程度大大减小。

马斯洛和其他的行为科学家都认为，一个国家大多数人的需求层次结构，是同这个国家的经济发展水平、科技发展水平、文化和人民受教育的程度直接相关的。在不发达国家，生理需求和安全需求占主导的人数比例较大，而高级需求占主导的人数比例较小；而在发达国家，则刚好相反。在同一国家的不同时期，人们的需求层次会随着生产水平的变化而变化，戴维斯（K. Davis）曾就美国的情况做过估计，如表 3-2 所示。

每个人都潜藏着这五种不同层次的需求，但在不同的时期表现出来的各种需求的迫切程度是不同的。人的最迫切的需求才是激励人行动的主要原因和动力。人的需求是从外部得来的满足逐渐向内在得到的满足转化。

低层次的需求基本得到满足以后，它的激励作用就会降低，其优势地位将不再保持下去，高层次的需求会取代它成为推动行为的主要原因。有的需求一经满足，便不能成为激发人们行为的起因，于是被其他需求取而代之。

表 3-2　　　　　　　　　　　　美国民众需求层次结构百分比

需求种类	1935 年的百分比	1995 年的百分比
生理需求	35%	5%
安全需求	45%	15%
社会需求	10%	24%
尊重需求	7%	30%
自我实现需求	3%	26%

　　高层次的需求比低层次的需求具有更大的价值。热情由高层次的需求激发。人的最高需求即自我实现就是以最有效和最完整的方式表现他自己的潜力,唯此才能使人得到高峰体验。

　　人的五种基本需求在一般人身上往往是无意识的。对于个体来说,无意识的动机比有意识的动机更重要。对于有丰富经验的人,通过适当的技巧,可以把无意识的需求转变为有意识的需求。

　　马斯洛还认为,人在自我实现的创造性过程中,产生出一种所谓的"高峰体验"的情感,这个时候人处于最激荡人心的时刻,是人的存在的最高、最完美、最和谐的状态,这时的人具有一种欣喜若狂、如醉如痴、销魂的感觉。

　　试验证明,当人待在漂亮的房间里就显得比在简陋的房间里更富有生气、更活泼、更健康,一个善良、真诚、美好的人比其他人更能体会到存在于外界中的真善美。当人们在外界发现了最高价值时,就可能同时在自己的内心中产生或加强这种价值。总之,较好的人和处于较好环境中的人更容易产生高峰体验。

　　3. 赫茨伯格的双因素理论(Two Factor Theory)

　　双因素理论又叫激励保健理论(Motivator-Hygiene Theory),是美国的行为科学家弗雷德里克·赫茨伯格(Fredrick Herzberg)提出来的,也叫"双因素激励理论"。

　　20 世纪 50 年代末期,赫茨伯格和他的助手们在美国匹兹堡地区对 200 名工程师、会计师进行了调查访问。访问主要围绕两个问题:在工作中,哪些事项是让他们感到满意的,并估计这种积极情绪持续多长时间;又有哪些事项是让他们感到不满意的,并估计这种消极情绪持续多长时间。赫茨伯格以对这些问题的回答为材料,着手去研究哪些事情使人们在工作中感到快乐和满足,哪些事情造成不愉快和不满足。结果他发现,使职工感到满意的都是属于工作本身或工作内容方面的;使职工感到不满的,都是属于工作环境或工作关系方面的。他把前者叫做激励因素,后者叫做保健因素。

　　保健因素的满足对职工产生的效果类似于卫生保健对身体健康所起的作用。保健从人的环境中消除有害于健康的事物,它不能直接提高健康水平,但有预防疾病的效果;它不是治疗性的,而是预防性的。保健因素包括公司政策、管理措施、监督、人际关系、物质工作条件、工资、福利等。当这些因素恶化到人们认为可以接受的水平以下时,人们就会对工作产生不满意。但是,当人们认为这些因素很好时,它只是消除了不满意,并不会导致积极的态度，这就形成了某种既不是满意、又不是不满意的中性状态。

那些能带来积极态度、满意和激励作用的因素就叫做"激励因素"，这是那些能满足个人自我实现需求的因素，包括：成就、赏识、挑战性的工作、增加的工作责任，以及成长和发展的机会。如果这些因素具备了，就能对人们产生更大的激励。从这个意义出发，赫茨伯格认为传统的激励假设，如工资刺激、人际关系的改善、提供良好的工作条件等，都不会产生更大的激励；它们能消除不满意，防止产生问题，但这些传统的"激励因素"即使达到最佳程度，也不会产生积极的激励。按照赫茨伯格的意见，管理当局应该认识到保健因素是必需的，不过它一旦被不满意中和以后，就不能产生更积极的效果。只有"激励因素"才能使人们有更好的工作成绩。

赫茨伯格及其同事以后又对各种专业性和非专业性的工业组织进行了多次调查，他们发现，由于调查对象和条件的不同，各种因素的归属有些差别，但总的来看，激励因素基本上是属于工作本身或工作内容的，保健因素基本上是属于工作环境和工作关系的。但是，赫茨伯格注意到，激励因素和保健因素都有若干重叠现象，如赏识属于激励因素，基本上起积极作用；但当没有受到赏识时，又可能起消极作用，这时又表现为保健因素。工资是保健因素，但有时也能产生使职工满意的结果。

从某种不同的角度来看，保健因素主要取决于正式组织（例如公司政策和制度）。只有公司承认高绩效时，它们才能产生相应的效果。而诸如出色地完成任务的成就感之类的激励因素则在很大程度上属于个人的内心活动，组织政策只能产生间接的影响。例如，组织只有通过确定出色绩效的标准，才可能影响个人，使他们认为已经相当出色地完成了任务。

尽管激励因素通常是与个人对他们工作的积极感情相联系，但有时也涉及消极感情。而保健因素却几乎与积极感情无关，只会带来精神沮丧、脱离组织、缺勤等结果。

赫茨伯格的理论认为，满意和不满意并非共存于单一的连续体中，而是截然分开的，这种双重的连续体意味着一个人可以同时感到满意和不满意，它还暗示着工作条件和薪金等保健因素并不能影响人们对工作的满意程度，而只能影响对工作的不满意程度。

二、建立"以人为本"的管理信息系统

信息技术具有使管理人员两极分化的功效。它不是使人困惑，就是让人心惊胆战。那些害怕它的人躲避它，而迷恋它的人却只沉溺于自己的技术，它们构造精致的技术框架和企业信息模型，用来指导系统的发展。持这种观点的高级管理人员把技术当做企业改革的主要催化剂。但在这些技术专家的解决方案中，常常只是周密地考虑了机器如何配置，却忽略了在企业中人们是如何获取、共享和应用信息的。简而言之，他们夸大信息技术，却忽视了人们的心理感受。

不论人们出于有意还是无意，都可能把订好的 IT 计划弄糟，这本不足为奇；然而技术专家们却经常在没有防备的情况下被"最终"用户的"无理"行为弄得措手不及。事实上，那些不惧怕信息技术的人们这么做是很正常的。那些大肆宣扬最新的管理信息系统和集成软件的公司，很少训练员工去使用它们。甚至那些喜爱计算机的人也会对许多 IT部门的呆板结构和规章制度感到困惑。

从处理基本的数据到形成复杂的账目文件，再到在全世界范围内交换电子邮件，人们正用各种手段处理信息。对于一个大型企业中众多不同的信息用户而言，只有一件事是毫无疑问的：有效的信息管理必须首先着眼于思考人们如何应用信息，而不是如何使用机器。

"以人为本"的信息管理方法与"以机器为本"的信息管理方法存在以下三个方面的差异：

① 信息来自各个领域，包含多种含义。IT 专家们只关注专有名词的普通定义，如"客户"、"产品"等概念，事实上，大部分信息并不符合其严格的定义。如果按照某些信息技术的要求，强迫雇员认同一种普遍的定义，只会削弱信息用来促进交流与共享的目的。"以人为本"的管理模式，不强迫雇员简化信息去适应计算机，而要求保护我们在处理信息时所喜欢的、哪怕是复杂的习惯。

② 人们不会自然地进行信息共享。想当然地认为不同部门、专业人士或一线工人都会实现信息共享，是管理者犯下的严重错误之一。然而，它却是制订计划和设计 IT 系统时的一个基本假设：你建好了，人们就会去使用它。

③ 改变一个 IT 系统，并不意味着改变了一个企业的信息文化。技术的出现，就其本身而言，并不能彻底改变一个企业的性质。改变一个企业的信息文化，需要调整企业最基本的行为规范、态度、价值取向、管理目标以及与信息相关的激励制度。在大多数企业中，其管理者依然相信，一旦应用了正确的技术，理想的信息共享必然会随之而来。

1. 信息具有多重含义

一种信息，无论它看上去多么简单、多么基本，都可能会引起不同的理解。例如，在一家计算机公司，一个批发商或中间商订购一台计算机时，间接市场的销售行为就发生了；但对于直接市场，只有在最终用户收到货物时，销售才算完成。而同样是直接市场，也有不同的观点：销售人员认为，收到了订单就算是一次销售；生产和后勤部门认为，货物发出才算是销售；财务部门认为，收到货款才算销售行为结束。

一词多义使得信息管理工作的难度大增。在一家石油开采公司，信息专家多年来一直在用一些无效的数学模型，因为人们对"油田位置"有不同的看法。一些用户把它定义为最初的地理坐标；另外一些人认为它是指油井所在地；还有人甚至认为它是油在油罐区或管中流动的位置，每种看法都从数据库中找到了答案。在一个公司的不同部门，连最基本的信息也很难统一。还有很多其他问题，如公司不能准确地监视特定油井的流程，或者算不出该油田应向所在地税务部门缴多少税。

在这种情况下，企业行政主管最终只得向整个管理系统明确"油田位置"的概念，即按一个官方公认的算法反映钻井的位置、井的角度和深度。那些固执己见的经理和雇员，会因此丢掉饭碗，这种方法虽然有点极端，但确实收到了预期效果：对油田位置的理解达到了一致，产品有了可以共享的信息。

然而当信息的多重性可能在组织整合和信息共享方面引发问题时，它们就不应总是被消除，尤其是在有多种业务的大公司里。事实上，经理们如果懂得信息对于组织个人或小组成功的重要性，他们就应该能认识到个人或小组以更实用的方法来定义信息的必要。在信息全球化和信息个性化之间总会存在一种良性的张力：信息全球化设法建立那些能用在整个组织中的定义；而信息个性化则是个人或小组用对自己更实用的方法来定义信息。

毫无疑问，这种信息个性化会把汇总和信息共享变成一种挑战。即使有一种公司级的信息流，人们还是经常通过把自己的财务结果与公司级的信息流进行比较，来评价工作好坏。人们花了很大的努力来对账和解释局部信息流是如何与公司信息流相关联的。财务经理一直在努力从分类账中去除多余的项目，并劝说各地经理尽量使用公司已有的信息，一些上层经理想一下子就去除各地的分类账。尽管两种信息流都显得混乱和难以控制，但它们对这个多样化的公司似乎还是很实际的。

当然，还存在一个较大的管理上的障碍：一词多义也要求人们在行为上有根本的改变，这不仅包括那些收集信息并为信息分类的信息提供者，还包括那些信息用户。当CEO得知对于公司有多少顾客、有多少雇员或产品这类问题，无人可以快速回答时，就会很生气，这就如同坚持"顾客"只能有一种定义的数据库的设计者一样，犯了过于简化信息的错误。

当有必要定义通用信息时，这一过程所需的管理和时间远比很多人想象中的多得多。例如，施乐公司从事数据模型和数据管理已经20多年了，但信息主管们依然说："我们还摸不着头脑。"定义通用信息的动机是受IT的驱使，而不是受高级商务经理的驱使。因为，如果是有利于特定发展的项目，如产生明显效益的订单分类或营业系统，定义通用信息就可以被放弃。

2. 信息共享的麻烦

在现今竞争激烈的商业环境中，应该善待信息个性化。行政主管必须决定公司哪方面的信息应当是全球通用的。更确切地说，行政主管必须决定这些信息如何实现有效共享，这是当今公司最复杂的管理问题之一。当信息构架指明谁控制了信息时，其严格的形式不能反映信息和人本身的变化。

一些经理很快指出信息共享将面临的困难，尤其是当它被诸如电子邮件这类新技术所影响时，如果信息共享使公司的雇员能够更容易地获取重要信息，那么对公司外部的竞争者、律师，甚至包括计算机黑客来说，信息就是公开的了。最近，很多公司离职的员工被指控带走了公司的大量的专有信息，于是经理们就开始怀疑企业究竟是不是应该把这种信息进行公开。

对外部机会主义者的多疑和恐惧的根源，来自公司实际的信息控制问题，如果要对信息进行共享，就必须首先对信息本身进行分类和编辑处理，然而，这样就可能使信息更加容易被偷窃。例如，某电梯公司编辑了有关电梯可靠性与工作性能的信息手册，以便在管理人员、服务人员以及新产品设计人员之间进行信息共享。如果公司因为自己的电梯产品被起诉，公司的内部法律顾问就会不愿做这种信息手册。但是我们可以理解这位法律顾问的担心，他的反应暴露了企业对信息控制所采取的过时态度：通过保密和模糊处理等手段来控制信息。

实际上，信息共享方面所出现的内部问题，对公司的影响是很大的，但它不像外部的信息偷窃和员工不满那么显而易见。兼并的公司中往往存在着一些非常明显的冲突现象，因为兼并前的各个公司对信息运用的态度常常是不一样的，兼并之后各个不同的公司的管理者就可能被生拉硬扯在一起。

例如，美国化学银行同 Manufacturers Hanover 银行合并不久，就在公司内部出现了大量的争议问题。这两家银行的信息文化截然不同。化学银行偏向于在各个不同部门和产品小组之间进行信息的共享。Manufacturers Hanover 银行则认为公司中的每一个部门都拥有自己的信息，可以不同其他部门共享自己的信息。为了将兼并之后的金融运作整合起来，公司的高层经理决定建立一套基本的信息管理原则，在这套信息管理原则的指导下，两家银行的管理者可以展开讨论，确定相关的政策。

其中的一个原则指出：如果某一个业务领域对信息有合理的需求，那么该业务领域就应该获得相应的信息。但是，这两家银行的管理者起初并不同意对敏感信息的查询：这样会不会破坏顾客的安全感和信任？什么样的需求才是"合理需求"呢？例如，私人金融业务小组是不是应该把有关富有客户的信息传递给公司的资本市场部呢？如果是的话，那么应该由谁来负责确认最可能的富有客户，通知相应的经理，将相应的客户信息用正确的格式发送给资本市场部呢？

化学银行所制定的其他原则无法满足这样一种需要：明确每一条重大信息的管理者，对向银行其他部门提供信息的有关责任和优先序列进行清晰的界定。这些信息管理原则并不具有什么魔力，但是它们却加速了两家银行的整合，缩小了两家银行在重大信息问题上的分歧。同很多以人为中心的信息管理工具一样，信息管理制度原则的建立过程比任何固定的结果都重要。

这种自然的权力游戏是无所不在的，不管它所产生的影响是良性的还是恶性的。获取权力的愿望是这种现象的主要原因，新的信息技术不会创造一个扁平的层级结构以及对员工的充分授权。在一个有统一文化的企业中解决相应的信息问题，通常要深入地研究在组织控制方面所形成的根深蒂固的观点。

在这家公司中，能促进信息共享的技术，却可能会形成对员工的控制而不是对员工的授权。如果低层员工是受命同那些公司高层人员进行信息"共享"，那么就可能会形成一种致命的信息文化，即纠缠于微观管理问题之中。例如，在一家大型石油公司的炼油与市场营销部门，部门经理能够运用自己的计算机通过电子手段和石油交易商联络，某些情况下还可能推翻或者达成一笔交易，对此部门经理非常满意。

而施乐公司的经理支持系统却受到一定的限制，只能查询使用者本人下面两个级别的数据（从而避免对员工的过度控制）。这种以人为中心的技术实施措施在现在还不多见，但是却给我们指出了一个方向：管理者必须深入思考信息共享所带来的问题。

没有限制的信息共享是没有效果的。实际上，信息共享程度的提高既可能提高公司员工的士气也可能会导致公司员工士气的低落。有关公司业绩的信息共享通常有助于提高公司员工的士气，即使是业绩不尽如人意也会如此，因为如果员工不能获得公司经营运作方面的信息，他们就会认为公司的实际情形比他们了解的还要差。不过，流言蜚语的传播却会使员工的士气低落。

例如，一家纽约银行的一位信息系统经理做了一个 Lotus Notes 公告板，即他所谓的"传言制造厂"。这个系统的建立使其部门下属员工能够轻易地共享传言，经理可以将错误的传言从网络中删除。在有关该经理离开银行的传言出现之前，这种做法一直非常成功。当该经理拒绝对其是否离开银行做出说明之后，员工们就认为他真的要离开银行了。

他们对这位经理通过技术来共享信息所做的努力非常不满意，因为这位经理没有把他是否离开银行这条信息同他的员工进行交流。毋庸置疑，这位经理的继任者当然不会再使用这个"传言制造厂"了。

通过这种方式来共享传言所强调的是信息和非信息之间的差异。很多人都因为非信息的泛滥而不是因为他们所抱怨的"信息超载"而受害不浅。任何一个经常使用电子邮件的人都会提出垃圾邮件的问题。技术专家正在开发个性化的过滤器或"媒介"，将真正的信息和垃圾信息分离开来。但是，优秀的电子信息市场营销专家完全有办法绕过这些障碍，像现在的直接邮件看起来很像返税单或个人支票。实际上，有些通信技术恰恰使这个问题恶化。

例如，在坦德姆计算机公司，电子邮件和布告板这两种功能的结合，使得一线的人员将"你们是否发现了这个问题"这样的信息随时传递给公司内部的其他技术人员，一线的技术人员也会通过这种方式得到相应的答案，但是真的有必要让每一个人都去阅读这条信息吗？在很多情形下，仅仅建立一个电子信箱系统，而对如何使用这个电子信箱系统却没有一个相应的指导原则，实际上是不能解决信息共享和信息管理中的复杂问题的。

如果有公司通过电子邮件创造非信息，也会有另外一些公司依赖电子邮件来沟通真正的信息。这种技术可以实现组织沟通，但也有一定的局限性。有几个研究人员雄辩地提出这样一个观点：真正的网络组织所必需的组织信息和人际环境，不仅仅是建立在电子网络的基础之上。人际关系必须通过面对面的会议来建立联系。

例如，Symantec公司发现电子邮件名不副实。在Symantec公司，一家软件公司通过一系列的购并行动得以迅速成长，并且拥有了比较独立自主的产品群，在这个过程中，公司大量使用电子邮件交流信息，高层经理也认为电子邮件是在这种虚拟组织中建立联系的最快捷的方式。但是，高层经理很快就意识到，由于公司的多样性，他们实际上并没有实现良好的交流沟通，地理区域分布很广的产品小组中的人们缺乏见面的机会。

为了解决这个问题，公司的执行经理组织了第一次全公司的会议。管理者就一些重大的问题，通过几种不同的方式进行了交流沟通：写信给员工的家庭、面对面的会谈、电子邮件备忘录等。在某些情形下，管理者可能通过所有的这些媒介发布一个相同的公告，以确保所有的员工都能了解关键的信息。该公司的执行经理发现，情形有了相当大的改观，员工对交流沟通问题的抱怨少了，业内人士对Symantec公司的战略方向也有了更深的了解。

当空间上的距离不利于实现信息共享时，新的通信技术肯定就会出现。但是，如同Symantec公司一样，这些新技术的出现也带来了一个新问题：如何在这些方式中进行抉择。一个销售代表同其客户进行交流沟通，可以使用一级邮件、邮递快件、声音邮件、电子邮件、传真、电子布告板、视频会议系统、电话等方式，当然，更不用说面对面的会谈了。

没有人清楚对于某一次具体的交流沟通来说，什么样的方式最合适。不过，即使是使用次优的沟通媒介，也算不上公司的一种错误，公司的管理者应该澄清认识上的混乱。不管采取什么样的交流技术和手段，管理者都必须铭记一点：一起工作的员工仍然需要经常的个人接触。

3. 为信息技术建立文化基础

实际上，最能推动 IT 的解决方案也就是最难实施的解决方案：变革组织的信息文化，建立文化基础是根本。

"以人为本"的 IT 经理应该关注人们如何使用信息，而不是如何使用机器，具体见表 3-3。

表 3-3 　　　　　　　　"以机器为本"和"以人为本"的方法比较

"以机器为本"的方法	"以人为本"的方法
关注计算机化的数据	关注各种类型的信息
强调信息提供	强调信息的应用和共享
假设解决方法是一劳永逸的	假设解决方法只是临时办法
假设一个词只有一种解释	假设一个词有多种含义
设计完成或系统建好即停止	整个企业都达到了预期效果才告结束
建造整个企业的结构	建造特定的结构
假设必须遵守政策	随着时间的推移，通过影响强化对政策的遵守
控制用户的信息环境	让用户设计自己的信息环境

下面用两家专业服务公司（分别叫做 A 公司和 B 公司）来阐释信息文化对技术实施所产生的影响。这两家公司推行的技术相同，所实现的目的也相同。但是，其中的一家公司现有的信息文化同公司管理层对该技术的目标是一致的，而另一家公司恰好相反。

过去，A 公司并没有一个成功的信息定位；现在，公司的管理者觉得是用技术来领导公司经营的时候了。于是，公司不但购买了大型工作站，而且还为整个公司购买了一套新的软件程序，将电子邮件、会议系统和文件分发功能整合起来。但是，公司的相关专业人员对于如何使用这个新的系统所接受的培训却微乎其微。同时，他们也几乎没有共享信息的内在动力，甚至可以说是抵触，尤其是他们害怕将自己最好的观点与创意告诉别人，让别人用自己的创意在公司的那种"要么提升，要么出局"的文化环境下晋升。

A 公司中的一般员工几乎不会同他所在办公室之外的其他员工进行合作，也几乎不知道其他人的信息要求。公司招聘新员工的基础必须是：员工愿意努力工作，在特定领域中接受过培训；而不是具备新的创意并且将自己所创造出来的创意整合起来以便其他人进一步运用。结果，员工忽略和误解了 A 公司奇妙的新软件程序。甚至连公司中该程序的 IT 发起人现在都承认：专业人员运用这个新的系统主要是为了发电子邮件，对新系统运用的有限使得公司内部的主要信息问题并没有得到解决。

与 A 公司相反，B 公司长期以来一直聘用那些擅长于创意并且能够把这些创意通过书面或口头的形式表达出来的员工。公司的管理者在能支持信息共享的技术出现之前，就已经在信息共享方面表现出了很浓的兴趣：公司定期出版一些期刊和新闻摘要，并且鼓励专业人员在公司以外出版著作、发表文章。B 公司的文化同样是"要么提升，要么出局"，但是衡量员工晋升的关键标准是：是否以报告板、文章或著作等形式传播了自己的观点和创意。其中，最重要的一点是，B公司的管理者很注重下面这些行为：除了重视系统硬件和软件之外，他们把主要精力放在公司相应的激励机制、组织结构、人力资源支持以及员工交流沟通的展示方式等方面，并把这些因素作为公司内部树立良好的信息行为的推动因素。

关于信息技术，B公司只在最近才开始投资于可以同A公司相比的新系统。此前，B公司已经为公司内部的重要信息和客户文件建立了一个数据库；同时还建立了一种系统来衡量和统计被查询最多的文件，并以此作为该作者晋升的条件之一。从来没有人听到B公司的人说过"信息文化"之类的词语，但是在信息技术平台投入使用之后，该公司就可以在上面建立和支持已经存在的信息共享程序。现在，B公司的专业人员已经开始运用扩展后的软件来推动电子论谈，同时也能以较快的速度建立新的数据库。

A、B两家公司的情形表明，工具不管如何有价值，都只是工具；新技术不管如何高级，如果没有人的介入，都不会改变人的行为。

本 章 小 结

1. 明茨伯格把管理者在组织中扮演的十种角色分为三类：人际关系角色、信息角色和决策角色。管理信息系统并不是仅仅在信息角色中发挥作用，管理信息系统是帮助管理者成功实现三类角色的辅助工具，管理信息系统的好坏取决于它在这三个方面参与的程度。

2. 管理信息系统与组织之间是相互影响的关系，新的组织结构需要新的信息技术，新的信息技术又会催生新型的组织结构。在信息时代，组织结构的核心变化就是扁平化，对组织的能力要求包括：快速反应能力、创新能力和团队合作能力，这样就催生出虚拟组织、学习型组织和临时性组织。

3. 管理信息系统是伴随着计算机这种超级机器成长起来的，因此，大多数人将管理信息系统视为一系列计算机硬件和软件的混合体，人在这个系统里并不具有重要地位。人类已经进入21世纪了，是讨论计算机系统如何适应人的问题的时候了，而不是人如何适应计算机。"以人为本"是解决工业文明中的社会问题的核心思想，当霍桑实验、马斯洛需求层次理论和赫茨伯格的双因素理论依次出现后，"以人为本"的管理思想就基本形成了，"以人为本"的管理信息系统也应运而生。

参 考 阅 读

[1]　[加]亨利·明茨伯格.管理工作的本质.北京：中国人民大学出版社，2007.
[2]　[美]约翰·科特.领导变革的制胜法则.北京：中国纺织出版社，2003.
[3]　[美]赫茨伯格.赫茨伯格的双因素理论.北京：中国人民大学出版社，2009.
[4]　[美]马斯洛.动机与人格.第三版.北京：中国人民大学出版社，2007.
[5]　[美]马斯洛.马斯洛论管理.北京：机械工业出版社，2007.

思考与练习

1. 信息时代对组织有哪些方面的能力要求？
2. 扁平化组织结构有哪些特点？
3. 信息时代产生了哪些新型组织结构模式？
4. 学习型组织应包含哪些要素？
5. "以人为本"的信息管理方法与"以机器为本"的信息管理方法有何不同？
6. 你认为"以人为本"的管理思想在中国存在哪些实践障碍？

第四章 决策支持与商务智能

本章主要内容如下：

第一节决策。决策理论是把第二次世界大战以后发展起来的系统理论、运筹学、计算机科学等综合运用于管理决策问题，形成的一门有关决策过程、准则、类型及方法的较完整的理论体系。本节主要介绍了西蒙的决策过程模型、有限理性人假设、满意决策原则和有限搜索方法。

第二节决策支持系统。DSS 是一个不断发展的领域，自高瑞和莫顿首次提出 DSS 的概念后，许多学者不断补充相关理论。本节介绍了决策支持系统的一般特征、模型和群体决策支持系统。

第三节数据库、数据仓库与数据挖掘。数据管理的方法经历了人工管理、文件管理、数据库管理和数据仓库管理四个阶段，数据挖掘和数据可视化是在数据库和数据仓库的基础上发展起来的新型数据分析方法。

第四节人工智能。西蒙在计算机出现的早期就开始研究决策自动化，即人工智能，并形成了人工智能符号主义学派。大量的学者也从其他的角度研究人工智能，并形成了联结主义学派和行为主义学派。判断计算机是否具有人类智能的一个经典判断方法就是图灵测试。

第五节商务智能。人工智能的研究长久以来都局限于学术研究领域，当专家系统在商业领域成功应用后，企业也迫切要求应用这些新方法去挖掘新的商业机会，商务智能应运而生。

第一节 决 策

决策理论是把第二次世界大战以后发展起来的将系统论、运筹学、计算机科学等综合运用于管理决策问题，形成的一门有关决策过程、准则、类型及方法的较完整的理论体系。决策理论已形成了以诺贝尔经济学奖得主西蒙为代表的决策理论学派。决策理论是有关决策概念、原理、学说等的总称。

管理决策理论形成于 20 世纪 30—40 年代。首先提出管理决策观点的是美国学者 L. 古立克，他在《组织理论》一文中认为决策是管理的主要功能之一。其后，美国学者 C. I. 巴纳德在《行政领导的功能》一书中，认为管理决策是实现组织目标的重要战略因素。这些观点对后来的管理决策理论颇有影响，但管理决策理论体系的形成，并使其在管理学中占有重要地位的则是由美国管理学家西蒙实现的。1944 年他先在《决策与管理组织》一文中提出了决策理论的轮廓。3 年后，他出版了《管理行为——在管理组织中决策程序的研究》，该书成为决策理论方面最早的专著，为决策学成为新的管理学科奠定了基础。

一、决策的定义

决策一词的意思一般可以理解为作出决定或选择。

美国海军少将理查德·W.施奈德总结其管理军队的经验后，给出了一个较好的决策定义。他认为，决策是一个过程，它是指决策者为了达到想象中未来事务的状态，从社会所限制的各种途径中，选择一个行动计划的过程。

也有人根据西蒙的决策理论认为，决策是指组织或个人为了实现某种目标而对未来一定时期内有关活动的方向、内容及方式的选择或调整过程，决策主体可以是组织也可以是个人。

决策的概念是近代才出现的，历史上一般只有"决定"的概念。古希腊历史学家希罗多德在公元前 430 年左右在其著作中记载，波斯人在需要作出重大决定之时，他们会在喝醉酒后讨论问题。第二天，他们清醒后再次讨论。如果他们仍然赞成的话，就通过决定；如果不赞成就放弃。反之，他们在清醒时作出的决定，也要拿到醉酒后重新考虑。拿破仑说，做决定的能力最难获得，因此也最宝贵。一般认为，日常的决定是比较容易作出的。因此，早期管理理论将决策与重大决定等同起来。

传统的管理理论根据金字塔组织结构将组织活动分为高层决策、中层管理和基层作业，认为决策只是组织中高层管理者的事，与中低层的其他人员无关。但是西蒙却认为，决策不仅仅是高层管理的事，组织内的各个层级都要作出决策，组织就是由作为决策者的个人所组成的系统。首先组织的成员是否留在组织中，就需要将组织提供给他的好处和他的付出进行对比。当决定留在组织中后，无论成员处于哪一个管理阶层，都是要作出决策的。而且随着科技的发展，员工素质的提高和组织的日趋扁平化，决策权会逐渐下放，即使是处于作业层次的员工，也要对采用什么样的工具、运用什么样的方法作出选择。西蒙认为，组织是人类群体当中的信息沟通与相互关系的复杂模式，它向每个成员提供决策所需要的大量信息和决策前提、目标及态度，它还向每个成员提供一些稳定的可以理解的预见，使他们能预料到其他成员将会做哪些事，其他人对自己的言行将会作出什么反应。成员的决策其实也就是组织的决策，这种决策的制约因素很多，涉及组织的各个层次和各个方面，被称为"复合决策"。管理活动的中心就是决策，计划、组织、指挥、协调和控制等管理职能都是作出决策的过程。

二、决策的分类

为了更充分地理解决策的概念，我们有必要将决策根据不同情况进行分类，具体可按照以下五种情况进行分类：

1. 按决策主体可分为个人决策和群体决策

个人决策，指决策主体是单一个体，日常生活中的大量决策都是由单一个体作出的。

群体决策，指决策主体由 2 人或 2 人以上的群体组成，往往在比较重要的决策行为中，由某个群体按照一定流程来作出。

2. 按决策要解决的问题可分为结构化决策、非结构化决策和半结构化决策

西蒙认为，决策可以分为规范性决策和非规范性决策两类。所谓规范性决策，就是那些带有常规性、反复性的例行决策，这种决策可以制定出一套例行程序来处理，如为普通顾客的订货单标价，办公用品的订购，职工的工资安排等。所谓非规范性决策，则是指那些过去未曾发生过的一次性的决策。这种决策往往需要花费较多的时间和较大的成本，如开办一个新公司，研制某种新产品，确定某种新战略等。但是这两类决策很难绝对区分清楚。如果某一决策从来没有出现过，当它首次出现时肯定属于非规范性决策，但当随后多次重复出现时，它就变成了规范性决策。由于西蒙将决策理论和当时刚刚出现的计算机紧密结合起来了，所以有些学者认为应该根据决策是否能被编制成计算机程序将决策分为程序性决策和非程序性决策。但这个概念依然有问题，首先决策不等于计算机程序；其次，除了程序性决策和非程序性决策外，还有大量决策属于中间状态，即部分可以编制成计算机程序，部分不能；最后，某些非程序性决策可以逐渐转化为部分可编制成程序的决策，部分可编制成程序的决策又可以逐渐转化为程序性决策。因此，这个概念再次被抛弃，出现了结构化决策、非结构化决策和半结构化决策。

结构化决策，是可以明确用数学语言描述，并通过计算机程序实现的决策。

非结构化决策，是暂时不能用数学语言描述，只能依靠人的感觉通过分析、类推和判断等方法来处理的决策。

半结构化决策，是暂时只能用数学语言描述一部分，其余部分依然要靠人的独特能力来分析的决策。

3. 按照决策进行的频繁程度可分为周期性决策与非周期性决策

周期性决策，指具有一定规律性、多次重复出现的决策。

非周期性决策，指不具有规律性、不会多次出现的决策。

4. 按决策的组织结构可分为战略性决策、战术性决策和业务决策

战略性决策，是指有关企业的发展方向的重大全局决策，由高层管理人员作出。

战术性决策，是指为保证企业总体战略目标的实现而解决局部问题的重要决策，由中层管理人员作出。

业务决策，是指基层管理人员为解决日常工作和作业任务中的问题所作出的决策。

5. 按决策的问题的条件可分为确定性决策、风险决策和不确定性决策

确定性决策，是指可供选择的方案中只有一种自然状态时的决策。即决策的条件是确定的。

风险决策，是指可供选择的方案中，存在两种或两种以上的自然状态，但每种自然状态所发生概率的大小是可以估计的。

不确定性决策，是指在可供选择的方案中存在两种或两种以上的自然状态，而且，这些自然状态所发生的概率是无法估计的。

三、决策的过程

在传统的思维中，人们一般认为决策是从几个被选方案中选出一个最优的行动方案的行为。但是西蒙等人认为，决策包括从一开始的调查，分析以及选择方案等整个一系列的

活动。它是一个分阶段，涉及很多方面的复杂的活动。除了人们熟知的西蒙决策过程模式外，还有卡耐基决策过程模式、马尔可夫决策过程模式和渐进式决策过程模式。

1. 西蒙决策过程模式

西蒙决策过程模式包括以下4个阶段：

（1）情报阶段（intelligence stage）

即搜集组织所处环境中有关经济、技术、社会各方面的信息以及组织内部的有关情况，认识和确定潜在的困难和机会。通过搜集情况，发现问题，并对问题的性质、发展趋势做出正确的评估，找出问题的关键。情报的搜集应该尽可能全面，而且要真实，否则的话对以后的决策会有误导作用，极有可能作出错误的决策。

（2）设计阶段（design stage）

确定可选择的方案时期。拟订计划即在确定目标的基础上，依据所搜集到的信息，编制可能采取的行动方案。这时可能会有几个候选方案，决策的根本在于选择，被选方案的数量和质量对于决策是否合理有很大的影响，因此要尽可能提出多种方案，避免漏掉好的方案。

（3）选择阶段（choice stage）

选择一种行动方案的时期。选定计划即从可供选用的方案中选定一个行动方案。这时要根据当时的情况和对未来的预测，从中选择最合适的一种方案。在选择方案时，首先要确定选择的标准，而且对各种方案应该保持清醒的估计，使决策保持一定的伸缩性和灵活性。计划选好了以后就要制订实施方案，方案的实施也是很重要的一个环节，也要制订一个合理的实施计划，这个计划要清晰且具体。对时间有一个合理的分配，对人财物也要做一个清晰的分配。在执行决策的过程中，还要做好决策的宣传工作，使组织成员能够正确理解决策，同时制造出一种有利于实现决策的气氛。

（4）监控阶段（monitoring stage）

决策者们评估问题解决方案的实施效果，以确定是否达到预期目标。评价计划即在决策执行过程中，对过去所做的抉择进行评价。通过评估和审查，可以把决策的具体的实行情况反馈给决策者。如果出现了偏差，就及时地纠正，保证决策能够顺利实施，或者有的时候修改决策本身，以使决策更加的科学合理。而且，通过执行决策的审查和使上级了解本组织、本部门的决策执行情况，为以后做决策提供信息。这4个阶段中的每一个阶段本身都是一个复杂的决策过程。问题的确认需要决策，而拟订各种被选方案则使决策的性质更加明显。所以，不能觉得只有决策活动才是最重要的。事实上，没有前两个阶段的正确决策，也就不可能最终作出正确的决策，而没有决策的执行，再好的决策也只是一纸空文。西蒙认为决策的过程中，最重要的是信息联系，决策的各个阶段均是由信息来联系的。上面说了决策的几个程序，一般来说，决策是要遵守这样的程序的，但是也不能完全机械地用上面的过程来一步步地做，比如，在拟订方案阶段，出现了新的问题，这就需要重新返回第一个阶段来搜集情报，结果又回到了第一个阶段。按说决策应该是充分地搜集信息，然后做一个最好的决策，但有时候却没有足够的时间来搜集信息，例如在经营中出现了突发事件，需要立刻解决，这时的决策就在很大程度上要依据管理者的经验和直觉来决定。

方案的实施过程往往被认为不应包括在决策过程中，但从人类行为的完整过程来看，实施和情报搜集、设计方案、选择方案、监控评估是一个循环结构，具有反馈机制。尤其是对于重复性决策，这种反馈机制能提高决策者的决策能力，这也是一个学习的过程。如果把实施过程也包含在内的话，西蒙决策过程模式如图 4.1 所示。

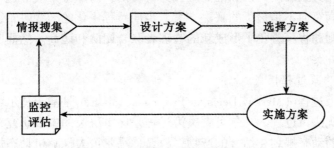

图 4.1　西蒙决策过程模式

2. 卡耐基决策过程模式

组织决策的卡耐基模式主要由希而特、马奇、西蒙提出并加以发展，他们都同卡耐基-梅隆大学有关，此模式因此而得名。

卡耐基团体的研究表明组织层次的决策牵涉到许多管理者，最终的选择基于这些管理者组成的联合团队。联合团队是在许多认同组织目标和问题的优先性的管理者之间的联合。它可以包含直线部门的管理者、职能专家甚至外部团体。

卡耐基决策过程模式如图 4.2 所示。

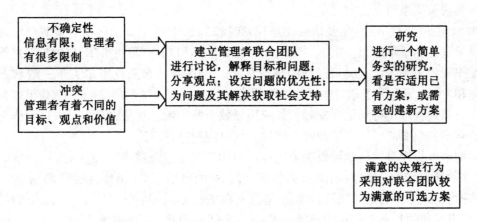

图 4.2　卡耐基决策过程模式

建立管理者联合团队的原因之一是：组织目标一般是比较模糊的，各部门的经营目标之间常常不一致。当目标模糊、不协调时，管理者在问题的优先性上也不一致。他们必须在不同问题上讨价还价，就解决哪个问题等内容建立联合团队。

原因之二是：个人管理者倾向于采用理性方法但受个人认识的局限性和其他因素的影

响，管理者没有足够的时间、资源和精力去识别问题的所有方面及处理与决策相关的所有信息。这些局限性导致了建立管理者联合团队的行为。管理者之间进行相互沟通、交换观点以搜集信息和减少认识的模糊性。建立管理者联合团队将导致决策获得利益集团的支持。

卡耐基决策过程模式指出通过一个管理者联合团队建立认同是组织决策的主要部分，这在高层决策中尤其正确。讨论和磋商是极为费时的，所以方案搜寻过程通常很简单，只需挑选那些令人满意而不是最优的解决方案。当面对程序化的问题时，组织将依赖以前的程序和惯例。规则和程序避免了形成新的管理者联合团队和磋商。然而，非程序化的决策需要磋商和解决冲突。

3. 马尔可夫决策过程模式

马尔可夫决策过程（Markov Decision Processes，MDP）是基于马尔可夫过程理论的随机动态系统的最优决策过程。马尔可夫决策过程是序贯决策的主要研究领域。它是马尔可夫过程与确定性的动态规划相结合的产物，故又称马尔可夫性随机动态规划，属于运筹学中数学规划的一个分支。

马尔可夫决策过程是指决策者周期地或连续地观察具有马尔可夫性的随机动态系统，序贯地作出决策。即根据每个时刻观察到的状态，从可用的行动集合中选用一个行动作出决策，系统下一步（未来）的状态是随机的，并且其状态的转移概率具有马尔可夫性。决策者根据新观察到的状态，再作新的决策，依此反复地进行。这种决策的方法称为马尔可夫决策过程模式。马尔可夫性是指一个随机过程未来发展的概率与观察之前的历史无关的性质。马尔可夫性又可简单叙述为状态转移概率的无后效性。状态转移概率具有马尔可夫性的随机过程即为马尔可夫过程。马尔可夫决策过程又可看做随机对策的特殊情形，在这种随机对策中对策的一方是无意志的。马尔可夫决策过程还可作为马尔可夫性随机最优控制，其决策变量就是控制变量。

20 世纪 50 年代 R. 贝尔曼研究动态规划时和 L. S. 沙普利研究随机对策时已出现马尔可夫决策过程的基本思想。R. A. 霍华德（1960 年）和 D. 布莱克韦尔（1962 年）等人的研究工作奠定了马尔可夫决策过程的理论基础。1965 年，布莱克韦尔关于一般状态空间的研究和 E. B. 丁金关于非时间平稳性的研究，推动了这一理论的发展。1960 年以来，马尔可夫决策过程理论得到迅速发展，其应用领域不断扩大。凡是以马尔可夫过程作为数学模型的问题，只要能引入决策和效用结构，均可应用这种理论。

周期地进行观察的马尔可夫决策过程可用如下五元组来描述：$\{S,(A(i),i\in S),q,\gamma,V\}$，其中 S 为系统的状态空间；$A(i)$ 为状态 $i(i\in S)$ 的可用行动(措施,控制)集；q 为马尔可夫转移律族，族的参数是可用的行动；γ 是定义在 $\Gamma(\Gamma\{(i,a):a\in A(i),i\in S\})$ 上的单值实函数；若观察到的状态为 i，选用行动 a，则下一步转移到状态 j 的概率为 $q(j\mid i,a)$，而且获得报酬 $\gamma(j,a)$，它们均与系统的历史无关；V 是衡量策略优劣的指标(准则)。

4. 渐进式决策过程模式

亨利·明茨伯格和他在麦吉尔大学的同事从另一个角度研究了组织决策。他们确定了25 个组织决策并从始至终跟踪与这些决策相关的事件。他们的研究识别了决策过程中的每一个顺序步骤。这种决策的方法叫渐进式决策过程模式，这种模式较少强调卡耐基决策过程模式所涉及的政治、社会因素而较多研究了从发现问题到解决问题的活动的结构化顺序。

组织要通过许多决策点，可能会在决策过程中遇到障碍。明茨伯格称这些障碍为决策中断，一个决策中断就意味着组织不得不绕回到以前的决策并尝试新的方法。决策回路和决策循环是无论组织学习哪种方法都可行的一种方法，最终的解决方案可能与最先预期的有相当大的不同。

明茨伯格和他的同事发现主要的决策阶段为识别阶段、形成阶段和选择阶段。

（1）识别阶段

识别阶段的第一个步骤是认知，认知即一个或多个管理者对问题认识清楚并知道需要作出决策。认知通常由一个问题或机会所激发。当外部环境的因素改变或当组织认识到内部业绩低于标准时问题就出现了。在解雇电台播音员的案例中，对于播音员的批评来自于听众、其他播音员、广告商。管理者逐步理解这些暗示，直到出现必须明确处理这些问题的形势。

第二个步骤是诊断，在这个阶段如果需要识别问题是否严重就要搜集更多的信息。诊断可能是系统化的或非正式的，这依赖于问题的严重性。严重的问题并没有时间进行周全的诊断，反应必须迅速。轻缓的问题则通常以更为系统的方法诊断。

（2）形成阶段

形成阶段是形成一个解决方案以解决识别阶段所定义的问题的阶段。形成解决方案可以按两种方法进行。

其一，使用搜索程序在组织已有的解决方案中找出可选方案。例如，在解聘电台播音员的案例中，管理者要考虑电台在上一次是如何处理一名不得不予以解职的播音员的。为实施搜索程序，组织参与者将查阅他们自己的备忘录，与其他管理者谈话或研究组织的正式程序。

其二，设计一个定制的新方案。当问题是新奇的以至于以前的经验没有价值时就会有这种情况。明茨伯格发现在这些情况下，主要的决策制定者只有一个对理想方案的模糊思路。一般来讲，通过一个试错过程将产生一个定制的可选方案。解决方案的形成是一个探索、渐进式的过程，需要一步步地提出解决方案。

（3）选择阶段

选择阶段是选定解决方案的阶段。这个阶段并不总是在多种可选方案中进行明确选择。由于方案是因具体情况而定制的，更多地是选择单个评估还可行的方案。

评估和选择可以多种方法完成。当最终选择的任务由单个决策者完成时使用选择的判断形式，选择牵涉到基于经验的判断。在分析形式中，多种可选方案以一种更加系统化的形式进行评估，例如使用管理科学的方法。明茨伯格发现大多数的决策并不牵涉系统分析和可选方案的评估，当选择牵涉到决策者群体时磋商的形式比较适用，每一个决策制定者在决策后果中都有其不同利益，所以会产生冲突。这时就需要进行讨论和磋商直至建立管理者联合团体，就像前面卡耐基决策过程模式所描述的那样。

当决策最终被组织接受时，权威发挥作用。决策会通过层级制传递到负责的层级。因为专业技能和知识一般存在于识别问题和形成解决方案的基层决策者中，权威通常只是例行公事。只有极少决策因为基层管理员不能预见的因素而被拒绝。

组织决策并不遵循一个从认知到权威的顺序过程，可能会出现迫使决策回流到前序阶段的小问题，这些小问题称为决策中断。如果一个依据具体情形设计的解决方案不理想，组织将不得不返回到前面的步骤并重新考虑问题是否真的值得解决。反馈回流可能会由于时间限制、政策、管理者意见不合、没办法识别一个可行的方案、管理者更替、突然出现新的可行方案等问题而引发。例如，一家小型的加拿大航空公司决定购置新的喷气式飞机，董事会也已经批准了决策。但不久，一个新的首席执行官上台，他取消了购买合约，使决策重新回到问题识别阶段。他认同问题的诊断结论，但坚持寻找一个新的可行方案。当时正有两家外国航空公司破产，两架二手飞机可以相当优惠的价格出手，这就提供了一个事先没有预期到的可选方案，首席执行官根据自己的判断，利用权威决定购买二手飞机。

因为大多数决策发生在漫长的时间周期内和环境改变的情况下，决策是一个会在问题解决之前要求许多次决策循环的动态过程。一个渐进式决策过程和可能发生决策循环的例子是 QE 公司研发新的柔性剃须刀的决策，这是一个持续了 13 年之久的决策。当管理者认识到公司需要制造一种新的剃须刀片，并开始考虑这种新刀片应该是滑动、纤细的以使 QE 公司的刀架易于清洗时，决策进入问题识别阶段。在形成阶段，工程师们首先尝试是否能找到现成的可用技术。但没有一个现有技术能够满足设计要求，所以只能采用试错法来开发特别的设计程序。在选择阶段，一些方法被认为过于昂贵或过于复杂以至于不能用来进行实际制造。另外，就 QE 公司是应该制造一种耐用的剃须刀还是制造一种廉价的简易产品的问题，两派管理者产生了争论。这些决策中断导致 QE 公司进行决策循环，重新评估目标，重新设计刀片。在重新设计之后，决策又回到选择阶段，柔性剃须刀获得了高层管理者的认同，生产和市场预算很快被批准。

四、决策理论中关于人的假设

决策理论古已有之，不同学者阐述问题的角度也各不相同。导致这些决策理论产生差别的根源在于，不同学者关于人的假设各不相同。其中具有代表性的假设包括以下几种：

1. 完全理性人假设

完全理性又称客观理性。代表人物有英国经济学家边沁（Jeremy Bentham，1748—1832 年）、美国科学管理学家 F. W. 泰勒等。在边沁之前，亚当·斯密在启蒙学派的"自然秩序"和"理性观念"的基础上，把人性归结为个人利己主义，认为个人追求一己利益，便会自然而然地促进全社会的利益。边沁在《道德和立法原理导论》（1789 年）一书中进一步阐明功利原理，并把它应用于法学、政治学、经济学、伦理学之中，并以此作为判断一切行为和立法措施的准则。边沁功利主义包括两个原理：功利原理（或最大幸福原理）和自利选择原理。

边沁功利主义认为，人是坚持寻求最大价值的经济人。经济人具有最大限度的理性，能为实现组织和个人目标而作出最优的选择。其在决策上的表现是：决策前能全盘考虑一切行动，以及这些行动所产生的影响；决策者根据自身的价值标准，选择最大价值的行动作为对策。这种理论只是假设人在完全理性下决策，而不是人在实际决策中的状态。

新古典经济学理论也是按照完全理性人（经济人）假设来构建整个经济学理论基础

的。完全理性消费者追求约束条件下的个人效用最大化，据此可以得到消费品的需求曲线；完全理性厂商追求约束条件下的利润最大化，据此可以得到一条产品的供给曲线，然后依据所谓供给需求均衡，得到产品的均衡价格。

很明显，用这种经济学方法解决经济问题，实际上只考虑了一个特殊情况、一种极限情形，即最大化情形，而更一般化的情况是得不到最大化时，怎么办？

2. 有限理性人假设

现代决策理论是在 20 世纪 40 年代以后由美国卡耐基-梅隆大学的西蒙和斯坦福大学的马奇等人倡导并发展起来的，他们强调从认知心理学的角度研究决策问题，提出了与传统决策理论有根本性差别的新见解。现代决策理论认为，人的理性介于完全理性和非理性之间，即人是有限理性的。因为在高度不确定和极其复杂的现实决策环境中，人的知识、想象力和计算力是有限的。特别是在风险性决策中，与经济利益相比，决策者对待风险的态度起着更为重要的作用。决策者往往厌恶风险，倾向于接受风险较小的方案，尽管风险较大的方案可能带来较为可观的收益。

尽管很多学者同意有限理性人假设，但在具体认识上仍然有差别，并形成了下面三个不同理论：

(1) 连续有限比较决策论

代表人物是西蒙。他认为人的实际行动不可能合于完全理性，决策者是具有有限理性的行政人，不可能预见一切结果，只能在供选择的方案中选出一个"满意的"方案。"行政人"对行政环境的看法简化，往往不能抓住决策环境中的各种复杂因素，而只能看到有限几个方案及其部分结果。事实上，理性程度对决策者有很大影响，但不应忽视组织因素对决策的作用。

(2) 理性组织决策论

代表人物有美国组织学家马奇。他承认个人理性的存在，并认为由于人的理性受个人智慧与能力所限，必须借助组织的作用。通过组织分工，每个决策者可以明确自己的工作，了解较多的行动方案和行动结果。组织提供个人以一定的引导，使决策有明确的方向。组织运用权力和沟通的方法，使决策者便于选择有利的行动方案，进而增加决策的理性。而衡量决策者理性的根据，是组织目标而不是个人目标。

(3) 现实渐进决策论

代表人物是美国的政治经济学家林德布洛姆。他认为决策者不可能拥有人类的全部智慧和有关决策的全部信息，决策的时间、费用又有限，故决策者只能采用应付局面的办法，在"有偏袒的相互调整中"作出决策。该理论要求决策程序简化，决策实用、可行并符合利益集团的要求，力求解决现实问题。这种理论强调现实和渐进改变，受到了行政决策者的重视。

3. 非理性人假设

代表人物有奥地利心理学家弗洛伊德和意大利社会学家帕累托等。该理论认为支配人的不是人的理性，也不是人所面临的现实，而是人的情欲。他们认为，人的行为在很大程度上受潜意识的支配，许多决策行为往往表现出不自觉、不理性的情欲，表现为决策者在处理问题时常常感情用事，从而作出不明智的安排。

五、基于"有限理性"的决策原理

1. 受限制的理性

由于人类普遍的认知局限，实际作出的决策常常受到许多不可控因素的制约，西蒙称其为受限制的理性（bounded rationality）。

在西蒙的《人类的认知——思维的信息加工理论》中讲道，根据米勒等人的发现，短时记忆的容量只有 7±2 项（西蒙认为可能是 4 项）；从短时记忆向长时记忆存入一项需要 5~10 秒钟（西蒙认为可能是 8 秒钟）；记忆的组织是一种等级结构（类似于计算机的内存有限，从内存到外存的存取需要时间，以及计算机的储存组织形式）。这些是大脑加工所有任务的基本生理约束。正是这种约束，使思维过程表现为一种串行处理或搜索状态（同一时间内考虑的问题是有限的），从而也限制了人们的注意广度（选择性注意）以及获得知识和信息的速度和存量。与此相适应，注意广度和知识范围的限制又引起价值偏见和目标认同（类似于无知和某种目的意识所产生的宗教或信仰），而价值偏见和目标认同反过来又限制人们的注意广度和知识信息的获得（类似于宗教或信仰对科学和经验事实的抵制和排斥）。

完全理性决策主要受到以下三个方面的限制：

（1）信息的不完全性

信息可以帮助我们对备选方案进行选择，所以在选择方案时要做到绝对合理，就需要对各种备选方案可能的结果具备完整的知识，但实际上我们在此方面的知识经常只能是部分和片面的，人们很难得到关于某一件事情的全面的知识，而且有时候得到的信息还是虚假或者错误的。

（2）预测的困难性

因为结果是未来的，还没发生，所以在对它们进行评价的时候不能够简单地判定正确与否，对方案的判断只能够是想象力和经验的结果。价值判断更是不完整和不可预测的。这使得我们的预测只不过是一种对未来的期待，实际情况到底怎样，我们还没法预料。

（3）穷尽所有可能的困难性

只有人们把所有的方案都找出来，才能选择科学合理的"最优的方案"，绝对的合理性要求在可能发生的所有替代方案中选择，但是没有人能够把所有的候选方案都找出来，尤其是对企业中一些较为复杂的事务的决策，涉及的面很广，信息多，还远达不到将所有可能的结果和途径都考虑到的地步。有时候决策者自己也存在知识和计算能力方面的局限性，各种环境都在不断地变化，他们还要在缺乏完全信息的情况下进行决策，因此，在西蒙看来，"最优化"的概念只有在纯数学和抽象的概念中存在，在现实生活中是不存在的。

2. 满意原则

在有限理性的假设下，决策者如何决策？决策者往往只追求满意的结果，而主观上不愿费力或客观上不能寻求最佳方案。因而决策追求的是满意的决策，而不是最大化的决策，即一个解决方案"足够好"的决策——这就是有限理性决策的原则。

在西蒙的研究中有一个著名的有关"蚂蚁"的比喻。一只蚂蚁在沙滩上爬行，蚂蚁爬行所留下的曲折的轨迹不表示蚂蚁认知能力的复杂性，只是说明海岸的复杂。它们知道蚁巢的大概方向，但具体所走的路线却是无法预料的，而且它们的视野也是有限的。其实人和蚂蚁是一样的，对外界的认识能力是有限的，对于外界的很多事情无法做出全面的了解。人类行为的复杂性只是反映了其所处环境的复杂性。西蒙以蚂蚁喻人，认为人的认知能力也是单纯的，人的行为的复杂性也不过是反映了其所处环境复杂性，在这样的环境中，人不可能作出最优的决策。由于现实生活中很少具备完全理性的假定前提，人们常需要根据一定程度的主观判断进行决策。也就是说，个人或企业的决策都是在有限理性的条件下进行的。完全的理性导致决策人寻求最佳措施，而有限度的理性导致他寻求符合要求的或令人满意的措施。

西蒙认为，有关决策的合理性理论必须考虑人的基本生理限制以及由此而引起的认知限制、动机限制及其相互影响的限制。从而所探讨的应当是有限的理性，而不是全知全能的理性；应当是过程合理性，而不是本质合理性；所考虑的人类选择机制应当是有限理性的适应机制，而不是完全理性的最优机制。决策者在决策之前没有全部备选方案和全部信息，而必须进行方案搜索和信息搜集；决策者没有一个能度量的效用函数，从而也不是对效用函数求极大化，而只有一个可调节的欲望水平，这个欲望水平受决策者的理论和经验知识、搜索方案的难易、决策者的个性特征（如固执性）等因素调节，以此来决定方案的选择和搜索过程的结束，从而获得问题的满意解决。因此，"管理人"之所以接受足够好的解，并不是因为他宁劣勿优，而是因为他根本没有选择的余地，根本不可能获得最优解。

按照满意的标准进行决策显然比按照最优化原则更为合理，因为它在满足要求的情况下，极大地减少搜寻成本、计算成本，简化了决策程序。因此，满意标准是绝大多数的决策所遵循的基本原则。

"令人满意"的决策准则应用到企业决策中，就是追求适当的市场份额而不是最大的市场份额，取得适度的利润而不是最大的利润，制定适当的市场价格而不是最高的市场价格等，这种满意的决策结果才是可行的。人们在作决策时，不能坚持要求最理想的方案，常常满足于"足够好的"或者"令人满意的"决策，从某种意义上来说，一切的决策都是某种折中，最终的方案都不是尽善尽美的，只是在一定的条件下是最好的。如果企业一定要找到最优的决策方案，那会花费很大的成本，是得不偿失的。为了在满意的基础上保证尽可能大的合理性，就应该通过组织结构的设计，使组织内的信息处理单纯化，以尽量克服个人认知能力的局限性。

在信息时代，随着因特网的迅速发展，我们面临的"信息危机"不是信息匮乏，而是信息数量过剩的问题，即"信息爆炸"带来的问题。在这种"信息爆炸"的生活环境中，意识到人的理性是有限的这一现实是十分重要的，它将能更好地指导我们集中精力搜寻有效、合适、满意的信息，而不是搜寻所有相关信息，只有这样才可能有效地思考问题、解决问题，而不是一味地追求最优解。这也正是 Google 公司敢于宣称其要打败微软公司的根本原因，当 Google 开始做操作系统的时候，微软就是下一个 IBM。

3. 有限搜索

决策者不可能花费所有的精力去搜集所有的相关可用信息，即使搜集了所有信息，也不可能全部理解。决策者真正要做的是开发一个模型，它包含"看起来可行的"方案，然后经过有限次的搜索、比较，得到一个在现有条件下的"满意"方案。

经历了反复的尝试和失败，我们建立了许多经验规则；如果一个推断被验证是可行的，它就能作为一个可靠的工具；我们不必搜索所有可能的策略，根据"启发式搜索"和"拇指规则"所得到的策略，成本更低，效率更高。

下面我们通过一个例子来说明有限搜索的方法。

实例：推销员的问题

一个推销员必须拜访几个城市里的顾客，由于效率和成本的限制，他只能到每个城市一次，而且在他回到原来的城市以前必须到达过所有的城市。

成本主要是由他所经过的总路程决定的，所以问题的解决方案应该是符合公司差旅费政策的最短的可能路径。

我们以美国的 9 个城市为例，图 4.3 大致描述了这些城市间的相对位置。

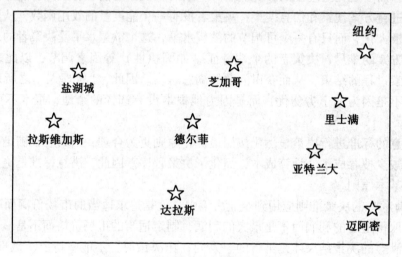

图 4.3　美国 9 个城市间的相对位置

9 个城市间的里程数如表 4-1 所示。

表 4-1 　　　　　　　　　　　　　　美国 9 个城市间的里程数　　　　　　　　　　　（单位：英里）

	纽约	里士满	亚特兰大	迈阿密	达拉斯	德尔菲	拉斯维加斯	芝加哥	盐湖城
纽约	—								
里士满	339	—							
亚特兰大	841	510	—						
迈阿密	1308	1165	655	—					

续表

	纽约	里士满	亚特兰大	迈阿密	达拉斯	德尔菲	拉斯维加斯	芝加哥	盐湖城
达拉斯	1552	1266	795	1329	—				
德尔菲	1344	1211	772	1398	257	—			
拉斯维加斯	2548	2439	1964	2526	1221	1228	—		
芝加哥	802	748	674	1300	917	683	1772	—	
盐湖城	2182	2110	1878	2532	1242	1172	433	1390	—

如果假设只能沿着一个方向前进（因为不许到同一个城市两次），那么所有不同的路径数可由下面的表达式决定：

不同路径数 = 0.5 × （城市数 − 1）！

城市数 = 9，不同路径数 = 21060；

城市数 = 10，不同路径数 = 181440；

城市数 = 11，不同路径数超过 180 万；

城市数 = 12，不同路径数接近 2000 万。

这个问题运筹学上用"分支定界法"求解，虽然有效，但是在处理大规模问题时，效率较低。

一个启发式解决方案是：从总部纽约出发，选择最近的城市，然后继续前往最近的城市，直到最后一个城市，最后返回总部纽约。

初始的启发式解决方案如图 4.4 所示，修正后的启发式解决方案如图 4.5 所示。

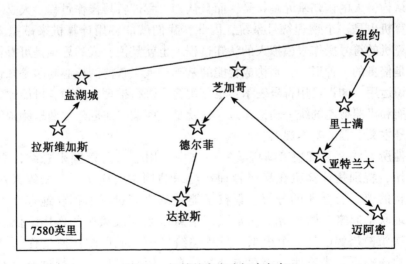

图 4.4 初始的启发式解决方案

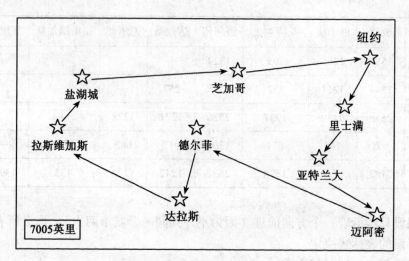

图 4.5　修正后的启发式解决方案

经过简单的修改，我们改进了初始的解决方案，总路径缩短了 575 英里。更重要的是，我们不需要测试所有的 20160 种方案去寻找最优方案。

恰当地使用启发式搜索，将是一种很有价值的求解工具。

六、决策自动化

在后期西蒙主要的研究领域是认知心理学，有些学者认为他偏离了管理学研究领域。在 20 世纪 60 年代到 70 年代，计算机技术和今天相比还比较原始，要设计出能帮助人决策的计算机，就必须先研究清楚人是如何决策和思维的。通过他的大量研究，形成了一套理论。西蒙认为，人的认知基元是符号，而且认知过程即符号操作过程，人是一个物理符号系统，计算机也是一个物理符号系统，因此，我们就能够用计算机来模拟人的智能行为，即用计算机的符号操作来模拟人的认知过程。也就是说，人的思维是可操作的。他还认为，知识是信息的一种形式，是构成智能的基础。人工智能的核心问题是知识表示、知识推理和知识运用。知识可用符号表示，也可用符号进行推理，因而有可能建立起基于知识的人类智能和机器智能的统一理论体系。这就是由西蒙、纽厄尔、费根鲍姆等人创立的人工智能符号主义学派的基本观点。

西蒙在他所著的《管理决策新科学》一书中，用了大量篇幅来总结计算机在企业管理中的应用，特别是计算机在高层管理及组织结构中的应用。西蒙等人认为，一个企业组织机构的建立及企业的分权、集权不能脱离决策过程而孤立地存在，需要与决策过程有机地联系起来。西蒙等人非常强调信息联系在决策中的作用。他们把信息联系定义为"决策前提赖以从一个组织成员传递给另一个成员的任何过程"。西蒙认为，今天关键性的任务不是去产生、储存或分配信息，而是对信息进行过滤，加工处理成各个有效的组成部分。今天的稀有资源已不是信息，而是处理信息的能力。西蒙在谈到他撰写《管理决策新科学》及后来又修订增补新内容的原因和动机时说："过去十年，我的研究活动使我接触到使用数字电子计算机的各种实际工作。这种计算机就是在原子能世界和展望飞速发展的宇航世界中都是令人大为惊异的。计算机应用在新决策中的技术正在使蓝领工人的、经理的和专业性的工作发生巨大的变化，就像使用机械来代替人力时所引起的变化一样。"

在西蒙等人工智能专家的理论指导下，管理活动中的决策自动化技术逐渐形成，尽管这些技术现在还比较原始，甚至比较笨拙。

第二节　决策支持系统

尽管 20 世纪 50 年代就由约翰·麦卡锡提出了"人工智能"的概念，他和很多专家一起展开了研究，但此时的计算机还相当原始，赋予计算机一定的智能是一件非常困难的事情。人工智能技术是从两个方向展开的，一是让计算机在外表上看起来像人，以代替人做一些工作，这就是机器人技术；另一个发展方向是让计算机像人一样思考问题，不强调外表是否与人相似。机器人技术发展比较迅速，欧美国家的制造业基本上普及了这项技术，尽管不同国家在技术水平上仍有差距，毕竟自工业时代以来，欧美国家已经具备良好的技术基础。让计算机像人一样思考，则是一个全新的领域。从 20 世纪 50 年代以来，计算机专家们探索得非常艰辛，不断提出新的思路、想法与方法，决策支持系统就是其中之一。决策支持系统没有使用人工智能的概念，借助西蒙"管理就是决策"的理论，把重点放在如何利用计算机帮助管理者进行决策上。

一、决策支持系统的定义及其特征

决策支持系统是一个不断发展的领域，我们很难给它一个完整和统一的定义。

最早的讨论决策支持系统的文献是 J. D. Little 的 *Models and Managers：the Concept of a Decision Calculus*（1970 年），Little 在文中指出，真正的决策支持系统要求模型简单、稳定，并且容易控制，具有自适应性。如果一个特殊的管理者要求使用一个特殊的假设，模型能够变化以反映这个假设。Little 虽然明确指出了这种系统的特征，但并没有使用决策支持系统（Decision Support System，DSS）的术语。

1971 年，高瑞（Gorry）和莫顿（Morton）第一次提出了 DSS 的术语，并定义了这个名词。他们认为，DSS 是支持决策者对半结构化、非结构化问题进行决策的系统。他们根据 Anthony（1965 年）提出的管理活动的层次（战略规划层、管理控制层、操作控制层），结合西蒙对决策的分类（西蒙将决策分为程序性决策与非程序性决策），构建了决策支持框架（见表 4-2）。

高瑞和莫顿把决策分为三类：结构化决策、半结构化决策、非结构化决策。

结构化决策：可以使用计算机程序实现的，可以明确描述的决策问题。

半结构化决策：尚未明确描述，但可以部分地用计算机程序实现的决策问题。

非结构化决策：暂时还不能编制计算机程序，只能依靠人的感觉，通过分析、类推和判断等方法来处理的决策问题。

随着人们对半结构化决策和非结构化决策问题的认识的不断深入，非结构化决策问题可能转变为半结构化决策问题，半结构化决策问题可能转化为结构化决策问题。

表 4-2　　　　　　　　　　　高瑞和莫顿的决策支持框架

决策类型	管理活动			所需支持
	操作控制	管理控制	战略规划	
结构化决策	库存控制	生产线的负载均衡	工厂场所设定	管理信息系统定量模型
半结构化决策	有价证券交易	确定新产品的营销预算	资本资产分析	决策支持系统
非结构化决策	决定一本杂志封面的图片	雇用新的职员	研发项目决定	人的推理和直觉

1977 年，Alter 根据他对 56 个 DSS 应用实例的实证研究指出，决策支持系统可分为两大类：以数据为导向的 DSS 和以模型为导向的 DSS。以数据为导向的 DSS 主要依赖于数据库，并运用统计方法或会计模型来分析数据；以模型为导向的 DSS 则把重点放在管理科学模型或专家系统的使用上。他发现，在实际环境中，人们总是以多种方法使用计算机，并不关心学术上的差别。20 世纪 70 年代，几乎没有管理者亲自使用计算机，实际使用这些计算机系统的人是这些管理者的手下。Alter 指出，在 DSS 的应用过程中，系统的有效性远没有适应性重要。此外，主机系统要求全面的系统分析与设计，DSS 也总是为某个特殊的个人（或用户群）量身定做的，因此，DSS 似乎总是处于不断的修改之中。

1980 年，Bonozek、Holsapple 和 Whiston 认为，DSS 是由三个部分组成的计算机系统，即用户、模型和数据，并通过设计便于数据检索与计算的语言系统以形成良好的用户界面。Bonozek 和 Whiston 再次撰文指出，DSS 应包括三种系统：语言系统 LS——供用户与 DSS 通信；知识系统 KS——储存系统中的知识，问题处理系统 PPS——对问题进行描述并提出问题，得出问题的解答。

1981 年，Keen 指出，传统的成本收益分析对于一般信息系统是有效的，但这种分析并不适合用来评估决策支持系统。因为，决策支持系统没有最终形式，总是处于不断进化的状态。Keen 认为，或许价值分析更适合评估决策支持系统。

瑞蒙则强调人机之间的互相作用，他认为：DSS 最重要的特征是它有一种交互的特别分析能力，使管理者尽量完整地模拟问题并使之模型化。

美国北亚利桑那大学商学院计算机信息系统教授詹姆斯·奥布莱恩在其著名的畅销教材《管理信息系统》中明确定义：决策支持系统是为管理人员和业务人员的决策过程提供交互式信息支持的计算机信息系统。决策支持系统使用分析模型、专门的数据库、决策者自己的洞察力和判断力以及基于计算机的交互式建模过程来支持半结构化企业决策。

尽管决策支持系统的定义很难统一，但是其明显的特点基本可以达成一致，具体总结如下：

① 针对半结构化、非结构化决策问题;

② 支持而不是代替决策者的决策;

③ 具有方便的人机交互接口,易于非计算机专业人员掌握和使用;

④ 能够快速支持决策者解决处于不同状态的某一领域中的决策问题;

⑤ 强调对环境及用户决策方法的改变的灵活性和适应性。

二、决策支持系统的组成

决策支持系统主要依靠模型库和数据库,它们是关键的系统资源。在 GUI(图形用户界面)出现之前,人与计算机的交流完全通过字符方式进行,这时的 DSS 实际上要求使用用者首先是一名计算机专业人员。因此,早期开发的昂贵的决策支持系统几乎都是决策者的计算机特别助理在使用,而不是决策者本人。对话管理器(或称用户界面)是现代决策支持系统的关键技术,如果决策者不愿意使用这种系统,辅助决策的意义就无从谈起。

数据库是任何一种信息系统的基本组成单元,决策支持系统也不例外。作为中、高层决策者,他们对数据的要求一般超出了企业内部的范围,往往需要来自与本企业有业务往来的上下游企业的相关数据,甚至是直接来自于 Internet 的相关数据。沃尔玛百货有限公司运用 Oracle 商业智能套件(企业加强版)在所有经营活动中实现全面的数据智能分析,同时他们把某些分析数据提供给供应商,以便供应商生产出更符合消费者需求的商品来。戴尔公司更是直接通过 Internet 来销售计算机,该公司的数据库通过 Internet 获取了大量的消费者信息。从技术上来说,数据库里的数据是通过数据库管理系统(DBMS)来进行管理的。

任何一种具有数据分析功能的软件都需要数学模型,一般软件只通过几个核心的数学模型来分析数据。决策支持系统需要辅助决策者的复杂决策,而作为决策者的人是不具有统一标准的,设计人员往往需要设计大量的应付各种决策情况的数学模型,以供决策者选择适当的模型。模型库因此成为决策支持系统最具特色的组成单元。类似于数据库,模型库是靠模型库管理系统(MMS)来管理的。

决策支持系统的组成单元可用图 4.6 来表示。

三、DSS 的模型

1. 四类常用模型

一般我们把决策支持系统的模型分为四类:财务管理模型、统计分析模型、图表模型和项目管理模型。

(1) 财务管理模型

财务管理模型提供现金流量、内部回报率以及其他的投资分析。常用的电子表格软件如 Lotus1-2-3 和 Excel 都有此作用。另外,一些更为复杂的财务规划和建模程序也可使用。有些组织开发出规范的财务模型来处理组织面临的特定问题。然而,随着电子表格软件包的功能的日益增强,对复杂的财务模型软件包的需要将会逐渐下降。

(2) 统计分析模型

统计分析模型可以提供简要的统计、趋势预测、假设检验等,这些程序可被个人或计

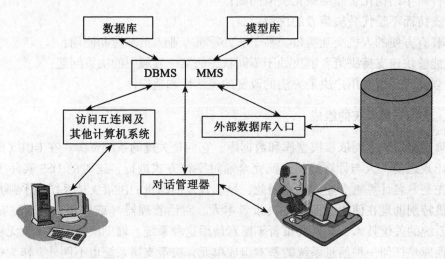

图 4.6   决策支持系统的组成

算机系统使用,许多软件包包括 SPSS 和 SAS,为各种各样的企业提供了极其出色的统计分析。这些统计程序可以计算均值、标准方差、相关系数和回归分析,也可作假设检验以及提供更多的技术。有些统计分析程序还可以做出图形,以揭示出变量之间或定量之间的关系。

(3)图表模型

图表模型是帮助决策者设计、开发以及使用数据和信息并以图表形式显示的软件包。许多个人计算机程序可以执行这种类型的分析,包括 Powerpoint 和 Freelance Graphics,并已在市场上出售。另外,一些复杂的图表分析包括计算机辅助设计也可使用。

(4)项目管理模型

项目管理模型用来处理和协调一些较大的项目方案,它们也可用于确认一些关键性活动和任务。如果这些关键性的活动和任务没有及时或有效地完成,那么将会对整个工程带来延迟和危害。有些程序通过有效地使用附加的资源,包括现金、劳动力和设备等还能决定加快项目建设的最佳途径。项目管理模型使得决策者加强了对各种大小及类型的项目的控制。

2. 模型库的问题

模型库既可以帮助决策者更快、更好地决策,同时也存在缺点。模型库主要存在以下四个方面的问题:

① 在有多个模型可供选择的情况下,决策者要花费很多时间来确定使用哪个模型;

② 有些情况下,模型也不能准确地预测真实的系统,因此结果有可能是错误的或误导性的;

③ 一些模型要求高度复杂的数学知识,使之很难建立,其结果也难以解释;

④ 如果模型只用一次,其开发费用就非常昂贵。

由于以上问题的存在,管理者在使用相关模型时需要清楚该模型可能产生的问题,避免造成不必要的损失。

四、群体决策支持系统（GDSS）

群体决策是为充分发挥集体的智慧，由多人共同参与决策分析并制定决策的整体过程。其中，参与决策的人组成了决策群体。在多数组织中，许多决策都是通过委员会、团队、任务小组或其他群体的形式完成的，决策者必须经常在群体会议上为那些具有新颖和高度不确定性的非程序化决策寻求或协调解决方案。调查发现，高层决策者在委员会和其他群体会议上花费了大量的时间和精力，有的决策者甚至花费高达80%以上的时间。因此，研究决策支持系统，除了研究个人决策外，更需要研究群体决策。

1. 群体决策的特点

群体决策有以下特点：

① 决策者面临的内外部环境日益复杂多变，许多问题的复杂性不断提高。相应地，要求综合许多领域的专门知识才能解决问题，这些跨领域的知识往往超出了个人所能掌握的限度。

② 决策者个人的价值观、态度、信仰、背景有一定的局限性。一方面，这些因素会对要解决的问题类型以及解决问题的思路和方法产生影响。例如，如果决策者注重经济价值，他们就会倾向于对包括市场营销、生产和利润问题在内的实质情况进行决策；如果他们格外关注自然环境，就会用生态平衡的观点来考虑问题。另一方面，决策者个人不可能擅长解决所有类型的问题，进行任何类型的决策。

③ 决策相互关联的特性客观上也要求不同领域的人积极参与，积极提供相关信息，从不同角度认识问题并进行决策。

④ 群体决策是现代民主社会的基本特征。

2. 群体决策的组织方式

群体决策的组织方式有以下三种：

（1）群体式

多决策者，相互之间完全交互，如图4.7所示。

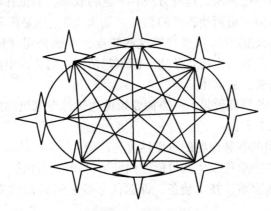

图4.7　群体式

（2）团队式

一个决策者，其他参与者之间没有交互，如图 4.8 所示。

（3）委员会式

一个决策者，其他参与者之间完全交互，如图 4.9 所示。

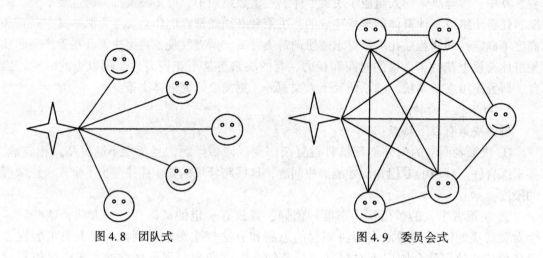

图 4.8　团队式　　　　　　　　　　　　图 4.9　委员会式

3. 群体决策的制定方法

群体决策的制定方法主要有以下四种：

（1）德尔菲法（Delphi method，又名专家调查法）

这种方法的特点是采用寄发调查表的形式，以不记名的方式征询专家对某类问题的看法，在随后进行的一次意见征询中，将经过整理的上次调查结果反馈给各个专家，让他们重新考虑后再次提出自己的看法，并特别要求那些持极端看法的专家详细说明自己的理由。经过几次这种反馈过程，大多数专家的意见趋向于集中，从而使调查者有可能从中获取大量的有关重大突破性事件的信息。

向专家进行调查是采用开调查会的形式，将有关专家召集起来，向他们提出要预测的题目，让他们经过讨论作出判断。这种方法有一定的效果，但也存在一些严重的缺点，例如，与会者可能由于迷信权威而使自己的意见"随大流"，或是因不愿当面放弃自己的观点而固执己见。鉴于传统的专家调查会的这些缺点，兰德公司（Rand Corporation）发展了一种新的专家调查法，取名为德尔菲法。德尔菲是古希腊传说中的神谕之地，城中有座阿波罗神殿可以预卜未来，故借用其名。

为了提高德尔菲法的预测效果，一方面要慎重地挑选专家组的成员；另一方面要将征询的问题限制在以下几个方面：

① 对预测期间提出的各种课题的重要性进行评价；

② 对课题范围内各种事件发生的可能性和发生时间进行评价；

③ 对各种科学技术决策、技术装备、课题任务等之间的相互关系和相对重要性进行评价；

④ 对为了达到某个目标，需要采取的重大措施以及这些措施实施和完成的可能性和

必要性进行评价。

（2）头脑风暴法（Brain Storming，简称 BS 法）

关于群体对于个体"解决问题"的智力活动是否真的具有助长作用，或在什么条件下有助长作用，目前还是一个有争论和正在研究的课题。1957 年，英国的心理学家奥斯本（A. F. Osborn）在《应用的现象》一文中提出了"头脑风暴法"，即让主持人提出待解决的问题，鼓励群体成员尽量多地提出新颖创见，而不允许互相批评。由于每一个体受到其他人提出的意见的刺激和启发，激起发散性思维，结果在同样时间产生两倍于他独立思考时的意见数量。

据报道，这种方法在用于拟定可行方案的决策阶段时，可以获得大量的新颖的方案和设想。但另一些心理实验研究不支持这一假设。例如美国心理学家邓尼特（M. D. Dunnit）1963 年以科研人员与设计师为对象，分别让他们在独立思考和以四人为一组采用 BS 法的两种情境中，对两个问题提供解决的办法。结果发现，独立思考时提出的意见较群体思考提出的意见更多、更高明。研究者认为，在群体中采用 BS 法，个人常因注意别人发表意见或自己的表达机会受剥夺，使自己的思维受到干扰而中断，因而它无助于新思想的产生。

还有一些研究者根据他们的实验结果认为，在群体中应用 BS 法具有"预热效应"（Warm-up Effect），即大家交流想法的气氛与互相启发，会使个人对本来不大关注的问题或工作发生兴趣，并把群体的创造行为当做社会规范迫使自己去思考，从而对创造性思维起到准备作用。一般认为，在解决问题的初期使用 BS 法，而后再引导人们深入地独立思考，就会使社会助长作用发挥远期的效果。

从根本上说，群体参与决策的潜在效益能够发挥到什么程度，以及最终的效果如何，取决于主管人员的领导水平。作为群体的领导人，应具有创造一种鼓励每个成员作出充分贡献的环境的才能。一方面主管人员必须引导群体的讨论，这样才能得到质量最高、符合规定目标的决策；另一方面，主管人员必须承担起作出最后抉择并坚持实施的责任，而不应滥用表决的方式，把责任推给大家。

（3）名义群体法（Nominal Group Technique）

名义群体法是名义群体在决策制定过程中限制讨论，故称为名义群体法。像参加传统会议一样，群体成员必须出席，但他们是独立思考的。

名义群体法遵循以下步骤：

① 成员集合成一个群体，但在进行任何讨论之前每个成员须独立地写下他对问题的看法。

② 经过一段沉默后，每个成员将自己的想法提交给群体，然后一个接一个地向大家说明自己的想法，直到每个人的想法都表达完并记录下来为止（通常记在一张活动挂图或黑板上）。所有的想法都记录下来之前不进行讨论。

③ 群体开始讨论，以便把某个想法搞清楚，并作出评价。

④ 每一个群体成员独立地把各种想法排出次序，最后的决策是综合排序最高的想法。

这种方法的主要优点在于，使群体成员正式开会但不限制每个人的独立思考，而传统的会议方式往往做不到这一点。

（4）根回法（Nemawashi）

一件事情的决策需要相关人都认可了才能去做，日本人把这叫做 Nemawashi，翻译为"根回"，意思是园丁在移植树木时小心翼翼地将所有根须都包缠起来。

根回法的决策步骤如下：

① 一旦决策问题的内容确定后，就要从决策群体中选出一个或多个成员作为协调人。从其余的成员中挑出一部分参与到决策过程中来，并询问他们对决策问题的看法及结论。

② 协调人从这些方案中初步选出一批，咨询专家意见，制定评价标准，对所选出的方案进行评价。根据结果确定下一个初步方案。

③ 将初步方案写成非正式文件，在所有决策群体成员之间传阅，通过沟通、商议、说服，最终达成一致。为达成一致，协调人可能修改文件，甚至重新挑选其他方案。

④ 一旦达成一致意见或基本一致，协调人将最终方案及其细节内容写成正式文件，并给所有人传阅。首先给基层人员看，然后给更高层人员看。每个人看过文件后签字表示看过文件且支持文件中的方案，也可以签字表示反对。如果有足够多的人支持，这个方案就可以通过。

4. 群体决策支持系统的构造方法

Desanctis 和 Gallupe 于 1987 年提出了基于"三层分类法"的构造方法：第一层次，减少沟通障碍；第二层次，减少不确定性；第三层次，控制决策过程，如表 4-3 所示。

表 4-3　　　　基于"三层分类法"的群体决策支持系统的构造方法

	决策参与者的需求	技术手段
第一层次 减少沟通障碍	◆ 信息传递 ◆ 匿名发表意见 ◆ 投票 ◆ 观点分析 ◆ 议程安排 ◆ 协调时间	◆ 电子信息传递 ◆ 计算机网络 ◆ 大型公共显示屏幕 ◆ 电子公告板 ◆ 议程模板 ◆ 相应的软件
第二层次 减少不确定性	◆ 构造问题 ◆ 不确定性分析 ◆ 资源分配 ◆ 数据分析 ◆ 偏好分析 ◆ 问题探讨的组织和引导	◆ PERT 技术 ◆ 决策表 ◆ 决策树 ◆ 线性规划 ◆ 统计学工具 ◆ 主观概率的辅助估计
第三层次 控制决策过程	◆ 正规决策过程的执行 ◆ 选择更加清晰明确 ◆ 对信息进行组织和过滤以保证组织 　原则的实施 ◆ 协商过程的控制	◆ 自动化的决策软件 ◆ 自动对方法和步骤提出建议 ◆ 软件内含组织规则 ◆ 决策者通过相应的物理信号器控制

Kraemer 和 King 在 1998 年提出，应根据群体决策的不同情况，相应地用不同的技术手段来实现，具体有电子化会议室、远程会议室、群体网络、信息中心、合作研究室、决策中心等技术手段。

5. 群体决策支持系统的物理构建

没有计算机时，全世界就产生了很多解决方案，支持群体决策。第二次世界大战期间，丘吉尔内阁的战时指挥室就是一个群体决策的例子。房子中间有一个矩形桌子，战时的将军们就坐在这张桌子旁进行各种个人和群体的决策。最主要的支持技术就是墙上的各种地图，这些地图用钉子钉在特定的位置上表示前线和军队的部署情况，情报人员或勤务兵不断把最新的信息传递进来。

20 世纪 60 年代，一些新的媒体技术引入"指挥室"，如幻灯放映机、头顶式投影机，以及图形描述技术等，这些工具的使用使得决策制定的过程得到增强。

20 世纪 80 年代，个人计算机的发明导致决策支持技术有了突飞猛进的发展。美国紧急事务处理办公室安装了 EMISARI 系统，以支持群体决策。

美国亚利桑那州立大学、克莱蒙特研究生院、加利福尼亚州立大学等提供了内容广泛的群体决策技术支持，以适应各种不同的群体决策行为。

两个解决方案的物理层如图 4.10 和图 4.11 所示。

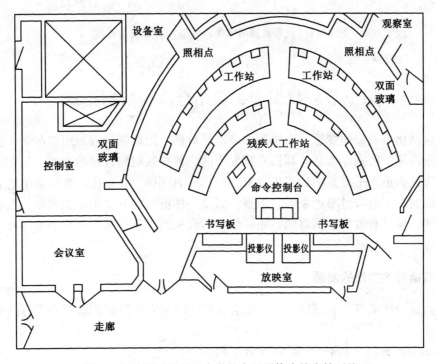

图 4.10　亚利桑那州立大学的大型群体决策支持系统

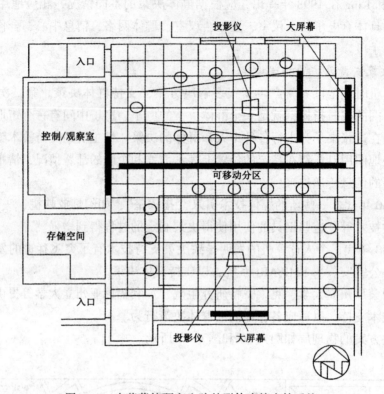

图 4.11　克莱蒙特研究生院的群体决策支持系统

第三节　数据库、数据仓库与数据挖掘

　　决策自动化是西蒙的梦想，而决策的基础是数据。把数据合理地组织起来，才能帮助管理者有效决策，数据库就是计算机专家发明的一种有效组织数据的方法。早期的数据库管理人员被认为是水平最高的计算机专家，但到了 20 世纪 90 年代，数据库中的数据连这些水平最高的专家也应付不过来了。于是，需要一种更好的方法来组织数据，数据仓库就是这种方法。仅仅有数据是不够的，还需要分析数据的工具，数据挖掘就是一种分析海量数据的好方法。

一、数据管理方法的发展

　　要把数据转化成有用的信息，就要用有效的方法来管理数据。数据管理方法经历了以下四个阶段：

　　1. 人工管理阶段（1946 年至 50 年代中期）

　　在计算机出现的早期，计算机主要用于科学计算，外存只有磁带、纸带、卡片，没有磁盘，没有操作系统，数据处理方式是批处理。数据与程序没有独立性，一组数据对应一个程序，如图 4.12 所示。

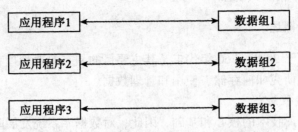

图 4.12 人工管理阶段数据与程序的对应关系

2. 文件管理阶段（20 世纪 50 年代后期至 60 年代末期）

随着计算机的商业化，计算机开始应用于管理，外存出现磁鼓和磁盘等直接存取设备，软件出现操作系统。此外，"文件系统"专门对大量数据进行管理。

程序与数据有一定的独立性，数据以文件的形式进行组织，但是数据文件之间仍然是相互独立的，依然有大量的数据冗余，如图 4.13 所示。

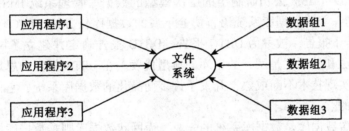

图 4.13 文件管理阶段数据与程序的对应关系

3. 数据库阶段（1970 年至 90 年代）

虽然在 1969 年 IBM 公司就研制出了基于层次模型的数据库管理系统，但 1970 年出现的关系型数据库才真正奠定了数据库的基础。在这个阶段，非数值数据的大量出现，使得数据处理更加复杂，而且需要知道它们与数值数据间的联系，这需要一个高度组织的数据管理系统。

复杂的、结构化的数据模型不仅描述数据本身，还描述它们之间的联系，允许交叉访问，使数据冗余减少。

网状模型、层次模型和关系模型是数据库组织数据的三种数据模型。

4. 数据仓库阶段（20 世纪 90 年代以后）

20 世纪 90 年代是计算机技术的大发展时期，这一阶段海量存储器技术突飞猛进，光盘、大容量磁盘、DVD 等新事物的出现为人们大量、快速存取数据创造了条件。

为了进行决策分析，不仅需要系统内部数据源，更需要外部数据源，尤其是网络的发展，使得这种需求更加强烈。

内部和外部数据的不一致性、输入错误、重复，经过多次"精炼"后使数据失真等问题使得人们不得不使用新的方法来组织数据。数据仓库技术就是要采用新的方法解决数据库时代产生的"蜘蛛网"问题。

二、数据库理论概述

数据库技术产生于 20 世纪 60 年代末,其主要目的是有效地管理和存取大量的数据资源,数据库技术主要研究如何存储、使用和管理数据。

1. 数据库技术发展简史

数据模型是数据库技术的核心和基础,因此,对数据库系统发展阶段的划分应该以数据模型的发展演变作为主要依据和标志。按照数据模型的发展演变过程,数据库技术从产生到现在短短的几十年中,主要经历的发展过程如下:第一代数据库系统:层次和网状数据库系统;第二代数据库系统:关系数据库系统;第三代数据库系统:面向对象的数据库系统。数据库技术与网络通信技术、人工智能技术、面向对象的程序设计技术、并行计算技术等相互渗透、有机结合,成为当代数据库技术发展的重要特征。

(1) 第一代数据库系统:层次和网状数据库系统

第一代数据库系统是 20 世纪 70 年代研制的层次和网状数据库系统。层次数据库系统的典型代表是 1969 年 IBM 公司研制出的层次模型的数据库管理系统 IMS。20 世纪 60 年代末至 70 年代初,美国数据库系统语言协会下属的数据库任务组 DBTG(Data Base Task Group)提出了若干报告,被称为 DBTG 报告。DBTG 报告确定并建立了网状数据库系统的许多概念、方法和技术,是网状数据库的典型代表。在 DBTG 报告的思想和方法的指引下数据库系统的实现技术不断成熟,开发了许多商品化的数据库系统,它们都是基于层次模型和网状模型的。

可以说,层次数据库是数据库系统的先驱,而网状数据库则是数据库概念、方法、技术的奠基者。

(2) 第二代数据库系统:关系数据库系统

第二代数据库系统是关系数据库系统。1970 年 IBM 公司的 San Jose 研究试验室的研究员 Edgar F. Codd 发表了题为《大型共享数据库数据的关系模型》的论文,提出了关系数据模型,开创了关系数据库方法和关系数据库理论,为关系数据库技术奠定了理论基础。Edgar F. Codd 于 1981 年被授予 ACM 图灵奖,以表彰他在关系数据库研究方面的杰出贡献。

20 世纪 70 年代是关系数据库理论研究和模型开发的时代,其中以 IBM 公司的 San Jose 研究试验室开发的 System R 和 Berkeley 大学研制的 Ingres 为典型代表。大量的理论成果和实践经验终于使关系数据库从实验室走向了社会,因此,人们把 20 世纪 70 年代称为数据库时代。20 世纪 80 年代几乎所有新开发的系统均是关系数据库系统,其中涌现出了许多性能优良的商品化关系数据库管理系统,如 DB2、Ingres、Oracle、Informix、Sybase等。这些商用数据库系统的应用使数据库技术日益广泛地应用到企业管理、情报检索、辅助决策等方面,成为实现和优化信息系统的基本技术。

(3) 第三代数据库系统:面向对象的数据库系统

从 20 世纪 80 年代以来,数据库技术在商业上的巨大成功刺激了其他领域对数据库技术需求的迅速增长。这些新的领域为数据库的应用开辟了新的天地,并在应用中提出了一些新的数据管理的需求，推动了数据库技术的研究与发展。

1990 年高级 DBMS 功能委员会发表了《第三代数据库系统宣言》，提出了第三代数据库管理系统应具有以下三个基本特征：

① 必须支持数据管理、对象管理和知识管理。

② 必须保持或继承第二代数据库系统的技术。

③ 必须对其他系统开放。

面向对象的数据库系统中的数据模型由于吸收了已经成熟的面向对象的程序设计方法学的核心概念和基本思想，使得它符合人类认识世界的一般方法，更适合描述现实世界。

2. 关系数据模型

网状数据库和层次数据库已经很好地解决了数据的集中和共享问题，但是在数据的独立性和抽象级别上仍有很大欠缺。用户在对这两种数据库进行存取时，仍然需要明确数据的存储结构，指出存取路径。而后来出现的关系数据库较好地解决了这些问题。关系数据库理论出现于 20 世纪 60 年代末至 70 年代初。关系数据模型有严格的数学基础，抽象级别比较高，而且简单清晰，便于理解和使用。但是当时也有人认为关系数据模型是理想化的数据模型，用来实现 DBMS 是不现实的，尤其担心关系数据库的性能难以接受，更有人视其为当时正在进行中的网状数据库规范化工作的严重威胁。为了促进对问题的理解，1974 年美国计算机协会（Association for Computing Machinery，ACM）牵头组织了一次研讨会，会上开展了一场分别以 Codd 和 Bachman 为首的支持和反对关系数据库的两派之间的辩论。这次著名的辩论推动了关系数据库的发展，使其最终成为现代数据库产品的主流。

关系数据模型是以集合论中的关系概念为基础发展起来的。关系数据模型中无论是实体还是实体间的联系均由单一的结构类型——关系来表示。在实际的关系数据库中的关系也称为表。一个关系数据库就是由若干个表组成的。

关系数据模型是对关系的描述。关系实际上就是关系数据模型在某一时刻的状态或内容，也就是说，关系数据模型是形，关系是它的值。关系数据模型是静态的、稳定的，而关系是动态的，它随时间不断变化，因为关系操作在不断地更新着数据库中的数据。但在实际中，常常把关系数据模型和关系统称为关系，读者可以从上下文中加以区别。关系数据模型可以形式化地表示如下：

$R(U, D, \mathrm{dom}, F)$

其中，R 是关系名，U 是组成该关系的属性名集合，D 是属性名集合 U 中属性所来自的域，dom 是属性向域的映象集合，F 是属性间的数据依赖关系集合。

例如：导师和研究生出自同一个域：人，取不同的属性名，并在模型中定义属性向域的映象，即说明它们分别出自哪个域：

dom（SUPERVISOR-PERSON）= dom（POSTGRADUATE-PERSON）= PERSON

关系数据模型通常可以简记为：

$R(U)$ 或 $R(A_1, A_2, \cdots, A_n)$

其中，R 是关系名，$A_1, A_2, \cdots, A_n$ 是属性名。

域名及属性向域的映象常常代表属性的类型、长度。

　　关系数据库系统是支持关系数据模型的数据库系统。关系数据模型所具有的特点是：概念单一、规范化、以二维表格表示。

　　关系数据模型的组成如下：

　　（1）关系数据结构

　　单一的数据结构——关系。现实世界的实体以及实体间的各种联系均用关系来表示的，从用户角度看，关系数据模型中数据的逻辑结构是一张二维表。

　　（2）关系操作集合

　　常用的关系操作包括查询操作和插入、删除、修改操作两大部分。其中查询操作的表达能力最重要，包括：选择、投影、连接、除、并、交、差等。

　　关系数据模型中的关系操作能力早期通常是用代数方法或逻辑方法来表示的，分别称为关系代数和关系演算。关系代数用对关系的代数运算来表达查询要求；关系演算用谓词来表达查询要求。另外还有一种介于关系代数和关系演算之间的语言称为结构化查询语言，简称 SQL。

　　（3）关系的三类完整性规则

　　这三类完整性规则包括：实体完整性、参照完整性和用户定义的完整性规则。

　　实体完整性（Entity Integrity）规则：若属性 A 是基本关系 R 的主属性，则属性 A 不能取空值。例如：在课程表（课程号，课程名，教师，周课时数，备注）中，"课程号"属性为主键，则"课程号"不能取相同的值，也不能取空值。

　　参照完整性规则：若属性（或属性组）F 是基本关系 R 的外键，它与基本关系 S 的主键 K_s 相对应（关系 R 和 S 不一定是不同的关系），则对于关系 R 中每个元组在关系 F 上的值必须为：或者取空值（F 中的每个属性值均为空）；或者等于 S 中某个元组的主键值。

　　实体完整性和参照完整性规则是关系数据模型中必须满足的完整性约束条件，只要是关系数据库系统就应该符合实体完整性和参照完整性规则。除此之外，不同的关系数据库系统根据其应用环境的不同，往往还需要一些特殊的约束条件，用户定义的完整性规则就是对某些具体的关系数据库的约束条件。例如：选课表（课程号、学号、成绩），在定义关系选课表时，我们可以对成绩这个属性定义必须大于等于 0 的约束。

　　3. 面向对象的数据库

　　面向对象是一种认识方法学，也是一种新的程序设计方法学。把面向对象的方法和数据库技术结合起来可以使数据库系统的分析、设计最大限度地与人们对客观世界的认识相一致。面向对象的数据库系统是为了满足新的数据库的应用需要而产生的新一代数据库系统。

　　在数据库中提供面向对象的技术是为了满足特定应用的需要。随着许多基本设计应用（如 MACD 和 ECAD）中的数据库向面向对象的数据库的过渡，面向对象的思想也逐渐延伸到其他涉及复杂数据的应用中，其中包括辅助软件工程（CASE）、计算机辅助印刷（CAP）和材料需求计划（MRP）。这些应用如同设计应用一样在程序设计和数据类型方面都是数据密集型的，它们需要识别不同类型的关系的存储技术，并能对数据备份进行调整。

还有许多应用要求多媒体数据库。它们要求以集成方式和文本或图形信息一起处理关系数据，这些应用包括高级办公室系统的其他文档管理系统。

人工智能（AI）应用的需要，如专家系统，也推动了面向对象的数据库的发展。专家系统常需要处理各种（通常是复杂的）数据类型。与关系数据库不同，面向对象的数据库不因数据类型的增加而降低处理效率。

由于这些应用需求，20 世纪 80 年代已开始出现一些面向对象的数据库和许多正在研究的面向对象的数据库。多数这样的面向对象的数据库被用于基本设计的学科和工程应用领域。

早期的面向对象的数据库由于一些特性限制了在一般商业领域里的应用。首先同许多别的商业事务相比，面向对象的数据库假定用户只执行有限的扩充事务；其次，商业用户要求易于使用的查询手段，如结构化查询语言（SQL）所提供的手段。而开发商用于商业领域的数据库定义和操作语言未获成功，使得它们对规模较大的应用完全无法适应。

面向对象的数据库的新产品都在试图改变这些状况，使得面向对象的数据库的开发从实验室走向市场。

面向对象的数据库从面向程序设计语言的扩充着手使之成为基于面向程序设计语言的面向对象的数据库。例如：ONTOS、ORION 等，它们均是 C++的扩充，熟悉 C++的人均能很方便地掌握并使用这类系统。

面向对象的数据库的研究的另一个进展是在现有关系数据库中加入了许多纯面向对象的数据库的功能。在商业应用中对关系数据模型的面向对象的扩展着重于性能优化，处理各种环境对象的物理表示的优化和增加 SQL 模型以赋予面向对象的特征。如 UNISQL、O2 等，它们均具有关系数据库的基本功能，采用类似于 SQL 的语言，用户很容易掌握。

4. DBMS（数据库管理系统）

数据库管理系统（Data Base Management System，DBMS）是一种操纵和管理数据库的大型软件，用于建立、使用和维护数据库。它对数据库进行统一的管理和控制，以保证数据库的安全性和完整性。用户通过 DBMS 访问数据库中的数据，数据库管理员也通过 DBMS 进行数据库的维护工作。它提供多种功能，可使多个应用程序和用户用不同的方法在同时刻或不同时刻建立、修改和询问数据库。它使用户能方便地定义和操纵数据，维护数据的安全性和完整性，以及进行多用户下的并发控制和恢复数据库。

（1）数据库管理系统的功能

数据库管理系统提供以下功能：

① 数据定义功能。DBMS 提供相应数据语言来定义数据库结构，它们刻画数据库框架，并被保存在数据字典中。

② 数据存取功能。DBMS 提供数据操纵语言，实现对数据库数据的基本存取操作：检索、插入、修改和删除。

③ 数据库运行管理功能。DBMS 提供数据控制功能，即通过数据的安全性、完整性和并发控制等对数据库运行进行有效的控制和管理，以确保数据正确有效。

④ 数据库的建立和维护功能。包括数据库初始数据的装入，数据库的转储、恢复、重组织，系统性能监视、分析等功能。

⑤ 数据库的传输。DBMS 提供数据传输功能，实现用户程序与 DBMS 之间的通信，通常与操作系统协调完成。

（2）数据库管理系统的层次结构

根据处理对象的不同，数据库管理系统的层次结构由高级到低级依次为应用层、语言翻译处理层、数据存取层、数据存储层、操作系统。

① 应用层。应用层是 DBMS 与终端用户和应用程序的界面层，处理的对象是各种各样的数据库应用问题。

② 语言翻译处理层。语言翻译处理层是对数据库语言的各类语句进行语法分析、视图转换、授权检查、完整性检查等。

③ 数据存取层。数据存取层处理的对象是单个元组，它将上层的集合操作转换为单记录操作。

④ 数据存储层。数据存储层处理的对象是数据页和系统缓冲区。

⑤ 操作系统。操作系统是 DBMS 的基础。操作系统提供的存取原语和基本的存取方法通常作为与 DBMS 存储层的接口。

（3）常见的数据库管理系统

目前有许多数据库产品，如 Oracle、Sybase、Informix、Microsoft SQL Server、Microsoft Access、Visual FoxPro 等产品各以自己特有的功能，在数据库市场上占有一席之地。下面简要介绍几种常用的数据库管理系统。

① Oracle。Oracle 是一个最早商品化的关系型数据库管理系统，也是应用广泛、功能强大的数据库管理系统。Oracle 作为一个通用的数据库管理系统，不仅具有完整的数据管理功能，还是一个分布式数据库系统，支持各种分布式功能，特别是支持 Internet 应用。作为一个应用开发环境，Oracle 提供了一套界面友好、功能齐全的数据库开发工具。Oracle 使用 PL/SQL 语言执行各种操作，具有可开放性、可移植性、可伸缩性等功能。特别是在 Oracle 8i 中，支持面向对象的功能，如支持类、方法、属性等，使得 Oracle 产品成为一种对象/关系数据库管理系统。

② Microsoft SQL Server。Microsoft SQL Server 是一种典型的关系数据库管理系统，可以在许多操作系统上运行，它使用 Transact-SQL 语言完成数据操作。由于 Microsoft SQL Server 是开放式的系统，其他系统可以与它进行完好的交互操作。它具有可靠性、可伸缩性、可用性、可管理性等特点，为用户提供完整的数据库解决方案。

③ Microsoft Access。作为 Microsoft Office 组件之一的 Microsoft Access 是在 Windows 环境下非常流行的桌面数据库管理系统。使用 Microsoft Access 无需编写任何代码，只需通过直观的可视化操作就可以完成大部分数据管理任务。在 Microsoft Access 数据库中，包括许多组成数据库的基本要素。这些要素是存储信息的表、显示人机交互界面的窗体、作为信息输出载体的报表、提高应用效率的宏、功能强大的模块工具等。它不仅可以与其他数据库相连，实现数据交换和共享，还可以与 Word、Excel 等办公软件进行数据交换和共享，并且通过对象链接与嵌入技术在数据库中嵌入和链接声音、图像等多媒体数据。

三、自然演化体系结构及其问题

自然演化体系结构又称蜘蛛网结构，是指由失控的抽取过程产生的结果。决策者为了进行决策分析，而对原始数据库中的数据进行提炼、分析和处理，由此产生了新的数据，这些数据不断积累又形成了新的数据库，就像蜘蛛织网一样。当一个企业的组织结构越来越庞大时，这种失控的抽取将使问题变得非常严重。图 4.14 表现了这种蜘蛛网结构。

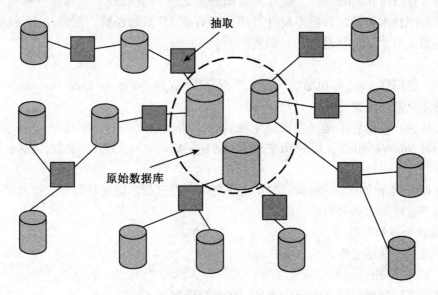

图 4.14　自然演化体系结构（或称蜘蛛网结构）

蜘蛛网结构所导致的问题主要在于以下三个方面：

1. 数据缺乏可信性

① 数据在时间上的差异。

② 数据在算法上的差异。

③ 抽取的多层次。

④ 外部数据问题。

⑤ 无起始公共数据源。

2. 系统的办事效率低下

① 数据定位困难。

② 数据编辑困难。

③ 数据分析困难。

3. 数据转化为信息的不可行性

① 数据分析困难，数据没有集成化。

② 缺乏将数据转化为信息所需的历史数据。

经过杂乱无章的抽取后，要得知数据的原始面貌成为一件非常困难的事情。抽取程序很多，并且每个都是定制的，这就不得不克服很多技术上的障碍。而且，在经过了为时数月乃至数年的苦苦求索后仍然不一定能得到结果。

由于原有系统缺乏集成性，在过去的时间里出于不同原因而建立的数据库及应用程序，在时间上是完全不同的，从而使得基于所有数据的分析得到新的信息不可行。

正是这些问题的存在，数据库专家们开始构思设计新型的数据库模型。

四、数据仓库的基本概念

比尔·恩门（Bill Inmon），被称为数据仓库之父，他是最早的数据仓库概念的提出者，在数据库技术管理与数据库设计方面，拥有逾 35 年的经验。他是"企业信息工厂"的合作创始人与"政府信息工厂"的创始人。

1. 定义

比尔·恩门在 1991 年出版的《建立数据仓库》（*Building the Data Warehouse*）一书中所提出的定义被广泛接受。

恩门认为，数据仓库是一个面向主题的（Subject Oriented）、集成的（Integrate）、不可修改的（Non-Volatile）、反映历史变化（Time Variant）的数据集合，用于支持管理决策。

与其他数据库应用不同的是，数据仓库更像一种过程，即对分布在企业内部各处的业务数据的整合、加工和分析的过程。

2. 数据仓库的特性

根据定义，数据仓库具有以下特性：

（1）面向主题

典型的主题领域包括：客户、产品、交易、账目等。

（2）集成的

当数据进入数据仓库时，要采用某种方法来消除应用中的许多不一致性，将不同格式、类型的数据集成到一起。

（3）非易失的

数据仓库的数据通常是一起载入和访问的，但并不进行一般意义上的数据更新。

（4）随时间的变化性

数据仓库中的时间期限要远远长于操作型系统中的时间期限（5~10 年）；数据仓库中的数据是一系列某一时刻生成的复杂的快照；数据仓库的键码结构总是包含某时间元素。

3. 数据仓库的组成

数据仓库由以下五个方面的内容组成。

（1）数据仓库的数据库

数据仓库的数据库是整个数据仓库的核心，是数据存放的地方并提供对数据检索的支持。相对于操纵型数据库来说其突出的特点是对海量数据的支持和快速的检索技术。

（2）数据抽取工具

数据抽取工具把数据从各种各样的存储方式中拿出来，进行必要的转化、整理，再存放到数据仓库内。对各种不同的数据存储方式的访问能力是数据抽取工具的关键，应能生成 COBOL 程序、MVS 作业控制语言（JCL）、UNIX 脚本和 SQL 语句等，以访问不同的数据。数据转换包括：删除对决策应用没有意义的数据段；转换到统一的数据名称和定义；计算统计和衍生数据；给缺值数据赋予缺省值；把不同的数据定义方式统一。

（3）元数据

元数据是描述数据仓库内数据的结构和建立方法的数据。可将其按用途的不同分为两类，技术元数据和商业元数据。

技术元数据是数据仓库的设计和管理人员用于开发和日常管理数据仓库所用的数据。包括：数据源信息；数据转换的描述；数据仓库内对象和数据结构的定义；数据清理和数据更新时用的规则；源数据到目的数据的映射；用户访问权限，数据备份历史记录，数据导入历史记录，信息发布历史记录等。

商业元数据从商业业务的角度描述了数据仓库中的数据。包括：业务主题的描述，包含的数据、查询、报表。

元数据为访问数据仓库提供了一个信息目录（information directory），这个目录全面描述了数据仓库中有什么数据，这些数据是怎么得到的和怎么访问这些数据，是数据仓库运行和维护的中心，数据仓库服务器利用它来存储和更新数据，用户通过它来了解和访问数据。

（4）访问工具

为用户访问数据仓库提供手段。有数据查询和报表工具；应用开发工具；经理信息系统（EIS）工具；联机分析处理（OLAP）工具；数据挖掘工具。

（5）数据集市（Data Marts）

为了特定的应用目的或应用范围，而从数据仓库中独立出来的一部分数据，也可称为部门数据或主题数据（subject area）。在数据仓库的实施过程中往往可以从一个部门的数据集市着手，然后再用几个数据集市组成一个完整的数据仓库。需要注意的是在实施不同的数据集市时，同一含义的字段定义一定要相容，这样在以后实施数据仓库时才不会造成大的麻烦。

4. 数据仓库的建立步骤

数据仓库的建立一般包括以下步骤：

① 收集和分析业务需求；

② 建立数据模型和进行数据仓库的物理设计；

③ 定义数据源；

④ 选择数据仓库技术和平台；

⑤ 从操作型数据库中抽取、净化并转换数据到数据仓库；

⑥ 选择访问和报表工具；

⑦ 选择数据库连接软件；

⑧ 选择数据分析和数据展示软件；

⑨ 更新数据仓库。

图 4.15 显示了从数据库转换成数据仓库的过程。

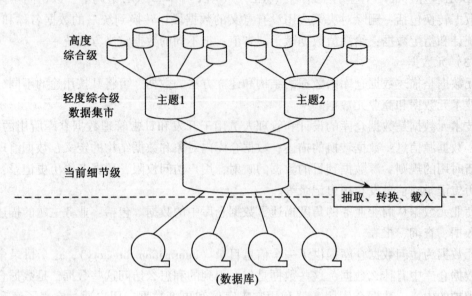

图 4.15　数据仓库形成过程的结构图

5. 数据仓库设计中的几个重要概念

（1）ETL

ETL（Extract/Transformation/Load）——用户从数据源抽取出所需的数据，经过数据清洗、转换，最终按照预先定义好的数据仓库模型，将数据加载到数据仓库中去。具体包括以下内容：

① 去掉操作型数据库中不需要的数据。

② 统一转换数据的名称和定义。

③ 计算汇总数据和派生数据。

④ 估计遗失数据的缺省值。

⑤ 调节数据源定义的变化。

（2）粒度

数据仓库的数据单位中保存着数据的细化或综合程度的级别。细化程度越高，粒度级就越小；相反，细化程度越低，粒度级就越大。

（3）数据分割

结构相同的数据单元被分成多个数据物理单元，任何给定的数据仅属于一个单元。

（4）数据集市

数据集市是小型的、面向部门或工作组级的数据仓库。

（5）元数据

元数据是关于数据的数据，指在数据仓库的建设过程中所产生的有关数据源定义、目标定义、转换规则等相关的关键数据。同时元数据还包含关于数据含义的商业信息。

典型的元数据包括以下内容：

① 数据仓库表的结构。

② 数据仓库表的属性。

③ 数据仓库的数据源（记录系统）。

④ 从记录系统到数据仓库的映射。

⑤ 数据模型的规格说明。

⑥ 抽取日志。

五、数据挖掘

1995 年，在加拿大的蒙特利尔召开了第一届"知识发现和数据挖掘"国际学术会议，数据挖掘一词很快就流传开来。

1. 定义

数据挖掘（Data Mining，DM），就是从大量的、不完全的、有噪声的、模糊的、随机的数据中，提取隐含在其中的、人们事先不知道的、但又是潜在有用的信息和知识的过程。

数据挖掘的对象通常是数据库和数据仓库，其目的是通过对数据的统计、分析、综合、归纳和推理，揭示事件间的相互关系，预测未来的发展趋势，起到辅助求解实际工作问题、支持决策的作用。

人们把数据看作是形成知识的源泉，好像从矿石中采矿或淘金一样。原始数据可以是结构化的，如关系数据库中的数据；也可以是半结构化的，如文本、图形和图像数据；甚至是分布在网络上的异构型数据。发现知识的方法可以是数学的，也可以是非数学的；可以是演绎的，也可以是归纳的。发现的知识可以被用于信息管理，查询优化，决策支持和过程控制等，还可以用于数据自身的维护。因此，数据挖掘是一门交叉学科，它把人们对数据的应用从低层次的简单查询，提升到从数据中挖掘知识，提供决策支持。在这种需求的牵引下，汇聚了不同领域的研究者，尤其是数据库技术、人工智能技术、数理统计、可视化技术、并行计算等方面的学者和工程技术人员，投身到数据挖掘这一新兴的研究领域，形成了新的技术热点。

数据挖掘是一种深层次的数据分析方法。数据分析本身已经有很多年的历史，过去数据收集和分析的目的是用于科学研究，由于当时计算能力的限制，对大量数据进行分析的复杂的数据分析方法受到很大限制。现在，由于各行业自动化的实现，商业领域产生了大量的业务数据，这些数据都是计算机系统自动生成的。分析这些数据也不再是单纯为了研究的需要，更主要地是为商业决策提供真正有价值的信息，进而获得利润。但所有企业面临的一个共同问题是：企业数据量非常大，而其中真正有价值的信息却很少，因此必须从大量的数据中经过深层分析，获得有利于商业运作、提高竞争力的信息，就像从矿石中淘金一样，数据挖掘也因此而得名。

2. 数据挖掘的功能

数据挖掘通过预测未来趋势及行为，作出基于知识的决策。数据挖掘的目标是从数据库中发现隐含的、有意义的知识，其主要有以下五类功能：

（1）自动预测趋势和行为

数据挖掘自动在大型数据库中寻找预测性信息，以往需要进行大量手工分析的问题如今可以迅速直接地由数据本身得出结论。一个典型的例子是市场预测问题，数据挖掘使用过去有关促销的数据来寻找未来投资中回报最大的用户，其他可预测的问题包括预报破产以及认定对指定事件最可能作出反应的群体。

（2）关联分析

数据关联是数据库中存在的一类重要的可被发现的知识。若两个或多个变量的取值之间存在某种规律性，就称为关联。关联可分为简单关联、时序关联、因果关联。关联分析的目的是找出数据库中隐藏的关联网。有时并不知道数据库中数据的关联函数，即使知道也是不确定的，因此关联分析生成的规则具有可信度。

（3）聚类

数据库中的记录可被划分为一系列有意义的子集，即聚类。聚类增强了人们对客观现实的认识，是概念描述和偏差分析的先决条件。聚类技术主要包括传统的模式识别方法和数学分类学。20世纪80年代初，Michal Ski提出了聚类技术的概念，其要点是：在划分对象时不仅考虑对象之间的距离，还要求划分出的类具有某种内涵描述，从而避免了传统技术的某些片面性。

（4）概念描述

概念描述就是对某类对象的内涵进行描述，并概括这类对象的有关特征。概念描述分为特征性描述和区别性描述，前者描述某类对象的共同特征，后者描述不同类对象之间的区别。生成一个类的特征性描述只涉及该类对象中所有对象的共性。生成区别性描述的方法很多，如决策树方法、遗传算法等。

（5）偏差检测

数据库中的数据常有一些异常记录，从数据库中检测这些偏差很有意义。偏差包括很多潜在的知识，如分类中的反常实例、不满足规则的特例、观测结果与模型预测值的偏差、量值随时间的变化等。偏差检测的基本方法是，寻找观测结果与参照值之间有意义的差别。

3. 数据挖掘过程

数据挖掘过程的基本流程如下：

（1）确定业务对象

清晰地定义出业务问题，认清数据挖掘的目的是数据挖掘的重要一步，挖掘的最后结果是不可预测的，但要探索的问题应是可预见的，为了数据挖掘而挖掘则带有盲目性，是不会成功的。

（2）数据准备

数据准备又包括以下三个方面的内容。

① 数据的选择。搜索所有与业务对象有关的内部和外部数据信息，并从中选择出适

用于数据挖掘的数据。

②数据的预处理。研究数据的质量，为进一步地分析做准备，并确定将要进行的数据挖掘操作的类型。

③数据的转换。将数据转换成一个分析模型，这个分析模型是针对数据挖掘算法建立的，建立一个真正适合数据挖掘算法的分析模型是数据挖掘成功的关键。

（3）数据挖掘

对所得到的经过转换的数据进行挖掘，除了选择合适的数据挖掘算法外，其余一切工作都能自动地完成。

（4）结果分析

解释并评估结果，其使用的分析方法一般应视数据挖掘操作而定，通常会用到可视化技术。

（5）知识的同化

将分析所得到的知识集成到业务信息系统的组织结构中去。

4. 数据挖掘与联机分析处理

联机分析处理（On-Line Analytical Processing，OLAP）的概念最早是由关系数据库之父爱德华·库德博士于1993年提出的，是一种用于组织大型商务数据库和支持商务智能的技术。OLAP数据库分为一个或多个多维数据集，每个多维数据集都由多维数据集管理员组织和设计以适应用户检索和分析数据的方式，从而更易于创建和使用所需的数据透视表和数据透视图。

当今的数据处理大致可以分成两大类：联机事务处理OLTP、联机分析处理OLAP。OLTP是传统的关系型数据库的主要应用，主要是基本的、日常的事务处理，例如银行交易。OLAP是数据仓库系统的主要应用，支持复杂的分析操作，侧重决策支持，并且提供直观易懂的查询结果。

数据挖掘和OLAP是完全不同的工具，基于的技术也大相径庭。

OLAP是决策支持领域的一部分。传统的查询和报表工具是告诉我们数据库中有什么（what happened），OLAP则更进一步告诉我们下一步会怎么样（what next）和如果我们采取这样的措施又会怎么样（what if）。用户首先建立一个假设，然后用OLAP检索数据库来验证这个假设是否正确。比如，一个分析师想找到是什么原因导致了贷款拖欠，他可能先做一个初始的假定，认为低收入的人信用度也低，然后用OLAP来验证他的这个假设。如果这个假设没有被证实，他可能去察看那些高负债的账户，如果还不行，他也许要把收入和负债一起考虑，一直进行下去，直到找到他想要的结果或放弃。

也就是说，OLAP分析是建立一系列的假设，然后通过OLAP证实或推翻这些假设来最终得到自己的结论。OLAP分析过程在本质上是一个演绎推理的过程。但是如果分析的变量达到几十或上百个，那么再用OLAP手动分析验证这些假设将是一件非常困难和痛苦的事情。

数据挖掘与OLAP不同的地方是，数据挖掘不是用于验证某个假定的模式（模型）

的正确性，而是在数据库中自己寻找模型。它在本质上是一个归纳的过程。比如，一个使用数据挖掘工具的分析师想找到引起贷款拖欠的风险因素。数据挖掘工具可能帮他找到高负债和低收入是引起这个问题的因素，甚至还可能发现一些分析师从来没有想过或试过的其他因素，比如年龄。

数据挖掘和 OLAP 具有一定的互补性。在利用数据挖掘出来的结论采取行动之前，我们也许要验证一下如果采取这样的行动会给公司带来什么样的影响，OLAP 工具能回答我们的这些问题。

而且在知识发现的早期阶段，OLAP 工具还有其他一些用途。可以帮我们探索数据，找到哪些是对一个问题比较重要的变量，发现异常数据和互相影响的变量。这都能帮我们更好地理解自己的数据，加快知识发现的过程。

5. 数据挖掘技术的应用

数据挖掘技术最早产生于工程与科学研究领域，成名于商业领域。目前，在很多领域，数据挖掘技术都是一个很时髦的词，尤其是在银行、电信、保险、交通、零售（如超市）等商业领域。

（1）工程与科学研究

数据挖掘技术可应用于工程与科学数据分析。随着先进的科学数据收集技术的使用，如观测卫星、遥感器、DNA 分子技术等，面对庞大的数据，传统的数据分析工具无能为力。数据挖掘技术以其强大的智能性和自动性，在工程与科学研究中得到了广泛应用。数据挖掘技术在天文学和生物学中都有成功的案例，如在天文学中，Jet Propulsion 实验室利用决策树方法对上百万个天体进行分类（效果比人工快而准确），结果帮助人们发现了 10 个新的类星体。

（2）制造业

制造业应用数据挖掘技术进行零部件故障诊断、资源优化、生产过程分析等。如 HP 公司基于约 200 个参数建立了一个自动数据收集系统，产生了人工难以处理的大量数据。该公司的工程技术人员使用 Angoss 软件的数据挖掘功能来进行 HP Ⅱ c 彩色扫描仪的生产过程分析，发现了设计缺陷，从而改进了相关制造技术。

（3）金融

数据挖掘在金融领域应用广泛，主要有：金融市场的分析和预测、账户分类、银行担保和信用评估等。这些金融业务都需要收集和处理大量的数据，很难通过人工或使用一两个小型软件进行分析预测。而数据挖掘可以通过对已有数据的处理，找到数据对象的特征和对象之间的关系，然后利用学习到的模式进行合理的分析和预测。

（4）市场营销

在市场营销领域的应用是利用数据挖掘技术进行市场定位和消费者分析，辅助制定市场策略。由于管理信息系统和 POS 系统在商业中的广泛普及，人们很容易得到顾客购买情况的数据。利用数据挖掘技术，通过对顾客历史数据的分析，可以得到关于顾客购买趋向和兴趣的信息，从而为商业决策提供依据。

（5）司法

数据挖掘技术可以用于案件调查、诈骗监测、洗钱认证、犯罪组织分析等，给司法工作带来了巨大收获。如美国财政部使用 Net Map 开发了 FAIS 系统，并利用这个系统对金融事务进行监测，识别洗钱、诈骗。

（6）医药

制药公司通过挖掘巨大的化学物质和基因对疾病的影响的数据库来判断哪些物质可能对治疗某种疾病产生效果。

六、数据可视化

分析大量、复杂和多维的数据是一项非常复杂的工作，真正的决策还是要靠人的大脑来判断，因此需要提供像人眼一样的直觉的、交互的和反应灵敏的可视化环境。

现代的数据可视化（Data Visualization）技术指的是运用计算机图形学和图像处理技术，将数据转换为图形或图像在屏幕上显示出来，并进行交互处理的理论、方法和技术。它涉及计算机图形学、图像处理、计算机辅助设计、计算机视觉及人机交互技术等多个领域。数据可视化概念首先来自科学计算可视化（Visualization in Scientific Computing），科学家们不仅需要通过图形和图像来分析由计算机算出的数据，而且还需要了解在计算过程中数据的变化。

随着计算机技术的发展，数据可视化概念已大大扩展，它不仅包括科学计算数据的可视化，而且包括工程数据和测量数据的可视化。学术界常把这种空间数据的可视化称为体视化（Volume Visualization）技术。近年来，网络技术和电子商务的发展，提出了信息可视化（Information Visualization）的要求。我们可以通过数据可视化技术，发现大量金融、通信和商业数据中隐含的规律，从而为决策提供依据。这已成为数据可视化技术中新的热点。

数据可视化技术主要有以下三个方面的特点：

（1）交互性

用户可以方便地以交互的方式管理和开发数据。

（2）多维性

对象或事件的数据的多个属性或变量，按其每一维的值，将其分类、排序、组合和显示。

（3）可视性

用图像、曲线和动画来显示，并可对其模式和相互关系进行可视化分析。

医学数据的可视化，已成为数据可视化领域中最为活跃的研究领域之一。由于近代非侵入诊断技术如 CT（计算机体层成像，或计算机断层扫描）、MRI（核磁共振成像）和 PET（正电子放射断层扫描）的发展，医生已经可以轻易地获得病人有关部位的一组二维断层图像。

美国加州的 ADAC 实验室、约翰·霍普金斯大学、焦点图形公司、集成医学图像处理系统公司以及德国柏林大学等，都已经采用可视化软件系统，用获得的二维断层图像重构有关器官和组织的三维图像。它们开发出的软件已在许多医院得到应用。另外，美国华盛顿大学利用可视化软件系统和心脏超声诊断技术，可以获得心脏的三维图像，并用于监控心脏的形状、大小和运动，为综合诊断提供依据。

　　图 4.16 是美国 ADAC 实验室给出的大脑多种模态的融合图像。

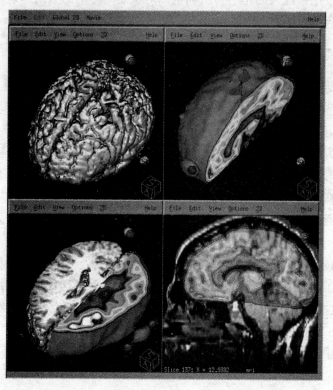

图 4.16　美国 ADAC 实验室给出的大脑多种模态的融合图像

　　我国科学计算可视化技术的研究开始于 20 世纪 90 年代初。由于数据可视化所处理的数据量十分庞大，生成图像的算法又比较复杂，过去常常需要使用巨型计算机和高档图形工作站等。因此，数据可视化开始都在国家级研究中心、高水平的大学、大公司的研究开发中心进行研究和应用。近年来，随着 PC 功能的提高、各种图形显卡以及可视化软件的发展，可视化技术已扩展到科学研究、工程、军事、医学、经济等各个领域。至今，我国不论在算法方面，还是在油气勘探、气象、计算力学、医学等领域的应用方面，都已取得了一大批可喜的成果。但从总体上来说，与国外先进水平还有相当的差距，特别是在商业软件方面，还是空白。

　　图 4.17 是美国国家海洋和大气局预报的北克拉罗多的天气数据的三维图像，图 4.18 是美国航空航天局阿姆斯研究中心的虚拟风洞图像。

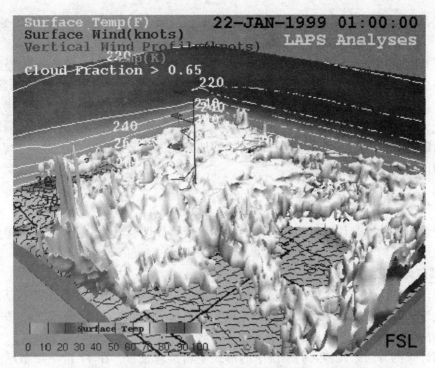

图 4.17 美国国家海洋和大气局预报的北克拉罗多的天气数据的三维图像

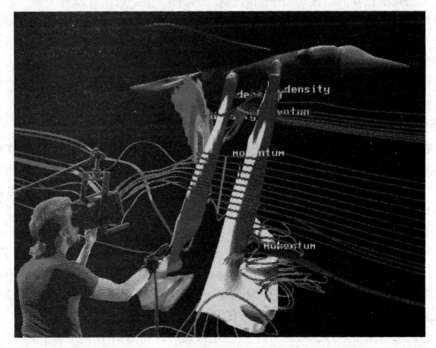

图 4.18 美国航空航天局阿姆斯研究中心的虚拟风洞图像

第四节 人 工 智 能

人工智能是一个多少显得有些科幻色彩的领域，实际上图灵在 1950 年就提出了"机器思维"的概念。1956 年，约翰·麦卡锡就正式提出了人工智能的概念。人工智能确实是一个发展比较缓慢的领域，因为首先人们要搞清楚人类自己的大脑是如何思考的，在此基础之上，才能让计算机模仿人类的智能。为了实现这个梦想，西蒙由最开始研究计算机转为最后研究心理学，他的学生费根鲍姆成功地开发出专家系统，首次使人工智能从理论研究走向商业应用。

一、人工智能的起源与发展

数理逻辑被认为是计算机能够思考的基本原理，数理逻辑的思想最早可以追溯到亚里士多德的形式逻辑学。人工智能的起源与发展经历了以下四个时期。

1. 思想起源时期

亚里士多德认为分析学或逻辑学是一切科学的工具。他是形式逻辑学的奠基人，他力图把思维形式和存在联系起来，并按照客观实际来阐明逻辑的范畴。他称为三段论的演绎推理，迈出了向人工智能发展的早期步伐。

利用计算的方法来代替人们思维中的形式逻辑推理过程，在 17 世纪莱布尼茨就提出了这种想法。他设想创造一种"通用的科学语言"，将推理过程像数学一样利用公式来进行计算，从而得出正确的结论。由于当时的社会条件，他的想法并没有实现。但是它的思想却是现代数理逻辑部分内容的萌芽，从这个意义上讲，莱布尼茨的思想可以说是数理逻辑的先驱。

1847 年，英国数学家布尔发表了《逻辑的数学分析》，建立了"布尔代数"，并创造了一套符号系统，利用符号来表示逻辑中的各种概念。布尔建立了一系列的运算法则，利用代数的方法研究逻辑问题，初步奠定了数理逻辑的基础。

2. 孕育时期

人工智能的孕育时期有以下代表性的事件：20 世纪 30 年代至 40 年代，数理逻辑和关于计算的新思想诞生；20 世纪 40 年代，贝尔实验室 M 系列继电器计算机问世；1946 年 2 月 15 日，ENIAC 研制成功；1950 年 10 月，图灵的划时代论文《计算机与智能》发表，这篇文章后来被改名为《机器能够思维吗?》。

3. 形成时期

1956 年夏季，在美国达特茅斯学院的一次研讨会上，约翰·麦卡锡提出了 Artificial Intelligence，标志着人工智能（Artificial Intelligence，AI）学科的诞生。麦卡锡和申龙找到马文·明斯基（M. L. Minsky）和 IBM 公司的工程师罗彻斯特（N. Locherter），共同向洛克菲勒基金会申请到一笔微薄的赞助——包括火车票在内总共 7500 美元。

这次会议历时两个多月，与会者除了上述四人外，还邀请了卡内基-梅隆大学的纽厄尔（A. Newell）和西蒙（H. Simon）、麻省理工学院的塞夫里奇（O. Selfridge）和索罗门夫（R. Solomamff），以及 IBM 公司的塞缪尔（A. Samuel）和莫尔（T. More）。这些青年学者所精通的专业包括数学、心理学、神经生理学、计算机科学等，他们想从不同学科的角度来探讨机器智能的可能性。

1969 年，召开了第一届国际 AI 联合会议（International Joint Conference on AI）；1970 年，*International Journal of AI* 杂志创刊。

4. 发展时期

1968 年费根鲍姆（Feigenbaum）研制出第一个专家系统——DENDRAL，其应用于用质谱仪分析有机化合物的分子结构中。

1972—1976 年，费根鲍姆又开发出 MYCIN 医疗专家系统，其应用于抗生素的药物治疗中。

1977 年，费根鲍姆进一步提出"知识工程"（Knowledge Engineering）的概念。知识表示、知识利用和知识获取成为人工智能的三个基本问题。

二、人工智能研究的三大学派

对于人工智能的研究之所以会出现不同的学派，主要是由于专家学者对于人类智能的认识并不统一。符号主义学派认为，逻辑思维是人类智能的核心；联结主义学派认为，大脑的生理结构是人类智能的关键；行为主义学派认为，刺激—反应的行为模式才是人类智能的基础。

1. 符号主义学派（Symbolicism）

符号主义学派又称为逻辑主义学派（Logicism）、心理学派（Psychlogism）或计算机学派（Computerism），其原理主要为物理符号系统（即符号操作系统）假设和有限理性原理。

该学派认为人工智能源于数理逻辑。数理逻辑从 19 世纪末起就获得了迅速发展，到 20 世纪 30 年代开始用于描述智能行为。计算机出现后，又在计算机上实现了逻辑演绎系统。正是这些符号主义者，早在 1956 年就首先采用了"人工智能"这个术语。后来又发展了启发式算法→专家系统→知识工程理论与技术，并在 80 年代取得很大发展。符号主义学派曾长期一枝独秀，为人工智能的发展作出了重要贡献，尤其是专家系统的成功开发与应用，为人工智能走向工程应用和实现理论联系实际具有特别重要的意义。在人工智能的其他学派出现之后，符号主义学派仍然是人工智能的主流学派。这个学派的代表有纽厄尔、西蒙、费根鲍姆等。

20 世纪 50 年代，西蒙和纽厄尔以及另一位著名学者约翰·克里夫·肖（John Cliff Shaw）一起，成功开发了世界上最早的启发式程序"逻辑理论家"（Logic Theorist, LT）。逻辑理论家证明了数学名著《数学原理》一书第二章 52 个定理中的 38 个定理（1963 年，对逻辑理论家进行改进后可证明全部的 52 个定理），受到了人们的高度评价，被认为是用计算机探讨人类智力活动的第一个真正的成果，也是图灵关于机器可以具有智能这一论断的第一个实际的证明。同时，逻辑理论家也开创了机器定理证明（mechanical theorem proving）这一新的学科领域。1956 年夏天，数十名来自数学、心理学、神经生理学、计算机科学等各种领域的学者聚集在位于美国新罕布什尔州汉诺威市的达特茅斯学院（Dartmouth College），讨论如何用计算机模拟人的智能，并根据麦卡锡（1971 年图灵奖获得者）的建议，正式把这一学科领域命名为"人工智能"（Artificial Intelligence）。西蒙和纽厄尔参加了这个具有历史意义的会议，而且他们带到会议上去的"逻辑理论家"是当时唯一可以工作的人工智能软件，引起了与会代表的极大兴趣与关注。因此，西蒙、纽厄尔以及达特茅斯会议的发起人麦卡锡和明斯基（M. L. Minsky，1969 年图灵奖获得者）被公认为是人工智能的奠基人，被称为"人工智能之父"。

西蒙、纽厄尔和肖合作，在 1957 年开发了 IPL 语言（Information Processing Language）。在 AI 的历史上，这是最早的一种 AI 程序设计语言，其基本元素是符号，并首次引进表处理方法。IPL 的基本数据有两个组分，每个组分要么是元素，要么是指向另一元素的指针，也就是说，IPL 最基本的数据结构是表结构，可用于代替存储地址或有规则的数组，这有助于将程序员从烦琐的细节中释放出来而在更高的水平上思考问题。IPL 的另一特点是引进了生成器，每次产生一个值，然后挂起，下次调用即从停止的地方开始。早期的很多 AI 程序都是用 IPL 编制而成的。IPL 本身也经历了一个发展与完善的过程，其最后一个版本 IPLV 可以处理树形结构的表。

1960 年，西蒙夫妇做了一个有趣的心理学实验，这个实验表明人类解决问题的过程是一个搜索的过程，其效率取决于启发式函数（heuristic function）。在这个实验的基础上，西蒙、纽厄尔和肖又一次成功地合作开发了"通用问题求解系统"（General Problem Solver, GPS）。GPS 是根据人在解决问题中的共同思维规律编制而成的，可以解 11 种不同类型的问题，从而使启发式程序有了更普遍的意义。

西蒙曾多次强调指出，科学发现只是一种特殊类型的问题求解，因此也可以用计算机程序实现。1976—1983 年，西蒙和兰利（Pat W. Langley）、布拉茨霍夫（Gary L. Bradshaw）合作，设计了 6 个版本的 BACON 系统发现程序，重新发现了一系列著名的物理、化学定律，证明了西蒙的上述论点。

"逻辑理论家"和"通用问题求解系统"都是针对有"良结构"（well structured）的问题设计的。西蒙后来又和海斯（J. R. Hayes）合作，开发了一个名为"理解"（Understand）的 AI 程序，可以解决结构不良的问题（poorly structured problem），进一步发展了推理技术。

1966 年，西蒙、纽厄尔和贝洛尔（Baylor）合作，开发了最早的下棋程序之一MATER。由于下棋是人的智力活动中最复杂和高级的一种活动，西蒙对计算机下棋始终十分关切。1997 年，IBM 的"深蓝"（Deep Blue）计算机打败了白俄罗斯的国际特级大师卡斯帕罗夫以后，西蒙（时年 81 岁）还和在克利夫兰的俄亥俄州立大学当教授的日本知名 AI 专家 T. Munakata 一起，在《ACM 通信》杂志的 8 月号上发表了《人工智能给我们的教训》（AI Lessons）一文，就此事进行了评论，发表了看法。

纽厄尔和西蒙（1976）提出的物理符号系统假设（physical symbol system hypothesis），为现代认知心理学的建立和发展进一步奠定了重要的理论基础。按照西蒙和纽厄尔 1976 年给出的定义，物理符号系统就是由一组称为符号的实体所组成的系统，这些符号实体都是物理模型，可作为组分出现在另一符号实体之中。任何时候，系统内部均有一组符号结构，以及作用在这些符号结构上以生成其他符号结构的一组过程。包括建立、复制、删除这样一些过程。所以一个物理符号系统也就是逐渐生成一组符号的生成器。根据这一假设，任一物理符号系统如果是有智能的，则必能执行对符号的输入、输出、存储、复制、条件转移和建立符号结构这 6 种操作。反之，能执行这 6 种操作的任何系统，也就一定能够表现出智能。根据这个假设，我们可以获得三个推论：①人是具有智能的，因此人是一个物理符号系统；②计算机是一个物理符号系统，因此它必定具有智能；③计算机能模拟人，或者说能模拟人的大脑。

2. 联结主义学派（Connectionism）

联结主义学派又称为仿生学派（Bionicsism）或生理学派（Physiologism），其原理是用仿生学的观点探索人脑的生理结构，把对人脑的微观结构及其智能行为的研究结合起来，探索神经网络及神经网络间的连接机制与学习算法即人工神经网络（Artificial Neural Networks，ANN）方法。

1943 年，美国心理学家麦卡洛克（Warren McCulloch）和数学家皮茨（Walter Pitts）发表文章，总结了生物神经元的一些基本生理特性，提出了形式神经元的数学描述与结构方法，即 MP 模型。在 MP 模型中，赋予形式神经元的功能较弱，但网络的计算能力巨大，这种巨大的计算潜力在于网络中足够多的神经元以及神经元之间丰富的联系，同时神经元还具有并行计算的能力。他们提出的 MP 模型拉开了神经网络研究的序幕。

1949 年，加拿大蒙特利尔麦克吉尔大学的神经生理学家唐纳德·希伯（Donald O. Hebb）在 The Organization of Behavior 一书中提出了 Hebb 学习规则。他提出了神经元之间突触的联系强度可变的假设。他认为学习过程是在突触上发生的，突触的联系强度随其前后神经元的活动而变化。根据这一假设提出的 Hebb 学习规则为神经网络的学习算法奠定了基础。

1957 年，美国学者 Rosenblatt 提出了一类具有自学习能力的感知器模型（Perceptron），它是一个具有单层计算单元的前向神经网络，其神经元为线性阈值单元，称为单层感知器。它和 MP 模型相似，当输入信息的加权和大于或等于阈值时，输出为 1，否则输出为 0 或-1。与 MP 模型的不同之处是神经元之间的连接权值 w_i 是可变的，这种可变性就保证了感知器具有学习能力。这是一种学习和自组织的心理学模型，它基本上符合神经生物学的知识，模型的学习环境是有噪声的，网络构造中存在随机连接，这符合动物学习的自然环境。1959 年，Rosenblatt 进一步提出了感知器模型中连接权值参数的学习算法。

1962 年，Bernard Widrow 和 Marcian Hoff 提出了一种连续取值的线性加权求和阈值网络，即自适应线性元件网络也可以看成是感知器的变形，它成功地应用于自适应信号处理和雷达天线控制等连续可调过程。他们在人工神经网络理论上创造了一种被人们熟知的 Widrow-Hoff 学习训练算法，即 LMS（最小均方）算法，并用硬件电路实现人工神经网络方面的工作，为今天用大规模集成电路制造神经网络计算机奠定了基础。

这些神经网络的特性与当时串行离散符号处理的电子计算机及相应的人工智能技术有本质的不同，为此引起了众多研究者的兴趣，在 20 世纪 60 年代掀起了一次研究神经网络的高潮。

1969 年，人工智能的创造人之一 Marvin Minsky 和 Seymour Papert 出版了一本名为《感知器》的专著。书中指出，线性感知器的功能是有限的，简单的神经网络只能进行线性分类和求解一阶谓词问题，而不能进行非线性分类和解决比较复杂的高阶谓词问题。他们还指出，与高阶谓词问题相对应的应该是具有隐含单元的多层神经网络。在当时的技术条件下，他们认为在增加隐含单元后，想找到一个多层网络的有效学习算法是极其困难的。由于微电子技术不发达，用电子管或晶体管为基本元件，体积大、价格贵，当时用计算机实现大规模的神经网络的研究是不可能的，更难制作可以实际应用的装置。又因串行计算机正处于迅速发展时期，以符号逻辑处理方法的人工智能研究也取得了很大成就，此时人工神经网络的研究者们难以得到产业界的支持和响应，为神经网络提供的研究基金枯竭了，在这种情况下，专家们不得不放弃神经网络领域的课题，使研究工作的发展进入了低潮时期，进展极其缓慢。

虽然从事神经网络研究的人员和发表的论文大幅度减少，但仍然有学者继续进行研究。

1969 年，美国波士顿大学自适应中心的 Stephen Grossberg 和 Carpenter 提出了著名的自适应共振理论模型，其中论述道，若在全部神经结点中有一个结点特别兴奋，其周围的所有结点将受抑制。此理论在当前的神经网络中仍然应用。

1970 年和 1973 年，日本学者 Kunihiko Fukushima 研究了视觉和脑的空间和时间的人工神经系统，提出了神经认知网络理论及认识机能方面的模型。

1972 年，芬兰的 T. Kohonen 教授提出了自组织映射模型，并称神经网络结构为"联想存储器"。同一时期，美国生理和心理学家 J. Anderson 提出了另一个类似的神经网络，称为"交互储存器"。它们在网络结构、学习算法和传递函数方面的技术几乎完全相同。T. Kohonen 的自组织映射模型是一种无导师学习网络，主要用于模式识别和分类、语言识别等场合，随后他还研究出了联想记忆网络。T. Kohonen 主要是针对网络结构与训练算法的生物仿真及模型进行研究。

1980 年，日本学者福岛邦彦提出了"新知识机"，他综合出一种具有模式识别能力的神经网络模型。这种网络起初为自组织的无导师训练，于 1983 年改为有导师训练，以便能更好地反映设计模式识别的工程师立场。福岛邦彦给出的神经认识机能识别 0～9 共十个数字。

被大家一致公认的神经网络研究复苏的主要标志是，1982 年美国加州理工学院物理学家 John J. Hopfield 教授发表的一篇具有里程碑性质的论文。他提出一种递归网络——Hopfield 网络，将网络作为一个动态系统，引入能量函数训练该系统，使网络稳定性的研究有了明确的判断依据，并证明了一个互连单元的神经网络系统将达到能量损耗最小的原理，也就是说，系统的动态特性保证趋于某个极小值。若将约束和指标考虑到适当形式的能量函数中，则可利用 Hopfield 网络的神经计算能力来解决约束优化问题，从而开辟了神经网络用于联想记忆和优化计算的新途径。Hopfield 还指出，神经动态方程可以用运算放大器来实现。

1983 年，美国加州理工学院和贝尔实验室合作，研制出具有 256 个神经元和 64 个可编程的人工神经元。

1984 年，G. E. Hinton 和 T. J. Sejnowski 借助统计物理学的概念和方法，提出了一种随机神经网络模型——Boltzman 机，其学习过程采用模拟退火技术，有效地克服了 Hopfield

网络存在的局部能量极小问题。

1986 年，Kumelhart 等人提出了多层神经网络学习的误差反向传播神经网络，简称 BP 网络。同年，贝尔实验室宣布研制成神经网络芯片。

1987 年 6 月 21 日，在美国圣地亚哥召开了第一届国际神经网络学术会议。会上宣告了国际神经网络协会的成立及神经网络计算机科学的诞生，而且还展示了有关公司和大学开发的神经网络计算机方面的产品和芯片。随后，由三位世界著名神经网络学家，美国波士顿大学的 Stephen Grossberg 教授、芬兰赫尔辛基技术大学的 Tenvo Kohonen 教授及日本东京大学的甘利俊教授，首次创办了世界第一份神经网络杂志（*Neural Network*）。

1988 年，以美国认知心理学家 D. E. Rumelhart 和 J. L. McCelland 为首的 PDP 研究小组发表了《并行分布式处理》（*Parallel Distributed Processing*）一书，书中涉及神经网络的三个主要特征，即结构、神经元的转移函数（传递函数）和它的学习训练方法。这部书最重要的贡献之一是发展了多层感知机的反向传播训练算法，将学习结果反馈到中间层次的隐结点，改变其连接权值，以达到预期的学习目的。PDP 网络的提出，对新高潮的到来起到了推波助澜的作用。

国际电气工程师与电子工程师学会（IEEE）相继也成立了神经网络协会，于 1990 年 3 月出版神经网络会刊，从此以后涌现出各种神经网络的期刊，将神经网络的研究与开发推向了新的热潮。

3. 行为主义学派（Actionism）

行为主义学派又称进化主义学派（Evolutionism）或控制论学派（Cyberneticsism），其原理为控制论及感知—动作型控制系统。基于"S-R（刺激-反应）"模型，它仅考查人类智能活动中，输入和输出之间的对应关系，并以这种关系作为智能规则。目前在自然语言处理领域，大多数成果都是基于行为主义学派的理论提出的。

控制论是人工智能的另一个重要发展方向。

早在 20 世纪四五十年代，控制论思想就成为当时时代思潮的重要部分，影响了早期的人工智能工作者。1940 年，维纳开始考虑计算机如何能像大脑一样工作，他发现了二者的相似性。维纳认为，计算机是一个进行信息处理和信息转换的系统，只要这个系统能得到数据，机器本身就几乎能做任何事情。而且计算机本身并不一定要用齿轮、导线、轴、电机等部件制成。麻省理工学院的一位教授为了证实维纳的这个观点，甚至用石块和卫生纸卷制造过一台简单的能运行的计算机。维纳系统地创建了控制论，根据这一理论，一个机械系统完全能进行运算和记忆。

20 世纪六七十年代，控制论系统的研究取得了一定进展，播下了智能控制和智能机器人的种子。

从 1960 年开始美国数学家卡尔曼和俄罗斯数学家帮德里等人的努力使控制论在理论上有了重大突破，获得了进一步发展，这通常称为"现代控制论"。

1960 年以前，控制论基本采用维纳的观点和方法，即从时间序列观点上处理信息的转换、提取、加工和预测。所用的数学工具主要是数理统计和调和分析。现在人们称这种"控制论"为"经典控制论"。

Zadeh 于 1965 年发表了他的著名论文《模糊集合》（*Fuzzy Sets*），开辟了模糊控制的新领域。

1967 年，Leondes 等人首次正式使用"智能控制"一词。初期的智能控制系统采用一些比较初级的智能方法，如模式识别和学习方法等，但是发展速度十分缓慢。

70 年代以后，又有人提出用频域、时域统一处理控制系统的新方法，使控制论进入了第三代。

20 世纪 80 年代后，由于计算机的飞速发展，智能控制重新得到了发展，诞生了智能控制和智能机器人系统。

帕梅拉·麦考达克（Pamela McCorduck）在她的著名的人工智能历史研究著作《机器思维》（*Machine Who Think*）中曾经指出："在复杂的机械装置与智能之间存在着长期的联系。从几世纪前出现的神话般的复杂巨钟和机械自动机开始，人们已对机器操作的复杂性与自身的智能活动进行过直接联系。"

不同人工智能学派对人工智能的研究方法问题也有不同的看法。这些问题涉及以下内容：

① 人工智能是否一定要采用模拟人的智能的方法？

② 若要模拟又该如何模拟？

③ 对结构模拟和行为模拟、感知思维和行为、认知与学习以及逻辑思维和形象思维等问题是否应分离研究？

④ 是否有必要建立人工智能的统一理论系统？若有，又应以什么方法为基础？

三、图灵测试

阿兰·麦席森·图灵（Alan Mathison Turing，1912—1954 年），英国数学家、逻辑学家，被称为计算机科学之父、人工智能之父。1931 年图灵进入剑桥大学国王学院，毕业后到美国普林斯顿大学攻读博士学位，第二次世界大战爆发后回到剑桥，协助军方破解德国的著名密码系统 Enigma，帮助盟军取得了第二次世界大战的胜利。

1950 年，图灵来到曼彻斯特大学任教，同时还担任该大学自动计算机项目的负责人。就在这一年的十月，他又发表了一篇题为《机器能思考吗?》的论文，成为划时代之作。也正是这篇文章，为图灵赢得了一顶桂冠——"人工智能之父"。在这篇论文里，图灵第一次提出了"机器思维"的概念。他逐条反驳了机器不能思维的论调，做出了肯定的回答。他还对智能问题从行为主义的角度给出了定义，由此提出了一个假想：即一个人在不接触对方的情况下，通过一种特殊的方式和对方进行一系列的问答，如果在相当长时间内，他无法根据这些问题判断对方是人还是计算机，那么，就可以认为这个计算机具有同人相当的智力，即这台计算机是能思维的。

这就是著名的"图灵测试"（Turing Testing）。当时全世界只有几台电脑，根本无法通过这一测试。此后，不断有人宣称其设计的计算机程序能够通过"图灵测试"。有人认为，IBM 公司制造的"深蓝"计算机通过了图灵测试，但作为著名的人工智能专家，马文·明斯基明确反对图灵测试，认为这不能作为机器是否具有人类智能的判断标准。但无论如何，我们还是先看看图灵测试是如何进行的。

1. 模仿游戏

A————一个男人

B————一个女人

C————一个提问者

提问者 C 待在一间与 A、B 分开的房子里，C 听不见、看不见他们，只能提问；提问者的目标是区分 A 和 B 谁是男的，谁是女的；多少次提问，C 才能正确判断。

2. 图灵测试

C————一个提问者

A————一台计算机（代替上面模仿游戏中的 A 和 B）

提问者 C 待在一间与计算机分开的房子里，C 听不见、看不见，只能提问；提问者的目标是：区分 A 是计算机，还是人；多少次提问，C 才能正确判断。

3. 实际测试

问：请给我写出有关"第四号桥"主题的十四行诗。

答：不要问我这道题，我从来不会写诗。

问：34957 加 70764 等于多少？

答：（停 30 秒后）105721

问：你会下国际象棋吗？

答：是的。

问：我在我的 K1 处有棋子 K；你仅在 K6 处有棋子 K，在 R1 处有棋子 R。现在轮到你走，你应该下哪步棋？

答：（停 15 秒钟后）棋子 R 走到 R8 处，将军！

图灵指出："如果机器在某些现实的条件下，能够非常好地模仿人回答问题，以至提问者在相当长时间里误认它不是机器，那么机器就可以被认为是能够思维的。"

从表面上看，要使机器回答按一定范围提出的问题似乎没有什么困难，可以通过编制特殊的程序来实现。然而，如果提问者并不遵循常规标准，那么编制回答的程序则是极其困难的事情。例如，提问与回答呈现出下列状况：

问：你会下国际象棋吗？

答：是的。

问：你会下国际象棋吗？

答：是的。

问：请再次回答，你会下国际象棋吗？

答：是的。

你多半会想到，面前的这位是一部笨机器。如果提问与回答呈现出以下的另一种状态：

问：你会下国际象棋吗？

答：是的。

问：你会下国际象棋吗？

答：是的，我不是已经说过了吗？

问：请再次回答，你会下国际象棋吗？

答：你烦不烦，干吗老提同样的问题。

那么，你面前的这位大概是人而不是机器。上述两种对话的区别在于，第一种可明显地感到回答者是从知识库里提取的简单的答案，第二种则具有分析综合的能力，回答者知道观察者在反复提出同样的问题。"图灵测试"没有规定问题的范围和提问的标准，如果想要制造出能通过试验的机器，以我们现在的技术水平，必须在电脑中储存人类所有可以想到的问题，储存对这些问题的所有合乎常理的回答，并且还需要理智地作出选择。

图灵曾预言，随着电脑科学和机器智能的发展，20 世纪末将会出现这样的机器。在这点上，图灵过于乐观了。但是，"图灵测试"大胆地提出"机器思维"的概念，为人工智能确定了奋斗的目标，并指明了前进的方向。

第五节　商　务　智　能

在竞争日益激烈的社会，数据是企业最重要的资产，这些海量的数据和信息能否得到及时高效的利用，并协助企业管理人员迅速作出正确的决策，已成为关系企业生存的关键问题。特别是那些数据处理量大的企业，如：金融和电信行业，长期的运营积累了大量无序的数据，如果能对这些数据进行有效的统计、归类、分析，找出其内在的规律和特征，并借此对企业的发展作出准确的预测，无疑将提高企业的竞争能力。

一、商务智能的产生与定义

商务智能（Business Intelligence，BI），是能够帮助用户对自身业务经营作出正确明智的决策的工具，如何利用企业积累的数据增进对业务情况的了解，帮助我们在业务管理及发展上作出及时、正确的判断，然后采用明智的行动，这就是商务智能。

商务智能的概念是美国咨询公司 Gartner Group 于 1996 年提出来的。当时将商务智能定义为一类由数据仓库（或数据集市）、查询报表、数据分析、数据挖掘、数据备份和恢复等部分组成的、以帮助企业决策为目的的技术及其应用。商务智能系统主要是将原始业务数据转换为企业决策信息。与一般的信息系统不同，它在处理海量数据、数据分析和信息展现等多个方面都具有突出性能。目前，商务智能通常被理解为将企业中现有的数据转化为知识，帮助企业作出明智的业务经营决策的工具。这里所说的数据包括来自企业业务系统的订单、库存、交易账目、客户和供应商资料，来自企业所处行业和竞争对手的数据以及来自企业所处的其他外部环境中的各种数据。

商务智能是近年来国内外企业界和信息界的研究热点，它将先进的信息技术应用到企业的生产、经营和管理中，帮助企业提高决策能力和运营能力，通过对信息的开发，将其转变为企业的竞争优势。商务智能系统是指运用数据仓库、联机分析处理（OLAP）和数据挖掘技术来处理和分析商业数据，协助用户解决商务活动中的复杂问题，从而帮助企业决策者面对商业环境的快速变化作出敏捷的反应和更合理的商业决策的管理系统。它有助于提高企业的运作效率，建立有利的客户关系，增加产品的销售，帮助企业从现有资源中提炼出更多的有价值的信息。

　　商务智能的基本任务是收集、管理和分析数据，通过先进的工具把数据转换为有用的信息，然后将这些信息发布到整个企业，促进企业科学决策的制定，有效地获得更具战略意义的决策。比如，通过商务智能分析，企业能够实现更有效的财务分析、风险管理、欺诈管理、分发和后勤管理及销售分析，进一步明晰能够进入哪个市场，如何选择和处理关键的客户关系，如何选择和有效地促销产品，所有这些都能够有效增加企业的收益和市场份额。

　　商务智能是数据处理技术与多种技术，如人工智能技术、统计技术、数据库技术的有机结合。商务智能的应用不能理解为是建立一种简单的计算机应用系统。首先，它必须有数据的积累，而且数据必须有一定的数量和必要的质量，这是应用的基础；其次，数据仓库的建立是商务智能应用的前提和必要条件；最后，开发和应用工具的提供是成功应用的保证。通过应用分析工具、管理工具，包括联机分析处理工具、数据挖掘工具才能显现出应用的效果。

二、商务智能系统的功能

　　现有的主要的信息管理系统架构已经涵盖了企业主要的职能，甚至有一些系统相互重叠。但是从企业管理的层次看，现有的系统绝大部分是为了满足业务处理、运行控制和管理控制的需要，服务的对象主要是针对企业的中层管理者和操作人员，而商务智能系统的定位则与已有的信息系统不同，它并不是针对企业中的"大多数人"，而是为企业的中高层管理人员提供服务。企业在搭建信息系统时，在企业内部每一个系统都会有一个明确的系统受益人（部门），已有的信息系统主要是从企业职能的角度建设信息系统，而商务智能系统则是在企业内部以企业高层管理者为受益人的系统。这一定位与企业管理现在所面临的瓶颈有关——信息社会中信息的大量涌现，企业高层管理者必须拓展处理信息的能力。商务智能系统就是为了满足企业高层管理者的这种需求。

　　而商务智能能够辅助的经营决策，既可以是操作层的，也可以是战术层和战略层的决策。为了将数据转化为知识，需要利用数据仓库、OLAP 工具和数据挖掘等技术。因此，从技术层面上讲，商业智能不是什么新技术，它只是数据仓库、OLAP 工具和数据挖掘等技术的综合运用。

　　商业智能系统具有如下功能：

1. 业务处理

　　管理工作实际上就是在不断地寻找各项工作的动态平衡点，企业的计划工作就是依照各种平衡点来制定工作的指导方针。随着企业外部环境的复杂化，企业各种平衡点的约束条件日益增多，企业的计划工作就变得日趋困难。以往的管理系统制订的计划往往都是单约束条件的，而商务智能系统在制订计划时能考虑多维约束条件和多种目标任务同时并存的情况。商务智能系统能自动识别什么是普通业务，什么是特例业务。对普通业务能够按事先设定好的方法进行处理，过滤出的特例留给人来处理。还能够通过用户的设置不断地学习新的普通业务特征及其处理方法。同时，商务智能系统可以用来帮助理解业务的推动力量，认识是哪些趋势、哪些非正常情况和哪些行为正在对业务产生影响。

2. 数据分析

商务智能系统能够自动地对大量数据信息的分析结果作出判断,对于超出正常值范围的异常状况给出解释说明,并分析异常情况将会产生的影响,给出建议和应对措施。数据分析包括经营指标分析、经营业绩分析和财务分析三部分。

经营指标分析是指对企业不同的业务流程和业务环节的指标,如利润率、销售率、库存量、单品销售情况及所占营业比例、风险采购和库存评价指标等进行搜集和分析。但这些指标只能反映局部的经营状况,为了解企业的整体经营状况,还需对这些指标进行科学的组织和分析,利用商务智能系统,形成一个能反映企业整体情况的数学模型,通过观察总指标并设置警报,可以获得整个企业的经营状况。

经营业绩分析是指对各部门的营业额、销售量等进行统计,在此基础上,进行同期比较分析、盈亏分析、各种商品的风险度分析,等等。经营业绩分析有利于企业实时掌握自身的发展和经营情况,有利于企业及时调整经营业务、化解经营风险。

财务分析是指对企业财务数据中的利润、费用支出、资金占用及其他具体经济指标进行有效分析。通过财务分析,可以及时掌握企业在资金使用方面的实际情况,为及时调整和降低企业成本提供数据依据。

3. 决策支持

商务智能系统能够利用数据仓库技术来提供各级企业决策所需要的系统环境,在数据分析的基础上,将各类数据、信息进行高度的概括和总结,然后形成供高级决策者进行战略决策时参考的企业经营状况分析报告,这是商务智能系统的优势所在。在市场瞬息万变、企业竞争越来越激烈的状况下,缺少了商务智能系统的支持,企业的决策是无法迅速并有效地作出的,这已经成为不争的事实。

商务智能系统对战略决策的支持,分别表现在对公司战略、业务战略和职能战略的支持上。在公司战略决策支持层面上,可以根据公司各战略业务单元的经营业绩和经营定位,选择一种合理的投资组合战略;在业务战略决策支持层面上,由于商务智能系统中集成了更多的外部数据,如外部环境和行业信息,各战略业务单元可据此分别制定自身的竞争战略;在职能战略决策支持层面上,由于来自于企业内部的各种信息源源不断地输入进来,相应地可以提供营销、生产、财务、人力资源等决策支持。

4. 绩效管理

商务智能系统能够从企业各种应用系统中提取出各种基础绩效指标与关键绩效指标(Key Performance Indicator, KPI)。为了考核员工的绩效,企业可以先将希望员工要做的工作进行量化,然后借助商务智能工具,追踪、衡量和评价员工的工作绩效,引导员工的思想方向和行动与企业的整体目标保持一致。

三、商务智能系统的构成

商务智能系统是将数据仓库、联机分析处理和数据挖掘等技术结合起来应用到商务活动中,从不同的数据源收集数据,经过抽取、转换和加载,送入到数据仓库或数据集市,然后使用合适的查询与分析工具、数据挖掘工具和联机分析处理工具对信息进行处理,将信息转变成为辅助决策的知识,最后将知识呈现于用户面前,以实现技术服务于决策的目的。

　　商务智能系统一般有数据仓库（或数据集市）、ETL 过程、OLAP 分析模型、数据挖掘模型以及指标展现工具等几个核心模块。以 IBM 的商务智能系统结构为例，该系统结构的组成部件如图 4.19 所示。

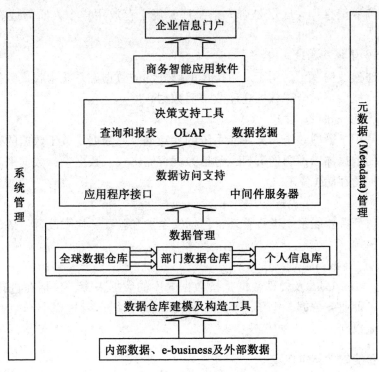

图 4.19　IBM 的商务智能系统结构

1. 企业信息门户

　　企业信息门户（Enterprise Information Portal，EIP）提供了一个用户与企业的商业信息和应用软件间基于 Web 的接口。企业的商业信息，不只是被储存在数据仓库中，而是分布在不同的系统和应用软件之中。商务智能系统通过企业信息门户来收集、组织和集成整个企业范围内的商业信息，并且对不同的用户提供不同的访问信息权限。

2. 商务智能应用软件

　　商务智能应用软件提供许多针对不同的行业特点或特定应用领域的商务智能解决方案软件包，帮助用户解决在商务活动中所遇到的复杂问题。

3. 决策支持工具

　　决策支持工具包括查询和报表工具、在线分析处理（OLAP）和数据挖掘工具。所有这些工具都支持 GUI 客户界面，许多也可以在 Web 界面上使用。这些工具能够处理来自不同数据库和文件系统的信息，包括结构化和非结构化的数据。

4. 数据访问支持

　　数据访问支持包括应用程序接口和中间件服务器，使得用户能够访问和处理数据库和文件系统中的商业信息。数据库中间件服务器允许用户透明地访问各种异构的后台数据库服务器，Web 中间件服务器允许 Web 客户连接到数据库中。

5. 数据管理

数据管理用于管理用户采集的商业信息。商业信息被分成三个层次：最上层是全球数据仓库，集成整个企业的商业信息；中间层是部门数据仓库（一般被称为数据集市），包含企业部门的商业信息；最底层是个人信息库，用于存放用户个人所需或有特殊用途的信息。

6. 数据仓库建模及构造工具

数据仓库建模及构造工具用于从可操作的和外部的数据源系统中收集数据，并进行数据清理和转换，然后存入全球数据仓库或部门数据仓库。

7. 元数据（Metadata）管理

元数据管理用于管理整个商务智能系统的元数据。元数据是关于数据的数据，也就是对数据仓库中的数据加以说明的资料，包括数据存储格式、数据量、数据来源、数据内容的关键字和数据的存储位置等。

8. 系统管理

系统管理对商务智能系统进行管理，包括安全性和验证、权限设置、备份和恢复、监控和调整、审核等。

9. 内部数据、e-business 及外部数据

内部数据、e-business 及外部数据是指数据仓库的数据来源，包括在进行商业运作的过程中产生的各种业务数据、电子商务（e-business）系统运行过程中产生的数据和从企业外获取的商业数据。

四、商务智能软件与供应商

1. 商务智能软件

目前，市场上的商务智能软件大致可分为以下几种：

① 数据仓库产品；

② ETL 产品；

③ OLAP 和前端展示产品；

④ 数据挖掘产品；

⑤ 元数据管理产品；

⑥ 集成以上几种产品针对某个应用的整体解决方案等。

2. 商务智能软件供应商分类

目前，在中国内地市场上的商务智能软件供应商可分为四类：专业商务智能软件供应商、知名数据库软件供应商、知名软件、硬件供应商和中国的知名专业软件供应商。具有代表性的供应商具体如下：

① 专业商务智能软件供应商，如 SAS 和 Business Objects。

② 知名数据库软件供应商，如 Oracle、IBM 和 Sybase。

③ 知名软件、硬件供应商，如微软和惠普。

④ 中国的知名专业商务智能软件供应商，如广州尚南、润乾软件和奥威智动。

3. SAS

SAS 是统计分析软件（statistical analysis software）的首字母缩写，由 Jim Goodnight 和其北卡罗来纳州立大学的同事于 20 世纪 70 年代初创立，最早是从事农业研究的数据分析。SAS 软件研究所成立于 1976 年，当时随着软件需求的蓬勃兴起，主要从事软件开发和销售。在发展成为全球一流的商务智能软件和服务提供商之后，公司在名字中去掉了"软件研究所"一词，只保留了 SAS。SAS 公司目前是全球最大的商务智能软件和服务的提供商，员工超过 10000 人，全球分公司共 424 家。作为全球企业的战略管理大师，SAS 致力于提供新一代的商业智能软件及服务，帮助客户实现真正的商业智能。SAS 的行业解决方案已在全球超过 40000 家的企业中使用，其中包括全球财富 500 强中 94% 以上的企业。SAS 公司是全球唯一一家将领先的数据仓库技术、分析方法和传统的商务智能应用完全集成在一起的厂商，能够帮助客户从海量数据中获取智能信息。为支持新技术的开发，SAS 还将年收入的 24% 投入研发，该投入是一般大型软件公司平均研发资金投入的两倍。近 1/3 个世纪以来，SAS 一直向全球提供 "The Power to Know"。Gartner 公司根据 SAS 2004 年在亚太区市场新产品的销售情况，将其评为亚太区排名第一的商业智能供应商，其市场份额占 17.5%。Gartner 公司的报告显示，在亚太区排前六名的国家和地区（按新产品销售状况）分别是澳大利亚、新西兰、新加坡、韩国、中国内地和中国香港特别行政区。

4. Business Objects

总部位于法国巴黎的 Business Objects 公司是全球领先的商务智能（BI）软件公司，在全球拥有 44000 多家客户，公司董事长和创始人是利奥托德·伯纳德先生。Business Objects 极富创新的商务智能套件为绩效管理、计划编制、报表、查询和分析以及企业信息管理提供了业界最先进、最完善的解决方案。Business Objects XI 包含了屡获大奖的 Crystal 报表及数据形象化软件产品系列。Business Objects 还在业内创建了最强大、最全面的合作伙伴社区。另外，公司还提供咨询和培训服务，以帮助客户有效地部署商务智能项目。2008 年，Business Objects 公司被德国 SAP 公司收购。

本 章 小 结

1. 现代决策理论主要是西蒙建立起来的。决策的概念既简单又复杂，根据决策主体，分为个人决策和群体决策；根据要解决的问题，分为结构化决策、非结构化决策和半结构化决策；根据决策的频繁程度，分为周期性决策和非周期性决策；根据决策的组织结构，分为战略性决策、战术性决策和业务性决策；根据问题的条件，分为确定性决策、风险决策和不确定性决策。决策的过程有四种模式，西蒙决策过程模式、卡耐基决策过程模式、马尔可夫决策过程模式和渐进式决策过程模式。决策理论中关于人的假设会直接影响决策的原则，完全理性人假设采用最优化决策原则，有限理性人采用满意决策原则，西蒙还设计了一种启发式有限搜索方法来实现满意决策原则。

2. 决策支持系统是一个不断发展的领域，自高瑞和莫顿首次提出 DSS 的概念后，许多学者不断补充相关理论。决策支持系统主要由数据库、模型库、数据库管理系统、模型库管理系统、外部数据接口和对话管理器组成。决策支持系统的常用模型包括：财务管理模型、统计分析模型、图表模型和项目管理模型。群体决策是现代民主制度的体现，群体决策的组织方式包括：群体式、团队式和委员会式。群体决策的制定方法有：德尔菲法、头脑风暴法、名义群体法和根回法。三层分类法是指导群体决策支持系统的构造方法，美国亚利桑那州立大学和克莱蒙特研究生院都提出了群体决策支持系统的物理构建方案。

3. 数据管理的方法经历了人工管理、文件管理、数据库管理和数据仓库管理四个阶段。数据库经历了最早的层次和网状数据库、关系数据库以及面向对象的数据库等阶段。由于自然演化体系的结构问题，数据仓库应运而生。数据挖掘和数据可视化是在数据库和数据仓库的基础上发展出来的新型数据分析方法。

4. 人工智能的思想最早可以追溯到亚里士多德，图灵是第一个提出机器思维的科学家，1956 年麦卡锡正式提出人工智能的概念。西蒙在计算机出现的早期就开始研究决策自动化，即人工智能，并形成了人工智能符号主义学派。大量的学者也从其他的角度研究人工智能，并形成了联结主义学派和行为主义学派。判断计算机是否具有人类智能的一个经典方法就是图灵测试。

5. 虽然在 1968 年费根鲍姆设计的专家系统就在商业领域成功地应用，但是这依然改变不了人工智能研究并不成熟的事实。直到 20 世纪 90 年代，相关技术和理论日趋成熟后，企业终于可以将人工智能技术应用于商业目的了，商务智能应运而生。目前世界上的大多数知名软件和硬件制造商都宣称他们设计了优秀的商务智能软件，但是，商务智能软件目前还不能认为是一种成熟的技术。

参 考 阅 读

[1] [美] 赫伯特·A. 西蒙. 管理决策新科学. 北京：中国社会科学出版社，1982.

[2] [美] 赫伯特·A. 西蒙. 我生活的种种模式：赫尔伯特·A. 西蒙自传. 上海：上海东方出版中心，2002.

[3] [美] 赫伯特·A. 西蒙. 管理行为——管理组织决策过程的研究. 北京：北京经济学院出版社，1988.

[4] [美] 詹姆斯·马奇，赫伯特·A. 西蒙. 组织. 北京：机械工业出版社，2008.

[5] [美] 詹姆斯·奥布莱恩. 管理信息系统.（第七版）. 北京：人民邮电出版社，2007.

思 考 与 练 习

1. 决策有哪些类型？

2. 有哪几种决策过程模式？

3. 你认为中外管理者的决策差异表现在哪些方面？

4. 请阅读 *The Concept of Decision Support Systems*，并翻译。

5. 商务智能软件在国外的大企业中应用非常普遍，而在中国，似乎大家还知道得较少，你认为这是什么原因？

第五章　ERP

本章主要内容如下：

第一节 ERP 的产生与发展。欧美国家 ERP 的发展从 20 世纪 60 年代开始，经历 5 个发展阶段；我国 ERP 的发展从 20 世纪 80 年代开始，经历 3 个发展阶段。

第二节物料需求计划。首先论述 MRP 的产生就是要解决传统库存控制订货点法存在的问题，MRP 的基本数据模型就是产品结构模型。然后介绍 MRP 的几个核心内容，包括：物料需求计划的逻辑流程、主生产计划、物料清单、物料可用量计算和闭环 MRP。

第三节制造资源计划。MRP Ⅱ 的首要目标就是寻求企业战略与战术的统一，为了达到此目标，要求物流与资金流信息集成。然后，本节介绍了 MRP Ⅱ 的其他功能扩展和 MRP Ⅱ 的基本子系统配置。

第四节 ERP。本节从 ERP 的定义、特点、核心构成模块、ERP 的管理思想和 ERP 的理论扩展五个方面进一步介绍 ERP 的相关知识。

第一节　ERP 的产生与发展

ERP 的发展和成长是企业管理人员在实践中不断探索计算机技术如何体现企业管理规律，并把客观上本来就存在的制造业业务流程的内在联系，借助计算机这个工具加以规范化和条理化，构建适合于制造业的管理信息系统的结果。ERP 来源于企业管理实践又应用于企业管理实践，这种管理思想最初是美国 IBM 公司的管理专家及其合作者，在不断探索装配型产品的生产与库存管理问题的基础上创立的。在美国生产与库存管理协会（APICS）① 的大力宣传和组织推动下 ERP 得到了普及和广泛应用。

下面分别从欧美国家与我国 ERP 的发展情况进行介绍。

一、欧美国家 ERP 的产生与发展

欧美国家 ERP 的产生与发展大体经历了以下 5 个阶段：

1. 基本 MRP 阶段

20 世纪 40 年代，为解决库存控制问题，人们提出了订货点法。当时，计算机信息系

---

① 美国生产与库存管理协会（APICS）成立于 1957 年，总部位于美国弗吉尼亚州的 Alexandria 市，是 MRP、MRP Ⅱ、JIT、ERP 等现代管理信息系统普及推广的权威机构。目前，在全球有约 6 万名会员，最多时达到 7.2 万名会员。协会下设流程工业、重复生产、中小型制造业、约束管理等专业小组，不定期举办研讨会和培训班，出版各种相关图书和培训教材。该协会每年 10 月召开一次国际年会，并出版会议录。

统还没有出现。任何制造业都是围绕它的产品开展经营生产活动的，解决订货点在处理需求计划上的不足，也是从分析企业的产品入手的。

制造业的管理者当时最头痛的事情是产供销脱节问题。销售部门好不容易签订了销售合同，生产部门说计划排不下去；一旦生产计划能安排了，供应部门又说物料来不及采购。在仓库里，生产要用到的物料经常处于短缺状态，而没有用到的物料却又长期处于大量积压状态。MRP（Material Requirements Planning）就是要解决这个头痛的产供销问题，用通俗的话说，MRP 就是一种"既要不出现物料短缺，又不要积压库存"的计划方法。

计算机系统的发展，使得短时间内对大量数据的复杂运算成为可能，人们为解决订货点法的缺陷，提出了 MRP 理论。60 年代中期，美国 IBM 公司的约瑟夫·A. 奥列基博士（Joseph A. Orlicky）提出把产品中的各种物料分为独立需求（Independent Demand）和相关需求（Dependent Demand）的两种类型，并按需要使用的时间的先后（优先级）及提前期的长短，分时段确定各个物料的需求量。我们把这个阶段称为基本 MRP 阶段。

2. 闭环 MRP 阶段

20 世纪 70 年代，随着人们认识的加深及计算机信息系统的进一步普及，MRP 的理论范畴也得到了发展。为解决采购、库存、生产、销售的管理，发展了生产能力需求计划、车间作业计划以及采购作业计划理论，作为一种生产计划与控制系统——闭环 MRP（Closed-loop MRP）出现了。

MRP 系统要能正常运行，首先需要有一个相对稳定、现实可行的生产计划。但是，计划的可执行性必须符合客观实际，信息必须及时地上下内外沟通；既要有自上而下的目标和计划信息，又要有自下而上的执行和反馈信息。这里，客观变化包括企业外部市场需求的变化，也包括企业内部生产能力和各种资源的变化。于是，在 MRP 的基础上增加了能力计划和执行计划的功能，进一步发展成为闭环 MRP。闭环指的是，信息的闭环和管理运作的闭环。

MRP 生成的需求计划，只是一种建议性的计划，是否有可能实现，还不能肯定。因此，需求计划必须同能力计划结合起来，反复运算，经过平衡后才有可能执行。换句话说，能力同负荷必须平衡，超出能力的计划是不可能实现的。闭环 MRP 体现了一个完整的计划与控制系统，它把需要与可能结合起来，或者说把需求与供给结合起来。闭环 MRP 系统的实质是实现有效控制，只有闭环系统才能把计划的稳定性、灵活性和适应性统一起来。

在这两个阶段，丰田生产方式（看板管理）、JIT（准时生产）、TQC（全面质量管理）以及数控机床等技术或管理思想相继出现。

3. MRP Ⅱ 阶段

20 世纪 80 年代，随着计算机网络技术的发展，企业内部信息得到充分共享，MRP 的各子系统也得到了统一，形成了一个集采购、库存、生产、销售、财务、工程技术等为一体的子系统。作为一种企业经营生产管理信息系统——MRP Ⅱ（Manufacturing Resource Planning，制造资源计划）出现了。这一阶段同时出现了一种管理思想——CIM（计算机集成制造）。

闭环 MRP 虽然是一个完整的计划与控制系统，但是，它还没有说清楚执行计划以后会给企业带来什么效益，这种效益又是否实现了企业的总体目标。企业的经营状况和效益终究是要用货币形式来表达的。为了实现物流与资金流的统一，当时人们为每个物料定义标准成本和会计科目，建立物料和资金的静态关系。为各种库存事务（如物料的移动和数量、价值的调整）建立凭证，定义相关的会计科目和借贷关系，来说明物流和资金流的动态关系。

1997 年 9 月，美国著名的生产管理专家奥列弗·W. 怀特（Oliver W. Wight）在美国《现代物料搬运》（*Modern Materials Handling*）月刊上由他主持的物流管理专栏中，首先倡议给同资金信息集成的 MRP 系统一个新的名称——制造资源计划。为了表明它是 MRP 的延续和发展，用了同样以 M、R、P 为首的三个英文名词，为了与物料需求计划相区别，在 MRP 后加上罗马数字"Ⅱ"，可以说是第二代 MRP。

4. ERP 阶段

进入 20 世纪 90 年代，随着市场竞争的进一步加剧，企业竞争空间与范围的进一步扩大，MRP Ⅱ 由主要面向企业内部资源的全面计划管理的思想，逐步发展成为怎样有效利用和管理整体资源的管理思想，ERP（Enterprise Resources Planning，企业资源计划）随之产生。

1990 年 4 月 12 日，由 Gartner Group 公司①发表的以《ERP：下一代 MRP Ⅱ 的远景设想》（*ERP：A Vision of the Next-Generation MRP Ⅱ*）为题，由 L. Wylie 署名的研究报告第一次提出了 ERP 概念。这份研究报告虽然只有 2 页纸，但却是一份非常具有前瞻性的精辟的报告。

之后，Gartner 公司又陆续发表了一系列的分析和研究报告，例如由 J. Borelli 署名的《ERP 的功能性》（*ERP Functionality*），由 E. Keller 署名的《实现 MRP Ⅱ 到 ERP 的跨越》（*Making the Jump from MRP Ⅱ to ERP*）以及多次对各软件商的 ERP 产品的技术与功能的分析评价报告等。值得注意的一点是：所有这些研究报告都是归类于"计算机集成制造"（CIM）类别中，说明 ERP 本来是一种用于制造业的信息化管理系统。

1993 年，ERP 的概念已经比较成熟和更为现实，Gartner Group 公司以《ERP：远景设想的定量化》（*ERP：Quantifying the Vision*）为题发表的会议报告用了 26 页的篇幅比较详尽地阐述了 ERP 的理念和对今后三五年内可能实现的情况的估计（用概率百分数表示），深刻阐明了 ERP 的实质和定义，是 ERP 发展史上的一篇极其重要和具有较高分析水平的文献。

5. ERP 理论不断扩展的阶段

20 世纪 90 年代后期，因特网逐渐普及，电子商务风靡全球，地球变成了平的。原有的 ERP 理论与应用不能完全满足许多大型跨国公司的实际需求，ERP 理论面临革新。

---

①　Gartner Group 公司成立于 1979 年，总部位于美国康涅狄格州的 Stanford 市，是世界著名的信息技术系统项目论证与决策的权威机构。该公司的研究范围覆盖了全部 IT 产业，提供信息技术领域的综合研究顾问、市场研究、项目咨询和 IT 实施评测等服务，帮助客户作出正确选择。世界 500 强企业中，82% 是该公司的客户。该公司有员工 4300 多名，包括 1400 多位世界级 IT 分析专家，在全球拥有 80 多个分支机构、5 个研究中心。

Gartner Group 率先提出了 "ERP Ⅱ" 的概念，并指出企业面临的正是一场由 ERP 向 ERP Ⅱ 的变革。虽然 ERP Ⅱ 并没有成为大家竞相模仿的对象，但是不同的 ERP 软件开发商都不约而同地根据自己软件的特色扩展了 ERP 软件的各项功能或能力。10 年后，ERP 软件在功能、web 应用和第三方软件集成上都有不同程度的扩展。

对很多企业来说，信息化就像一条不归路。好不容易上了一套 ERP 把内部的进销存的流程理顺了，又发现客户服务、供应链方面的流程跟不上，成为企业高效运作中新的短板。企业信息化不仅要看到自己内部的流程，而且要关注整个商业环境中的合作伙伴。信息化不再是自己关起门来说和做的事，因为电子商务时代是协同商务时代。

二、我国 ERP 的发展历程

我国 ERP 的发展历程大致经历了起步、外国软件大量进入和国产软件兴起三个阶段：

1. 起步阶段

20 世纪 80 年代初期，我国有一些机械制造业开始引进国外的 MRP Ⅱ 软件，推行 MRP Ⅱ 管理系统。我国机械工业的重点企业沈阳鼓风机厂在引进意大利鼓风机制造技术时，在国外看到信息化管理给生产管理带来的巨大效益，决定在引进技术的同时，引进 IBM 公司的 COPICS 软件。后来经过消化吸收，沈阳鼓风机厂成立了北方电脑公司，开发了适应本厂条件的 MRP Ⅱ 软件。该厂是国家 863 工程自动化技术领域 CIMS 主题的第一批重点应用工厂之一。

早期引进软件的企业还有沈阳第一机床厂，该厂以中德科技合作形式引进德国工程师协会提供的 INTEPS 软件。一期工程作为 "六五" 国家科技攻关成果通过鉴定，实施了以 MRP 为中心的计算机辅助生产管理系统；第二期工程又进行了大规模扩充，形成以 MRP Ⅱ 为中心的、较全面的企业管理系统。机床行业一度由于行业结构问题出现效益滑坡，影响了信息化管理系统继续前进的进程。

以上两个项目造就的大批人才至今依然在不同岗位发挥作用。

早期引进 MRP Ⅱ 系统的还有第一汽车厂、第二汽车厂、杭州汽轮机厂、西安仪表厂、天津纺织机械厂、科龙电器集团等。从以上情况来看，我国最早引进 MRP Ⅱ 系统的主要是带有机械加工性质的行业。

国内企业在实施 CIMS 系统（含 MRP Ⅱ）的过程中获得国际好评的，首先是北京第一机床厂，该厂引进了 InfoPower 公司的 MRP Ⅱ 软件。北京第一机床厂的 CIMS 系统在 1995 年先后获得总部设在美国的制造工程师学会（SME）的 "工业领先奖" 和联合国工业发展组织（UNIDO）的 "工业发展奖"。

2. 外国软件大量进入阶段

国外几家著名的计算机公司，自 20 世纪 80 年代以来都结合销售计算机产品（硬件），推出了各种版本的 MRP Ⅱ 软件，如 IBM 公司的 COPICS，HP 公司的 MM-PM，DEC 公司的 MANMAN，CDC 公司的 InfoPower，WANG 公司的 BN-CAPMS/VS，Bull 公司的 IMS7 等。这些外国公司尽管有的已经不复存在，软件也已落后过时，但是它们都曾努力把 MRP Ⅱ 的思想与方法介绍到中国来。如 DEC 公司为机械工业部设计研究院和北京自动化研究所举办的培训班，以及后来 Forthshift 公司举办的几次培训班，都是采用

APICS 的正规教材，由国外经过资格认证并有多年从事 MRP II 研究经历的专家担任授课教员，培养了我们国家的第一批 MRP II 专业人才，为促进我国管理信息化作出了不可磨灭的贡献。

进入 20 世纪 90 年代，又有不少国外的软件公司在我国设立了独资公司、代表处，或通过代理商直接销售商品软件。最早在中国成立公司的主要有 SSA、Forthshift 和 EMS（后被 IFS 合并），紧接着又有 QAD、Oracle、SAP、CA、JDE（后被 PeopleSoft 合并）、MRP9000、D&B、Avalon、Baan（后被 SSA 合并）、Symix（后改名为 FrontStep，并与 MAPICS 合并）、MAPICS、Scala、Intentia、IFS 等国外公司（其中有的已重组更名，有的已退出中国市场）。近年来，i2、PeopleSoft（后与 Oracle 合并）、Siebel 等国外软件公司也陆续进入中国，微软公司也推出了自己面向中小企业的管理软件，这些事例说明许多国外软件公司已经看到我国企业对 MRP II/ERP 软件日益增长的需求，它们在中国有着广阔的发展远景。

3. 国产软件兴起阶段

国内首先推出的 MRP II 商品化软件是机械工业部北京自动化研究所软件中心（利玛信息技术公司的前身）开发的 CAPMS 软件包。随后北京开思、上海启明等软件公司都相继推出了商品化软件。一些企业，如前面提到的北京第一机床厂，成立了北京并捷自动化技术服务中心，第一汽车厂成立了长春启明公司，都开发出了各自的国产软件。

这些国产 MRP II 软件可以说基本上是在消化了某个国外 MRP II 软件的基础上，结合国内的需求特点进行开发的，有较高的起点，软件产品都能体现 MRP II 的基本原理。之后，以开发或代理 MRP 起家的公司有：北京和佳软件、珠海通软、北京神州数码、金航数码等。从院校或研究单位扩展起来的公司有：天津企之星、南京金思维、西安博通等。还有数不清的 ERP 软件公司陆续脱颖而出，或面向某个行业，或面向某项业务（如分销）。不少中国台湾地区的软件公司如鼎新、汉康、天心也登陆内地。一些原来从事财务软件研发的软件公司，如用友、金蝶、浪潮、新中大等也从电算化会计向 ERP 系统转型。

国内外软件公司的情况总在不断变化，有分有合，有起有落，但是无论如何，众多软件的问世，必然会给企业带来更多的选择机会，为 ERP 系统在我国的普及创造了良好的条件。

总的来说，真正全面实施了 ERP 系统并取得整体效益的企业在逐渐增多，但还不够普遍。原因是多方面的，国内近 20 年来正反两方面的经验教训对指导今后 ERP 系统的实践很有价值，是一笔十分宝贵的知识财富。

第二节　物料需求计划

ERP 是在 MRP 和 MRP II 的基础上发展起来的，为了说明 ERP，还得从 MRP 讲起。当人们想使物流信息同资金流信息集成时，首先要做到物流信息的集成，在一个制造企业内部也就是产、供、销三方面信息的集成。MRP 的原理是制造业企业信息化时必须理解和掌握的，几乎所有 ERP 软件都包含 MRP 的功能，MRP 可以说是 ERP 的核心。

一、库存控制订货点法

在 MRP 问世之前，库存计划通常采用订货点法（Order Point）。订货点法是一种使库存量不低于安全库存的库存补充方法：当库存量降到某一点（订货点），剩余的库存量（扣除安全库存）可供消耗的时间刚好等于订货所需的时间，此时就要下订单补充库存，这个时刻的库存量称为订货点。

订货点 = 订货提前期起始时的库存量 + 安全库存量

在稳定消耗的情况下，订货点是一个固定值。当消耗加快时，如果保持订货点不变，就会消耗安全库存；如果还要保持一定的安全库存，就必须增加订货量以补充消耗掉的安全库存；如果不增加订货量，又不消耗安全库存，就必须提高订货点，即提前订货。相反，如果消耗减缓，就要降低订货点。因此，对需求量随时间而变的物料，订货点会随消耗速度的快慢而升降，无法设定一个固定的订货点，其逻辑图如图 5.1 所示。

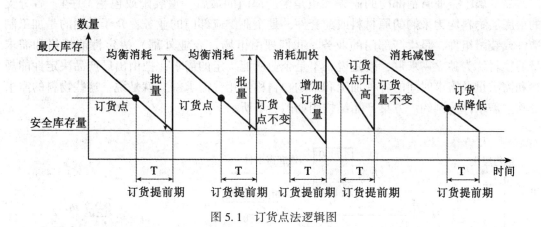

图 5.1　订货点法逻辑图

订货点法曾引起了人们广泛的关注，然而在实际应用中却不易实现。其原因在于，订货点法是在某些假设之下追求数学模型的完美。

订货点法的假设如下：

① 对各种物料的需求是相对独立的；

② 物料需求是连续发生的；

③ 提前期是已知的和固定的；

④ 库存消耗之后，应被重新填满；

以上假设在企业的实际运作中是很难实现的，因此也引发了人们对新的管理方法的思考。

二、产品结构模型

在 20 世纪 60 年代中期，当时 IBM 公司的约瑟夫·奥列基博士，对产品的结构，也就是生产上常提到的物料清单（Bill of Materials，BOM）表，进行了深入的研究，提出了独立需求物料和相关需求物料这两个概念。独立需求是与任何其他需求无关的需求，常见的方式就是客户的订单需求。理想情况下这类需求是均衡出现的，但由于市场因素，独立需求也会有所波动；相关需求是指由其他需求产生的物料需求，如原材料、不直接销售的零部件等，相关需求的数量是根据独立需求的数量计算得到的。

通过把产品 BOM 表放到时间轴上，考虑独立需求物料和相关需求物料的加工提前期及采购提前期，计算出不同时间段上各个物料的需求量和采购量，这样，就可以合理地安排不同时间段内各个物料的生产量和采购量，从而一方面确保了生产的稳定性，减少了缺料断货现象，另一方面优化了企业的库存结构，降低了库存量，减少了资金的占用。

任何制造业的产品，都可以按照从原料到成品的实际加工装配过程，划分层次，建立上下层物料的从属关系和数量关系，确定产品结构。MRP 的数据模型就是以时间为坐标的产品结构模型。

下面我们以制造一个简单的方桌为例，来解释产品结构模型。

方桌这类产品的产品结构是一个上小下宽的正锥形树状结构，其顶层"方桌"是出厂产品，属于企业营销部门的业务（也是生产部门的最后一道装配或包装工序）；各分支的最底层物料均为采购的原材料或配套件，是企业供应部门的业务；介于其间的是加工制造件或装配组件，是生产部门的业务。我们把由市场（企业外部）决定性能规格和需求量的物料称为独立需求件，就是说，不是企业所能决定的需求；把由出厂产品决定性能规格和需求量及需求时间的各种加工和采购物料称为相关需求件，就是说，这些物料的需求受独立需求件的制约。方桌产品结构图如图 5.2 所示。

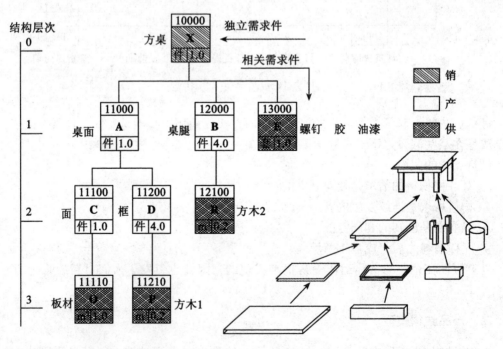

图 5.2　方桌产品结构图

如果我们把结构层次的坐标换成时间坐标，产品结构各个方框之间的连线代表生产周期和采购周期，那么得到的就是"时间坐标上的产品结构"图，如图 5.3 所示。现在，我们就可以根据需求的优先顺序（完工日期或需用日期的先后），按照加工或采购周期的长短，以需求日期为基准倒排计划。时间坐标上的产品结构图相当于关键路线法中的网络计划图，累计提前期最长的一条线相当于产品生产周期中的关键路线，它把企业的"销产供"物料的数量和所需时间的信息集成起来，是物料需求计划基本原理的核心。

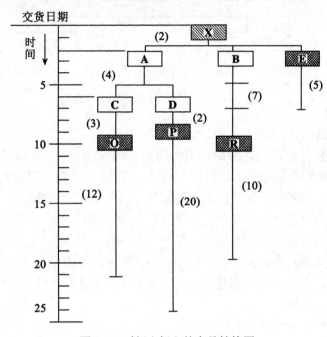

图 5.3　时间坐标上的产品结构图

三、物料需求计划的逻辑流程

MRP 的基本任务是：①从最终产品的生产计划（独立需求）导出相关物料（原材料、零部件等）的需求量和需求时间（相关需求）；②根据物料的需求时间和生产（订货）周期来确定其开始生产（订货）的时间。

MRP 的基本内容是编制零部件的生产计划和采购计划。然而，要正确编制零部件的生产计划和采购计划，首先必须落实产品的产出进度计划，用 MRP 的术语表示就是主生产计划（Master Production Schedule，MPS），这是实施 MRP 的依据。MRP 还需要知道产品的零部件结构，即物料清单，才能把主生产计划展开成零部件计划；同时，必须知道库存数量才能准确计算出零部件的采购数量。因此，实施 MRP 的依据是：①主生产计划（MPS）；②物料清单（BOM）；③库存信息。它们之间的逻辑流程关系如图 5.4 所示。

从逻辑流程图上看，MRP 主要回答了以下四个问题：

① 生产什么？

② 要用到什么？

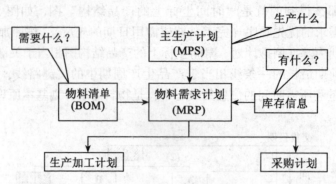

图 5.4 MRP 的逻辑流程图

③ 已经有了什么?

④ 还缺什么? 什么时候下达采购或加工计划?

这四个问题是任何制造业在编制计划都要回答的问题, 被人们称为 "制造业的通用公式"。第一个问题指的是为了满足市场 (或客户) 需求需要出厂的产品, 是独立需求件。产品的出厂计划是根据销售合同或市场预测, 由主生产计划确定的。第二个问题指的是产品结构或某些在制造过程中必要的资源 (如能源、工具等), 由产品信息或物料清单来回答。物料清单是计算机可识别的产品结构数据文件, 是 MRP 的主导文件。第三个问题由库存信息, 或者说, 由物料的可用量来回答。物料的可用量不同于手工管理的库存台账, 它是一种动态信息。第四个问题指的是需要采购或加工的物料, 它由主生产计划、物料清单和物料的可用量决定。

主生产计划、物料清单和物料的可用量 (即库存信息) 是运行 MRP 的三项基本输入数据, 它们都是手工管理中不曾用到的新概念。其中, 主生产计划是最关键的输入信息, 它必须能够准确地反映市场需求, 它决定物料需求计划的必要性、可行性和稳定性; 另外两项是计算需求数量和时间的基础数据, 它们的准确性直接影响 MRP 的运算结果。

四、主生产计划

MRP 的三项主要输入, 首先就是主生产计划 (MPS)。MPS 以出厂产品为对象, 按每一种产品分别显示计划报表。报表的生成主要是根据预测和合同信息, 显示该产品在未来各时段的需求量、库存量和计划生产量。MPS 报表的格式有横式和竖式两种; 横式报表说明需求计算的来龙去脉, 竖式报表说明供应数量和时间与需求数量和时间的对应关系。表 5-1 是一种 MPS 横式报表。

MPS 报表与传统的手工计划报表有一些不同之处。首先, 由于它要提供每种出厂产品的各种相关信息, 因此一张报表只说明一种产品的计划 (当然, 也可以在此基础上开发能列出各个时间段各种产品的出厂计划表, 但信息的重点内容会有变化)。其次, 在表的上端横向显示的时间段是可以根据管理的需要人为设定的, 可以是周, 也可以设定为日、月、季、年, 也可以开始几个时间段是周, 接下来的时间段是月, 然后是季, 不断向前推移，体现滚动计划的精神，可以非常灵活地应用。

表 5-1　　　　　　　　　　　　　　　**主生产计划报表**

物料号：　　100000　　　　　　　　　　　　　　　　计划日期：　2000/01/31

物料名称：　X　　　　　　　安全库存量：　5　　　　计划员：　　CS

提 前 期：　1周　　　　　　批　　量：　10　　　　需求时界：　3

现有库存量：8　　　　　　　批量增量：　10　　　　计划时界：　8

时段	当期	1	2	3	4	5	6	7	8	9	10	11
		02/03	02/10	02/17	02/24	03/03	03/10	03/17	03/24	03/31	04/07	04/14
预测量		5	5	5	5	5	5	5	5	5	5	5
合同量		12	8	2	7	6		13	5		2	
毛需求		12	8	5	7	6	5	13	5	5	5	
计划接收量		10										
预计库存量	8	6	8	8	13	6	10	5	12	12	7	
净需求			7	2		5		13		3		
计划产出量			10		10		10		20		10	
计划投入量		10		10		10		20		10		
可供销售量		6	2		1		4		2		8	

　　主生产计划是沟通企业的前方（市场、销售）和后方（制造、供应）的重要环节。在主生产计划报表上，有来自市场、销售部门的预测和合同信息，有系统按照设定的规则计算出的毛需求、净需求、计划投入量、计划产出量，有系统根据初始库存及各个时段的净需求与产出的余额计算得出的各个时段的库存量，有系统根据某时段的计划产出量以及下一次计划产出之前各时段合同总量计算得出的各个时段的可供销售量，信息量相当丰富。主生产计划报表是一个体现了信息集成的报表，是一个前方（市场、销售）、后方（制造、供应）各部门都要经常查阅的管理文件。

五、物料清单

　　MRP 的第二项主要输入是产品信息，产品信息用物料清单（BOM）来体现。BOM 反映了产品结构，但它所包含的信息量要远远超过产品结构；它是在物料主文件的基础上建立的管理文件。物料主文件是描述物料各种管理属性和业务参数的管理文档，也可称为物料主记录或物料档案。一种物料可以出现在不同的产品上，但档案只有一份。物料主文件主要包含同设计管理、物料管理、计划管理、销售管理、成本管理、质量管理等相关的信息。BOM 的基本内容如表 5-2 所示。

表 5-2   **BOM 的基本内容**

物料号：10000   计量单位：件   批 量： 10   现有量： 8

物料名称：X   分类码： 08   提前期： 2   累计提前期：28

层次	物料号	物料名称	计量单位	数量	类型	生效日期	失效日期	成品率	累计提前期	ABC码
1	11000	A	件	1.0	M	19990101	19991231	1.00	26.0	A
1.2	11100	C	件	1.0	M	19990101	19991231	1.00	15.0	A
1.1.3	11110	O	平方米	1.0	B	19990101	19991231	0.90	12.0	B
1.2	11200	D	件	4.0	M	19990101	19991231	1.00	22.0	C
1.2.3	11210	P	立方米	0.2	B	19990101	19991231	0.90	20.0	C
1	12000	B	件	4.0	M	19990101	19991231	1.00	17.0	B
1.2	12100	R	立方米	0.2	B	19990101	19991231	1.00	10.0	C
1	13000	E	套	1.0	B	19990101	19991231	1.00	5.0	C

表 5-2 显示了 BOM 的基本内容。对制造业来讲，BOM 在 MRP/ERP 系统中是一个非常重要的管理文件，系统要通过它识别企业所生产的所有产品，几乎企业所有主要的业务部门都要用到它。BOM 如同一个管理枢纽，把各个部门的业务有机地联系在一起。

BOM 主要有设计 BOM 和制造 BOM 两种，此外还有计划 BOM、成本 BOM 等。设计 BOM 是一种设计文件，通常是从设计的功能结构的角度来定义产品结构，而制造 BOM 是一种管理文件，它从实际的制造过程来定义产品结构。制造 BOM 的最原始的出处是产品设计图纸，但它又不同于图纸上的零部件明细表。首先，它用数据报表形式来表达产品结构，依据的是从产品的实际加工装配一直到包装的顺序，而不是设计图纸上所标明的顺序（两者有时是很不一样的），列出结构层次和相关数量。其次，它包括了出厂产品不可缺少的一切物料，远远超出零部件明细表的内容（零部件明细表往往仅列出图纸上出现的物料）。此外，它还说明了哪些物料是自制的，哪些是采购的，说明了物料的有效期、成品率、提前期以及物料的 ABC 分类等计划管理和物料管理所需要的信息。制造 BOM 是一个管理文件而不是技术文件，其准确性非常关键。

六、物料可用量计算

MRP 的第三项主要输入是库存信息，通常用物料可用量即可以参与净需求计算的物料库存量表示。物料需求计划是一种分时段的计划，物料可用量也是按时段来显示的。

某时段的物料可用量=现有量+计划接收量-已分配量-不可动用量

在这里，计划接收量是指正在执行中的订单，目前不在库里，但预期在某个时段即将入库。已分配量指目前虽未出库但已分配用途的物料，它有两种情况：将要供应车间订单使用的原材料或半成品是"生产用分配量"，将要出库发运的成品或备件，是"销售用分配量"。如果规定了"不可动用量"，如等待质量检验或准备向外调拨的物料，也要扣除。

以上各种物料数量均按各个时段分别计算。

安全库存量是否动用，要事先在系统中设定；原则上需要时可动用，否则安全库存量的缓冲作用就失去意义。但当库存量低于安全库存量时，系统会自动生成净需求，提示要补充安全库存量。

七、闭环 MRP

20 世纪 60 年代的 MRP，可以根据有关数据计算出相关物料需求的准确时间与数量，但还不够完善，主要缺陷是没有考虑到生产企业的生产能力，也没有考虑采购的相关条件限制。因此，在计算出来的物料需求日期企业可能因生产能力的不足而不能生产，或因采购的原料不能按时到货而无法生产。在出现了这些情况以后，当时的 MRP 没有提供根据计划实施情况的反馈信息对计划进行调整的功能。

为了解决这些问题，在 70 年代 MRP 发展为闭环系统。闭环 MRP 系统把能力计划、车间作业计划和采购作业计划也全部纳入系统，配合物料需求计划，形成了一个封闭的系统。

MRP 系统要能正常运行，需要有一个相对稳定、现实可行的主生产计划。但是，各种客观情况总是不断变化的，企业必须能及时调整计划去适应客观变化，计划的可执行性必须符合客观实际，信息必须及时上下沟通。因此，在 MRP 的基础上必须增加能力计划和执行计划的功能；需求计划必须同能力计划结合起来，反复运算，经过平衡以后才能执行。能力同负荷必须平衡，超出能力的计划是不可能实现的。在闭环 MRP 阶段，根据对所有物料的需求，计算各个时段对每个能力单元（即中作中心）的能力需求，作出能力计划，对能力进行规划与调整，使之尽可能满足物料需求。此外，能力管理也包括在各个时间段内，合理地搭配组合各产品品种的产量，提高设备和设施的完好率，提高产品质量和物料的合格率以及合理利用企业能力资源等内容。闭环 MRP 的逻辑流程图如图 5.5 所示。

闭环 MRP 体现了一个完整的计划与控制系统，它把需求与能力结合起来，实现了有效的控制。一个生产管理软件最起码的模块配置只有实现闭环 MRP 系统，才能把计划的稳定性、灵活性和适应性统一起来。从闭环 MRP 的逻辑流程图可以看出，它在以下两个方面弥补了 MRP 的不足。

1. 能力计划

在每一个需求计划层，同时进行能力计划。对应于 MPS 层次，进行粗能力计划（RCCP），对应于 MRP 层次，要进行详细能力计划或能力需求计划（CRP）。

粗能力计划的输入项是生产产品所需的资源清单（资源清单的主要内容是列出少数关键工作中心以及加工产品和零部件使用这些关键工作中心的时间段与小时数）和关键工作中心能够提供的能力（各个时段的小时数）。在粗能力计划阶段我们要用到约束理论（TOC），找出制约产出量的瓶颈工序。

如果通过了粗能力计划运算，证实主生产计划是可行的，方可进入物料需求计划层次。物料需求计划需要通过能力需求计划来验证。能力需求计划的输入项是所有物料的工艺路线（工艺路线主要说明使用各个工作中心的时间段和小时数）和所使用的工作中心的平均可用能力。在大多数情况下，如果粗能力计划已经把所有瓶颈工序都考虑周到了，

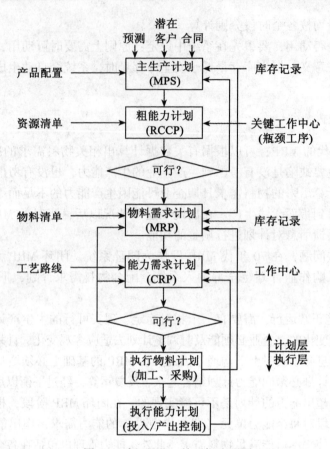

图 5.5   闭环 MRP 的逻辑流程图

可以不再进行能力需求计划。

2. 反馈信息

闭环 MRP 弥补 MRP 的另一个不足是增加了反馈信息。由 MRP 产生的计划经能力计划落实后，可以下达执行。执行的结果可以从两方面来核实：一方面是物料计划的执行情况，如采购件是否按时到货，加工件是否按时完成。另一方面是能力计划的执行情况，如工作中心的预计可用能力是否实现，是预计不准还是出现故障。如果计划的执行情况未能满足或不符合计划要求，必须把实际执行的信息反馈给计划部门，进行调整、修订以后，再下达执行。这就是说，闭环 MRP 验证了供应是否满足需求。如果有问题，应及时反馈修正，使需求计划正常执行。这样，既有自上而下的计划信息，又有自下而上的执行信息，形成一个闭环的信息流和业务流。

第三节   制造资源计划

如前所述，美国著名的生产管理专家奥列弗·怀特提出了制造资源计划 MRP Ⅱ 。但是，MRP Ⅱ 并不是取代了 MRP，MRP 仍然是它的核心。

一、战略与战术的统一

20 世纪 60 年代中期，美国 IBM 公司的约瑟夫·奥列基博士（Joseph A. Orlicky）首先开创了 MRP 系统，1970 年发展为闭环系统，形成了一个完整的计划与控制系统。由于企业经营业务的最终目的是在为客户和社会创造价值的同时，为企业带来价值或利润。因此，仅仅停留在生产计划的实现而没有说明盈亏情况是不够的。MRP 系统还没能说清楚计划完满执行以后是否给企业带来效益，这效益又是否实现了企业的总体战略目标，因此，还需要对照企业的经营目标，对实施信息化管理后的业绩进行评价。

企业的经营效益是用货币形式来表达的。20 世纪 70 年代末，MRP 系统已推行将近 10 年，一些企业提出了新的需求，要求系统在处理物料信息的同时，同步地形成并处理财务信息，如把产品销售计划用金额表示以说明销售收入；对物料赋予货币属性以计算成本和报价；用金额来表达采购和外协计划以编制预算；用金额表示库存量以反映资金占用等。总之，要求财务会计系统能够同步地从销售——生产——供应等核心业务系统获得资金信息，通过各种成本效益分析和财务分析随时控制和指导经营生产活动，使企业业务运作符合企业的总体战略目标。

为了做到这点，必须在 MRP 系统的基础上，把企业的宏观计划纳入系统，即把说明企业长远战略目标的经营规划（business plan）以及说明企业销售收入和产品系列关系的销售与运作规划（Sales and Operations Planning，S&OP）纳入系统中来。信息化管理必须为企业的发展战略服务，只有把宏观层次纳入系统中，才能保证 MRP 与企业宏观规划的一致性，才可以评价运行 MRP 的结果是否符合企业宏观规划的要求。

企业宏观目标必须可行，在 S&OP 层次协调好市场、销售、产品研发、生产、供应、财务、能力资源、库存各项业务的供需平衡，是系统计划层次的必要依据。但长期以来，许多 MRP Ⅱ 软件都没有重视 S&OP 功能，只是最近几年才又提上议事日程，并与 CRM（客户关系管理系统）的相关信息集成。

为了说明计划执行后的经济效益，还必须把产品成本计划与控制纳入系统的执行层中，并设置业绩评价流程，对照企业的宏观目标，评价计划执行的效果。在图 5.6 中，业绩评价放在流程的最下面，实际上，在任何一个层次，都要定期进行不同内容的业绩评价，流程图只是为表达简便才在最后出现一次。这样，闭环 MRP 进一步发展，集成物料流动同资金流动的信息，并通过财务和成本分析，控制和指导物流业务，形成一个完整的经营生产信息化管理系统，如图 5.6 所示。

MRP Ⅱ 的主线是计划与控制，包括对物料、成本和资金的计划与控制。

二、物流与资金流的信息集成

MRP Ⅱ 是通过静态集成与动态集成两种方式把物流和资金流的信息集成起来的。

1. 静态集成

在产品结构和工艺路线标准时间的基础上，采用自底向上累加成本的计算方法，为物料逐个定义价值（即管理会计中的标准成本）。同时，建立物料分类，使物料价值通过物料分类与会计科目相对应，从而建立物料和资金的静态集成关系。

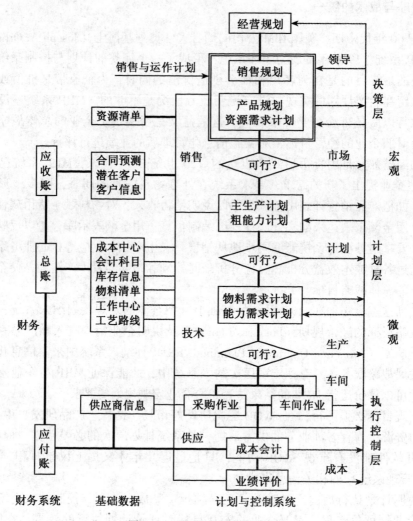

图 5.6　MRP II 的逻辑流程图

　　如果产品的成本计算不准，必然会带来一连串的问题。如：定价不准、利润不准、盈亏不清，这些问题将直接影响对产品发展方向的决策的正确性。如果成本不准，财务的资产负债表中的流动资产和存货金额是不可能准确的，损益表中的销售成本和利润也是不准的。就是说，传统的粗放管理，即使不是人为地故意做假账，也还是"不真实的账"。可见，实现物料信息同资金信息集成，成本是一个非常关键的切入点。

　　所谓"准"是指在允许的控制误差范围之内，贵贱、盈亏不能颠倒，并不是机械地理解为分毫不差。MRP II 系统基于管理会计，根据企业预期利润设置目标成本或标准成本，是控制成本，而不是事后核算成本。要分析实际成本与标准成本的差异，系统会提供详细的差异分析报告，以便查找原因，改进管理。

　　成本基于消耗信息，人工、材料定额不准、费用分配率不合理、缺少必要的计量仪表等因素都会影响成本计算的准确。为了做到消耗信息准确，会涉及许多管理上的问题。例如，如果工人的奖金是以"完成多少工时"为依据，那么工时定额就很难准确。如果企业搞车间承包，车间按"定额"领料，用不完也不退回仓库，那么材料消耗定额也很难准确。就是说，不合理的激励机制对数据的准确性有很大影响。如果一个大的联合厂房只是在进口处有一个总的流量计或电表，厂房内的各个部门都吃大锅饭，成本也很难控制。成本的准确度是按照管理的精细度要求确定的，这样就会遇到开拓信息的问题（如单位时间费率），要下工夫分析研究和设定。这些都是实施成本功能的难点所在；有难度，但不是不能克服的。

2. 动态集成

物料是要流动的，广义的流动可以归纳为四种状态，即物料的位置、数量、价值、状态的变化，每一项变化相当于进行一次"交易"（transaction），在 ERP 系统中习惯译为"事务处理"，与"账务处理"相呼应。要赋予每一项事务处理一个代码（或直接使用处理某项事务的程序号），同时定义与此代码相关的会计科目和各个科目上的借贷方关系，通过这样一种处理方式来说明物流和资金流的动态集成关系。

有些事务，例如，仓库发料和车间领料，是同一件事务的两面，通过事务处理代码的设定，也可以分析企业的业务流程是否有重复或脱节的现象，这有助于改进业务流程或作为业务流程重组时的参考。MRP Ⅱ系统对每一项事务处理都会自动建立凭证，记录业务过程，便于追踪业务流程和审计。如果业务流程被割断，或业务流程不完整，都会造成信息不完整，以及会计信息的丢失或差错。因此，要正确理解业务同财务的集成关系，并不是以谁为中心。

MRP Ⅱ系统将销售业务的相关信息同应收账集成起来，把采购业务和各种资金流出事项同应付账集成起来，物料库存价值的信息同总账集成起来。只要有业务发生，通过事务处理，就会实时地在相应的会计科目上出现记录，实现了物流信息同资金流信息的静态和动态集成。这是 MRP Ⅱ的主要特征。

三、MRP Ⅱ 的其他功能扩展

按照 APICS 出版的 *MRP Ⅱ Standard System*（《MRP Ⅱ标准系统》），MRP Ⅱ同闭环MRP 相比较，除了实现物流同资金流的信息集成外，还有一个区别就是增加了模拟功能。MRP Ⅱ不是一个自动优化系统，管理中出现的问题千变万化，很难建立固定的数学模型，不能像控制生产流程那样完全自动化。但是，MRP Ⅱ系统可以通过模拟功能，在情况变动时，对产品结构、计划、工艺、成本等进行不同方式的人工调整和模拟，预见到"如果怎样—将会怎样（what-if）"，得出多个模拟方案。通过多方案比较，用具体数字说话，寻求比较合理的方案。模拟是一种最简明易懂的决策工具。

模拟功能的流程图如图 5.7 所示。

除了同财务集成和模拟功能外，作为标准的 MRP Ⅱ系统同 MRP 相比，按照 APICS 的*MRP Ⅱ Standard System* 的规定，还应当包括工艺装备（工具）管理和业绩评价两方面的功能。

对一些制造业来说，工艺装备同物料、能力同样重要，不可或缺。在 MRP Ⅱ系统中可以用 MRP 和 CRP 子系统来处理工艺装备需求管理的问题。工艺装备如果自制，同样有

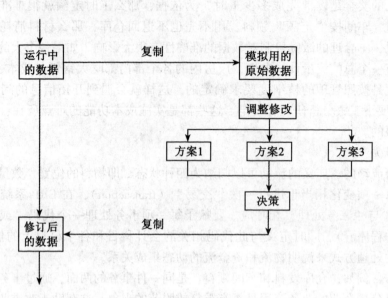

图 5.7　模拟功能的流程图

其物料清单（BOM）和工艺路线以及生产工艺装备的能力资源。如果是企业自己的工具车间加工，同样有车间订单；如果是外购，同样有选择供应商和采购订单的问题。可以运用产品结构的母件同子件的逻辑关系，将工艺装备挂在产品结构上，使工艺装备的消耗量同产品或零部件直接关联，并按照"谁消耗，谁承担"的原则，合理分摊消耗工艺装备的间接成本。

　　MRPⅡ系统的业绩评价功能（也称"绩效评估"）主要是评价数据的准确性、计划执行的实现率、交货履约率、供应商的业绩和客户的信誉度，APICS 的一些专家提出的 ABCD 核查表，基本上就是这样一些内容。

　　到了 ERP 阶段，业绩评价的内容更为扩大和实用，要同各种关键业绩指标（Key Performance Indicator，KPI）进行对比；而指标的设定，要用到"高标准定位"（benchmarking）的概念，它突出了全球竞争的意识，表明企业敢于同强手较劲。因此，早期的 ABCD 核查表显得有些不够了。目前，ERP 系统中对企业的业绩评价已有专项的企业业绩管理（Enterprise Performance Management，EPM，或 Business Performance Management，BMP）或供需链业绩管理（Supply Chain Performance Management，SCPM）的子系统来处理。

四、MRPⅡ的基本子系统配置

　　MRPⅡ系统的基本子系统配置如图 5.8 所示，它也是制造业 ERP 系统的核心部分。

　　图 5.8 中每一个子系统都有许多连线同其他子系统相连，说明相互之间的信息集成关系。不难看出，制造数据管理和库存管理的连线最多，说明它们包含运行 MRP 系统的主要输入数据。

　　图 5.8 中左上角的 EIS 系统是供高层管理人员正确决策时所使用的查询汇总信息的系

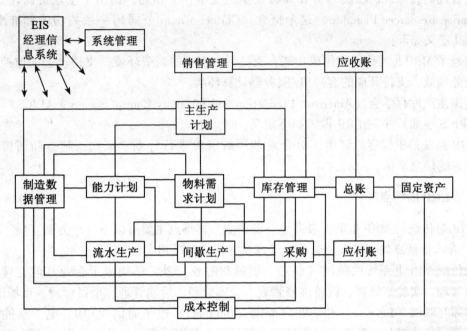

图 5.8　MRP Ⅱ系统的基本子系统配置

统，其英文是 executive information system（总裁信息系统）。当我们说MRPⅡ/ERP是以管理者所关心的精确信息来帮助决策，避免失误时，我们会一再强调：只有让一把手感到他们自己是实施 MRP Ⅱ/ERP 系统的最大受益者，他们才有可能成为实施 MRP Ⅱ/ERP 系统有力的支持者。

如果说 MRP Ⅱ系统提供的是单纯供查询用的报告，那么 EIS 提供的则是汇总的详细报告。当前的业务智能（BI）又进一步按照设定的业务模型规则，依靠数据仓库和数据挖掘技术，提供分析与决策支持功能。这三者之间有一种"一脉相承"的继承和发展关系。

当我们选择了软件，准备采取"分步实施"的策略时，不要忘记业务流程优化和信息集成的道理。例如，如果准备上销售系统，就应当同时上销售管理、仓库管理（成品库）、应收账款、总账等流程密切相关的子系统，就是说，即使是分步实施也要一组一组地上，而不是一个一个地上，不要割断流程的信息集成。否则，等于花钱买信息孤岛，同自行开发的单项业务系统没有什么实质性的区别，这不是信息化管理所追求的目标。

第四节　ERP

一、ERP 的定义

20 世纪 90 年代初，美国著名的 IT 分析公司 Gartner Group 根据当时计算机信息处理技术（Information Technology，IT）的发展和企业对供应链管理的需要，对信息时代以后制造业管理信息系统的发展趋势和即将发生的变革作了预测，提出了企业资源计划 ERP（Enterprise Resources Planning）这个概念。Gartner Group 公司用一系列功能标准来界定 ERP，其定义如下：

超越了 MRP Ⅱ 的范围和集成功能，支持混合方式的制造环境，支持动态的监控能力，提高业务绩效，支持开放的客户机/服务器计算环境。

美国生产库存学会（American Production and Inventory Control Society，APICS）在第 8 版《APICS 字典》中对 ERP 做了如下定义：

ERP 系统是根据客户订单，对企业范围的资源进行计划、采购、制造和销售确认，面向财务的信息系统。

二、ERP 的特点

ERP 对传统的 MRP Ⅱ 系统来讲是一场革命，其特点主要有以下三个方面：

1. 着眼于供应链，极大地扩展了管理信息集成的范围

除传统 MRP Ⅱ 系统的范围（制造、供销和财务）外，还集成了企业其他管理功能，如质量管理、实验室管理、设备维修管理、仓库管理、运输管理、项目管理、市场信息管理、国际互联网（Internet）和企业内部网（Intranet）、电子通信（EDI、电子邮件）、金融投资管理、法规与标准管理以及过程控制接口、数据采集接口等，成为一种覆盖整个企业的全面的管理信息系统。ERP 不仅着眼于供应链上各个环节的管理信息，而且汇合了离散型生产和流程型生产的特点，满足同时具有多种生产类型的企业的需要，扩大了软件的应用范围，使管理人员能在客观环境瞬息万变的情况下，时时掌握和交换更全面的信息，迅速作出决策。

2. 采用新的计算机技术

采用新的计算机技术，主要有图形用户界面技术（GUI）、结构化查询语言（SQL）、关系数据库管理系统（RDBMS）、面向对象技术（OOT）等，在软件设计上扩大了用户自定义的灵活性和可配置性，如定义运行参数、字段规范、工作流程、报表格式、菜单组合、屏幕内容等。实现供应链管理还要用到网络通信技术，结合因特网实现电子商务的功能。

3. 重新组合企业业务和信息流程

信息技术的发展扩大了信息的覆盖面，加快了信息传递的速度。因而，必然会带来企业业务流程、信息流程和机构的改革。当企业应用 ERP 时，首先需要运用企业流程再造的方法，重新组合企业业务和信息流程。

三、ERP 的核心构成模块

由于不同的 ERP 软件供应商的产品的风格与侧重点不尽相同，因而其 ERP 产品的模块结构也相差较大。在此，我们撇开实际的产品，从企业的角度来简单描述一下 ERP 系统的功能结构，即 ERP 能够为企业做什么，它的模块功能到底包含哪些内容。

ERP 是将企业所有资源进行整合集成管理，简单地说是将企业的三大流：物流、资金流、信息流进行全面一体化管理的管理信息系统。它的功能模块已不同于以往的 MRP

或 MRP Ⅱ 的模块，它不仅可用于生产企业的管理，而且在许多其他类型的企业如一些非生产性企业也可导入 ERP 系统进行资源计划和管理。

这里我们将以典型的生产企业为例来介绍 ERP 的功能模块。在企业中，一般的管理主要包括三个方面的内容：财务管理（会计核算、财务管理）、生产控制（计划、制造）和物流管理（分销、采购、库存管理）。这三大系统本身就是集成体，它们互相之间有相应的接口，能够很好地整合在一起对企业进行管理。随着企业对人力资源管理重视的加强，已经有越来越多的 ERP 厂商将人力资源管理作为一个重要的组成部分纳入了 ERP 系统。

（一）财务管理模块

企业中，清晰分明的财务管理是极其重要的。所以，在 ERP 整个方案中它是不可或缺的一部分。ERP 中的财务模块与一般的财务软件不同，作为 ERP 系统中的一部分，它和系统的其他模块有相应的接口，能够相互集成，比如：它可将由生产活动、采购活动输入的信息自动计入财务模块生成总账、会计报表，取消了输入凭证的烦琐过程，几乎完全替代以往传统的手工操作。一般的 ERP 软件的财务部分分为会计核算与财务管理两大块。

1. 会计核算

会计核算主要是记录、核算、反映和分析资金在企业经济活动中的变动过程及其结果。它由总账、应收账、应付账、现金管理、固定资产核算、多币制、工资核算、成本等模块构成。

（1）总账模块

它的功能是处理记账凭证输入、登记，输出日记账、一般明细账及总分类账，编制主要会计报表。它是整个会计核算的核心，应收账、应付账、现金管理、固定资产核算、多币制、工资核算、成本等各模块都以其为中心来互相传递信息。

（2）应收账模块

应收账模块是指企业应收的由于商品赊欠而产生的正常客户欠款账。它包括发票管理、客户管理、付款管理、账龄分析等功能。它和客户订单、发票处理业务相联系，同时将各项事件自动生成记账凭证，过入总账。

（3）应付账模块

会计里的应付账是企业应付购货款等，它包括发票管理、供应商管理、支票管理、账龄分析等。它能够和采购模块、库存模块完全集成以替代过去烦琐的手工操作。

（4）现金管理模块

它主要是对现金流入流出的控制以及零用现金及银行存款的核算。它包括对硬币、纸币、支票、汇票和银行存款的管理。在 ERP 中提供了票据维护、票据打印、付款维护、银行清单打印、付款查询、银行查询和支票查询等和现金有关的功能。此外，它还和应收账、应付账、总账等模块集成，自动产生凭证，过入总账。

（5）固定资产核算模块

即完成对固定资产的增减变动以及与折旧有关的基金的计提和分配的核算工作。它能够帮助管理者对目前固定资产的现状有所了解，并能通过该模块提供的各种方法来管理资产，以及进行相应的会计处理。

它的具体功能有：登录固定资产卡片和明细账，计算折旧，编制报表，以及自动编制转账凭证，并过入总账。它和应付账、成本、总账模块集成。

（6）多币制模块

这是为了适应当今企业的国际化经营，对外币结算业务的要求增多而产生的。多币制将企业整个财务系统的各项功能以各种币制来表示和结算，且客户订单、库存管理及采购管理等也能使用多币制进行交易管理。

多币制和应收账、应付账、总账、客户订单、采购等各模块都有接口，可自动生成所需数据。

（7）工资核算模块

自动进行企业员工的工资结算、分配、核算以及各项相关经费的计提。它能够登录工资、打印工资清单及各类汇总报表，计算计提各项与工资有关的费用，自动作出凭证，过入总账。这一模块是和总账，成本模块集成的。

（8）成本模块

它依据产品结构、工作中心、工序、采购等信息进行产品的各种成本的计算，以便进行成本分析和规划。还能用标准成本或平均成本法按地点维护成本。

2. 财务管理

财务管理的功能主要是对会计核算的数据加以分析，从而进行相应的预测、管理和控制活动。它侧重于财务计划、分析和决策：

财务计划：根据前期财务分析作出下期的财务计划、预算等。

财务分析：提供查询功能和通过用户定义的差异数据的图形显示进行财务绩效评估，账户分析等。

财务决策：财务管理的核心部分，中心内容是作出有关资金的决策，包括资金筹集、投放及资金管理。

（二）生产控制管理模块

这一部分是 ERP 系统的核心所在，它将企业的整个生产过程有机地结合在一起，使得企业能够有效地降低库存，提高效率。同时各个原本分散的生产流程的自动连接，也使得生产流程能够前后连贯地进行，而不会出现生产脱节，耽误生产交货时间。

生产控制管理是一个以计划为导向的先进的生产、管理方法。首先，企业确定它的一个总生产计划，再经过系统层层细分后，下达到各部门去执行。即生产部门以此生产，采购部门按此采购等。

1. 主生产计划

它是根据生产计划、预测和客户订单的输入来安排将来的各周期中提供的产品种类和数量，它将生产计划转为产品计划，在平衡了物料需求和能力后，精确到时间、数量的详细的进度计划。主生产计划是企业在一段时期内的总活动的安排，是一个稳定的计划，它是根据生产计划、实际订单和对历史销售分析得来的预测产生的。

2. 物料需求计划

在主生产计划决定生产多少最终产品后，再根据物料清单，把整个企业要生产的产品的数量转变为所需生产的零部件的数量，并对照现有的库存量，可得到还需加工多少，采购多少的最终数量。这才是整个部门真正依照的计划。

3. 能力需求计划

它是在得出初步的物料需求计划之后，将所有工作中心的总工作负荷，在与工作中心的能力平衡后产生的详细工作计划，用以确定生成的物料需求计划是否为在企业生产能力上可行的需求计划。能力需求计划是一种短期的、当前实际应用的计划。

4. 车间控制

这是随时间变化的动态作业计划，是将作业分配到具体的各个车间，再进行作业排序、作业管理、作业监控。

5. 制造标准

在编制计划中需要许多生产基本信息，这些基本信息就是制造标准，包括零部件、物料清单、工序和工作中心，它们都用唯一的代码在计算机中识别。

① 零部件，用来加工产品的各种物料。

② 物料清单，定义产品结构的技术文件，用来编制各种计划。

③ 工序，描述加工步骤及制造和装配产品的操作顺序。它包含加工的顺序，指明各道工序的加工设备及所需要的额定工时和工资等级等。

④ 工作中心，使用相同或相似工序的设备和劳动力组成的，从事生产进度安排、核算能力、计算成本的基本单位。

（三）物流管理模块

1. 分销管理

分销管理是从产品的销售计划开始，对销售产品、地区、客户等各种信息的管理和统计，并可对销售数量、金额、利润、绩效、客户服务作出全面的分析，这样在分销管理模块中大致有以下三方面的功能。

（1）对于客户信息的管理和服务

它能建立一个客户信息档案，对其进行分类管理，进而为其提供有针对性的客户服务，以达到最高效率地保留老客户、争取新客户。在这里，要特别提到的就是最近新出现的 CRM 软件，即客户关系管理，ERP 与它的结合必将大大增加企业的效益。

（2）对于销售订单的管理

销售订单是 ERP 的入口，所有的生产计划都是根据它下达并安排生产的。而销售订单的管理贯穿了产品生产的整个流程。它包括以下内容：

① 客户信用审核及查询（客户信用分级，用来审核订单交易）。

② 产品库存查询（决定是否要延期交货、分批发货或用代用品发货等）。

③ 产品报价（为客户作不同产品的报价）。

④ 订单输入、变更及跟踪（订单输入后，修正及订单的跟踪分析）。

⑤ 交货期的确认及交货处理（决定交货期和发货事务安排）。

（3）对于销售的统计与分析

这是系统根据销售订单的完成情况，依据各种指标作出统计，比如客户分类统计，销售代理分类统计等，再就这些统计结果来对企业的实际销售效果和客户服务进行评价。

① 销售统计（根据销售形式、产品、代理商、地区、销售人员、金额、数量来分别

进行统计）。

② 销售分析（包括对比目标、同期比较和订货发货分析，用来从数量、金额、利润及绩效等方面作相应的分析）。

③ 客户服务（客户投诉记录，原因分析）。

2. 库存控制

库存控制用来控制存储物料的数量，以便既保证稳定的物流支持正常的生产，又最小限度地占用资本。它是一种相关的、动态的以及真实的库存控制系统。它能够结合相关部门的需求，随时间变化动态地调整库存，精确地反映库存现状。这一系统的功能又涉及以下内容。

① 为所有的物料建立库存，决定何时订货采购，同时作为采购部门作采购计划、生产部门作生产计划的依据。

② 收到订购的物料，经过质量检验才能入库，生产的产品也同样要经过检验入库。

③ 收发料的日常业务处理工作。

3. 采购管理

确定合理的订货量、优秀的供应商和保持最佳的安全储备。能够随时提供订购、验收的信息，跟踪和催促外购或委托外部加工的物料，保证货物及时到达。建立供应商的档案，用最新的成本信息来调整库存的成本。具体如下：

① 供应商信息查询（查询供应商的能力、信誉等）。

② 催货（对外购或委托外部加工的物料进行跟催）。

③ 采购与委托外部加工的物料的统计（统计、建立档案，计算成本）。

④ 价格分析（对原料价格的分析，调整库存成本）。

（四）人力资源管理模块

以往的 ERP 系统基本上都是以生产制造及销售过程（供应链）为中心的。因此，长期以来一直把与制造资源有关的资源作为企业的核心资源来进行管理。但近年来，企业内部的人力资源，开始越来越受到企业的关注，被视为企业的资源之本。在这种情况下，人力资源管理，作为一个独立的模块，被加入 ERP 系统，和 ERP 系统中的财务、生产系统组成了一个高效的、具有高度集成性的企业资源系统。它与传统方式下的人事管理有着根本的不同。

1. 人力资源规划的辅助决策

对于企业人员、组织结构编制的多种方案，进行模拟比较和运行分析，并辅之以图形的直观评估，辅助管理者作出最终决策。

制定职务模型，包括职位要求、升迁路径和培训计划，根据担任该职位员工的资格和条件，系统会提出针对本员工的一系列培训建议，一旦机构改组或职位变动，系统会提出一系列的职位变动或升迁建议。

进行人员成本分析，可以对过去、现在、将来的人员成本作出分析及预测，并通过 ERP 集成环境，为企业成本分析提供依据。

2. 招聘管理

人才是企业最重要的资源。优秀的人才能保证企业持久的竞争力。招聘系统一般从以下几个方面提供支持：

① 进行招聘过程的管理，优化招聘过程，减少业务工作量；

② 对招聘的成本进行科学管理，从而降低招聘成本；

③ 为选择聘用人员的岗位提供辅助信息，并有效地帮助企业进行人才资源的挖掘。

3. 工资核算

① 能根据公司跨地区、跨部门、跨工种的不同薪资结构及处理流程制定与之相适应的薪资核算方法。

② 与时间管理直接集成，能够及时更新，对员工的薪资核算动态化。

③ 回算功能。通过和其他模块的集成，自动根据要求调整薪资结构及数据。

4. 工时管理

① 根据本国或当地的日历，安排企业的运作时间以及劳动力的作息时间表。

② 运用远端考勤系统，可以将员工的实际出勤状况记录到主系统中，并把与员工薪资、奖金有关的时间数据导入薪资系统和成本核算中。

5. 差旅费核算

系统能够自动控制从差旅费申请，差旅费批准到差旅费报销的整个流程。并且通过集成环境将核算数据导进财务成本核算模块中去。

四、ERP 的管理思想

关于 ERP 系统中的管理思想，不同的学者和企业有不同的观点。ERP 系统主要是针对制造业的，所以这种信息系统首先体现出与制造业相关的管理思想。从企业内部生产角度而言，计算机集成制造（CIM）当然是其主要管理思想；从企业外部沟通的角度而言，供应链管理的思想就是最核心的。还有很多其他的管理思想，如 JIT、虚拟制造、精益生产、敏捷制造等，由于本书在前面章节已经作了介绍，这里只介绍计算机集成制造和供应链管理。

1. 计算机集成制造（Computer Integrated Manufacturing，CIM）

计算机集成制造（CIM）是一种对企业生产制造与生产管理进行优化的哲理。这种哲理首先是 1974 年美国的 Joseph Harrington 博士在其论文 *Computer Integrated Manufacturing* 中提出的。其基本观点是：这是针对企业所面临的激烈市场竞争形势而提出的组织企业生产的一种哲理。其基本思想是：①制造企业中的各个部分（即从市场分析、经营决策、工程设计、制造过程、质量控制、生产指挥到售后服务）是一个互相紧密相关的整体；②整个制造过程本质上可以抽象成一个数据的搜集、传递、加工和利用的过程，最终产品仅是数据的物化表现。前者体现了集成的思想，它将企业决策、经营管理、生产制造、销售及售后服务有机地结合在一起；后者就是信息制造观的思想。计算机集成制造系统（Computer Integrated Manufacing System，CIMS）又称计算机综合制造系统，在这个系统中，集成化的全局效应更为明显。在产品生命周期中，各项作业都已有了其相应的计算机辅助系统，如计算机辅助设计（CAD）、计算机辅助制造（CAM）、计算机辅助工艺规划（CAPP）、计算机辅助测试（CAT）、计算机辅助质量控制（CAQ）等。这些单项技术原来都是生产作业上的"自动化孤岛"，单纯地追求每一单项技术上的最优化，不一定能够达到企业的总目标——缩短产品设计时间，降低产品的成本和价格，改善产品的质量和服务质量以提高产品在市场上的竞争力。计算机集成制造系统就是将技术上的各个单项信息处理和制造企业管理信息系统（如 MRP Ⅱ等）集成在一起，将产品生命周期中所有的功能，包括设计、制造、管理、市场等的信息处理全部予以集成。其关键是建立统一的全局产品数据模型和数据管理及共享的机制，以保证正确的信息在正确的时刻以正确的方式传到所需的地方。计算机集成制造系统的进一步发展方向是支持"并行工程"，即力图使那些为产品生命周期各阶段服务的专家尽早地并行工作，从而使全局优化并缩短产品开发周期。围绕着 Harrington 提出的这一思想，世界各国对 CIM 的定义进行了不断的研究和探索。

1985 年德国经济委员会（AWF）推荐的定义是："CIM 是指在所有与生产有关的企业部门中集成地采用电子数据处理，CIM 包括在生产计划与控制（PPC）、计算机辅助质量管理（CAQ）之间在信息技术上的协同工作，其中生产产品所必需的各种技术功能与管理功能应实现集成。"

日本能率协会在 1991 年完成的研究报告中对 CIM 的定义为："为实现企业适应今后所面临的环境的经营策略，有必要从销售市场开始对开发、生产、物流、服务进行整体优化组合。CIM 是以信息为媒介，用计算机把企业活动中多种业务领域及其职能集成起来，追求整体效率的新型生产系统。"

美国 IBM 公司 1990 年采用的关于 CIM 的定义是："应用信息技术提高组织的生产率和响应能力。"

欧共体 CIM-OSA 课题委员会关于 CIM 的定义为："CIM 是信息技术和生产技术的综合应用，旨在提高制造型企业的生产率和响应能力，由此，企业的所有功能、信息、组织管理方面都是一个集成起来的整体的各个部分。"

综合诸种定义，可以把 CIM 的定义归结为：利用计算机通过信息集成，把企业的生产经营活动整合起来，以提高企业对激烈多变的竞争环境的适应能力，求得企业的总体效益，使企业能够持续稳定地发展。

CIM 是一种组织现代化生产的哲理，863/CIMS 主题专家组通过近十年来对这种哲理的具体实践，根据中国国情，把 CIM 及 CIMS 定义为：CIM 是一种组织、管理与运行企业生产的哲理，它借助计算机硬件及软件，综合运用现代管理技术、制造技术、信息技术、自动化技术、系统工程技术，将企业生产全过程（市场分析、经营管理、工程设计、加工制造、装配、物料管理、售前售后服务、产品报废处理）中有关的人/组织、技术、经营管理三要素与其信息流、物流有机地集成并优化运行，实现企业整体优化，以达到产品高质、低耗、上市快、服务好，从而使企业赢得市场竞争。

在这里，CIMS 主题专家组强调了通过改善产品的 T（time，指产品上市时间）、Q（quality，产品的质量）、C（cost，产品的价格）、S（service，服务）以赢得竞争为目标。在系统全过程中，人是三要素和两种流集成优化、多种技术综合运用的核心。对于 CIMS 中的 M，不仅仅是针对制造业，还应扩展到管理等领域。

CIM 管理思想的提出，引起了各国的重视，许多国家纷纷将其列入国家重点计划，并取得了显著成效。如美国国家关键技术委员会把 CIM 列入影响美国长期安全和经济繁荣的 22 项关键技术之一。美国空军、国防部、国家标准研究院等政府部门都制定了发展 CIM 的战略规划。欧共体在 1984—1993 年对 CIM 应用进行资助。日本通产省 80 年代末制订了"智能制造系统"（IMS）计划等。目前，世界上的 CIM 产业已达数十亿美元/年，与 CIM 有关的系统集成、企业管理、工程设计及制造等相关技术都取得了长足的进展。

20 世纪 80 年代至 90 年代，CIM 进入了一个迅速发展的阶段，其在内涵上有了许多新的发展，并与许多新概念相结合，形成互补。例如人工智能（IA）、准时生产（JIT）、精益生产（Lean production）、敏捷制造（Agile manufacturing）、并行工程（Concurrent Engineering）等，研究这些方法及技术对应用 CIM 求得企业经营活动的总体优化有着不可低估的意义。

可以看出 CIM 管理思想的关键点是集成，CIMS 的关键点也是集成。即通过计算机网络技术、数据库技术等软硬件技术，把企业生产过程中经营管理、生产制造、售后服务等环节联系在一起，构成了一个能适应市场需求变化和生产环境变化的大系统。CIMS 不仅仅把技术系统和经营生产系统集成在一起，而且把人（人的思想、理念及智能）也集成在一起，使整个企业的工作流程、物流和信息流都保持通畅和相互的有机联系，所以，CIMS 是人、经营和技术三者集成的产物。

2. 供应链管理

供应链管理的概念在 20 世纪 80 年代也应运而生，它是指在人们认识和掌握供应链各环节的内在规律和相互联系的基础上，利用管理的计划、组织、指挥、协调、控制和激励职能，对产品生产和流通过程中各环节所涉及的物流、信息流、资金流等进行合理调控，以期达到最佳组合，发挥最高效率，以最小的成本为客户提供最大的附加值。供应链管理从建立合作机制或战略伙伴关系的新思维出发，从全局和整体的角度考虑产品的竞争力，使供应链从一种运作型的竞争工具上升为一种管理型的方法体系。供应链管理是一种集成的管理思想和方法，它执行供应链中从供应商到最终用户的物流的计划和控制等职能。供应链管理是一种新的管理策略，它把不同的企业集成起来以增加整个供应链的效率，注重企业之间的合作。

计算机网络的发展进一步推动了企业的全球化、网络化过程。虚拟制造、动态联盟等制造模式的出现，更加迫切地需要新的管理模式与之相适应。传统的企业组织中的采购（物资供应）、加工制造（生产）、销售等看似一个整体，但却是缺乏系统性和综合性的企业运作模式，已经无法适应网络化竞争的社会发展需要，而那种"大而全"，"小而全"的企业自我封闭的管理体制，更无法适应网络化竞争的发展需要。在这种背景下，供应链的概念产生了。在当前代全球制造、全球竞争加剧的环境下，不应将供应链理解成仅仅是一条简单的从供应商到用户的链，而应将其看做一个范围更广阔的网链结构模式，包含所有加盟的节点企业；供应链不仅是一条连接供应商到用户的物料链、信息链、资金链，而且还是一条增值链，物料在供应链上因加工、包装、运输等过程而增加其价值，给相关企业带来收益。

美国供应链协会认为：供应链涉及从供应商到顾客的最终产品的生产与交付的一切努力。供应链管理包括贯穿于整个渠道来管理供应与需求、原材料与零部件采购、制造与装配、仓储与存货跟踪、订单录入与管理、分销，以及向顾客交货。

哈里森（Harrison）将供应链定义为："供应链是采购原材料，将它们转换为中间产品和成品，并且将成品销售到用户的功能网。"菲利浦（Phillip）和温德尔（Wendell）认为供应链中战略伙伴关系是很重要的，通过建立战略伙伴关系，可以与重要的供应商和用户更有效地开展工作。

我国于2001年发布实施的《物流术语国家标准》对供应链的定义是：生产及流通过程中涉及将产品或服务提供给最终用户的活动的上游和下游企业所形成的网链结构。同时该标准将供应链管理定义为利用计算机网络技术全面规划供应链中的商流、物流、信息流、资金流等，并进行计划、组织、协调与控制。

从上述的定义我们可以看出，供应链的定义包含两个层面上的内容：一是供应链本身是一个网链结构，网链中的节点是由各个相关联的上下游企业组成的；二是供应链是一种业务流程模型，通过对各企业内部以及企业之间的物流、信息流和资金流的控制，完成由顾客需求开始到提供给顾客所需要的产品与服务的整个过程。最先出现的是内部供应链的概念，指由企业内部产品生产和流通过程中涉及的采购部门、生产部门、仓储部门、销售部门等组成的供需网络。而外部供应链则注重供应链的外部环境，是指由企业外部与企业相关的产品生产和流通过程中所涉及的原材料供应商、制造商、储运商、零售商以及最终消费者组成的供需网络。

根据供应链的定义，其结构可以简单地归纳为图5.9所示的模型。

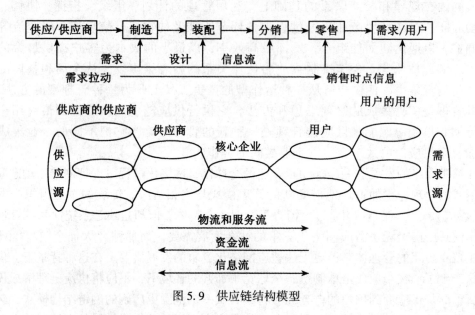

图5.9   供应链结构模型

五、ERP 的理论扩展

随着信息技术的快速变化，ERP 的理论也在不断扩展，主要体现在以下三个方面：

1. ERP 功能的扩展

ERP 功能的扩展又包括以下三个方面：

（1）增加 PDM 功能

产品数据管理（PDM）将企业中的产品设计和制造全过程的各种信息、产品不同设计阶段的数据和文档组织在一个统一的环境中。随着计算机集成制造和并行工程日益发展，PDM 愈显重要。CAD 和 ERP 厂商都将 PDM 作为自己的产品来发展。在 ERP 方面，BAAN 公司生产出自己的 PDM 产品，实现了设计数据、产品构型、设计文档、有效性控制等功能。在 Oracle 的 Manufacturing 10SC 中的工程数据管理是面向企业新产品开发和研制的，简化了系统在新产品投产时的准备工作量。BPCS 的 C/S 版以及 SAP 的 R/3 中都直接加入了与 PDM 相重叠的功能，增加了对设计数据和设计文档的应用和管理，减少了 MRP Ⅱ 庞大的数据管理和数据准备的工作量。R/3 和 BAAN 的 PDM 还能直接与 CAD 软件相连接。

（2）增加了工作流功能

对工作流（Work flow）的需求是与无纸管理及 EDI 在 ERP 软件中的应用同时发生的。使用 EDI 以后就出现了电子文档（电子的计划文件、电子订单或工程更改文件）在要求的时间按照规定好的路线传递到指定的人员处的问题，必须采用工作流管理进行控制。在 Oracle 的 Manufacturing 10SC 中已加入了工作流管理模块，这是一个集成的、基于规则的、自动和连贯的工作流管理程序。全面的工作流规则保证与时间相关的业务信息，诸如对采购订单需求的核准，能够自动地在正确的时间流转到指定的人员处。对工作流的管理使 ERP 的功能扩展到办公自动化和业务流程的控制之中。

（3）增加数据仓库和联机分析处理功能

MRP Ⅱ 或 ERP 软件的基本特征是联机事务处理。而对于企业高层管理者来说，从规模庞大、数据完整的 ERP 系统中直接获取对他进行宏观决策时所需的数据是很困难的。20 世纪 90 年代中期出现了数据仓库和联机分析处理技术，新一代的 ERP 软件立即将其综合进去，为用户提供企业级宏观决策的分析工具。Manufacturing 10SC 版本的 "Application Data Warehouse"（应用数据仓库）模块就是一个功能强大的基于 DW 和 OLAP 技术的决策支持集成环境。SAP 利用它的业务应用程序接口 BAPI 将第三方的 DSS 和 OLAP 软件集成进来。Information Builder 公司将为 R/3 的用户提供数据仓库软件包，Business Objects 与 SAP 联合开发了一个针对 R/3 的集综合查询、报表和 OLAP 于一体的 DSS 版本。

2. 向 Internet 扩展

由于经济全球化和互联网的快速普及，ERP 向 Internet 转移已经成为一种趋势。Oracle、SAP 和 BAAN 都在争先恐后地把它们的 ERP 应用程序 "Web 化"。

① 建立能使现有应用程序结构与 Internet 协议进行通信的桥连技术。1996 年 3 月 SAP 公司展示了其 Internet R/3 软件，为销售、产品配置、库存及采购模块提供 Internet 访问功能。R/3 使用户通过客户端的 Web 浏览器来访问 R/3 应用软件包，进行企业内部和企业与客户之间的访问。Oracle 公司在它的 Application 最新版本中加入了 Internet Commerce 新模块。

② 增加新的基于 Web 的应用程序。Oracle 公司发布了 3 个以 Web 浏览器为前端的应用套件，允许企业外部的授权供应商、客户或企业内部某些经授权的工作人员通过一个标准的 Web 浏览器远程进入 ERP 系统，完成输入订单、监督装运、检查付款、查看供货协

议、监督库存、查验收据、审批支付状况、浏览产品目录等业务。SAP 公司已宣布将与 One Wave 公司一起为它的大型客户的人事管理、服务管理、采购和财务报告应用程序推出基于 Web 的客户机程序。而另一家著名的 ERP 软件厂商 J. D. Edwards 已经在销售一个名叫 One World 的财务应用程序套件，并正在致力于为全套应用程序提供 Web 前端的努力。

③ 改写原有的应用。应用软件厂商正忙着把应用程序建立在网络计算环境中，使应用程序的代码完全适合 Internet。这些公司计划把它们的应用程序重新建立在数以百计的基于 Java 小程序的部件（cartridge）和模块上。BAAN 公司在其签署的一项协议中，表示计划建立基于 Sun 公司的 Java 且基于部件的 C/S 应用软件。Oracle 许诺在 1997 年底之前使所有的软件都 Java 化，并通过 Oracle 网络计算结构（NCA）将应用软件转换成更为分布化的系统。Oracle 的许多功能都将变成能插入 NCA 的新结构。J. D. Edwards 计划在 18 个月内交付他们由 40000 个部件组成的 ERP 应用程序套件。SAP 公司已经推出了代表 R/3 系统的 170 种部件。

舆论看好以浏览器为客户机的 Internet 网络计算方式。但对于繁杂的制造业应用软件分布化以及把大型应用软件分成为小构件，重建应用程序部件将是十分困难的。

3. 第三方软件集成扩展

采用一种新的将第三方软件集成到 ERP 中去的方法，称为业务应用程序接口（Business Aplication Programming Interface，BAPI），这是一个标准化的开放接口。有了 BAPI，用户可以通过浏览器、电子邮件来使用 ERP 系统，用户可以将这些软件模块与非 ERP 软件混合匹配使用。

用户可以按需求单独更新某一个模块，而没有必要为了增强某一个功能对系统进行全面升级。用户用逐个模块更新的办法增强系统的功能，而不必更换整个系统。

BAPI 技术对 ERP 软件的开发商来说是非常重大的进步。一个软件公司无论多么强大，也无法独自开发出包括企业全部管理功能的软件。在技术上必须有能力把第三方软件接在自己的核心软件上。SAP 和 Oracle 应用的 BAPI 能够使自己的软件具有"无限"的扩展能力。

从以上三个方面来看，ERP 又发展到了一个新的阶段。

本 章 小 结

1. 欧美国家 ERP 的发展从 20 世纪 60 年代开始，经历了 5 个发展阶段，包括：基本 MRP 阶段、闭环 MRP 阶段、MRP II 阶段、ERP 阶段和 ERP 理论不断扩展的阶段；我国 ERP 的发展从 20 世纪 80 年代开始，经历了 3 个发展阶段，包括：起步阶段、国外软件大量进入阶段和国产软件兴起阶段。

2. 首先，MRP 的产生就是要解决传统库存控制订货点法存在的问题，订货点法曾引起人们广泛的关注，然而在实际应用中却不易实现，因此需要新的管理思想或方法；任何制造业的产品，都可以按照从原料到成品的实际加工装配过程，划分层次，建立上下层物料的从属关系和数量关系，确定产品结构，MRP 的数据模型就是以时间为坐标的产品结构模型；MRP 的基本内容是编制零部件的生产计划和采购计划，要正确编制零部件计划，首先必须落实产品的产出进度计划，即主生产计划。MRP 还需要知道产品的零部件结构，即物料清单，才能把主生产计划展开成零部件计划。同时必须知道库存数量才能准确计算出零部件的采购数量；MRP 的三项主要输入，首先就是主生产计划；MRP 的第二项主要输入是产品信息，产品信息用物料清单（BOM）来体现；MRP 的第三项主要输入是库存信息，通常用物料可用量表示，也就是可以参与净需求计算的物料库存量。物料需求计划是一种分时段的计划，物料可用量也是按时段来显示的；MRP 的主要缺陷是没有考虑到生产企业的生产能力，也没有考虑采购的相关条件限制。因此，在计算出来的物料需求日期企业可能因生产能力的不足而不能生产，或因采购的原料不能按时到货而无法生产。当时的 MRP 没有提供根据计划实施情况的反馈信息对计划进行调整的功能，因此出现了闭环 MRP。

3. 由于企业经营业务的最终目的是在为客户和社会创造价值的同时，为企业带来价值或利润。因此，仅仅停留在生产计划的实现而没有说明盈亏情况是不够的。MRP 系统还没能说清楚计划完满执行以后是否会给企业带来效益，这种效益又是否实现了企业的总体战略目标，因此 MRP Ⅱ 的首要目标就是寻求企业战略与战术的统一。为了达到此目标，要求物流与资金流的信息集成，MRP Ⅱ 是通过静态集成与动态集成两种方式把物流和资金流的信息集成起来的；作为标准的 MRP Ⅱ 系统同 MRP 相比，按照 APICS 的 MRP Ⅱ Standard System 的规定，还应当集成财务管理功能、模拟功能、工艺装备（工具）管理功能和业绩评价功能；MRP Ⅱ 的基本子系统包括：物料需求计划、能力计划、主生产计划、库存管理、销售管理、制造数据管理、采购和财务管理等。

4. ERP 系统是根据客户订单，对企业范围的资源进行计划、采购、制造和销售确认的信息系统。ERP 对传统的 MRP Ⅱ 系统来讲是一场革命，其特点主要有：①着眼于供应链，极大地扩展了管理信息集成的范围。②采用新的计算机技术。③重新组合企业业务和信息流程。关于 ERP 的管理思想，主要介绍了计算机集成制造和供应链管理；20 世纪 90 年代以后，ERP 的理论又在功能、互联网应用和第三方软件集成上进一步扩展了。

参 考 阅 读

[1] *APICS Dictionary*, 11th Edition, APICS Professional Bookstore, 2004. http：//www. apics. org/resources/dictionary/results. asp.

[2] ［美］Scott Hamilton. 构建高效的 ERP 系统：制造企业实施 ERP 指南. 北京：机械工业出版社，2004.

[3] 王纹. 数字会说话——ERP 中的财务管理. 北京：机械工业出版社，2003.

[4] 陈启申. 供需链管理与企业资源计划（ERP）. 北京：企业管理出版社，2001.

[5] 闪四清. ERP 系统原理和实施. 北京：清华大学出版社，2006.

思考与练习

1. 简述 ERP 的产生与发展过程。
2. 什么是库存控制订货点法？
3. 什么是主生产计划？
4. 什么是物料清单？
5. 闭环 MRP 要解决什么问题？
6. ERP 包含哪些模块？
7. 什么是 CIM？
8. 20 世纪 90 年代之后，ERP 理论有哪些发展？

第六章　电　子　商　务

本章主要内容如下：

第一节电子商务的起源与发展。本节分别从世界电子商务的起源与发展和我国电子商务发展的历程两个方面进行描述。

第二节电子商务的理论基础。本节首先介绍了电子商务的定义、分类、功能和特点，然后介绍与电子商务紧密相关的梅特卡夫法则、交易费用理论和收益递增理论。

第三节电子商务价值链。本节首先从商业生态系统谈起，进而引出波特的价值链理论，以此为基础，最后重点介绍了网络中间商。

第四节网络时代的注意力经济。快速吸引大量消费者的注意力是当今网络经济的主要特征，本节从注意力经济的概念、特征和对网络营销的影响三个方面介绍了注意力经济的相关理论知识。

第五节电子商务中的免费营销策略。免费是当今电子商务中的通用策略，本节从免费的种类、免费的合理性和免费的风险三个方面详细介绍了免费问题。

第六节网络消费者行为。主要包括：网络消费者认知行为、网络消费者信息行为、网络消费者议价行为和网络信任与欺诈行为。

第七节电子商务盈利模式。找到一种有效的盈利模式是电子商务企业的当务之急，本节首先介绍了目前比较流行的两种模式：企业第三方信用管理模式和基于电子商务网站构建的 Agent 代理模式。然后，我们提出了两种优化的盈利模式：基于风险主动承担的网络价值链盈利模式和基于收费平滑过渡的产品多样化盈利模式。

第一节　电子商务的起源与发展

电子商务的起源与发展，我们分为世界电子商务和我国电子商务两个部分进行介绍。

一、世界电子商务的起源与发展

欧美等发达国家的电子商务从起源到不断发展，根据其所依托的关键技术：电报、传真机、EDI 和互联网可分为四个阶段，具体如下：

1. 基于电报的电子商务（1839 年至 20 世纪 20 年代）

在未发明电报以前，进行长途通信的主要方法包括驿送、信鸽以及烽烟等。驿送是由专门负责的人员，乘坐马匹或其他交通工具，接力将书信送到目的地。建立一个可靠及快速的驿送系统需要十分高昂的成本，首先要建立良好的道路网，然后配备合适的驿站设施。在交通不便的地区更是不可行。使用信鸽通信可靠性更低，而且受天气、路径所限。

另一类通信方法是使用烽烟或摆臂式信号机（Semaphores）、灯号等肉眼可见的信号，以接力方法来传讯。这种方法同样是成本高昂，而且易受天气、地形影响。在发明电报以前，只有最重要的消息才会被传送，而且其速度从今日的角度来看，是难以忍受的缓慢。

电报是通信业务的一种，在 19 世纪初发明，是最早使用电进行通信的方法。电报大为加快了消息的流通，是工业社会的一项重要发明。早期的电报只能在陆地上通信，后来使用了海底电缆，开展了越洋服务。到了 20 世纪初，开始使用无线电拍发电报，电报业务基本上已能抵达地球上的大部分地区。

早在 1839 年，当电报刚出现的时候，人们就开始尝试运用电子通信工具辅助商务活动。贸易信息以莫尔斯码电波在电线中传输标志着运用电子手段进行商务活动的新纪元。随着电子通信工具的不断发展，跨国公司的"电子"商业触角遍及全球。从此，地球变平了。用电报报文发送商务文件在 20 世纪 70 年代前，已经是非常普遍的工作方式了。

　2. 基于传真机的电子商务（20 世纪 20 年代至 60 年代）

传真技术早在 19 世纪 40 年代就已经诞生，比电话发明还要早 30 年。它是由一位名叫亚历山大·贝恩的英国发明家于 1843 年发明的。但是，传真通信是在电信领域里发展比较缓慢的技术，直到 20 世纪 20 年代才逐渐成熟起来，60 年代后得到了迅速发展。

1842 年，苏格兰人亚历山大·贝恩研究制作一项用电控制的钟摆结构，目的是要用若干个钟互连起来构成同步的钟，就像现在的母子钟那样的主从系统。他在研制过程中，注意到一种现象，就是这个时钟系统里的每一个钟的钟摆在任何瞬间都在同一个相对的位置上。这个现象使发明家想到，如果能利用主摆使它在行程中通过由电接触点组成的图形或字符，那么这个图形或字符就会同时在远距主摆的一个或几个地点复制出来，这是一种原始的电化学记录方式的传真机。1850 年，又有一位英国的发明家，名叫弗·贝克卡尔，他把传真机的结构做了很大的改进，他采用"滚筒和丝杆"装置代替了时钟和钟摆的结构。1865 年，一位名叫阿巴卡捷的伊朗人根据贝恩和贝克卡尔提出的传真机原理和结构，自己研制出了可以实际应用的传真机，并且带着他的传真机到法国巴黎、里昂和马赛等城市进行了传真通信的实验。1907 年 11 月 8 日，法国的一位发明家——爱德华·贝兰在众目睽睽之下表演了他的研制成果——相片传真。1913 年，他制成了世界上第一部用于新闻采访的手提式传真机。1914 年，法国的一家报纸首先刊登了通过传真机传送的新闻照片。相片传真把指针接触式的扫描改变成光电扫描，不仅使传真的质量大大提高，而且光电扫描和照相感光制版配合，使相片传真得以实现。1925 年，美国电话电报公司的贝尔研究所研制出高质量的相片传真机。1926 年他们正式开放了横贯美国大陆的有线相片传真业务，同年还与英国开放了横跨大西洋的无线相片传真业务。1968 年，美国率先在公用电话网上开放传真业务，世界各国也随之相继利用电话网开放传真通信业务，使原本局限于在专用电路上应用的传真机的数量猛增，应用的范围迅速扩大。尤其是用于传送手写、打印或印刷的书信、文件、表格、图形等的文件传真机，使用最为普通，发展也最快。很快，传真机就代替电报成为一种标准的商务信息传递工具。实际上一直到今天，传真机作为一种传递商业信息的工具依然在很多地方使用。

　3. 基于 EDI 的电子商务（20 世纪 60 年代至 90 年代初）

20 世纪 60 年代，人们普遍采用方便、快捷的传真机来传递商业信息，但是由于传真文件是通过纸面打印来传递和管理信息的，纸面信息是"死"的，不易转发、编辑，更不能为企业刚刚开始应用的计算机直接使用，因此人们开始采用 EDI（Electronic Data Interchange，电子数据交换）作为企业间电子商务的应用技术。这种技术必须依托计算机来工作，这也是计算机从科学计算向文字处理和商务统计报表处理应用的转变。字处理（WP）软件和电子表格（SPREAD SHEET）软件的出现，为标准格式（或格式化）的商务单证的电子数据交换（EDI）开发应用提供了强有力的工具。政府或企业的采购，企业商业文件的处理，从手工书面文件的准备和传递转变为电子文件的准备和传递等。

1965 年 7 月，假日饭店集团（Holiday Inn, Inc.）建立了一种称为 CRS（Center Reservation System）的中央预定系统，又称假日电信网（Holidex-Ⅰ）。该系统是假日饭店集团为控制世界范围内的客源而采用的本集团内部的电脑预定系统，从 70 年代至今不断更新，时至今日假日饭店集团已拥有自己的专用卫星。客人住在假日饭店里可随时预定世界任何地方的假日饭店，并在几秒钟内得到确认。目前的 Holidex-Ⅱ 每天处理 7 万间订房，仅次于美国政府的通信网，并成为世界上最大的民用计算机网。它已被美国政府指定为紧急状态下的后备通信系统。

国际贸易的激增对贸易信息传输"无纸化"的需求使得 EDI 发展很快，很多大公司都选择 EDI 作为一种安全快速的方式来传送订单、发票、运货通知和其他各种常用的商业文件。世界第一大商业连锁企业沃尔玛（Wal-Mart Store, Ine.）从 80 年代初就开始采用电子订货系统实现商品配送中心与供应商和商场之间的电子化订货。EDI 取代了传统贸易单证和文件的手工处理，使得贸易信息处理的效率大大提高，极大地推动了发达国家国内贸易和相关国际贸易的发展。

4. 基于因特网的电子商务（1993 年至今）

在因特网正式对商业活动开放以前，EDI 一直是通过租用专门线路在专用网络上来实现的，这种专用增值网（VAN）使用费用很高，一般只有跨国公司和大型企业才会使用，限制了其应用范围的扩大。因特网的出现恰恰克服了 EDI 的不足，它费用低廉、覆盖面更广、服务功能更好，能够满足中小企业对电子数据交换的需求，因此基于因特网的 EDI 发展迅速，传统的 EDI 业务逐渐萎缩。不仅如此，而且基于因特网的 EDI 把电子交换的范围从票证、单据扩大到了全方位的商务信息，这就产生了现代意义上的电子商务。现代电子商务是在与计算机技术、网络通信技术的互动发展中产生和不断完善的，尤其依托于计算机互联网络（即因特网），随着其爆炸性发展而急剧发展。

1991 年美国政府宣布因特网向社会公众开放，允许在网上开发商业应用系统。1993年万维网（World Wide Web, WWW）在因特网上出现，这是一种具有处理数据、图文、声像及超文本对象的能力的网络技术，使因特网具备了支持多媒体应用的功能。1995 年因特网上的商业业务信息量首次超过了科教业务信息量，这既是因特网此后产生爆炸性发展的标志，也是电子商务从此大规模起步发展的标志。

1994 年美国网景公司（Netscape）成立，该公司开发并推出安全套接层（SSL）协议，用以弥补因特网上的主要协议 TCP/IP 在安全性能上的缺陷（如 TCP/IP 协议难以确定用户的身份），支持 B to B 方式的电子商务。SSL 协议支持按 X.509 规范制作的电子证书，借以识别通信双方的身份，但 SSL 协议缺少数字签名功能，没有授权，没有存取控制，不能抗否认，用户身份还有被冒充的风险，这就是 SSL 协议在安全方面的弱点，在实践中也证明，由 SSL 协议构筑的安全防线曾有被黑客攻破的实例。

加拿大北方电讯公司（Nortel）所属的 Entrust 公司开发的公钥匙基础设施（Public Key Infrastructure，PKI）技术，支持 SET、SSL、IP sec 及电子证书和数字签名，可弥补 SSL 协议的缺陷，IBM、Sun Microsystems 等公司均采用 Entrust 公司的 PKI 技术以支持 B to B 方式的电子商务进行安全结算。

1996 年 2 月，VISA 与 MASTER CARD 两大银行卡国际组织共同发起制定保障在因特网上进行安全的电子交易的 SET 协议（SET 协议的制定得到了 IBM、Microsoft、Netscape、GTE、VeriSign 等一批技术领先的跨国公司的支持）。SET 协议适用于 B to C 的模式，围绕客户、商户、银行，或客户、商户、收单行或开户行以及其他银行相互确认身份（把数字加密技术用于数字签名和颁发电子证书），借以保障交易安全。

1997 年 12 月，VISA 与 MASTER CARD 共同建立了安全电子交易有限公司，即 SETCO，专门从事管理与促进 SET 协议在全球的应用推广，该公司并被赋予代表上述两大银行卡国际组织管理颁发具有最高权威等级的根认证机构（Root CA）的特许权力。在 Root CA 之下，建立分层结构的认证体系，即分层逐级而下的品牌认证机构（Brand CA）、地区政府认证机构（Geo-political CA），以及持卡人认证机构（CardHolder CA）、商户认证机构（Merchant CA）、支付网关认证机构（Payment Gateway CA）。

根据 Facebook 的研究结果，2015 年末，全球互联网用户数量达到 32 亿，全球电子商务交易额为接近 10 万亿美元，中国消费者贡献了 50% 的交易额。按最保守的预测年增长率为 200%，每大半年翻一番。

5. 移动电子商务（2010 年至今）

移动电子商务就是利用手机、PDA 及掌上电脑等无线终端进行的 B2B、B2C、C2C 或 O2O 的电子商务。它将因特网、移动通信技术、短距离通信技术及其他信息处理技术完美的结合，使人们可以在任何时间、任何地点进行各种商贸活动，实现随时随地、线上线下的购物与交易、在线电子支付以及各种交易活动、商务活动、金融活动和相关的综合服务活动等。

凤凰网的数据显示，2015 年，全球移动电子商务交易额达 2.1 万亿美元，同比增长 123.8%，占网络零售额的比例首次过半。Facebook 公司于 2016 年推出 Facebook Messenger，加入移动电子商务阵营。中国区域的移动电商规模增速超 300%，移动电子商务催生新经济、重建新秩序。

二、我国电子商务发展的历程

我国计算机应用已有 40 多年历史，但电子商务仅有十多年，1987 年 9 月 20 日，中国的第一封电子邮件越过长城，通向了世界，揭开了中国使用互联网的序幕。

我国电子商务发展的历程可分为以下三个阶段：

1. EDI 应用阶段（1990—1993 年）

我国从 20 世纪 90 年代初开始，开展基于 EDI 的电子商务应用。自 1990 年开始，原国家计委、科委将 EDI 列入"八五"国家科技攻关项目，如原外经贸部的"国家外贸许可证 EDI 系统"、中国对外贸易运输总公司的"中国外运海运/空运管理 EDI 系统"、中国化工进出口公司的"中化财务、石油、橡胶贸易 EDI 系统"及山东抽纱公司的"EDI 在出口贸易中的应用"等。1991 年 9 月由国务院电子信息系统推广应用办公室牵头会同原国家计委、科委、原外经贸部、交通部、邮电部、海关总署、中国银行、中国人民银行、中国人民保险公司等部委发起成立"中国促进 EDI 应用协调小组"，同年 10 月成立"中国 EDIFACT 委员会"并参加亚洲 EDIFACT 理事会，目前已有 18 个国家部门成员和 10 个地方委员会。EDI 在国内外贸易、交通、银行等部门得到了广泛应用。

2. "三金工程"阶段（1993—1997 年）

1993 年成立以国务院副总理为主席的国民经济信息化联席会议及其办公室，相继组织了金关、金卡、金税等"三金工程"，取得了重大进展。1994 年 5 月中国人民银行、电子部、全球信息基础设施委员会（GIIC）共同组织"北京电子商务国际论坛"，有来自美国、英国、法国、德国、日本、澳大利亚、埃及、加拿大等国的 700 人参加。1994 年 10 月亚太地区电子商务研讨会在京召开，使电子商务概念开始在我国传播。1995 年，中国互联网开始商业化，互联网公司开始兴起。

1996 年 1 月成立国务院国家信息化工作领导小组，由国务院副总理任组长，20 多个部委参加，统一领导组织我国的信息化建设。1996 年，因特网正式开通。

1997 年，国家组织有关部门起草编制我国信息化规划，1997 年 4 月在深圳召开全国信息化工作会议，各省、市、自治区相继成立信息化领导小组及其办公室并开始制订本地区包括电子商务在内的信息化建设规划。1997 年，广告主开始使用网络广告。1997 年 4 月以来，中国商品订货系统（CGOS）开始运行。

3. 互联网电子商务大发展阶段（1998—2007 年）

1998 年 3 月，我国第一笔互联网网上交易成功。1998 年 7 月，中国商品交易市场正式宣告成立，被称为"永不闭幕的广交会"。中国商品现货交易市场，是我国第一家现货电子交易市场，1999 年现货电子市场电子交易额达到 2000 亿元人民币。1998 年 10 月，原国家经贸委与信息产业部联合宣布启动以电子贸易为主要内容的"金贸工程"，它是一项在经贸流通领域推广网络化应用、开发电子商务的大型应用试点工程。1998 年北京、上海等城市启动了电子商务工程，开展电子商场、电子商厦及电子商城的试点，开展网上购物与网上交易，建立金融与非金融论证中心，并制定有关标准、法规，为今后开展电子商务打下基础。目前，我国电子商务尚处起步阶段或初始阶段。医药电子商务网于 1998 年投入运营，医疗卫生行业 1 万个企事业单位联网，能提供上千种中西药品信息。全国库存商品调节网络、全国建筑在线、房地产网，都已正式开通。

1999 年 3 月 8848 等 B2C 网站正式开通，网上购物进入实际应用阶段。

1999 年兴起政府上网、企业上网、电子政务（政府上网工程）、网上纳税、网上教育（湖南大学、浙江大学网上大学），远程诊断（北京、上海的大医院）等广义电子商务开始启动，并从试点进入实际试用阶段。

4. 电子商务进入了大发展阶段（2008 年至今）

电子商务逐渐以传统产业 B2B 为主体。电子商务服务商正在从风险资本市场转向现实市场需求的变化，与电子商务传统企业结合，同时开始出现一些较为成功并赢利的电子商务应用。由于基础设施等外部环境的进一步完善，电子商务应用方式的进一步完善，现实市场对电子商务的需求正在成熟，电子商务软件和解决方案的"本土化"趋势加快，国内企业开发或着眼于国内应用的电子商务软件和解决方案逐渐在市场上占据主导。我国电子商务全面启动并进入大发展阶段。

2008 年 7 月 24 日，中国互联网络信息中心（CNNIC）在京发布《第 22 次中国互联网络发展状况统计报告》（以下简称《报告》）。《报告》显示：截至 2008 年 6 月底，我国网民数量达到了 2.53 亿，首次大幅度超过美国跃居世界第一位。同时，宽带网民数达到 2.14 亿人，也跃居世界第一。中国网络购物市场 2015 年全年交易额首次突破千亿元大关，达 1200 亿元，同比增加 128.5%。金融危机的"寒流"并未阻挡中国消费者的购物热情。

5. 我国电子商务当前发展现状

2016 年 6 月 23 日，中国互联网络信息中心（CNNIC）在京发布《2015 年中国网络购物市场研究报告》。报告显示，截至 2015 年 12 月，我国网络购物用户规模达到 4.13 亿人，较 2014 年底增加 5183 万人，增长率为 14.3%。2015 年全国网络零售交易额达到 3.88 万亿元，同比增长 33.3%，相当于社会消费品零售总额的比重继续增长至 12.9%。其中，B2C 交易额 2.02 万亿元。互联网对个人生活方式的影响进一步深化，从基于信息获取和沟通娱乐需求的个性化应用，发展到与医疗、教育、交通等公用服务深度融合的民生服务。未来，在云计算、物联网及大数据等应用的带动下，互联网将推动农业、现代制造业和生产服务业的转型升级。

《2015 年中国网络购物市场研究报告》显示：我国手机网络购物用户规模达到 3.40 亿人，增长率为 43.9%，手机购物市场用户规模增速是整体网络购物市场的 3.1 倍，手机网络购物的使用比例由 42.4% 提升至 54.8%。移动商务类应用发展迅速，互联网应用向提升体验、贴近经济方向靠拢。随着手机终端的大屏化和手机应用体验的不断提升，手机作为网民主要上网终端的趋势进一步明显。

第二节　电子商务的理论基础

本节从电子商务的定义、分类、功能和特点四个方面介绍电子商务的基本概念，并进一步介绍相关理论。

一、电子商务的定义

电子商务的定义要么显得过于简单，不易把握；要么显得过于具体，容易过时。所以，下面列举了几个最有代表性的定义。

1997 年 11 月，国际商会在巴黎举行的"世界电子商务会议"上与会代表总结电子商务的定义为：电子商务（E-Commerce）是指实现整个贸易过程中各阶段的贸易活动的电子化。

欧洲议会关于"电子商务欧洲动议"的文件中，将电子商务定义为：电子商务是通过电子方式进行的商务活动，它通过电子方式处理和传递数据，包括文本、声音和图像。

20 世纪 90 年代，大规模倡导与推行电子商务的企业——HP 公司给出电子商务的定义为：电子商务简单地说就是指从售前服务到售后支持的各个环节实现电子化、自动化。

"蓝色巨人" IBM 公司给出的电子商务定义为：电子商务是指采用数字化电子方式进行商务数据交换和开展商务业务的活动，是在 Internet 上的广阔联系与传统信息技术系统的丰富资源相互结合的背景下应运而生的一种相互关联的动态活动。

电子商务刚刚登陆中国内地时，我国大多数企业根本不能理解这种营销方式，但也不甘落后，他们根据自己的理解认为电子商务就是"网站+卖货"。

电子商务定义不易统一的一个难点就是，很难界定"电子化"这个概念。有人认为这个电子化是指因特网；有人认为还应该包括因特网之外的其他计算机网络；还有人认为电话和传真机也必须包括，更不用说手机了，手机是今天移动电子商务的主力军。

二、电子商务的分类

电子商务有多种分类方式，这里只介绍按交易对象分类和按产品存在的形式分类。

1. 按交易对象分类

根据交易对象的不同，电子商务可分为以下几类：

（1）B–C

企业对消费者（也称商家对个人客户，或商业机构对消费者，即 B to C）的电子商务。商业机构对消费者的电子商务基本等同于电子零售商业。目前，Internet 上已遍布各种类型的商业中心，提供各种商品和服务，主要有鲜花、书籍、计算机、汽车、网上炒股等商品和服务。

（2）B–B（包括 B–G）

企业对企业（也称为商家对商家，或商业机构对商业机构，即 B to B）的电子商务。商业机构对商业机构的电子商务是指商业机构（或企业、公司）使用 Internet 或各种商务网络向供应商（企业或公司）订货和付款。商业机构对商业机构的电子商务发展最快，已经有了多年的历史，特别是通过在增值网络（Value Added Network，VAN）上运行的电子数据交换（EDI），使企业对企业的电子商务得到了迅速扩大和推广。公司之间可以使用网络进行订货、接受合同等单证和付款。

在这里我们把 B–G 也包括在 B–B 类别里，因为，它们都属于组织与组织之间的商务活动。在企业和政府机构方面的电子商务可以覆盖公司与政府组织间的许多事务，目前我国政府已经推行网上采购。

（3）C–C

消费者对消费者的电子商务（也称个人对个人，或消费者对消费者，即 C to C）。主要是靠阿里巴巴的淘宝、eBay 的易趣、腾讯的拍拍等提供一个平台让消费者互相进行交易。

2. 按照产品存在的形式分类

根据产品存在形式的不同，电子商务可分为以下几类：

（1）实物产品

以物质实体的形式存在，一般都有实体店存在，计算机网络可以辅助其营销渠道，不能通过计算机网络来传递，必须依靠传统的运输系统（以光盘形式销售的软件、音乐、电影等由于其载体是物质形式的，只能算实物产品）。

（2）数字产品

以二进制数字信号的形式存在，并且只能借助计算机网络来传输的产品，没有计算机网络这种商品就不存在。如，网络充值、网上炒股、网络彩票、手机上网服务、网游虚拟物品、即时通信虚拟物品、网络下载的计算机软件、电子书、音乐和影像等。

虽然电子商务应用了新技术，但是，消费者通过网络购买产品时，一定会根据过去的经验、态度来认知该产品。如果我们在过去有该产品的认知经验，仍然服从态度到行为的认知模式；如果该产品我们过去没有认知经验，则服从缺乏态度的认知模式。这两种不同的认知模式决定了消费者的购买决策行为，并且进一步影响电子商务企业的盈利模式。

三、电子商务的功能

电子商务可提供网上交易和管理等全过程的服务。因此，它具有广告宣传、咨询洽谈、网上订购、网上支付、电子账户、服务传递、意见征询、交易管理等各项功能。

1. 广告宣传

电子商务可凭借企业的 Web 服务器和客户的浏览，在 Internet 上发布各类商业信息。客户可借助网上的检索工具（Search）迅速地找到所需的商品信息，而商家则可以利用网上主页（Home Page）和电子邮件（E-mail）在全球范围内做广告宣传。与以往的各类广告相比，网上的广告成本最为低廉，而给顾客的信息量却最为丰富。

2. 咨询洽谈

电子商务可借助非实时的电子邮件（E-mail），新闻组（News Group）和实时的讨论组（Chat）来了解市场和商品信息、洽谈交易事务，如有进一步的需求，还可用网上的白板会议（Whiteboard Conference）来交流即时的图形信息。网上的咨询和洽谈能超越人们面对面洽谈的限制，提供多种方便的异地交谈形式。

3. 网上订购

电子商务可借助 Web 中的邮件交互传送实现网上订购。网上订购通常都是在产品介绍的页面上提供十分友好的订购提示信息和订购交互格式框。当客户填完订购单后，通常系统会回复确认信息单来保证订购信息的收悉。订购信息也可采用加密的方式使客户和商家的商业信息不会泄露。

4. 网上支付

电子商务要成为一个完整的过程。网上支付是重要的环节。客户和商家之间可采用信用卡账号实施支付。在网上直接采用电子支付手段可省略交易中很多人员的开销。网上支付将需要更为可靠的信息传输安全性控制以防止欺骗、窃听、冒用等非法行为。

5. 电子账户

网上支付必须要有电子金融来支持，即银行或信用卡公司及保险公司等金融单位要为客户提供网上操作的服务。而电子账户管理是其基本的组成部分。信用卡号或银行账号都是电子账户的一种标志。而其可信度需配以必要的技术措施来保证。如数字凭证、数字签名、加密等手段的应用提供了电子账户操作的安全性。

6. 服务传递

对于已付了款的客户应将其订购的货物尽快地传递到他们的手中。而有些货物在本地，有些货物在异地，电子邮件能在网络中进行物流的调配。而最适合在网上直接传递的货物是信息产品。如软件、电子读物、信息服务等。它能直接从电子仓库中将货物发到用户端。

7. 意见征询

电子商务能十分方便地采用网页上的"选择"、"填空"等格式文件来收集用户对销售服务的反馈意见。这样使企业的市场运营能形成一个封闭的回路。客户的反馈意见不仅能提高售后服务的水平，更能使企业获得改进产品、发现市场的商业机会。

8. 交易管理

整个交易的管理将涉及人、财、物多个方面以及企业和企业、企业和客户及企业内部等各方面的协调和管理。因此，交易管理是涉及商务活动全过程的管理。电子商务的发展，将会提供一个良好的交易管理的网络环境及多种多样的应用服务系统。这样，能保障电子商务获得更广泛的应用。

四、电子商务的特点

电子商务之所以在因特网时代如此盛行，主要因为电子商务具有以下三个方面的特点：

1. 交易虚拟化

通过以 Internet 为代表的计算机互联网络进行的贸易，贸易双方从贸易磋商、签订合同到支付等，无需当面进行，均通过计算机互联网络完成，整个交易完全虚拟化。对卖方来说，可以到网络管理机构申请域名，制作自己的主页，组织产品信息上网。而虚拟现实、网上聊天等新技术的发展使买方能够根据自己的需求选择广告，并将信息反馈给卖方。通过信息的推拉互动，签订电子合同，完成交易并进行电子支付。整个交易都在网络这个虚拟的环境中进行。

2. 交易成本低

电子商务使得买卖双方的交易成本大大降低，具体表现如下：

① 距离越远，网络上进行信息传递的成本相对于信件、电话、传真的成本而言就越低。此外，缩短时间及减少重复的数据录入也降低了信息成本。

② 买卖双方通过网络进行商务活动，无需中介者参与，减少了交易的有关环节。

③ 卖方可通过互联网络进行产品介绍、宣传，避免了在传统方式下做广告、印刷宣传单等大量费用。

④ 电子商务实行"无纸贸易"，可减少 90% 的文件处理费用。

⑤ 互联网使买卖双方即时沟通供需信息，使无库存生产和无库存销售成为可能，从而使库存成本降为零。

⑥ 企业利用内部网（Intranet）可实现无纸化办公（OA），提高内部信息传递的效率、节省时间，并降低管理成本。通过互联网络把公司总部、代理商以及分布在其他国家的子公司、分公司联系在一起及时地对各地市场情况作出反应，即时生产，即时销售，降

低存货费用，采用高效快捷的配送公司提供交货服务，从而降低产品成本。

⑦ 传统的贸易平台是地面店铺，新的电子商务贸易平台是网吧或办公室。

3. 交易效率高

由于互联网络将贸易中的商业报文标准化，商业报文能在世界各地瞬间完成传递与计算机自动处理，使得原料采购、产品生产、需求与销售、银行汇兑、保险、货物托运及申报等过程无须人员干预在最短的时间内完成。传统贸易方式中，用信件、电话和传真传递信息，必须有人的参与，每个环节都要花不少时间。有时由于人员合作和工作时间的问题，会延误传输时间，失去最佳商机。电子商务克服传统贸易方式费用高、易出错、处理速度慢等缺点，极大地缩短了交易时间，使整个交易非常快捷与方便。

五、梅特卡夫法则 (Metcalfe's Law)

1973 年，罗伯特·梅特卡夫（Robert Metcalfe）在 Palo Alto 研究中心（PARC）发明了以太网，这种网络拓扑使通信世界实现了革命化。如今，以太网已经发展成为一种无处不在的网络核心技术。1979 年，罗伯特·梅特卡夫成立了 3Com 公司。

虽然他提出了著名的梅特卡夫法则（Metcalfe's Law），但是关于该法则的经典描述却是由他人转述的。1999 年，夏皮罗和瓦里安在其所著的《信息规则》一书中写道："如果一个网络中有 n 个人，那么网络对于每个人的价值与网络中其他人的数量成正比，这样网络对于所有人的总价值与 $n \times (n-1)$ 成正比。如果一个网络对网络中每个人的价值是 1 元，那么规模为 10 倍的网络的总价值等于 100 元；规模为 100 倍的网络的总价值就等于 10000 元。网络规模增长 10 倍，其价值就增长 100 倍。"这就是梅特卡夫法则。

网络的价值与联网的用户数的平方成正比，所以网络上联网的计算机越多，每台电脑的价值就越大。新技术只有在有许多人使用它时才会变得有价值。使用网络的人越多，这些产品才变得越有价值，因而越能吸引更多的人来使用，最终提高整个网络的总价值。一部电话没有任何价值，几部电话的价值也非常有限，成千上万部电话组成的通信网络才把通信技术的价值极大化了。当一项技术已建立必要的用户规模时，它的价值将会呈爆炸性增长。一旦形成一定用户规模，新技术开发者在理论上就可以提高对用户的价格，因为这项技术的应用价值比以前增加了。

信息资源的特性不仅在于它是可以被无损耗地消费的（如一部古书从古到今都在"被消费"，但不可能"被消费掉"），而且在于信息的消费过程可能同时就是信息的生产过程，它所包含的知识或感受在消费者那里催生出更多的知识和感受，消费它的人越多，它所包含的资源总量就越大。互联网的威力不仅在于它能使信息的消费者数量增加到最大限度（全人类），更在于它是一种传播与反馈同时进行的交互性媒介（这是它与报纸、收音机和电视最不一样的地方）。所以罗伯特·梅特卡夫断定，随着上网人数的增长，网上资源将呈几何级数增长。

梅特卡夫法则是基于每一个新上网的用户都因为别人的联网而获得了更多的信息交流机会。

梅特卡夫法则指出了网络具有极强的外部性和正反馈性：联网的用户越多，网络的价值越大，联网的需求也就越大。这样，我们可以看出梅特卡夫法则指出了从总体上看消费方面存在效用递增——即需求创造了新的需求。

六、交易费用理论

交易费用（又称为交易成本）是一个经济学概念，指完成一笔交易时，交易双方在买卖前后所产生的各种与此交易相关的成本。

交易费用的思想由科斯于1937年在《企业的性质》一文中首次提出，而后成为新制度经济学最基本的概念。科斯认为，交易费用应包括度量、界定和保障产权的费用；发现交易对象和交易价格的费用；讨价还价、订立合同的费用；督促契约条款严格履行的费用。

学术界一般认为交易费用可分为广义交易费用和狭义交易费用两种。广义交易费用包括一切非"鲁滨逊经济"中出现的费用，即为了冲破一切阻碍，达成交易所需要的有形及无形的成本。狭义交易费用是指市场交易费用，即外生交易费用。

以国际贸易为例，狭义交易费用包括以下内容：

搜寻费用：包括寻找最适交易对象的费用及寻找交易标的物的费用。

协议费用：指交易双方为消除歧见，所进行的谈判与协商的费用。

订约费用：当双方达成共识而进行交易时，签订契约所产生的费用。

监督费用：指契约签订后，监督对方是否依约执行的费用。

违约费用：指契约签订后，当交易一方违约时，另一方为激励契约的履行所产生的费用。

市场不确定性意味着，有关价格、质量、品种、交易伙伴以及供求双方可能的搭配情况是难以准确地预见的，这使得交易的难度增大。正因为市场的透明度较差，因而产生并增加了交易费用，例如交易双方为了尽量使自己免受或少受未来市场变化的不利影响，会尽可能地了解价格变动的趋势，这就增加了谈判和达成合同的费用。

网络经济是以网络交易费用的低廉为基础的，正如企业的存在是为了节约市场交易费用一样，电子商务比传统市场交易节约了更多的交易费用。信息不对称会导致市场交易效率的低下，减少信息不对称意味着减少用于搜寻信息的时间、精力和财力，意味着社会运行成本的降低，总之，网络具有大幅度减少市场"交易费用"的作用。

七、收益递增理论（increasing returns）

美国斯坦福大学经济学教授布里安·阿瑟在其《收益递增与两个商业世界》一文中提出了"收益递增"理论。[①]

有些学者在网络经济出现后，将其修改为"边际效益递增"和"网络收益递增"。

收益递增是指这样一种趋势，即领先者更加领先，失去优势者进一步丧失优势。这是"正反馈"在市场、企业和行业内起作用的机制：强化获胜者的成功，或加重失败者的损失。收益递增带来的不是均衡，而是不稳定：如果一种产品或一家公司或一项技术（市场中诸多竞争者之一）靠运气或精明的战略赢得领先，收益递增能放大其优势，该产品

---

① 1996年的《哈佛商业评论》收录了该文，我国2000年第3期的《经济导刊》也收录了该文。

或公司或技术就能乘胜前进直至"锁定"（lock in）在市场中。收益递增不仅能使某种产品成为标准，更重要的是它改变了商业运作的机制。对收益递增情形下商业运作机制的解释，我们的大多数理论概念都无能为力。

在所有行业中，收益递减机制存在的同时，也存在着收益递增机制。但大致说来，收益递减规律主宰着当今经济的传统部分，即加工工业。收益递增规律则在经济中的新兴部分，即以知识为基础的行业中起支配作用。因而，现代经济已经分化为两个相互关联、相互交织的部分——依据收益模式的不同来划分的两个商业世界。这两个世界对应着不同的经济规律。它们在行为、风格和文化上存在差异，它们要求不同的管理技术、战略以及政府管制法规。这两个世界要求不同的理解。

经济生活的很大一部分都服从收益递增法则，尤其是高科技领域。有如下几个原因：

1. 先期投入（up-front cost）

高科技产品（如医疗仪器、计算机硬件和软件、飞行器和导弹、通信设备、生物工程药品），按照定义就是设计非常复杂的产品。它们都是重知识，轻资源。因此，相比单位生产成本，其研究与开发费用通常很高。Windows 系统第一张软盘的问世花费了微软公司 5000 万美元，而第二张和随后的软盘只需 3 美元。而且，单位成本随销售量增长而降低。

2. 网络效应（network effects）

许多高科技产品都必须与用户的网络兼容。假如因特网上大量可以下载的软件将很快以用 Java 语言编写的程序的形式出现，用户就有必要在他们的计算机中安装 Java 语言来运行这些程序。这种语言越流行，它就越有可能最终成为标准。

3. 用户习惯（custom groove-in）

运用高科技产品并不容易，通常需要训练。一旦用户下力气进行了训练，比如空中客车公司客机的维护和领航，对于该产品后来的版本，用户只需要更新这些技巧就行了。占领的市场越多，就越容易占据未来的市场。

技术思想家乔治·吉尔德曾这样评说："20 世纪的中心事件是物质（matter）被推翻了。在一个国家的技术、经济和政治领域中，以物质资源形式为表现的财富在价值和重要性上逐渐下降。心智的力量在任何地方都超越了物质的原始力量。"随着经济稳步地从物质的原始力量转向心智的力量，从以资源为基础的大批量加工转向以知识为基础的设计和再生产，因此也就从收益递减转向了收益递增。现在，一种新的经济学，完全不同于教科书中所讲授的经济学，恰逢其时，它尤其适用于分析高技术领域。成功必将垂青那些理解这种思维方式的人士。

第三节　电子商务价值链

计算机网络就像一系列庞大而复杂的链条，任何单个的企业或组织都无法独自完成完整的商业活动，它们是一种相互依赖的关系。

一、商业生态系统

美国学者詹姆士·穆尔（James F. Moore）1996 年出版的《竞争的衰亡》一书，标志着竞争战略理论的指导思想发生了重大突破。作者以生物学中的生态系统这一独特的视角来描述当今市场中的企业活动，但又不同于将生物学的原理运用于商业研究的狭隘观念。后者认为，在市场经济中，达尔文的自然选择似乎仅仅表现为最合适的公司或产品才能生存，经济运行的过程就是驱逐弱者。而穆尔提出了"商业生态系统"这一全新的概念，打破了传统的以行业划分为前提的竞争战略理论的限制，力求"共同进化"。

穆尔站在企业生态系统均衡演化的层面上，把商业活动分为开拓、扩展、领导和更新四个阶段。商业生态系统在他的理论中的组成部分是非常丰富的，他建议高层经理人员经常从顾客、市场、产品、过程、组织、风险承担者、政府与社会等方面来考虑商业生态系统和自身所处的位置；系统内的公司通过竞争可以将毫不相关的贡献者联系起来，创造一种崭新的商业模式。在这种全新的模式下，他认为制定战略应着眼于创造新的微观经济和财富，即发展新的循环以代替狭隘的以行业为基础的战略设计。

所谓的商业生态系统，就是由组织和个人所组成的经济联合体，其成员包括核心企业、消费者、市场中介、供应商、风险承担者等，在一定程度上还包括竞争者，这些成员之间构成了价值链，不同的链之间相互交织形成了价值网，物质、能量和信息等通过价值网在联合体成员间流动和循环。不过，与自然生态系统的食物链不同的是，价值链上各环节之间不是吃与被吃的关系，而是价值或利益交换的关系，也就是说，它们更像是共生关系，多个共生关系形成了商业生态系统的价值网。

商业生态系统也是一种企业网络，是一个介于传统组织形式与市场运作模式之间的组织形态，但它不是一般的企业网络，它强调以企业自身所处的生态位置的思想来看待自己和对待他人。强调这一点非常重要，Delic 和 Dayal 认为，无论是哪一种企业网络，它们共同的目标都是在一个不断进化和变化的环境中求得生存。要达到这个目标，一个企业网络必须能够快速准确地感知到环境的变化，明白其所处的状态，并制定出一套可行的方案。不仅如此，它还应当展现出其良好的学习行为。所以，商业生态系统是一种新型的企业网络。

二、价值链

(一) 波特的"价值链"理论

价值链理论是哈佛大学商学院著名战略管理专家迈克尔·波特教授于 1985 年在《竞争优势》一书中提出的。波特认为，每个企业的经营活动都可以看做一系列基本和辅助的价值创造活动，如设计、生产、营销等，这些活动共同构成了价值链。它可以形成企业最优化及协调的竞争优势，如果企业所创造的价值超过其成本，便有盈利；如果超过竞争者，便拥有更多的竞争优势。企业的价值创造是由一系列活动构成的，这些活动可分为基本活动和辅助活动两类，基本活动包括内部后勤、生产作业、外部后勤、市场和销售以及服务等；而辅助活动则包括采购、技术开发、人力资源管理和企业基础设施等。这些互不相同但又相互关联的生产经营活动，构成了一个创造价值的动态过程，即价值链。

价值链在经济活动中是无处不在的，上下游关联的企业与企业之间存在行业价值链，企业内部各业务单元的联系构成了企业的价值链，企业内部各业务单元之间也存在着价值链。价值链上的每一项价值活动都会对企业最终能够实现多大的价值造成影响。

波特的"价值链"理论揭示，企业与企业的竞争，不只是某个环节的竞争，而是整个价值链的竞争，而整个价值链的综合竞争力决定企业的竞争力。用波特的话来说："消费者心目中的价值由一连串的企业内部物质与技术上的具体活动与利润所构成，当你和其他企业竞争时，其实是内部多项活动在进行竞争，而不是某一项活动的竞争。"

价值链管理的本质就是通过优化核心业务流程，降低企业的组织和经营成本，提升企业的市场竞争力。

（二）"价值链"理论的发展

1. 企业价值链

资源在企业流动的过程就是企业的各个部门不断对其增加价值的过程。企业内部的电子商务应采用以顾客为中心的设计，注重整个流程最优的系统思想，消除企业内部环节的重复及无效的劳动，以达到成本最低、效率最高。

2. 产业价值链

企业内部存在着物流、信息流、资金流，企业与企业之间也存在这样的流动关系。企业仅靠自身资源参与竞争，往往处于被动，必须把同经营过程有关的多方面纳入一个整体的价值链中。这样每个企业内部的价值链通过产业内部的协作关系联系起来，成为产业价值链。优化价值链的过程如图 6.1 所示。

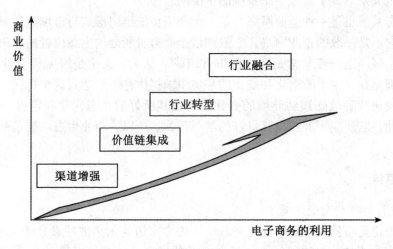

图 6.1　优化价值链的过程

三、网络中间商

随着网络经济的发展，直接和开放式的网络交易形式极大地降低了信息搜索成本，因此有学者认为，中间商会在技术进步的影响下逐渐退出历史舞台。本书从网络经济的信息不对称性出发，讨论网络交易的效率低下问题，并以此为基础分析网络经济时代中间商作为质量中介存在的条件及其在市场交易中的不可替代性。

（一）网络中间商存在的条件

在传统的市场交易中，中间商扮演着重要的桥梁作用。随着信息技术的发展，生产者与消费者的直接沟通变得简单。而中间商作为商品流转的中间环节，增加了交易次数，从而增加了生产者与消费者之间的交易费用。因此有学者认为，随着网络经济的演进，中间商会逐步退出市场。但是与传统的销售方式相比，网络直销虽然加快了信息传递的速度，增加了信息量，其信息不对称性却更加明显，这就为网络中间商的存在和发展提供了条件。

网络经济作为一个虚拟市场，发生交易的双方从表现形式上来看就是网络上的两个节点。不同于传统市场中面对面的交易，买卖双方很难在网络中确认交易内容的真实性，因此商品的质量不容易得到保证。通过网络销售的产品，其信息是通过图片、文字描述的形式发布，与现实世界中看到的产品在颜色、质感上会有差距，消费者在购买前无法接触到商品，也就无从获得商品的真实质量信息。同时，在电子商务的交易过程中，买卖双方通常只能通过有限的注册信息对对方身份进行确认，尤其是对消费者而言，往往没有有效的手段核实其可靠性，消费者一旦受骗，在事后难以追究当事人的责任，也就无法挽回损失。这些现象都说明，在电子商务市场上存在严重的产品质量信息不对称现象。所以，虽然互联网的普及使消费者接触到更多的信息，对于信息处理的效率也有了飞跃式的改变，但是，与传统交易形式相比，网络经济中信息的质量不但没有相应提高，反而有所下降。在信息不对称的情况下，消费者增加搜索时间，扩大搜索范围，进行多方面的比较和鉴别对于消费者而言，是比较明智的做法。但是这种做法在无形之中增加了交易成本。另外，在消费者对产品质量进行反复考察而又不能确定的情况下，他会选择不购买以规避风险，而已经付出的搜索成本可以看成交易成本的一部分，也就白白损失掉了。因此，网络经济的交易效率往往不高。

（二）网络中间商的作用

解决交易中的信息不对称问题的关键是提高消费者对产品质量的把握。在传统市场中，信誉良好的中间商可以代替消费者进行质量选择，从而提高交易的效率，并且可以有效规避市场中的信息不对称现象。在电子商务市场上要解决此类问题，也可以借鉴传统市场的方法，借助网络中间商的力量。

网络中间商需要把产品或服务的质量信息作为产品销售，给顾客提供可靠的信息以维护其声誉从而获取最大化的利润。在现实的市场中一个中间商可以出售许多厂家的产品。如果中间商与某个厂商相勾结出售劣质产品以分享利润，消费者就会倾向于选择同时停止购买这个中间商的所有商品，迫使其改进服务质量或者退出市场。

此外，中间商在长期的市场实践中积累了很多生产厂商所不具备的优势，他们知道如何向消费者推销产品，生产商即便在互联网上为自己的产品建立了网上商店，也并不能保证向消费者提供一种满意的购物环境。中间商拥有成熟的销售网络，可以吸引更多优质产品和更多的消费者，为买卖双方搭建一个有效率的交易平台。同时虽然网络经济在信息传递和付款的过程中有高效率的优势，但是作为一个开放的虚拟市场，对信息的监督、控制和甄别有很大的难度，网络中间商可以利用其良好的商业信用保证交易双方获得的信息的可靠性，保证双方资金传递的安全性。

从历史角度来看，信息技术的迅猛发展，可以降低有限理性的约束、减少机会主义不确定性，从而大大降低交易费用，但是更多的信息需要甄别。而网络中间商正是通过提供信息甄别的服务促使买卖双方成交。买卖双方通过中间商提供的交易平台可以节省搜索、谈判等成本，提高交易的效率。所以，虽然技术进步对中间商有一定影响，但是中间商仍然可以通过采用新技术来保持自己的市场地位。在网络经济时代，中间商的作用仍然是无法替代的。

第四节　网络时代的注意力经济

大量消费者的注意力是当今商业活动中最有价值的资源，是电子商务中的核心议题。

一、注意力经济的概念

西蒙在对当今经济发展趋势进行预测时指出："随着信息的发展，有价值的不是信息，而是注意力。"这种观点被 IT 业和管理界形象地描述为"注意力经济"（attention economy）。

美国加州大学的学者 Richard A. Lawbam 在 1994 年发表了一篇题为《注意力的经济学》（*The Economics of Attention*）的文章。美国学者迈克尔·戈德海伯（Michael H. Goldhaber）在1997 年发表了一篇题为《注意力购买者》的文章。他在这篇文章中指出：目前有关信息经济的提法是不妥当的，因为按照经济学的理论，其研究的主要课题应该是如何利用稀缺资源。他认为，当今社会是一个信息极其丰富甚至泛滥的社会，而互联网的出现，加快了这一进程，信息非但不是稀缺资源，相反是过剩的。而相对于过剩的信息，只有一种资源是稀缺的，那就是人们的注意力。注意力经济向传统的经济规律发起挑战，经济的自然规律在网络时代会产生变异，传统经济的稀缺资源由土地、矿产、机械化设备、高科技工厂等物质因素转变为"注意力"。

所谓注意力，从心理学上看，就是指人们关注一个主题、一个事件、一种行为和多种信息的持久程度。但在当今信息过剩的社会，吸引人们的注意力往往会形成一种商业价值，获得经济利益，因此在经济上，注意力往往又会成为一种经济资源，在这一意义上，注意力就是"把精神活动投注在特定的信息资源上。这些特定信息进入我们的意识中，引起我们的注意，然后我们便决定是否采取行动。如果你对某项事物并未考量作出某种行动，就不算注意到这项事物的存在"。而由这种注意力所形成的经济模式，就是注意力经济（attention economy）。

进一步说，注意力经济是指最大限度地吸引用户或消费者的注意力，通过培养潜在的消费群体，以期获得最大的未来商业利益的经济模式。在这种经济状态中，最重要的资源既不是传统意义上的货币资本，也不是信息本身，而是大众的注意力，只有大众对某种产品注意了，才有可能成为消费者，购买这种产品，而吸引大众的注意力的重要的手段之一，就是视觉上的争夺，也正由此，注意力经济也称为"眼球经济"。

二、注意力经济的特征

注意力经济具有以下九个方面的特征：

1. 内涵特征：知识经济

注意力作为人们对信息判断和筛选的结果，首先表现为信息经济，同时直接归结到其中的媒介经济，而这种经济的本质正是知识经济。注意力经济侧重阐述信息经济和知识经济的商业模式。

2. 市场特征：客户主导的经济

没有买方市场的出现，就不会有注意力资源的严重稀缺和客户权力的空前高涨。全球性的生产过剩导致注意力资源稀缺，带来了新的商业关系，客户、开发商以及供应商的界限越来越模糊。

3. 表现特征：信念经济

注意力经济以信心为支撑，可以说是一种"信则灵，不信则不灵"的经济。不容忽视的是，新经济的另外一个关键因素是消费者和投资者对未来的信心。

4. 商业关系：生态经济

要形成注意力经济系统，就必须建立多赢的机制。多赢注意力经济系统的形成，源于边际递增原理，而边际递增的动力来自于科技创新和规模经济。

5. 竞争方式：赢家通吃的经济

近20万次的味觉品尝实验几乎每次都证明百事可乐的味道好于可口可乐，但后者仍牢居软饮料市场份额的第一位，只因它一开始就是第一。这种现象被经济学家惊诧地称为"边际报酬递增"，更通俗地叫做"赢家通吃"。知识、信息纷至沓来、注意力资源稀缺的新商业时代，人们的精力和记忆能力有限，必然只有选择地记忆、存储知识和信息——最好的也就是排名第一的。

6. 产品特征：品牌经济

注意力经济是营造品牌的经济，名牌往往比人们看到的要包含更丰富的内容，不仅仅是某种具体商品的名称和标志，很多著名品牌实际上更是一种情绪、态度或生活方式的标志。

7. 组织特征：直接经济

在注意力经济系统中，不产生附加价值的环节将被淘汰，呈现出直接营销的发展趋势。

8. 运作特征：速度制胜的经济

注意力经济的形成、发展和衰退都正在高速进行，要在崭新的经济生态中领先，"速度"是制胜的关键。

9. 物质特征：虚拟经济

注意力经济在非物质产品领域的表现最为突出。以二进制数字信号的方式存在，并依靠计算机网络来传播的商品或服务对国民经济的影响越来越大。

三、注意力经济对网络营销的影响

在信息爆炸和产品丰富的网络虚拟经济和信息社会中，好酒也怕巷子深，如何抓住消费者的注意力这种稀缺的商业资源，便成为网络营销成败的关键。注意力经济的出现对网络营销的发展有广泛的影响，具体来说表现在以下几个方面：

1. 网络营销不仅要重视产品本身的质量，更要重视通过网络表现产品信息的质量

在实体经济中，产品质量一直是企业成功的基础与关键，因为它是与消费者建立长期信任关系的基础，而消费者对其产品质量与服务的信任是厂商长期发展的重要保证。但由于网络虚拟经济中有大量噪音风险（Noise Risk），即过量干扰信息的存在，即使有上乘的质量和优良的服务，如果这些信息不能引起客户的注意，依然会"门庭冷落车马稀"，不能给厂商带来丰厚的利润。

2. 网络时代消费者的个性千差万别，网络营销要具有明确的目标用户群

调查表明，国际互联网用户的平均年龄为 35 岁，大多数使用者有大专以上的高等学历，高中以下学历的只占 3%。他们的消费欲望强烈，购买力强，在追求时尚的同时又不忽视个性的追求，有冒险探索的精神。因此，网络营销要针对这一消费群体仔细分析目标市场，设计富有个性化特征的产品与服务，建立详尽的客户信息数据库。再针对客户的个性和需求，提供给客户个性化的互动服务。

3. 注重与客户的双向沟通，不断提供增值服务

网络的优势就在于其信息的流动性、开放性和互动性，网络营销只有发挥这一优势，加强与客户的双向交流，才能取得消费者的认同与注意。客户的需求广泛而又呈现出不同的特点，网络营销要借助网络与多媒体技术及网络的互动功能，鼓励客户参与产品的决策，如让他们自主选择产品的款式，增加他们的参与意识与合作兴趣。客户参与得越多，销售产品的机会就越多。此外，还应该不断提供各种增值服务，才能吸引更多的客户。

第五节　电子商务中的免费营销策略

网络营销活动中一般都采用免费营销策略，主要目的就是为了迅速吸引大量的网络消费者的注意力。

一、免费是当今电子商务中的通用策略

免费营销策略就是将企业的产品和服务以零价格形式提供给顾客使用或体验。

1994 年 Netscape（网景）公司将免费试用的浏览器发送到世界各地，开创了网络时代数字产品免费的先河。1996 年赫尔辛基大学电子工程系的学生 Linux Torvalds 在因特网上发布了完全免费的 Linux 操作系统，1999 年 IBM、惠普和 SAP 都采用了 Linux 操作系统。英国学者亚里克斯·伯奇 2002 年在《电子零售时代：征服电子购物新天地》一书中将数字产品时代免费提供产品的现象描述为"一场数字游击战"，是新生力量挑战霸权的有力武器。"免费"成为新兴公司开创局面的首选营销工具，美国的 Yahoo、中国的腾讯等公司均凭借"免费"成为网络新贵。

免费营销策略是市场营销中常用的促销策略，它主要用于促销和推广产品。但对于数字产品来说，免费价格不仅仅是一种促销策略，它更是一种有效的竞争战略。对于处于创立期的数字产品而言，这是其在网络空间中获得顾客资源优势的有效手段，是数字产品电子商务企业今后能否盈利的关键。

二、免费的种类

免费策略就是将企业的产品和服务以零价格形式提供给顾客使用或体验。免费的形式有以下四类：

1. 完全免费

完全免费即数字产品从购买、使用到售后服务所有环节都实行免费服务。

2. 限制性免费（或阶段性免费）

限制性免费即数字产品可以被有限次使用，超过一定期限或者次数后，将取消这种免费服务。

3. 部分免费

如腾讯公司的即时聊天软件免费，但是与此相关的一些个性化产品（如 QQ 秀）则收费。

4. 捆绑式免费

捆绑式免费即购买某产品或者服务时赠送其他产品和服务。

限制性免费和部分免费是目前数字产品电子商务企业最常使用的战略。

三、免费的合理性

数字产品普遍采用免费营销策略主要有三个方面的原因：一是数字产品边际成本为零；二是收益迅速递增；三是免费体验是网络消费者认知网络数字产品的方式。

（一）边际成本为零

边际成本（marginal cost）指的是增加每一单位的产品的产生（或者购买的产品）所引起的总成本的增量。这个概念表明每一单位的产品的成本与总产品量有关。比如，仅生产一辆汽车的成本是极其巨大的，而生产第 101 辆汽车的成本就低得多，而生产第 10000 汽车的成本就更低了（这是因为规模经济）。每辆汽车的平均成本包括很大的生产第一辆车的固定成本（在每辆车上进行分配），而边际成本根本不考虑固定成本。

数字产品属于复杂的高科技产品，前期研发费用比较高，但后期复制成本非常低。在因特网还未出现时，软件产品一般都是以光盘的形式复制和销售。大批量的光盘复制成本非常低，近似于零。当因特网出现后，软件产品大多以网络下载的模式复制和销售，此时，数字产品被认为边际成本为零。

因此，数字产品有能力以免费的方式推销。

（二）收益迅速递增

收益递增是指这样一种趋势，即领先者更加领先，失去优势者进一步丧失优势。这是"正反馈"在市场、企业和行业内起作用的机制：强化获胜者的成功，或加重失败者的损失。递增收益带来的不是均衡，而是不稳定。递增收益不仅能使某种产品成为标准，更重要的是它改变了商业运作的机制。

实物产品基本上是资源密集型的，知识含量比较低，运转符合马歇尔的收益递减规律；数字产品是以知识为基础的经济世界，其产品基本上是知识密集型的，自然资源比重小，运转受递增收益规律支配。

（三）免费体验是网络消费者认知网络数字产品的方式

在 1970 年，托夫勒就在《未来的冲击》中明确预言，服务业最终还是会超过制造业的，体验工业又会超过服务业。体验工业可能会成为超工业化的支柱之一，甚至成为服务业之后经济的基础。1998 年，约瑟夫·派恩与詹姆斯·吉尔摩在《体验经济时代的来临》一文中宣称：体验经济时代已经来临。2001 年 10 月 25 日，被微软公司称为设计最佳、性能最可靠的操作系统 Windows XP 在全球面市，比尔·盖茨宣称该操作系统为人们"重新定义了人、软件和网络之间的体验关系"。"XP"来自"Experience"，即是"体验"。

目前从美国到欧洲的整个发达社会经济，正以发达的服务经济为基础，并紧跟"计算机信息"时代，在逐步甚至大规模开展体验经济。体验经济被其称为，继农业经济、工业经济和服务经济阶段之后的第四个人类的经济生活发展阶段，或称为服务经济的延伸。从工业到农业、计算机业、旅游业、商业、服务业、餐饮业、娱乐业（影视、主题公园）等各行业都在上演着体验或体验经济，尤其是娱乐业已成为现在世界上成长最快的经济领域。

数字产品是一种体验式产品，难以通过视觉和嗅觉等感觉实物产品的方式来感知，需要消费者通过一段时间的亲自使用才能对产品的好坏加以判断。因此，数字产品的营销首先要经过一段时间的免费试用阶段。当产品获得了一定的社会认可之后，才能逐步采取相应的策略，寻求获利。

四、免费的风险

与传统营销策略类似，企业的免费策略主要是一种促销手段，当用户形成某种使用习惯后，从而挖掘该产品的后续商业价值，它是从战略发展需要来制定免费策略的，主要目的是先占领市场，然后再在市场获取收益（盗版软件实质上是正版软件的免费体验，是限制了某些高级功能的促销版本）。

这种策略一般是短期和临时性的，免费价格策略存在很大风险。免费并不是最终目的，即使有再多的用户数而不能盈利，任何企业都不能生存下去。当 Netscape（网景）公司推出免费试用的浏览器后，他的竞争对手微软也推出了免费的浏览器——IE（Internet Explorer），网景公司很快就面临破产。免费策略最大的问题就是，如何从免费过渡到收费。

IBM 公司在 20 世纪 60 年代和 70 年代的全盛时期，曾以"IBM 就是服务"为口号。当时，只要购买 IBM 的硬件产品，IBM 就免费提供设备规划、程序设计、设备整合、产品维修等一系列服务，周到得让企业大为吃惊。但是，后来顾客对服务的需求越来越大，IBM 终于承担不起免费提供服务的成本，而服务最终也成为 IBM 最有价值的商品。现在 IBM 全球服务事业部的业务每年都以两位数的速度增长，再也不用借服务来卖硬件产品。IBM 的转变，显示服务经济已经成熟。企业由一个经济阶段，逐渐走入另一个经济阶段。

提供体验服务的企业从免费过渡到收费，才算将体验当做经济物品出售，真正迈入体验经济。如果企业只是为了让消费者喜欢产品或服务，而制造体验活动，体验就不能算是经济物品。企业必须考虑如果收取费用，将有什么不同的做法？

当前很多杀毒软件公司采用阶段性免费策略，即允许消费者在 3~6 个月内免费使用，期满后要继续使用就必须交费。这种方法几乎不能奏效，消费者有两类方式可以规避收费。一种是消费者在期满后，格式化硬盘重装系统，重新开始免费使用；另一种方式是期满后，卸载该软件，改用其他的免费软件。"卡巴斯基"和"360"都是这种模式，瑞星在这种情况下也改用这种模式，效果并不理想，反而非常被动。这种情况下，我们看到的是不断产生新的杀毒软件，又一个一个地逐渐消失。

企业直接收门票的模式必须改进，同时必须设计更丰富的体验内容。一些零售商已经接近体验经济，但是仍不够精致。迪斯尼是体验经济的先驱，但它的主题游乐园直接收门票，令人失望。以色列企业家开的"真假咖啡店"则是真正对体验收费的例子。在该咖啡店里，虽然服务生送来的杯子、盘子里空无一物，但是每位顾客要付三美元，周末是六美元。其经理卡斯比表示，消费者到咖啡店是来认识朋友、体验社交生活，而不是为咖啡而来。

第六节　网络消费者行为

关于网络消费者行为方面的研究，目前可分为以下四种：网络消费者认知行为、网络消费者信息行为、网络消费者议价行为和网络信任与欺诈行为。

一、网络消费者认知行为

电子商务是以信息技术和网络技术为平台的新商务模式，因此许多学者认为，应用电子商务就是应用了一种信息系统策略，当消费者接受和使用网上购物时，他们就接受和使用了电子商务采纳的技术与创新活动。推理行为理论（TRA）、计划行为理论（TPB）、技术接受模型（TAM）和创新扩散理论（IDT）也正是在 20 世纪 70 年代信息系统大量应用于社会时，学者们针对消费者的应用状况而提出的相应理论。

推理行为理论（Theory of Reasoned Action，TRA）是美国学者菲什拜因和阿耶兹于 1975 年提出的用于检验态度和意图的因果关系的模型。推理行为理论认为：行为是由意图引起的，而意图又是由个人对行为的态度和主观标准（个人在社会生活过程中形成的对外界事物的判断标准）决定的，而朝向行为的态度是实施某一给定行为信念的函数。菲什拜因和阿耶兹已经研究出意图和行为之间存在显著的相关关系。推理行为理论主要用于预测和理解个体消费者的行为。该理论隐含着一个重要的假设——人有完全控制自己行为的能力。

在 TRA 理论的基础上进行扩展，考虑到人还有不能完全控制自己行为的情况的理论是计划行为理论（Theory of Planned Behavior，TPB）。在 TPB 理论中，行为是意图和可感知到的行为控制的函数，而意图基于行为态度、主观标准和感知到的行为控制。

技术接受模型（Technology Acceptance Model，TAM）在预测和解释终端客户行为和系统使用方面是最有影响力的理论，TAM 理论提供了消费者态度、意图和行为之间的理论联系。近期有很多学者利用 TAM 理论研究人们对企业信息系统、网络和电子邮件等的接受程度。

创新扩散理论（Innovation Diffusion Theory，IDT）是研究一种新事物，例如新观念、新发明和新风尚等，在社会系统中推广或扩散的过程。创新扩散与大众传播和人际传播密不可分，扩散的过程其实就是传播的过程。创新扩散研究的著名学者罗杰斯认为，从个体感知到决定采用新事物的过程中，包含认识阶段、说服阶段、决策阶段、实施阶段和证实阶段等五个阶段。IDT 理论在解释消费者采纳新事物时，其传播过程与 TRA 理论和 TPB 理论的应用相似。

之所以把这方面的研究归入认知行为研究的范畴，主要是因为这些研究都不约而同地将推理行为理论、计划行为理论、技术接受模型和创新扩散理论作为其研究基础。这四个理论的核心都是从消费者的整体态度去预测消费者的行为，重点在于消费者感知事物的态度、信念和意向，这正是认知心理学的研究重点。

这四个理论的共同特点是，把重点放在消费者感知事物的态度、信念和意向上，而把购买决策行为简化为一个动作。

二、网络消费者信息行为

Kuhlthau 在 1991 年提出了信息查询过程模式（Information Search Process Model）；Dervin 在美国巴尔的摩市 1973 年城市居民信息需求及满足情况的调查数据的基础上，提出了著名的基于用户背景、现实差距、产生效果和改观手段等要素的知觉构成模式（Sense-Making Model，1996）；Belkin 提出了不规则的知识状态构架（Anomalous State of Knowledge Framework，1980）；Taylor 提出了信息使用环境（Information Use Environments，1991）。2000 年，学者 Wilson 将信息行为定义为跟信息来源、信息渠道有关的，包括人们的各种消极或积极的信息搜寻、信息利用等行为的总称，将用户信息行为划分为四个时期，即问题识别、问题定义、问题解决和解决说明四个时期，提出了一个综合的描述信息行为的概念模型，即信息行为模式（Information Behavior Model，1999）。

1997 年，学者 Ellis 在其先前研究的基础上，通过大量访谈社会学、物理学以及工程学领域的相关科研人员，提出了能够反映科研人员信息行为共同特征的信息搜索模型（Information-Seeking Pattern），该模型包括：起始、参考、浏览、区分、审视、抽取、确认和结束八个阶段。

从总体上来看，国内外有关信息行为的研究主要是关于特定用户群体的研究，尤其是对某领域的科研人员的研究较多，且以研究信息行为的过程和建立相关模型为主，偏重于宏观上的研究，针对电子商务环境下的消费者信息行为进行研究的相对较少。

三、网络消费者议价行为

有些学者认为，在电子商务流程中，商品和钱款是在商家营造的虚拟空间中流通，并没有传统商店中可见实体的商品展示，而只是将商品的信息通过影像、商家描述等电子手段，让消费者在客户端电脑上间接了解。消费者其实对商品的感受是模糊、片面的。因此商家所标的价格就相对地突出了，消费者对议价也就特别在意，进行消费者议价分析就显得尤为重要。消费者议价时的影响因素有，对网络的认知程度、对商品本身的认识程度、兴趣倾向偏好，以及年龄、性别、性格、心理差别等。网络交易中的一般议价方式有，网络拍卖、集体议价（集体式购买）、逢低买进、反拍卖（标价求购）、一口价等。

四、网络信任与欺诈行为

骗子是自古就有的，互联网的诞生，更是让这些骗子发现了新的行骗途径。在网上，你不知道跟你聊天的是一个人还是一条狗，更何况对方是一个能说会道的骗子？网络欺诈是很常见的，虚拟世界并不是真的虚拟。现实世界中的各种不良现象和风气会大量进入网络世界。由于网络的交流双方并不是面对面地接触，彼此的认知是很单纯、片面的。这就为网络欺诈提供了很大的施展空间。

网络诈骗行骗方法简单，成本极低，只要有一台可以上网的电脑，一个人就可以很容易地散布欺骗信息。另外，由于网络的渗透性很强，没有社会和空间的限制。所以，从理论上讲，网络诈骗的受害人是所有上网的人。

低犯罪成本、高隐蔽性、高渗透性决定了网络诈骗比传统诈骗更能吸引骗子，于是众多的骗子涌向了网络，在搜索引擎 Google 上搜索关键字"网络诈骗"、"网络骗子"、"网上诈骗"、"网上骗子"可以得到超过 1000 万条的搜索结果，令人触目惊心。目前国内几乎所有的交易论坛、二手交易信息平台上都充斥着诈骗信息。

网络诈骗问题日益严重，网络诈骗无论涉案的金额大小，都可能对社会产生非常大的危害。而目前对于网络诈骗，还没有特别有效的制裁方式。法律行政监管部门只有等到受害者报案后才能涉足。虽然公安部组织过"打击治理利用手机短信和网络进行诈骗犯罪的专项行动"，也取得过良好效果，但目前，网络诈骗形势依然严峻！

网络诚信环境不完善，依然是阻挡中国网民网上购物的第一大原因。

第七节　电子商务盈利模式

盈利模式在电子商务领域是一个新兴的领域，该领域的研究近年来受到了国外学术界和企业界的关注，他们将其称为"因特网盈利模式"（Internet Business Models），或者"网络上的盈利模式"（Business Models on the Web）。信息技术的快速发展，使得人们对寻找因特网环境中新的盈利模式产生了浓厚兴趣。这也是近年来，学界关于盈利模式以及网络对其造成的影响的争论有增无减的原因。但是，目前对于电子商务盈利模式的定义、开发、革新等方面的研究，暂时还无法达成统一认识。

Linder 和 Cantrell 认为，盈利模式是创造价值的核心逻辑，Petorvic 等人也提出了相似的观点，认为盈利模式是一个通过一系列业务过程创造价值的商业系统。Pual Timmers 把盈利模式定义为：一个集合了产品、服务和信息流的体系结构，包括对于不同商业活动参与者和他们所扮演的角色的描述，以及对于每个参与者能带来的潜在收益和收入源的描述。它包含三个要素：商务参与者的状态及其作用；企业在商务运作中获得的利益和收入来源；企业在商务模式中创造和体现的价值。北卡罗来纳州立大学教授 Michael Rappa 从网络经济学的角度阐述了盈利模式的概念，认为盈利模式就其最基本的意义而言，是指做生意的方法，是一个公司赖以生存的模式，一种能够为企业带来收益的模式。尽管对于盈利模式的研究还未有定论，但有一点可以肯定，盈利模式作为一个企业的经营框架，应该首先从战略角度来考虑。每个企业的具体模式可能会有所差异，但有一点是共同的：这些模式应该从电子商务企业长期盈利的角度来设计。

目前，在众多的盈利模式中，已经有几个领域在实践中取得了明显效果。

一、企业第三方信用管理模式

发达国家用了近百年的时间，以公共信息和信用数据开放为基础，以众多的商业化运作的信用管理服务中介机构为主体，建立了完善的现代信用管理法律体系和良好的公众信用意识，形成了规范的现代社会信用管理体系。发达国家的信用管理制度主要有两种模式：一是以欧洲为代表的以政府和中央银行为主导的模式。这种模式是由政府建立公共的信用中介机构，强制要求企业和个人向这些机构提供信用数据，并用立法保证这些数据的真实性。二是以美国为代表的，基本上依靠市场经济机制，靠行业的自我管理，以商业信用公司为主体的社会信用管理体系。这种良好的信用管理体系使得发达国家的电子商务进入更为成熟的发展阶段。众多进行电子商务交易的企业运用网络手段获取了更大竞争优势和商业利益。

我国改革开放后，并没有建立完善的信用管理制度。我国电子商务企业充分运用了制度创新的优势，创造性地发展出了企业第三方信用管理模式。

这类网络公司在我国以易趣网、淘宝网为首要代表。网络公司在网络拍卖中提供交易平台和交易程序服务，为众多买家和卖家构筑了一个网络交易市场（Net-markets），由卖方和买方进行网络拍卖，其本身并不介入买卖双方的交易。网站仅给用户提供特色交易对象，就货物和服务的交易进行协商，以及获取各类与贸易相关的服务的交易地点。网站不能控制交易所涉及的物品的质量、安全或合法性，商贸信息的真实性或准确性，也不能确保交易方履行其在贸易协议项下的各项义务。网站并不以买家或卖家的身份参与买卖行为的本身，它只提醒用户应该通过自己的谨慎判断确定登录物品及相关信息的真实性、合法性和有效性。

二、Agent 模式

多 Agent 技术是目前电子商务领域广泛采用的技术。利用比较 Agent，消费者能够迅速地查找到自己满意的产品，并且找到的产品在性能、价格方面都会令消费者比较满意。例如购买某歌星的 CD 音乐，为了找到可能的交易，比较 Agent 会搜索大量的在线商店，然后推荐给用户许多相关的结果。但是使用比较 Agent 购买商品，一般适合价格的比较与分析，在选择低价产品与服务方面可以达到很好的效果。协商 Agent 可以帮助消费者通过 Agent 跟销售商就其所需求的产品和服务进行一些自动或者半自动的协商。比如当消费者对某一产品感兴趣，但对于产品的某些属性，如价格、颜色、式样等不是很满意时，购买 Agent 就可以根据消费者的需求进行半自动的协商。如果单纯考虑价格的话，购买 Agent 可以自动与交易 Agent 进行价格协商，增加消费者对产品的满意程度，继而增加购买该产品的可能性。从比较 Agent 到协商 Agent，消费者从被动接受产品与服务的购物者转变成为可以设定自己的要求的协商者。

所采用的方法总体来说可分为三类：一类是通过数据挖掘的方法，发现用户喜欢或者不喜欢的内容，以便将符合需要的产品与服务推荐给每个用户；二类是利用信息过滤技术，过滤掉与特定消费者需求相关程度低的信息，以提高搜索工具的精度；三类是通过设计在线表格的形式，从用户不断填写表格的过程中了解用户的真实偏好，从而进行有针对性的推荐。但上述研究工作隐含的假设是：①消费者偏好在较长的时间内一般不发生变化；②消费者愿意不断花时间填写表格以表达自己的真实偏好；③所有的消费者都知道自己的真实需要。但这三个假设在现实世界中是很难满足的，因为通常情况下，消费者并不确切地知道自己的需求，同时消费者的偏好只在一定时间内不变，而且网上消费者也并不情愿重复填写在线表格。

三、基于风险主动承担的网络价值链盈利模式

实物产品电子商务企业的最终定位是大型网络中间商（或称"网上沃尔玛"）。但是一家网站最终能成为"网上沃尔玛"不是一蹴而就的，必须通过逐步发展来形成。因此，针对以上情况的分析，本书构建了一个实物产品电子商务企业三阶段发展盈利模式，具体如下：

1. 起步阶段——建立第三方支付系统，获得网站知名度

消费者在购买实物产品时，都具有在实体店的购买经验，这种经验成为其网上购物的参照物，所以消费者在网上搜索所需物品时，事先是有一个心理预期的。而在网上认知实物产品时，这种认知情况与心理预期差距太大，导致大多数的交易失败。在这种情况下，网站要实现交易，不得不自己建立第三方支付系统。实践证明，这种方式取得了良好的效果。更重要的是，网站获得了较高知名度，得到了较多风险资本家的融资支持。该阶段虽然可以通过基于 B to B 和 B to C 的第三方支付服务收取一定的中介费，但这一步仅仅是起步阶段，并不是一个实物产品电子商务企业的最终归宿。

2. 发展阶段——整合物流企业，实现角色过渡

实物产品电子商务企业不是实物产品生产商，而是网络中间商。在电子商务时代，中间商之所以不约而同地应用因特网，关键是因特网是新型的、互动的大众传播媒介，中间商本身在实物产品的流通中就起着媒介的作用。如果希望最终成为"网上沃尔玛"，就必须建立自己的渠道。在中国电子商务市场上第一个号称"要取消中间商"的网站是携程网，但是当时该企业根本没有自己的物流渠道（他们当时认为旅游业没有物流），旅游产品由于其不可移动的特性，相对而言只能是人的流动，而人的流动依靠的是交通业。一方面，携程公司四面树敌；另一方面，我国交通业是国有企业，该公司不可能控制，这直接导致其经营失败（该公司创始人已经通过卖出股票而退出了）。戴尔公司是计算机整机销售领域的世界第一，表面上看是其"网络直销"策略的成功，实际上该公司是依靠其控制的强大物流系统来维持其全球直销的。所以，在这个阶段，应凭借在起步阶段积累的资金，逐步整合或收购重点区域的物流企业，为建立强大的供应链系统做准备，实现网络中间商的角色过渡。

3. 扩张阶段——建立完整的网络价值链，成为"网上沃尔玛"

之所以要把最终的归属定位为"网上沃尔玛"的原因，是因为在网上认知实物产品时，消费者自身不具备足够的能力来降低信息不对称。消费者最终愿意选择通过某网站来购买商品，其根本原因是这个网站的商品是值得信赖的，消费者所承担的风险很小。网站

要主动承担目前消费者以及在网络上销售商品的企业的风险，而不是把风险留给他们，自己当"裁判"。沃尔玛成功的原因也是其为消费者提供了质量有保证、价格较便宜的商品，这也应该成为网络中间商的核心目标。只有这样，我国的电子商务才能实现真正的腾飞；消费者才能在网络上买到物美价廉的商品；众多中小企业才能通过网络大量销售商品，实现规模效应。这是一个多赢的局面，是各方（包括政府）都希望看到的局面。

通过以上分析，可以用图 6.2 来进一步描述本书所提出的基于风险主动承担的实物产品电子商务企业的网络价值链盈利模式。该图横轴表示不同的发展阶段，纵轴表示实物产品逐渐增长的网络交易量，三个阶段各有不同的发展策略。

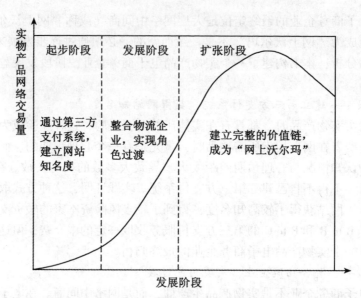

图 6.2　实物产品电子商务企业的网络价值链盈利模式的发展过程

四、基于收费平滑过渡的产品多样化盈利模式

对于数字产品而言，免费是一种饮鸩止渴的策略，只有通过规模经济才能实现继续扩张。为了实现从免费到收费的平滑过渡，我们设计了一套动态发展的产品多样化盈利模式。该盈利模式的最终形成要经过以下几个主要的发展阶段，每个阶段都有不同的竞争战略。具体如下：

1. 导入期的竞争战略——免费战略

与传统营销策略类似，导入期的免费战略主要是一种促销手段，当用户形成某种使用习惯后，从而挖掘该产品的后续商业价值，它是从战略发展的需要来制订定价策略的，主要目的是先占领市场，然后再在市场获取收益。

免费战略仅仅是整个动态演化的盈利模式的第一步，完全依靠公司独创的信息技术获取暂时的竞争优势，还不能马上转化为经济利润。Netscape 首创的浏览器当时允许用户免费下载，其主要的目的在于在用户使用习惯之后，就开始收费。但是微软公司发现这是一个有利可图的市场后，迅速开发出类似软件——IE，并且和 Windows 系统捆绑式免费销售。虽然 Netscape 面对的竞争对手过于强大，但是如果该公司能够意识到免费仅仅是整个动态演化竞争战略的第一步，继续开发后续产品并采用后续战略，一个充满希望的数字产品电子商务企业将不至于如此短命。

2. 增长期的竞争战略——标准化和适应化兼顾战略

当某一种数字产品通过免费战略获得了明显的顾客优势后，企业常常误以为收费的时机到了，这正是一些曾经风靡一时的电子商务明星企业夭折的根本原因。处于增长期的数字产品尚未形成稳固的顾客资源，一旦收费，顾客马上会转向竞争对手的免费产品，我国出现的免费电子邮件之争便是这种状态的真实写照。此时，数字产品仍然处于继续培育的阶段，这个阶段的关键是逐步锁定消费者。

随着产品用户数量呈几何级数的增加，对于希望通过因特网将其数字化产品卖到世界各地的电子商务企业而言，他们一方面需要标准化策略，同时又要考虑到不同地域的文化差异，其标准化又需要作适当的调整，即适应性策略。通过采用标准化战略，在大体相似的国家进行集中式管理能够获得规模经济性。同时，由于消费者的需求、使用条件和人们的购买力不同以及使用者存在整体文化素质上的差异等因素的存在，采取适当调整非常必要。在"标准化"和"适应化"这两个极端之间存在一个灰色区域——全球地方化。它是一种"全球化思考、地方化行动"的战略。

在导入期属于独特性的信息技术，在增长期由于不断有新的竞争对手的加入，其独特性优势逐渐丧失。此时，企业需要对核心数字产品进一步完善，结合标准化和适应化的战略要求，提升产品运行的稳定性、功能的可扩展性和多样性等。

3. 成熟期的竞争战略——核心产品稳步升级、关联产品不断创新战略

当电子商务企业的数字产品逐渐锁定目标客户群后，如何盈利成为首要目标。突然中止免费是许多数字产品电子商务企业常见的盈利方法，这种跳跃式的策略改变必然会导致用户数量大量减少，所以平滑的渐进式收费策略更为理想。核心产品稳步升级、关联产品不断创新的战略能够平稳地由免费过渡到收费。在成熟期，我们仍然不主张核心产品收费，因为在这一阶段出现了大量的竞争对手，其核心产品在技术上大同小异，收费必然导致客户流失，盈利是通过收费的个性化关联产品来完成的。

在崇尚个性化的网络时代，只有个性化的产品才能让顾客自愿付费。关联产品从表面上看好像是锦上添花的附加产品，实际上是顾客在核心产品的基础上彰显个性的手段，这是一种稀缺资源，是消费者甘愿为之付费的资源。数字产品是一种虚拟现实的体验，一种个人感受。将单一核心产品不断延伸，丰富某种体验，从而可以获得产品个性化的竞争优势。这种个性化恰恰是竞争对手难以模仿的，即使有所模仿，两者也不会完全等同。当转移成本越来越大时，消费依赖性就形成了。

在这一阶段，最关键的是开发出独具创意的个性化关联产品，这种产品往往是信息技术与创意的完美结合，是企业赢得竞争优势的关键所在。

图 6.3 描述了数字产品电子商务企业产品多样化盈利模式的动态发展过程。

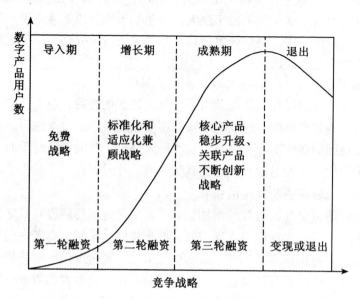

图 6.3　数字产品电子商务企业产品多样化盈利模式的动态发展过程

本 章 小 结

1. 欧美发达国家电子商务的起源与发展和我国电子商务的发展历程构成了电子商务发展的两个方面。欧美发达国家的电子商务经历了基于电报、传真机、EDI 和因特网的四个发展阶段；我国电子商务经历了 EDI 应用阶段、"三金工程"阶段和互联网大发展阶段。

2. 我们首先从介绍电子商务的定义、分类、功能和特点开始，然后介绍了理解电子商务活动的三个核心理论：梅特卡夫法则、交易费用理论和收益递增理论。

3. 计算机网络就像一系列庞大而复杂的链条，任何单个的企业或组织无法独自完成完整的商业活动，它们是一种相互依赖的关系。穆尔将这种关系比喻为商业生态系统，1985 年，迈克尔·波特在解释其竞争学说时将这种关系称为价值链。在信息时代，传统中间商会逐步过渡到网络中间商。

4. 快速吸引大量消费者的注意力是当今网络经济的主要特征，达文波特称之为注意力经济，这是一种新型的经济模式。我们从注意力经济的概念、特征和对网络营销的影响三个方面介绍了注意力经济的相关理论知识。

5. 免费是当今电子商务中的通用营销策略，迅速吸引大量网络消费者的注意力是免费的根本原因，但同时也带来了大量不同于传统营销方式的问题。我们从免费的种类、免费的合理性和免费的风险三个方面详细介绍了免费问题。

6. 网络消费者行为主要包括：网络消费者认知行为、网络消费者信息行为、网络消费者议价行为和网络信任与欺诈行为。

7. 免费是营销手段,不是企业的目的,只有注意力却不能盈利,这是任何企业都不能长期忍受的。什么时候开始收费,找到一种有效的盈利模式是电子商务企业的当务之急。我们首先介绍了目前比较流行的两种模式:企业第三方信用管理模式和基于电子商务网站构建的 Agent 模式。然后,我们提出了两种优化的盈利模式:基于风险主动承担的网络价值链盈利模式和基于收费平滑过渡的产品多样化盈利模式。

参 考 阅 读

[1] [美] Martin V. Deise. 电子商务管理者指南——从战术到战略. 北京:清华大学出版社,2001.
[2] [美] 亚里克斯·伯奇. 电子零售时代:征服电子购物新天地. 北京:机械工业出版社,2002.
[3] [美] 布里安·阿瑟. 收益递增与两个商业世界. 经济导刊,2000 (3).
[4] [美] 达文波特. 注意力经济. 北京:中信出版社,2004.
[5] [美] 曼纽尔·卡斯特. 网络星河:对互联网、商业和社会的反思. 北京:社会科学文献出版社,2007.

思考与练习

1. 电子商务一般有哪几种分类方式?

2. 电子商务有哪些特点?

3. 电子商务产品免费的原因是什么?

4. 注意力经济有哪些特点?

5. 有人认为旅游业是最适合电子商务的产业,你怎么看?

6. 360 软件公司为何能战胜其他杀毒软件公司?

第七章　信息系统规划与开发

本章主要内容如下：

第一节信息系统战略。本节由三个部分组成：信息系统的进化过程、企业信息系统战略对企业战略的影响和信息系统战略结构框架。

第二节信息系统战略规划。本节首先分三个发展阶段综合介绍了 ISSP 的不同方法，然后具体介绍了几种常用的 ISSP 方法：企业系统规划法（BSP）、战略目标集转化法（SST）、关键成功因素法（CSF）、信息工程法（IE）、价值链分析法（VCA）、战略系统规划法（SSP）和提问式的信息系统战略规划方法。然后，介绍了信息系统战略规划的流程与优化。

第三节信息系统开发的风险管理。本节首先定义信息系统开发失败的概念，进一步说明导致信息系统开发失败的风险和信息系统项目的风险管理流程，最后，我们介绍了一种逐渐兴起的基于风险管理的情景规划法。

第四节 IT 外包。首先，我们介绍了外包的几个基本概念，然后具体介绍了 IT 外包。

第一节　信息系统战略

信息系统战略（Information System Strategy，ISS）是关于组织信息系统长远发展的目标，是为实现组织战略而采取的基于信息技术的战略方案。ISS 是组织战略的一个组成部分，信息系统在组织战略规划中的作用是提供良好的信息服务。

一、信息系统的进化过程

美国管理信息系统专家诺兰（Richard. L. Nolan）通过对 200 多个公司、部门发展信息系统的实践和经验的总结，提出了著名的信息系统进化的阶段模型，即诺兰模型。

诺兰认为，任何组织由手工信息系统向以计算机为基础的信息系统发展时，都存在着一条客观的发展道路和规律。数据处理的发展涉及技术的进步、应用的拓展、计划和控制策略的变化以及用户的状况四个方面。1979 年，诺兰将计算机信息系统的发展道路划分为六个阶段。诺兰强调，任何组织在实现以计算机为基础的信息系统时都必须从一个阶段发展到下一个阶段，不能实现跳跃式发展。

诺兰模型的六个阶段分别是：初装阶段、蔓延阶段、控制阶段、集成阶段、数据管理阶段和成熟阶段，如图 7.1 所示。

图 7.1 中，横坐标表示信息系统的各个阶段，纵坐标表示预算费用。

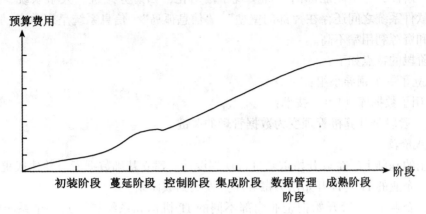

图 7.1 诺兰的六阶段进化模型

1. 初装阶段

计算机刚进入企业，只作为办公设备使用，应用非常少，通常用来完成一些报表统计工作，甚至大多数时候被当做打字机使用。

在这一阶段，企业对计算机基本不了解，更不清楚 IT 技术可以为企业带来哪些好处，解决哪些问题；IT 的需求只被作为简单的办公设施改善的需求来对待，采购量少，只有少数人使用，在企业内没有普及。

初装阶段的特点如下：

① 组织中只有个别人具有使用计算机的能力；

② 该阶段一般发生在一个组织的财务部门。

2. 蔓延阶段

企业对计算机有了一定了解，想利用计算机解决工作中的问题，比如进行更多的数据处理，给管理工作和业务带来便利。

于是，应用需求开始增加，企业对 IT 应用开始产生兴趣，并对开发软件热情高涨，投入开始大幅度增加。

但此时很容易出现盲目购机、盲目定制开发软件的现象，缺少计划和规划，因而应用水平不高，IT 的整体效用无法凸显。

蔓延阶段的特点如下：

① 数据处理能力得到迅速发展；

② 出现许多新问题（如数据冗余、数据不一致性、难以共享等）；

③ 计算机使用效率不高等。

3. 控制阶段

在前一阶段盲目购机、盲目定制开发软件之后，企业管理者意识到计算机的使用超出控制，IT 投资增长快，但效益不理想，于是开始从整体上控制计算机信息系统的发展，在客观上要求组织协调，解决数据共享问题。

此时，企业 IT 建设更加务实，对 IT 的利用有了更明确的认识和目标。

在这一阶段，一些职能部门内部实现了网络化，如财务系统、人事系统、库存系统等，但各软件系统之间还存在"部门壁垒"、"信息孤岛"。信息系统呈现单点、分散的特点，系统和资源利用率不高。

控制阶段的特点如下：

① 成立了一个领导小组；

② 采用了数据库（DB）技术；

③ 这一阶段是计算机管理变为数据管理的关键。

4. 集成阶段

在控制的基础上，企业开始重新进行规划设计，建立基础数据库，并建成集成的信息管理系统。企业的 IT 建设开始由分散和单点发展到成体系。

此时，企业 IT 主管开始把企业内部不同的 IT 机构和系统统一到一个系统中进行管理，使人、财、物等资源信息能够在企业内部集成共享，以便更有效地利用现有的 IT 系统和资源。

不过，这样的集成所花费的成本会更高、时间更长，而且系统更不稳定。

集成阶段的特点如下：

① 建立集中式的 DB 及相应的 IS；

② 增加大量硬件，预算费用迅速增长。

5. 数据管理阶段

企业高层意识到信息战略的重要，信息成为企业的重要资源，企业的信息化建设也真正进入数据处理阶段。

这一阶段中，企业开始选定统一的数据库平台、数据管理体系和信息管理平台，统一数据的管理和使用，各部门、各系统基本实现资源整合、信息共享。IT 系统的规划及资源利用更加高效。

6. 成熟阶段

到了这一阶段，信息系统已经可以满足企业各个层次的需求，从简单的事务处理到支持高效管理的决策。企业真正把 IT 同管理过程结合起来，将组织内部、外部的资源充分整合和利用，从而提升了企业的竞争力和发展潜力。

诺兰模型反映了企业计算机应用发展的规律性，前三个阶段具有计算机时代的特征，后三个阶段具有信息时代的特征，其转折点是进行信息资源规划的时机。诺兰模型的预见性，被国际上许多企业的计算机应用发展情况所证实。

该模型总结了发达国家信息系统发展的经验和规律，一般模型中的各阶段都是不能跨越的，它可用于指导 MIS 的建设。

二、企业信息系统战略对企业战略的影响

企业战略（Business Strategy，BS）是关于企业长期发展的计划，是组织领导者关于组织概念的集合。根据美国哈佛商学院迈克尔·波特教授的研究，企业常用的基本竞争战略包括三种：成本领先战略、差异化战略和目标集聚战略。企业无论采取哪种战略，其根本出发点都是抓住机遇，强化企业的竞争优势，以使企业在未来的市场竞争中取得相对优

势，从而保证企业的持续发展。

20世纪80年代，信息战略理论在美国诞生。美国信息管理学者 W. R. Synnott 和 W. H. Gruber 在1981年出版的《信息资源管理：80年代的机会与战略》一书中首次探讨了信息战略问题。从那时起，信息战略逐步引起企业重视并进入企业实践领域，成为与财务战略、人力资源战略、组织战略、研究与开发战略和生产战略等同等重要的职能战略。

Doherty 将信息系统战略定义为：识别要实施的、基于计算机的应用软件组合的过程，它既与公司战略高度组合，又能创造超过竞争对手的优势。要确定信息系统的战略，按照波特的理论，首先应对信息系统进行产业内的要素分析，即信息系统将会如何影响三个方面的基本产业要素，即产品与服务；市场分销渠道及客户行为；生产、分销或服务的经济性。

企业的信息系统战略对企业战略的影响与支持可以归结如下：

① 企业信息系统战略能够通过实施全面优化的供应链管理，快速响应顾客需求，减少各环节的延误，为企业内部及其合作伙伴建立有效的资源配置，同时扩大企业的生产规模和销售渠道，从而使企业取得成本竞争优势。

② 企业信息系统战略能够帮助企业通过信息网络了解顾客的个性化需求，并利用信息技术调整生产线以便迅速完成定制化生产，使企业实现基于战略信息系统的柔性制造，从而推动企业差异化战略的实现，主要表现为：发现更多的客户需求；监控客户对服务的感知；实现对客户咨询快速而准确的相应；提供一系列满足客户需求的方案；缩短产品导入期；实现跨组织的知识共享以加速创新。随着信息化程度的提高，这种竞争优势将越来越明显。

③ 企业信息系统战略能够帮助企业迅速准确地搜集客户信息，并对客户的信息进行分析和挖掘，从而使企业能够很好地把握客户行为，有效地占领目标市场，具体表现为：识别目标市场，并且开发一个独特的关于选定市场及其需求的信息库；通过企业信息系统建立专家系统，以产生相比一般市场服务者更为清楚的成本优势或形成与众不同的客户价值主张；通过系统将组织连接到客户的业务流程中，以降低转换成本，并对一般的市场服务者建立潜在的再进入壁垒。

此外，Broadbent 和 Weill（1993），Luftman（1993）等从多角度对企业战略与信息系统战略的相互关系进行了研究，认为企业信息系统战略将会支持、刺激企业目标并使之可能实现。匹配的观点基于以下两个假设：其一，强调"一致性"，即在企业战略和企业信息系统战略的制定和选择过程中，其目标相互参照，保持一致；其二，强调"动态性"，即战略一致性是一个持续适应和不断变化的过程，企业战略和企业信息系统战略要根据企业内、外环境情况不断进行调整。

一个企业所需要的信息系统应该是具有竞争性的，这种信息系统在企业内部可提高作业的效率与效益，在外部可直接提高企业的竞争能力。信息系统战略应该是企业整体战略的一个集成部分，否则这样一种战略系统将以一种零碎的方式发展，既不能扩大企业的战略视野，增强对市场的洞察力，也不能提高企业对市场的应变能力。信息系统战略不仅仅要包括单个企业在市场竞争中所需要的系统战略，而且还要包括那些在整个行业价值链上能够改进竞争力的策略手段。通过信息系统所提供的信息交流来改善企业与供货商和顾客的关系。此外，企业还应寻求合作优势。共同分享信息和系统是开放性的关键所在，这种开放性是发展此种合作关系所必需的。

信息系统战略不等同于信息技术的简单应用，企业不应该将其竞争战略仅局限在信息技术上。因为信息技术的高速发展变化使企业通过引进信息技术赢得竞争优势的努力难以实现，除非企业能够确信此项信息技术不容易被竞争对手复制。信息系统战略需要与企业的主导文化和突出品性相适应，因此开发合适的信息系统战略需要重视与领会企业的基本特质与内在价值，需要认识企业这一整体各部分的内在关系，需要认清由企业未来战略引出的"预期的"信息系统战略与能够鉴别企业积极要素和消极要素的"现实的"信息系统战略的区别。信息是开发信息系统战略的关键因素，对企业战略成功的衡量需要并且只有通过相关信息的识别才能实现，这种信息构成了信息系统战略的基础。信息系统战略应该充分注重企业内部和外部的正式和非正式的信息流。

三、信息系统战略结构框架

目前对信息系统战略结构的研究主要是运用框架（framework）这一工具进行的。框架是一种概括性模型，它揭示信息系统战略的组成要素和结构关系，说明信息系统如何适应企业获取竞争优势的目标。目前，这一领域所提出的框架种类较多，但框架的范围和作用比较模糊，更缺乏系统组织，应用者往往无从下手。Ead 提出了一种将各种框架合理组织的框架，该框架由意识、机会和位置三类框架组成。

（1）意识框架

意识框架在观念层次和战略高度上指明信息系统对于获取战略优势的作用，它提供行业级而不是企业级上的远见和洞察力，促进企业提高意识，显示企业改革运作模式的价值，在特定的行业环境下，帮助企业建立合适的信息系统战略。意识框架是主要的教育性工具，它促使企业更具战略性地进行思考，激励企业的创造性思维，使企业更好地利用管理信息来提高效率，并通过信息系统为企业提高竞争力奠定基础。意识框架由重聚焦（refocusing）框架、影响模型和范围模型三部分组成。

重聚焦框架研究企业应用信息系统的潜在性。其中的一种研究工具就是 Benjamin 等人的战略机会框架，利用这一工具可从企业的生产、管理、顾客三个关键业务领域的信息系统中挖掘支持企业竞争战略的有利机会。重聚焦框架不仅关注新的信息技术给企业带来的机会，而且还重视企业对现有信息技术更有效的开发以改进作业管理并提供战略管理信息。影响模型研究信息系统对企业竞争位置的影响和作用。它利用波特的总体战略模型在行业范围内确定企业的战略目标，以此目标为依据来分析信息系统是否能够改善企业的竞争位置。范围模型利用行业信息研究企业的战略潜在性，确定企业信息系统在本行业中所涉及的战略范围。信息强度矩阵是适用于这一模型的有效工具，它可确定信息系统是仅关注于改进企业内部的作业效率还是应更多地集中于企业外部的竞争。

（2）机会框架

机会框架使企业能够从信息系统的应用中发现适当的战略机会，它更多地集中于企业的细节分析，包括对当前的竞争环境、业务活动中的信息流和可获得的技术机会等方面的分析，通过分析确定信息系统应用于企业的哪些领域可获得机会提高竞争力。Porter 的价值链和五种竞争力模型在挖掘企业信息系统的应用潜力上具有重要作用，它们提供了有效工具来突出企业的关键战略领域，在这些领域中企业可通过应用信息系统获得收益。机会框架由系统分析框架、应用研究工具、适用于框架的技术及业务战略框架四部分组成。

系统分析框架研究企业内部的信息流，价值链方法可有效地分析企业各业务环境中的信息流；应用研究工具帮助确认企业业务中可能从信息系统中受益的特定应用领域；适用于框架的技术用于分析信息系统是否支持企业的战略需求，是否具有增加企业效益的潜能，是否会带来企业组织模式上的变革；业务战略框架研究企业各业务领域可能出现的战略机会和从信息系统中获得竞争优势的潜在性。

（3）位置框架

位置框架用于帮助企业管理者在充分了解信息系统目前地位的情况下，更好地规划信息系统未来的发展。它研究现有信息系统对企业业务活动的重要性，检查企业当前信息系统各部分结构的关系及利用情况，确定信息系统是否具有有效性。这里同时要重视的是信息系统的管理问题，研究这一管理对信息系统的价值是起增加还是抑制作用，对新的信息技术是否具有较强的吸收和应用能力。位置框架包括程度框架、空间框架和时间框架三部分。

程度框架研究信息系统对企业不同业务活动的重要性并管理信息系统的推广和应用。MeFarlan-McKenney 的战略栅格（strategic grid）法为同时考虑面向企业战略方向的现有和计划的信息系统的价值提供了工具。程度框架还帮助管理者了解企业组织结构为适应信息系统所需要发生的变化。空间框架主要研究企业信息系统开发、管理的主体的问题，是独立自主还是业务外包，是在企业内设置独立的信息系统部门，雇用专业人员开发企业的信息系统，还是在企业内不设置专门的信息系统部门，从信息系统的购买安装到运行维护，都依靠企业外部的专业公司。时间框架研究信息系统的发展问题，帮助企业识别在信息系统开发应用的各个不同阶段需要解决的主要问题。Nolan 的增长阶段模型可应用于此来确定企业信息系统当前所在的阶段位置，帮助企业在战略性地使用信息系统之前明确有关的问题。

第二节 信息系统战略规划

信息系统战略规划（Information system strategic planning，ISSP）是企业战略规划的有机组织部分，是关于信息功能的目标及其实现的总体谋划。从功能划分的角度来讲。企业信息系统战略是一类独立的战略；从信息功能实现的角度来看，企业信息系统战略又必须与企业战略相融合。企业信息系统战略描绘了企业未来的信息化的蓝图，并描绘了如何获取与整合这些蓝图的能力。信息系统战略规划是将信息技术/信息系统融入组织中以促进组织的成功管理并提高组织竞争力的过程。特别是最近随着人们对电子商务和电子政务越来越感兴趣，ISSP 被广泛地认为是执行成功的电子战略的有效方法。最近关于信息系统管理问题的调查研究表明，改善信息系统战略规划依然是 IT/IS 管理人员和企业高层管理者所面临的焦点问题，并且也一直是学术界关注的关于信息系统研究的最关键的问题之一。

信息系统战略规划是将组织目标、支持这些目标所必需的信息以及提供这些信息的计算机系统相互联系起来的信息系统战略管理过程。正确应用信息系统战略规划方法，可以充分利用信息系统来规划组织的内部管理，提高组织工作效率和顾客满意度，为组织获取竞争优势从而实现组织的宗旨和目标。

信息系统战略规划是组织战略规划的主体和动力。战略规划的一个主要部分就是信息系统战略规划。信息系统被如此紧密地同一个组织集成在一起，以至于几乎所有规划的变动都需要新的信息系统或对已有的信息系统进行改进。另外，信息系统本身经常是组织系统战略规划制订的推动力。

一、信息系统战略规划的发展过程

ISSP 相关方法与理论可以大致划分为相应的三个发展阶段：数据处理阶段的 ISSP 理论与实践、办公自动化阶段的 ISSP 理论与实践、战略信息系统阶段的 ISSP 理论与实践。

下面通过三个阶段来说明不同的规划方法。

1. 数据处理阶段的 ISSP——萌芽阶段的 ISSP 理论与实践

虽然计算机在 20 世纪 50 年代早期在企业中就有少量应用，但其应用推广却是从 60 年代中后期开始的。六七十年代强调计算机软硬件技术，当时主要是主机和小型机，成本昂贵，信息系统（大部分是数据处理系统，Data Processing，DP）的主要职能则是数据处理，通过过程信息的自动化来提高操作效率，这就是该阶段 ISSP 理论与实践所要达到的主要目标。

在严格意义上而言，这一阶段还没有信息系统规划（Planning），使用信息系统计划（Plan）一词可能更加切合实际，但可以将这一时期视为 ISSP 发展的萌芽阶段，许多 ISSP 的前期理论就产生于这一阶段，如 William Zani 的管理信息系统蓝图、Gibso 和 Nolan 的信息系统四阶段模型，后又修订为诺兰六阶段模型。这一理论是在安东尼模型的基础之上，定义了信息系统生长模型，反映了信息系统生长过程中不同阶段的特性，虽然有些争议，但为 ISSP 理论的研究发展奠定了基础。在这一时期，ISSP 方法论体系也有了一定的发展，较有影响的有：企业系统规划（Business System Planning，BSP）法；战略目标集转化（Strategy Set Transformation，SST）法；关键成功因素（Key Successful Factors，KSF）法；企业信息特征（Business Information Characterization Study，BICS）法；信息分析与集成技术（Business Information Analysis and Integrated Technology，BIAIT）。

企业系统规划法、企业信息特征法和信息分析与集成技术均是以数据为中心，结合企业的过程及职能，进行信息系统战略规划，特别是 BSP 法，系统地阐述了信息系统战略规划的过程和实施方法，为规划方法的实践应用开了先河；战略目标集转化法和关键成功因素法则是以决策信息为中心，在考虑企业战略与关键成功因素后再进行信息系统规划，其中战略目标集转化法的实施过程与企业系统规划法相似。可以说，这一时期的规划方法为今后方法论的研究与应用奠定了坚实的基础。

由于这一时期对信息系统和信息技术认识的局限性，这一时期的 ISSP 理论与实践必然存在一些弱点：以数据处理为中心，强调运营层工作效率及数据处理效率，缺乏系统观念以及对决策的支持；规划局限于未来较短的时期内，缺乏长远的观点；对信息资源的利用程度较低等。

2. 办公自动化阶段的 ISSP——发展中的 ISSP 理论与实践

从 20 世纪 70 年代末到 80 年代中后期，微型计算机的普及与应用有着惊人的发展，计算机硬件成本大大降低，操作系统和数据库技术有了较大发展，企业的计算环境得到大大改善，信息系统在组织中的应用越来越受到重视，信息技术和信息系统发展到办公自动化时代，信息技术和信息系统的主要目标也从提高数据处理效率逐步转移到满足对信息的需求、支持决策、提高管理效率上来。在这一时期，ISSP 理论得到了进一步的丰富和发展。一些学者发现了 Gibso 和 Nolan 的信息系统四阶段模型存在的弱点并进行了完善和补充，一些学者也开始注意到组织战略规划（Business Strategic Planning，BSP）与信息系统战略规划之间的相互关系以及企业外部环境与 ISSP 的相互影响问题，信息系统的战略规划逐渐引起了重视。

在 ISSP 方法论体系与 ISSP 实施的研究方面也产生了以下一些方法：应用系统组合（Application Portfolio Approach，APA）法；信息工程（Information Engineering，IE）法；假设前提（Assumption Surfacing. AS）法；战略栅格（Strategic Grid，SG）法；信息质量分析（Information Quality Analysis，IQA）法。这些方法对前期的信息系统战略规划方法做了有益的补充和修正，如应用系统组合法（APA 法）就提供了对战略规划实施项目的风险评估，信息质量分析法（IQA 法）就是企业系统规划法（BSP 法）自动化的结果，假设前提法（AS 法）也是与关键成功因素法（CSF 法）有着异曲同工之妙。这一时期更加着重规划的实施与应用。如信息工程法（IE 法）就是从技术工程实施的角度出发的信息系统规划方法。

应该说，这一时期的方法得到了一定的丰富和发展，在实践中也有了大量的应用和研究。但是，由于这一时期组织高层领导对信息系统的认识严重不足，导致信息系统战略规划存在一些应用问题：如在信息系统的目标定位上是被动地服务于组织战略，在组织的全局战略中总是处于一个小附件的从属地位，有时甚至被组织高层管理者所忽略，或者 ISSP 完全与组织战略脱钩。总而言之，这一时期的 ISSP 的理论，特别是实践，虽然提出了与组织战略相集成的观点，但很少得到高层管理者的关注，主要还是在组织内部应用，没有考虑组织外部环境的影响，未能主动地为组织创造战略竞争优势。

3. 战略信息系统阶段的 ISSP 理论与实践

由计算机、人工智能和通信技术组成的信息技术高速发展，信息系统在企业和组织中得到了非常广泛的应用，并且发展日趋成熟，信息系统在企业和组织中已经是不可或缺的了，于是人们越来越强调信息系统的目标与组织目标的统一，甚至将 ISSP 纳入组织战略之中，并为组织发展提供战略支持，为组织创造竞争优势。在这一时期，一些学者通过对组织内外部环境的分析，论证了信息系统能够给组织带来潜在的机会和长远的竞争优势。

在这一时期，ISSP 方法论体系与 ISSP 实施方法，是在吸收前期方法的优点的基础之上，着重强调与组织战略的集成，以及如何为组织创造战略竞争优势，主要包括以下方法：客户资源生命周期（Customer Resource Life Circle，CRLC）法；扩展的应用系统组合模型（Extended Application Portfolio Model，EAPM）；价值链分析（Value Chain Analysis，VCA）法；战略系统规划（Strategic System Planning，SSP）法。这一时期信息系统战略规划强调信息系统的目标与组织目标的统一并通过对组织内外部环境的分析和论证以获取潜在的竞争优势。如客户资源生命周期法就是以客户为中心进行规划，价值链分析法就是以企业的价值链为核心，综合考虑企业内外部环境，进行信息系统的规划，以期利用信息技术获取战略竞争优势。

但是，由于企业外部环境的多样性和复杂性，目前还没有一种很好的解决办法来全面分析企业外部环境对企业的影响，特别是战略的制定，现有的方法多为参考式和模糊式启发方法。

二、企业系统规划（BSP）法

1. BSP 法的基本思想

企业系统规划（Business System Planning，BSP）法是由 IBM 公司于 20 世纪 70 年代提出的一种企业管理信息系统规划的结构化的方法论。首先自上而下识别系统目标、业务过程和数据，然后自下而上设计系统，以支持系统目标的实现。BSP 法的基本思想如图 7.2 所示。

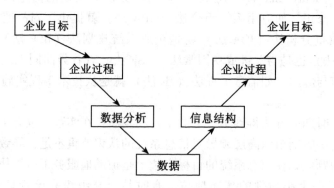

图 7.2　BSP 法的基本思想

2. BSP 法的主要步骤

BSP 法从企业目标入手，逐步将企业目标转化为管理信息系统的目标和结构。它摆脱了管理信息系统对原组织结构的依从性，从企业最基本的活动过程出发，进行数据分析，分析决策所需数据，然后自下而上设计系统，以支持系统目标的实现。

① 研究开始阶段。成立规划组，进行系统初步调查，分析企业的现状、了解企业有关决策过程、组织职能和部门的主要活动、存在的主要问题、各类人员对信息系统的看法。要在企业各级管理部门中取得一致看法，使企业的发展方向明确，使信息系统支持这些目标。

② 定义业务过程（又称企业过程或管理功能组）。定义业务过程是 BSP 法的核心。所谓业务过程就是逻辑相关的一组决策或活动的集合，如订货服务、库存控制等业务处理活动或决策活动。业务过程构成了整个企业的管理活动。定义业务过程可对企业如何完成其目标有较深的了解，可以作为建立信息系统的基础。按照业务过程所建造的信息系统，

其功能与企业的组织机构相对独立，因此，组织结构的变动不会引起管理信息系统结构的变动。

③ 业务过程重组。在定义业务过程的基础上，分析哪些过程是正确的；哪些过程是低效的，需要在信息技术支持下进行优化处理；哪些过程不适合计算机信息处理，应当取消。检查过程的正确性和完备性后，对过程按功能分组，如经营计划、财务规划、成本会计等。

④ 定义数据类。定义数据类是 BSP 法的另一个核心。所谓数据类就是指支持业务过程所必需的逻辑上相关的一组数据。例如，记账凭证数据包括凭证号、借方科目、贷方科目、金额等。一个系统中存在着许多数据类，如顾客、产品、合同、库存等。数据类是根据业务过程来划分的，即分别从各项业务过程的角度将与它有关的输入输出数据按逻辑相关性整理出来归纳成数据类。

⑤ 设计管理信息系统的总体结构。功能和数据类都定义好之后，可以得到一张功能/数据类表格，该表格又可称为功能/数据类矩阵或 U/C 矩阵。设计管理信息系统的总体结构的主要工作就是利用 U/C 矩阵来划分子系统，刻画出新的信息系统的框架和相应的数据类。

⑥ 确定子系统实施的优先顺序。由于资源的限制，信息的总体结构一般不能同时开发和实施，总有一个先后次序。划分子系统之后，根据企业目标和技术约束确定子系统实施的优先顺序。一般来讲，对企业贡献大的、需求迫切的、容易开发的优先开发。

⑦ 完成运用 BSP 法的研究报告，提出建议书和开发计划。

三、战略目标集转化（SST）法

William King 于 1978 年提出了 SST 法。他把整个信息系统开发的战略目标看成是"信息集合"，由使命、目标、战略和其他战略变量组成，MIS 的战略规划过程是把组织的战略目标转变为 MIS 战略目标的过程。

第一步是识别组织的战略目标集，先考察一下该组织是否有成文的长期战略计划，如果没有，就要去构造这种战略目标集。可以采用以下步骤：

① 描绘出组织各类人员结构，如卖主、经理、雇员、供应商、顾客、贷款人、政府代理人、地区社团及竞争者等；

② 识别每类人员的目标；

③ 对于每类人员识别其使命及战略。

第二步是将组织战略目标集转化成 MIS 战略，MIS 战略应包括系统目标、约束以及设计原则等，这个转化的过程包括使组织战略目标集的每个元素识别对应的 MIS 战略约束，然后提出整个 MIS 的结构，最后，选出一个方案报送总经理。

四、关键成功因素（CSF）法

1970 年哈佛大学的 William Zani 教授在 MIS 模型中用了关键成功变量，这些变量是确定 MIS 成败的因素。过了 10 年，麻省理工学院的 John Rockart 教授把 CSF 法提高成 MIS 的战略。应用这种方法，可以对企业成功的重点因素进行辨识，确定组织的信息需求，了解信息系统在企业中的位置。所谓的关键成功因素，就是关系到组织的生存与组织成功与否的重要因素，它们是组织最需要得到的决策信息，是管理者重点关注的活动区域。不同组织、不同的业务活动中的关键成功因素是不同的，即使在同一组织同一类型的业务活动中，在不同的时期，其关键成功因素也有所不同。因此，一个组织的关键成功因素应当根据本组织的情况及外部环境进行判断，这些情况及外部环境包括企业所处的行业结构、企业的竞争策略、企业在本行业中的地位、市场和社会环境的变动等。

CSF 法是通过分析找出企业成功的关键因素，然后再围绕这些关键因素来确定系统的需求，并进行规划。其步骤如下：

① 了解企业和信息系统的战略目标。

② 识别影响战略目标的所有成功因素。

③ 确定关键成功因素。

④ 识别性能指标和标准。

确定关键成功因素所用的工具是树枝因果图。例如，某企业有一个目标，是提高产品竞争力，可以用树枝图画出影响它的各种因素，以及影响这些因素的子因素，如图 7.3 所示。

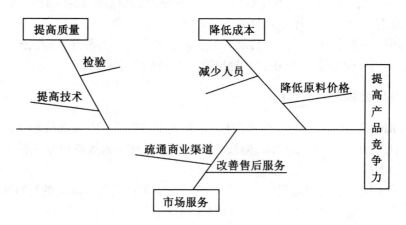

图 7.3　关键成功因素法的树枝图

不同企业的关键成功因素是不同的。对于一个习惯于高层人员个人决策的企业，主要由高层人员个人在此图中选择。对于习惯于群体决策的企业，可以用德尔菲法或其他方法把不同的人设想的关键因素综合起来。在高层中应用关键成功因素法，一般效果较好，因为每一个高层领导人员日常总在考虑什么是关键因素。一般不大适合在中层领导中应用，因为中层领导所面临的决策大多数是结构化的，其自由度较小，对他们最好应用其他方法。

五、信息工程（IE）法

信息工程法进行的信息系统战略规划强调以数据为中心进行规划。该方法认为一个企业所使用的数据类型很少变化，除了偶尔少量地加入几个新的实体外，变化的只是这些实体的属性值。对于一些数据项集合，可找到一种最好的方法来表达它们的逻辑结构，即稳定的数据模型。这种模型是企业所固有的，问题是如何把它们提取和设计出来。这些模型在其后的开发和长远应用中很少变化，而且避免了破坏性的变化。在信息系统的战略规划中，这些模型成为运用计算机处理的坚实基础。虽然企业的数据模型是相对稳定的，但是应用这些数据的处理过程却是经常变化的。事实上，最好是系统分析员和最终用户可以经常地改变处理过程。只有建立了稳定的数据结构，才能使计算机信息系统适应行政管理或业务处理上的变化，这正是面向数据的方法所具有的灵活性，而面向过程的方法往往不能适应管理变化的需要。

用信息工程法进行的信息系统战略规划，主要内容大体可以分为四个部分：用户需求分析、系统建模、通信-计算机网络规划和应用系统开发规划。

六、价值链分析（VCA）法

价值链分析法认为信息技术在组织的战略牵引方面能起关键作用。价值链分析法将一个组织视为一系列的输入、转换与输出活动的集合，而每一个活动都有可能相对于最终服务或产品产生增值行为，为增强企业的竞争地位作出贡献；利用信息技术在价值链中识别并放置"信息增强器"进行增值，可以提高组织的竞争力。

七、战略系统规划（SSP）法

战略系统规划法是通过分析企业的主要职能部门来定义企业的功能模型；再结合企业的需求信息，生成数据实体和主题数据库，从而获取企业全局的数据结构；最后进行全局数据系统结构的识别，并提交信息系统的实施方案和计划，与企业规划法非常类似。

八、提问式的信息系统战略规划方法

对于初次应用管理信息系统的企业而言，前面的方法或许太专业、太复杂，寻求一种简洁、有效的方法是信息系统规划人员的非常现实的工作。下面介绍了一种提问式的信息系统战略规划方法。所提出的问题分为六个类别，具体如下：

1. 当前的 MIS

当前应用了哪些 MIS 系统（如 ERP、SCM、BI 等）？

这些系统是如何支持企业的管理目标的？

这些系统是否仍然能满足当前的管理目标？

准备做哪些信息技术上的调整和改变？

2. MIS 对企业远景和战略的支持

每项信息技术具体是如何支持企业远景和战略的？

上一次系统规划是何时制定的？

下一次系统规划将在何时制定？

3. 计划建立的新系统或新技术

准备在哪些方面应用新的技术或系统？

这些技术或系统如何支持管理目标？

如何评价这些技术或系统？

4. 系统应急计划

有何应急措施以保护系统免遭入侵或灾难？

这些应急措施从专业的角度是否可靠？

5. 系统预算

公司过去每年在信息技术方面的投入是多少？

公司每年的财务预算会给 MIS 留出多少？

公司在信息技术方面的投入是否获得了明显收益？

这些收益如何计算？

6. 新系统开发的时间计划

在准备开发新系统时是否有详细的时间安排？

过去开发系统时是否有拖延或提前的情况？

拖延和提前对企业战略造成了什么影响？

九、信息系统战略规划的流程与优化

目前，没有充分证据表明，某一种 ISSP 方法完全优于其他方法。因此不能简单地认为，选一种最新的方法就可以达到企业的信息系统战略规划的目标。目前，我们主要是从 ISSP 的实施过程来保证信息系统战略规划的质量。

1. 传统的 ISSP 流程

传统的 ISSP 流程的简单表示如图 7.4 所示。

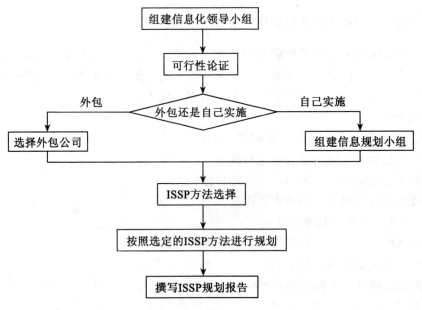

图 7.4　传统的 ISSP 流程

　　传统的 ISSP 流程的最大特点就是在整个规划过程中只存在对 ISSP 方法的一次选择。由于技术的限制，企业在选择 ISSP 方法时对选择不同方法的最终效果无法进行程序化的预测，只能进行主观估计。对于特定企业的特定信息系统项目而言，没有科学的依据可以说明，一种方法优于另一种，那么只能等专家来进行主观判断。既然 ISSP 的执行者难以在多种 ISSP 方法中进行比较，这就给了企业中的政治活动留下了一个很大的空间。在方法的选择过程中不同组织和人员都可以作为某一方面的专家提出自己的意见，结果信息系统战略规划方法的最终选择由权力群体之间的妥协结果来决定。这种状况的出现，是由于在评估信息系统时，采取以专家打分为基础的主观方法，缺乏基本的客观依据所致。由于各种方法都有其优点和缺点，任何群体如果想影响选择的结果，只需强调自己主张的方法所具有的长处和反对的方法所具有的缺点就可以达到目的，最后谁也说服不了谁。

　　在文档完整性得到保证的基础上，从实用主义角度出发，评价 ISSP 方法等于评价该 ISSP 方案中描述的信息系统。那么能不能在特定 ISSP 方法给出的规划结果付诸实施之前就在一定程度上预测到按特定规划方案部署信息系统后的效果，从而评价一个按 ISSP 方法作出的方案呢？过去的研究给出了很多评估信息系统的方法，但是这些方法也存在相当明显的缺点。

　　首先，这些方法的基础都是专家小组的打分。为了提高评估结果的客观性，研究者开展了如何选择专家、如何选择打分项目、如何处理打分结果等方面的研究。但是，这种评估有其固有的弱点：其一，专家也是人，他们都会受到情绪波动的影响。解决这一问题的传统统计方法是多次打分，取平均值。但是，这种方法在这里是行不通的。因为，即使专家可以多待一段时间进行多次打分，但是专家每次打分的结果都会影响下一次的打分，即两次统计意义上的两次试验不是独立的，取平均值便失去了意义；其二，这些专家往往没有足够的时间来了解企业的情况，只能凭文档和走马观花的浏览来进行打分。这样可以评价计算机系统，但是很难准确地评价在特定企业组织结构、业务流程和人员背景下的信息系统。

　　其次，这是事后的方法。一般在信息系统规划付诸实施完成之后、验收之前进行。对于信息系统研究者而言，可以从一个企业信息系统的事后评价中获得有价值的信息。但是对于企业而言，事后评价就意味着企业信息系统已成既定事实，如果不成功，轻则浪费信息系统投资，严重的可能使企业从此一蹶不振。在这样的情况下，再来评价信息系统是否成功，追究信息系统规划是否有问题，已经显得太晚而失去了意义。但是按照传统的信息系统规划过程，这是不可避免的。

　　2. ISSP 流程优化

　　由上面的分析可以看出，改造以主观打分为基础的方法要和改造传统的 ISSP 过程相结合，必须在规划验收之前得到规划方案的评价。如果可以做到这一点，就可以把按不同的 ISSP 方法作出的方案进行对比，从中选出更优的 ISSP 方法。为了达到这个目的，基于对现代信息系统中信息概念的再认识，产生了信息系统定量分析与仿真的方法。这种客观的方法可以作为信息系统评价的基础，同时也便于在计算机上实现，能够对给定信息系统进行仿真计算，即便这个给定的信息系统还没有开始真正部署。这样，就使信息系统实施前的评价成为可能。

有了信息系统定量分析与仿真的方法，就可以将传统的 ISSP 过程进行改造。改造后的 ISSP 过程如图 7.5 所示。

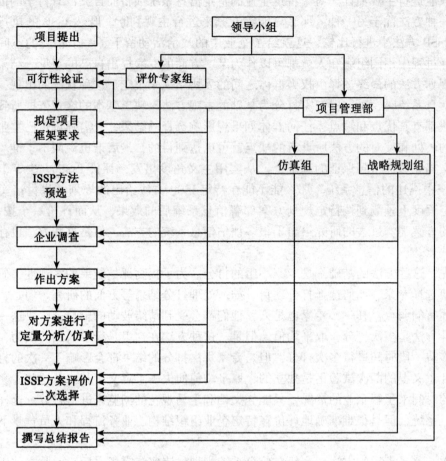

图 7.5　ISSP 二次选择的规范过程

按 ISSP 方法作出方案的过程使用了多个方法竞争的思路。由于现在没有充分证据表明一种 ISSP 方法完全优于另一种，那么就让它们在实际企业环境中进行竞争。这种竞争通过在仿真计算基础上的综合评价来完成。如果按现在所有的 ISSP 方法实际作出方案参与竞争，企业不可能有这么多的资源，所以先要进行一次 ISSP 方法预选。ISSP 预选是通过定性研究确定可能较为适合本企业情况的方法，这要依靠评价专家组对企业企业情况进行研究，从几类方法中选出几种有代表性的方法或其组合。

在预选出两种以上方法以后，就按照这些方法分别作出战略规划方案。不同的方法最后形成的文档是不同的，但是都会包括信息系统的模型描述。按照这个描述，就可以由仿真组使用信息系统定量仿真软件对该方案所规划的信息系统进行仿真计算。

得到仿真计算的结果之后，就可以比较按照不同方法规划的信息系统及关键子系统在企业中部署以后的效率。然后在项目经理部的指导下，由评价专家组会同仿真组、战略规划组结合不同方案中信息系统预计的设备、开发、部署等费用预算，以及对不同方案之间实施难度、风险等因素的综合考虑，选择其中的一种方案作为最终方案。最后，撰写最终的战略规划方案文档和项目总结报告。

第三节　信息系统开发的风险管理

信息系统的成功开发似乎成为一种假设，媒体一般都不会报道失败案例，某个企业即使其信息系统开发失败了也讳莫如深（要么自欺欺人，要么干脆不承认），这就对后来者形成了一种错觉：信息系统开发一般都是成功的。

许许多多的管理信息系统开发的成功案例（如联想集团应用 ERP）给人留下了深刻印象，但同时也有大量失败的例子。

关于信息系统失败的具体数据从来都是混乱不堪的。有人说是 15%，有人说是 75%，还有人说是 50%。这些数据多半是凭个人经验得出的，由于相应企业一般选择沉默，所以无法得出统计学上有意义的数据。因此，信息系统开发的风险管理是信息系统规划阶段就应该重点研究的对象。

风险是普遍存在的，一般认为，风险越高，收益越大。许多有较高风险的投资，最后得到了较高收益，但是风险与收益之间是否存在严格的正相关关系并没有被证明或证实。

Frank 认为，收益并不是风险产生的，而是由承担风险的高新技术带来的。风险是由不确定性导致的，MIS 一般都应用了高新技术，而高新技术具有较大的不确定性，因此具有较大风险。

随着我们不断积累应用 IT 的经验，信息系统开发失败的风险是可以控制或降低的。

一、信息系统开发失败的定义

信息系统开发项目没有实现使用者或系统所有者的预期目标时，这个项目就可以说是失败的。但这种解释过于简单，真正的问题是，何时及在何种程度上可以认为完成了预期目标？

下面这些表述是比较明确的信息系统开发失败的定义：

已经开始开发信息系统，但在完成前便放弃了；信息系统开发项目已经结束，但从未使用过；信息系统开发完成并投入使用，但很快就放弃了；信息系统并没有像当初设想的那样开发，以至于砍掉了一些系统功能，缩小了信息系统应用规模。

如果按照以上具体标准，有人认为，IT 项目的成功率只有 2%。

二、导致信息系统开发失败的风险

导致信息系统开发失败的风险主要来自八个方面，具体如下：

1. 变化

① 社会环境的变化。

② IT 本身的变化。

2. 软件开发商

软件开发商的声誉需仔细甄别。

3. 资金

① 资金准备不足。

② 故意拖欠软件开发商的应付费用。

4. 时间

① 准备期时间控制。

② 开发期时间控制。

③ 实施与评价期时间控制。

5. 信息技术人才

① 组织结构上要建立基于 CIO 的信息技术人才体系。

② IT 业的人事变动一直很频繁，好的人才总是很缺乏。

6. 管理咨询公司

MIS 的正确应用是最关键的，许多企业缺乏应用经验，因此需要有丰富应用经验的管理咨询公司的指导，同时它们也是第三方监督者。

7. 法律顾问

建立风险意识，用法律手段来监督和保证系统开发的成功。

8. 企业文化

应用某种 IT 的最终是人，如果企业缺乏相应的积极应用的企业文化，那么一切技术都是徒劳的。

三、信息系统项目的风险管理流程

信息系统项目的风险管理过程一般包括以下几个步骤：

① 建立企业各级机构的风险管理负责制，包括指定项目风险管理负责人（一般由项目经理担任），以及企业其他相关风险管理负责人（一般由企业各部门经理担任）。

② 编制风险管理计划，包括风险识别、项目进度安排、降低风险的具体方法。

③ 风险定时审计和项目进度定时检查。

④ 对已编制的风险管理计划定期核查，以识别风险变化直至项目完成。

四、基于风险管理的情景规划法

情景规划（scenario planning）法是理清扑朔迷离的未来的一种重要方法。情景规划法要求企业先设计几种未来可能发生的情形，接着再去想象会有哪些出人意料的事情发生。这种分析方法使企业可以开展充分客观的讨论，使得战略更具弹性。

1. 情景规划法的起源

情景规划法最早出现在第二次世界大战之后不久，当时是一种军事规划方法。20 世纪 70 年代早期，荷兰的皇家壳牌公司率先将这种方法应用于工业领域。情景规划法由于荷兰皇家壳牌公司运用它成功地预测到了发生于 1973 年的石油危机，才第一次为世人所重视。当时传奇式的情景规划大师、法国人皮埃尔·瓦克领导着壳牌情景规划小组。1972 年，该小组建立了一个名为"能源危机"的情景，他们想象，一旦西方的石油公司失去对世界石油供给的控制，将会发生什么，以及怎样应对。从 1973 年至 1974 年冬季，

OPEC（石油输出国组织）宣布石油禁运政策时，由于壳牌公司事先预料到了该情景的发生并有良好的准备，所以成为唯一一家能够抵挡这次危机的大石油公司。从此，壳牌公司从世界七大石油公司中最小的一个，一跃成为世界第二大石油公司。

1982 年，皮埃尔·瓦克退休，接任他的是彼得·舒瓦茨。在 1986 年石油价格崩落前夕，壳牌情景规划小组又一次预先指出了这种可能性，因此壳牌并没有效仿其他的各大石油公司在价格崩溃之前收购其他的石油公司和油田来扩大生产，而是在价格崩落之后，花 35 亿美元购买了大量油田，彼得·舒瓦茨说，这一举措为壳牌公司锁定了 20 余年的价格优势。

正是因为情景规划法在壳牌公司所取得的巨大成功，近年来，这种管理方法的应用和研究也逐渐在企业界和学术界流行起来。例如，1994 年，英国政府通过"科技发展计划"（Technology Foresight Program）针对各项产业领域，结合学术界、产业界与政府部门组成 15 个独立的产业智囊，运用情景规划法来分析和规划各产业在 2015 年的情况。同时，像戴姆勒-克莱斯勒、UPS、苏黎世金融服务公司等许多其他的公司也开始运用这种管理方法。关于该方法的介绍在美国的主流商业媒体上也频频出现，2002 年 2 月，美国 *BUSINESS* 2.0 杂志推出了一个关于风险管理的封面专题，其中特别提到了壳牌公司传奇式的情景规划："没有一个行业比石油行业对危机的理解更深刻，而石油行业里也没有一个公司具有比荷兰皇家壳牌公司传奇式的情景规划小组更长远的眼光。"

2. 情景规划法的基本思路

情景规划法的中心内容是组织感知其环境的变化、思考其含义并进而根据这些新知识来采取行动的能力。

情景规划法主要是根据历史和现状预测各种可能的未来，并根据可能的未来制定相应的对策。情景规划法把结构性的管理决策包括在构建多维度的未来可能性的特征描述中，这些特征描述集中在未来将如何发展上，通过注意一些偶然事件、主导趋势、关键角色的行为及其内部一致性来呈现特定的未来。

每个战略情景都包含三个部分：第一，情景变量群；第二，行动主体群；第三，实现路径。每个情景都是由这三个方面来表达的。在构造情景时，首先，应明确情景中所包含的变量和行动主体，找到变量之间，变量与主体之间，以及主体之间的相互关系；其次，（根据企业的现状以及企业所面临的内部和外部环境）假定企业未来可能出现的情景；最后，根据主体和变量之间的相互作用和发展变化，找到通向未来可能的情景的路径，并预测各种情景出现的概率。

情景规划法的一般程序包括：第一，问题界定与背景分析，以当前状况的 SWOT 分析为起点；第二，界定关键要素，根据管理者确定的焦点问题以及时间范围来思考决定未来环境发展的可能因素；第三，对情景变数予以分类、评量及选定，设计情景组合；第四，确认各项可能的情景组合是否被决策人员了解；第五，分析、阐释及选定情景组合；第六，运用情景组合协助组织决策。

由于情景规划法本身是一个较为复杂的过程，所以在实践中并没有形成一个统一的情景规划法的模式，以上介绍的只是其中的一种构造情景和运用情景规划法的思路。

3. 在信息系统战略规划中运用情景规划法的基本步骤

将情景规划法用于信息系统战略规划主要包含以下四个步骤：

① 选择影响企业信息系统战略规划的因素，并分析各因素可能出现的状态。

② 按照因素的不确定性和影响程度进行分类，并将影响程度和不确定性同时相对较高的因素作为优先级因素进行重点分析。

③ 将各因素未来可能出现的状态进行组合，归纳出 3~4 种情景，并根据概率计算，确定未来可能出现的情景。

④ 针对未来最有可能出现的情景以及对确定性因素的分析，选择最佳的信息系统战略规划方案。

目前，情景规划法在信息系统战略规划中的运用还处于早期研究状态，并不成熟，但这是一种很有发展前景的方法。

第四节　IT 外 包

外包业是新近兴起的一个行业，它给企业带来了新的活力。据 IDC 统计，1998 年全球外包服务方面的开支为 990 亿美元。2003 年全球资源外包服务开支突破 1510 亿美元。从 2008 年开始的美国次贷危机，进而引发 2009 年的全球金融危机后，我国政府开始考虑制造业战略转型，外包就是我国政府倡导的策略之一。

一、外包的基本概念

关于外包，下面我们从其定义、目的、分类和行业状况四个方面来介绍。

1. 外包的定义

外包（Outsourcing），是指企业为维持组织的核心竞争能力，将组织的非核心业务委派给外部的专业公司，以降低营运成本，提高品质，集中人力资源，提高顾客满意度。

2. 外包的目的

有效的外包行为增强了企业的竞争力，企业把那些非核心的部门或业务外包给相应的专业公司，这样能大量节省成本，有利于高效管理。

3. 外包的分类

外包根据供应商的地理分布状况划分为两种类型：境内外包和离岸外包。境内外包是指外包商与其外包供应商来自同一个国家，因而外包工作在国内完成。离岸外包则指外包商与其供应商来自不同国家，外包工作跨国完成。

4. 外包的行业状况

通常外包的业务内容，主要是信息技术，其次是人力资源、财务和会计。

根据麦肯锡（McKinsey）的调查，印度是迄今为止最受离岸外包业务青睐的国家，这主要得益于其在成本和质量上的综合优势。

印度目前是 IT 离岸外包市场的中心，至少 80% 的全球 IT 外包业务都去了印度。其他外包目的地则遍及亚洲、欧洲、非洲和南美洲，包括中国、菲律宾、俄罗斯、墨西哥、新加坡、爱尔兰、北爱尔兰、以色列、南非、东欧和巴基斯坦等。这些国家的排序比较模糊，因为每个国家都有其自身的优势和缺陷。

爱尔兰和以色列可以提供良好的基础设施和多语言人才，但费用过高。

中国可以提供较低成本和有特殊技能的软件专业人才，但与印度相比，中国的竞争优势在于较低的劳动力成本，在质量上则还有一定差距。

由于劳动力成本的差异，外包商通常来自劳动力成本较高的国家，如美国、西欧和日本，外包供应商则来自劳动力成本较低的国家，如印度、菲律宾和中国。

虽然境内和离岸外包具有许多类似的属性，但它们差别很大。境内外包更强调核心业务战略、技术和专门知识、规模经济等；离岸外包则主要强调成本节省、技术熟练的劳动力的可用性，利用较低的生产成本来抵消较高的交易成本。在考虑是否进行离岸外包时，成本是决定性的因素，技术能力、服务质量和服务供应商等因素次之。

二、IT 外包

IT 外包简单地说就是公司在内部专职电脑维护工作人员不足或没有的情况下，将公司的全部电脑、网络及外设的维护工作转交给专业从事电脑维修维护的公司来进行全方位的维护。

深入地讲 IT 外包还包括高技术含量高附加值的应用系统和业务流程外包服务，这些外包服务协助企业用较低的投入获得较高的信息化建设和应用水平。选择 IT 外包服务，可以节省 65% 以上的人员开支（软件开发成本中 70% 是人力资源成本），并减少人力资源管理成本，使公司更专注于自己的核心业务，并且可以获得更为专业和全面的服务。

企业要想在激烈的市场中立足，必须更加专注其核心业务，IT 环境对任何一家企业来说，并不是其专注的内容，但随着 IT 技术的迅猛发展，它越来越渗透到企业的核心业务中，从而 IT 对企业的可靠性、可用性、快速适应性提出了越来越高的要求，这与企业要求较低的 IT 运营成本、高效的工作效率、专业的技术支持能力存在着巨大的矛盾。

IT 外包的具体项目如下：

① IT 基础架构管理：局域网的维护与改造；电脑硬件及外设的维护、维修、升级；桌面系统的维护；软件故障的维护。

② IT 环境管理：IT 资源管理；IT 环境分析，优化，安全管理；桌面系统的优化；系统资源的管理。

③ 咨询服务，为企业的 MIS 系统的建立、运作和管理以及企业其他信息化的建设提供咨询及建议。

④ 培训，为企业提供网络以及相关软件的使用培训。

⑤ 预防性定期维护。

⑥ 紧急故障处理。

⑦ 远程电话支持服务。

⑧ 专人驻场式服务。

本 章 小 结

1. 信息系统战略（Information System Strategy，ISS）是关于组织信息系统长远发展的目标，是为实现组织战略而采取的基于信息技术的战略方案。任何信息系统都有一个自然发展的进化过程，诺兰六阶段模型描述了这一过程。但在诺兰时代，信息系统规划还没有被提到企业的战略高度上来，现在信息系统战略已经开始和企业战略相互影响。Ead 提出了一种将各种框架合理组织的框架，该框架由意识、机会和位置三类框架组成。

2. 信息系统战略规划（Information System Strategic Planning，ISSP）是企业战略规划的有机组织部分，是关于信息功能的目标及其实现的总体谋划。ISSP 的相关方法与理论可以大致划分为三个发展阶段：数据处理阶段的 ISSP 理论、办公自动化阶段的 ISSP 理论、战略信息系统阶段的 ISSP 理论。几种常用的 ISSP 方法有：企业系统规划法（BSP 法）、战略目标集转化法（SST 法）、关键成功因素法（CSF 法）、信息工程法（IE 法）、价值链分析法（VCA 法）、战略系统规划法（SSP 法）和提问式的信息系统战略规划方法。目前，没有充分证据表明，某一种 ISSP 方法完全优于其他方法。因此不能简单地认为，选一种最新的方法就可以达到企业的信息系统战略规划的目标。目前，我们主要是从 ISSP 的实施过程来保证信息系统战略规划的质量。

3. 许许多多的管理信息系统开发的成功案例（如联想集团应用 ERP）给人留下了深刻印象，但同时也有大量失败的例子。随着我们不断积累应用 IT 的经验，信息系统开发失败的风险是可以控制或降低的。信息系统开发失败的风险来自八个方面，我们可以通过一套风险管理流程来控制风险，也可以应用最新出现的一种情景规划法。

4. 从 2008 年开始的美国次贷危机，进而引发 2009 年的全球金融危机后，我国政府开始考虑制造业战略转型，外包就是我国政府倡导的策略之一。IT 外包简单地说就是公司在内部专职电脑维护工作人员不足或没有的情况下，将公司的全部电脑、网络及外设的维护工作转交给专业从事电脑维修维护的公司来进行全方位的维护，IT 外包的具体项目包括 8 个领域。

参 考 阅 读

［1］［美］约翰·沃德. 信息系统战略规划. 北京：机械工业出版社，2007.

［2］闪四清. ERP 系统原理和实施. 北京：清华大学出版社，2006.

［3］薛华成. 管理信息系统. 第五版. 北京：清华大学出版社，2007.

［4］李培，赵妍姝. 企业信息系统战略研究. 情报杂志，2003，22（3）.

［5］杨青，王延清，薛华成. 企业战略与信息系统战略规划集成过程研究. 管理科学学报，2000，3（4）.

［6］罗钢，林健. 企业信息系统战略规划过程研究. 计算机科学，2003，30（7）.

思考与练习

1. 信息系统战略结构框架是如何构成的？
2. 简述信息系统战略规划的发展过程。
3. 什么是 BSP 法？
4. 什么是 KSF 法？
5. 什么是 IE 法？
6. 什么是 VCA 法？
7. 什么是 SSP 法？
8. 信息系统开发的风险来自哪几个方面？
9. 什么是情景规划法？
10. IT 外包的具体项目包括哪些方面？

第八章　信息系统的管理

本章主要内容如下：

第一节信息资源管理。本节首先从信息资源管理的起源与发展谈起。其次介绍企业信息资源管理。最后，介绍了信息资源管理与信息不对称。

第二节信息安全管理。本节首先介绍了威胁信息安全的主要来源。其次说明了信息安全管理的目标。最后，介绍了几种常见的信息安全技术。

第三节信息工作者管理。计算机监控与个人隐私是信息化社会的核心议题之一，除此之外我们还介绍了近年来备受关注的两个议题：信息工作者与人类工程学，以及远程办公。

第一节　信息资源管理

信息资源管理（Information Resource Management，IRM）是 20 世纪 70 年代末 80 年代初在美国首先发展起来，然后渐次在全球传播开来的一种应用理论，是现代信息技术特别是以计算机和现代通信技术为核心的信息技术的应用所催生的一种新型信息管理理论。

虽然对信息资源管理还存在不同看法，但人们一般都认为，信息资源管理一方面是人类在漫长的发展历程中，对文献、知识和信息管理的延伸和拓展，另一方面则是在社会经济高度发展，信息成为重要的经济资源的背景下发展起来的信息管理思想和管理模式。

信息资源管理有狭义和广义之分。狭义的信息资源管理是指对信息本身即信息内容实施管理的过程。广义的信息资源管理是指对信息内容及与信息内容相关的资源如设备、设施、技术、投资、信息人才等进行管理的过程。

一、信息资源管理的起源与发展

信息资源管理（IRM）的影响日益扩大，已经成为一个专门的发展领域，受到信息界、管理界、经济界和政府部门的关注，同时也被公众广泛接受。

在不同的社会经济发展阶段和技术条件下，人类对信息过程管理的侧重点是不同的。早期人们侧重于信息源的收集与管理，随着经济的发展和技术进步，人们希望提高信息处理和传递的效率、对信息流进行控制。当代，人们从信息利用的角度出发，通过多种方式，对人类信息过程实施综合性管理，对信息进行优化配置，以求达到最大效益。我们可以将人类对信息的管理过程划分为传统管理阶段、信息管理阶段和信息资源管理阶段。

1. 传统管理阶段

这一阶段以图书馆为象征，着眼于文献信息源的收藏管理，同时也包含档案管理和其他文献资料管理。

虽然人类对知识信息的保存和管理早已有之，但作为一项专门的工作和事业却是在图书馆出现之后才兴起和发展起来的。

图书馆是人类社会生活发展到一定阶段的产物。首先是文字的产生，在此之前，人们只能用口头语言和身体动作来表达传递信息。文字的产生使得人们可以将知识和信息记录在一定的物质载体上，这就是最初的文献。人类社会正是由于文字的发明及其应用于文献记录而过渡到文明时代的。随着人类社会的发展，当这种记录人类经验、知识和信息的文献达到了较大的量，并且内容越来越复杂，给人们的利用和查询带来困难时，图书馆便应运而生了。收藏和整理文献记录便成为早期图书馆的存在方式和活动内容。

图书馆收藏文献的最终目的是利用，图书馆自诞生之日起就十分重视"藏"与"用"的统一，为用而藏。但是要有效解决藏和用之间的矛盾是相当困难的。图书馆在其漫长的发展历程中，一直致力于协调这对矛盾，尽量使二者和谐统一。于是，图书馆不仅创造了许多卓有成效的文献整理技术方法，还引入管理的概念，对机构、人、文献整理和提供过程进行综合性管理，这就产生了现代信息资源管理的萌芽。"图书馆学"在早期曾经使用的名称便是"图书馆管理学"1887年杜威在美国哥伦比亚大学创立的第一所图书馆学院用的名称也是"图书馆管理学院"。

20世纪40年代出现了大科学时代的"情报危机"，知识信息呈指数增长，威胁到人类的再创造活动，在科技领域出现了一类新兴的专职信息服务机构。这类机构的任务是对科技信息进行收集、加工、存储、检索和提供。由于科技信息主要以文献为载体，这类信息机构所从事的实质上仍是文献管理工作，重点是图书之外的文献，如期刊、专利、会议文献等。我国在50年代中期建立了这类专职信息服务机构，称为科技情报研究所，主要任务是为科研、生产和决策提供情报服务。日本则统称为"情报管理"，实质上包含情报工作的全过程。情报机构主要从事二次文献加工，旨在克服传统图书馆提供文献信息的滞后现象以及过分重"藏"的缺点，文献加工既重视外部特征，更重视内容特征，提供服务的方式主要是文献信息的多向主动传递。

科技信息机构与图书馆之间并无实质性差别，它们都是（或主要是）社会公益性事业机构，由国家财政拨款或通过公民税收支持，从事以文献为载体的信息的收集、加工、存储、检索和提供工作，着眼"文献信息源"的管理。尤其是在大量采用信息技术使得图书馆从书籍世界进入信息世界的背景之下，图书、情报服务更趋于一体化。

除图书馆和情报机构对书籍和各专业领域中的文献进行管理外，政府部门和其他机构的各类行政文件记录也是管理的重要对象。据美国文书协会统计，仅文书类生产所用的纸板总量一项，1960年是43千吨，1980年增长为114千吨，1990年达到240千吨，这一巨大数量的文件档案成为机构的沉重负担，急需进行管理。有人甚至认为，当代IRM实际上是美国文书工作委员会的结果，与1980年简化文书工作有关的准备性工作直接相联系，该委员会提出了20篇文献和简化文书工作法案，并正式提出了IRM实施的内容。

2. 信息管理阶段

这一阶段以计算机为工具，以自动化信息处理和信息系统建设为主要内容，着眼于信息流的控制。显然，这是在计算机及其相关信息技术高度发展和广泛应用的背景之下发展起来的信息管理模式。

计算机研制出来不到 10 年就被应用于图书馆的文献加工和管理。1954 年美国海军兵器中心把文献号和少量索引词输入计算机，这可以说是世界上第一个计算机信息检索系统，但它仅仅是试验性质的。计算机大批量处理和管理文献信息是由美国化学文摘社开创的。1961 年，化学文摘社（CAS）用计算机成功编制了《化学题录》（*Chemical Titles*）。该题录包括 600 多种重要的化学化工期刊的主题索引，由此萌发了上下文关键词索引（KWIC）。由于 KWIC 可以迅速、廉价生产，很快被其他二次文献的加工所采用，成为相当长时期内通过对二次文献信息的管理来达到对相应的原始文献进行管理的有效途径。

这实际上是文献信息管理的一场革命。在这种计算机系统中，只要对原始文献进行一次分析，输入计算机系统，就能从中采选和编制出二次文献索引的信息。这种文献信息加工和管理的计算机化，不仅大大缩短了二次文献出版分发的时差，而且文献收录的范围更加广泛，能满足多样化的需求，给用户带来了方便，推动了数据库的发展。随着计算机技术的发展，其信息处理功能越来越强，使人们对文献的加工有可能从宏观层次向微观层次深入，从文献的外部走向内部，从局部信息扩展为全文信息，极大地提高了人类对文献信息的管理能力，提高了图书馆和情报中心对文献信息流的自动化控制程度。

在计算机被用于图书馆和情报中心文献信息加工与管理的同时，其也被广泛用于公司、企业和其他各类机构的行政记录处理、财务数据处理和经营活动数据处理。最初这种数据处理仅仅是在局部环节和操作层次上，主要目的是用机器代替手工劳动，提高数据处理速度和效率。随着数据量不断增大，内容日益复杂，不仅需要对大量数据进行处理和组织，还需要对数据进行存储、保护并在需要时取出，这就促使人们以系统思想为指导，全面考虑组织机构各类数据的采集、加工、存储、检索、传输和利用，以此为契机，管理信息系统（MIS）及其他各类自动化信息系统便应运而生了。

信息管理阶段着眼于用计算机处理信息，并以计算机信息系统存储和控制信息，技术因素占主导地位，技术专家作用突出。这一阶段围绕计算机应用创造了许多信息加工处理方法和系统设计开发理论。人们希望在高度发展的信息技术支持下实现信息的有效管理和开发利用。当技术手段达不到预期目标时，人们误以为是技术还不够先进，于是拼命追求最先进的技术的应用，完全忽略了信息过程中其他因素的作用。这种思路在部分人中一直持续到网络时代。

3. 信息资源管理阶段

信息资源管理着眼于对人类信息过程的综合性、全方位控制和协调。这一新概念的提出基于以下两种背景：一方面是在纯粹的技术手段不能实现对信息的有效控制和利用的背景下提出的一种新兴管理模式；另一方面则是在当代社会经济发展使信息成为一种重要的经济资源的背景下，需要从经济角度思考问题，对这种资源进行优化配置和管理。

在第一种背景下，信息资源管理是信息管理从古代到当代的必然延伸，是对信息管理单纯依赖技术手段的否定。如前所述，自 20 世纪 60 年代以后，信息技术被迅速运用于信息管理，建立了各类现代化的信息系统和网络，人们以为如此便可以一劳永逸地解决信息的有效管理问题。但是，信息技术的高度发展和广泛应用带来了许多新的、复杂的难题，在使用新的信息媒介，追求信息的高效处理、传播、利用和共享的同时，信息安全、信息利益和信息产权等问题变得非常棘手，传统的管理方式和单纯的技术手段都无法应付。而且各类自动化信息系统仅仅是在微观层次上，面向个别的机构和组织，导致信息系统分散化和小型化，使得信息管理和控制反而变得更加困难，宏观层次的信息共享和信息效益无法实现。这种纯技术的信息管理逐渐暴露出许多问题和缺陷，使人们不得不思考信息管理的方向，特别是"信息过程"中与人相关的问题，这可以说是最复杂、最难处理的。于是在进入 70 年代以后，人们着手利用行政的、法律的和经济的手段，从微观与宏观结合上协调各种矛盾、冲突和利益关系，妥善处理信息管理中人与物的复合关系，逐步形成了信息资源管理的思想和观念。

进入 90 年代以后，以因特网为基础的全球信息高速公路建设正在改变人类的信息活动方式。高速信息网将成为信息资源存储和传播的主要场所。高速信息网上信息资源种类繁多、分布面广，而且都是数字化和以其他信息媒介为基础的电子信息资源，可以利用现代信息技术进行制作、加工、传播、转换和二次开发。

高速信息网把方便的信息服务带进了家庭和办公室，使人们可以像使用自来水和煤气一样方便地使用全球信息资源。但是，高速信息网并没有带来一个真正高效有序的信息空间。相反，网络的迅速扩张带来的信息污染、信息混乱、信息犯罪、信息侵权远远超出了传统意义上的情报危机，也远比信息技术局部利用带来的问题复杂得多。首先是信息量急剧增长，网络无序扩大，网上信息严重混乱，人们难以通过网络获取所需要的信息；其次是信息污染，由于各种进入因特网的网络和信息资源没有质量控制标准，致使一些质量低劣、粗制滥造的网络联入，使因特网通信混乱，网上信息污染日趋严重；再次是信息侵权和安全问题，由于因特网的巨大开放性，进出方便、存取自由，任何个人和团体均可以把自己的计算机和局域网联入，同时可以通过网络的任一节点终端获取网上信息，使得网络信息的安全性大大下降，信息产权保护十分困难；最后，根据网上需求和效率配置网上信息资源的难度更大。

因特网在给人类带来巨大的"利"的同时，也带来严重的"弊"。如果弊不除，因特网非但不会成为真正畅通的信息高速公路，反而会演变为充满混乱和病毒的荒蔓丛林。这再次说明，对信息资源的管理仅有技术是行不通的，必须把技术、经济、人文手段有机结合起来，对网络信息资源进行管理，才能带来真正有序的信息空间，实现信息资源的效用最大化。

二、企业信息资源管理

企业信息资源管理属于微观层次的信息资源管理的范畴，指企业为达到预定的目标运用现代的管理方法和手段对与企业相关的信息资源和信息活动进行组织、规划、协调和控制，以实现对企业信息资源的合理开发和有效利用。

企业信息资源是企业在信息活动中积累起来的以信息为核心的各类信息活动要素（信息技术、设备、信息生产者等）的集合。企业信息资源管理的任务是有效地搜集、获取和处理企业内外信息，最大限度地提高企业信息资源的质量、可用性和价值，并使企业各部分能够共享这些信息资源。由于企业是以利润最大化为目标的经济组织，其信息资源管理的主要目的在于发挥信息的社会效益和潜在的增值功能，为完成企业的生产、经营、销售工作，提高企业的经济效益，同时也为提高社会效益服务。一般而言，企业信息资源管理工作的内容主要包括：①对信息资源的管理；②对人的管理；③对相关信息工作的管理。

1. 企业信息资源管理的作用

企业信息资源管理是企业整个管理工作的重要组成部分，也是实现企业信息化的关键，在全球经济信息化和我国已加入 WTO 的今天，加强企业信息资源管理对企业发展具有非常重要的作用。

（1）企业信息资源管理是增强企业竞争力的基础和手段

美国著名学者奥汀格曾给出了著名的资源三角形。这说明，当今社会信息资源已成为企业的重要战略资源，它同物质、能源一起成为推动企业发展的支柱。加强企业信息资源的管理，可以使企业及时、准确地搜集、掌握信息，开发、利用信息，为企业发展注入新鲜血液。这一方面为企业作出迅速灵敏的决策提供了依据；另一方面使企业在激烈的市场竞争中找准了自己的发展方向，抢先开拓市场、占有市场，及时有效地制定竞争措施，从而增强企业竞争力。特别是我国已加入 WTO，加强企业信息资源管理更显重要。

（2）企业信息资源管理是实现企业信息化的关键

随着全球经济一体化和市场经济体制的建立以及现代信息技术的突飞猛进，企业生存和竞争的内外环境发生了根本的变化，企业信息化和企业信息管理也要和国际接轨。企业信息化是全方位的，不只是信息技术的延伸，更重要的是企业管理和组织的延伸。企业信息化的实质就是在信息技术的支持下，管理者及时利用信息资源，把握市场机会，及时进行决策。因而，企业信息化不但要重视技术研究，更要重视信息资源的集成管理，避免信息资源的重复、分散、浪费和综合效率低下，从而实现资源的共享。因而，企业信息资源的开发和利用是企业信息化建设的核心，也是企业信息化的出发点和归宿。

（3）企业信息资源管理是提高企业经济效益的根本措施和保障

提高经济效益是企业生产经营的目的。企业之间除了生产资料、生产技术、产品价格的竞争外，更重要的是信息的竞争。谁抢先占有信息，谁就能把握市场动向，优先占有市场，提高企业经济效益。因而，占有和利用信息的能力已成为衡量一个企业是否具有市场能力的关键指标。美国苹果公司就有一个把市场销售、产品研究开发、生产联结在一起的信息网络。该公司根据当天遍及全球各地千万个销售商的销售情况进行汇总、分析，修订第二天的生产销售计划，然后把计划传送给全球 150 多个生产厂家。生产厂家按计划生产，各地的销售商就按时、按量收到所订购的货物，这种管理模式给公司带来了丰厚的利润。由此可见，信息资源管理对企业管理的作用。

2. 实现企业信息资源管理的途径

实现企业信息资源管理可以从以下五个方面着手：

（1）提高企业各级管理人员对信息资源的认识

企业经营的基础在管理，重心在经营，经营的核心在决策。决策的正确与否是关系到企业生存和发展的大事，而决策的正确性是建立在准确预测的基础之上的，准确的预测又是建立在及时把握信息的基础之上。所以说"控制信息就是控制企业的命运，失去信息就失去一切"。我国企业各级人员，特别是管理人员要充分认识到信息资源在企业发展中的重要地位和作用，高层领导要从战略高度来重视信息资源的开发与运用，加大对信息资源管理的力度，提高企业的竞争力。

（2）提高企业信息资源管理人员的素质

管理水平的高低取决于管理人员的能力和素质。企业要加强对信息资源管理的力度，首先要注重信息资源管理人才的培养、引进和任用。培养、任用具有经营头脑、良好的信息素养、较强的专业技术能力、创新能力、市场运作及应变能力的复合型高级管理人才。

（3）加强企业信息资源管理的基础工作

首先，企业应用先进的管理理论和方法加强企业生产经营管理，规范管理手段和方法，建立完善的规章制度，构建高效益的业务流程和信息流程。其次，要建立一套标准、规范的企业信息资源库，使企业信息资源的获取、传递、处理、储存、控制建立在全面、系统、科学的基础之上，保证信息的完整、准确和及时。

（4）改革企业现有管理体制，建立健全企业信息资源管理机构

为了加强对企业信息资源的管理，必须调整旧的不适应信息资源管理的体制和组织机构。

首先，企业应按照信息化和现代化企业管理的要求设置信息管理机构，建立信息中心，确定信息主管，统一管理和协调企业信息资源的开发、搜集和使用。信息中心是企业的独立机构，直接由最高层领导并为企业最高管理者提供服务。其主要职能是处理信息，确定信息处理的方向，用先进的信息技术提高业务管理水平，建立业务部门期望的信息系统和网络并预测未来的信息系统和网络，培养信息资源的管理人员等。

其次，加快推行体制建设。由于信息资源是企业生存和发展的战略资源，信息资源管理必然要贯彻"一把手"原则。为此，我国政府应在体制和激励机制上，企业应在管理制度上，个人应在能力和素质养成上下工夫。

（5）企业信息资源的集成管理

集成管理是一种全新的管理理念和方法。集成管理作为高科技时代的管理创新，正在逐渐渗透和应用到社会经济的各个领域。集成管理是企业信息资源管理的主要内容之一。实行企业信息资源集成的前提是对企业历史上形成的信息功能的集成，其核心是对企业内外信息流的集成，其实施的基础是各种信息手段的集成。通过集成管理实现企业信息系统各要素的优化组合，使信息系统各要素之间形成强大的协同作用，从而最大限度地放大企业信息的功能，实现企业可持续发展的目的。

三、信息资源管理与信息不对称

信息资源之所以在当今社会受到人们的青睐，得到普遍的重视和广泛利用，其根本原因在于它对人类社会的生存和发展具有十分重要的作用。信息作为构成客观世界的三大要素之一，其基本作用就是消除人的认识的不确定性，增强世界的有序性。对于现代企业来说，信息资源也是一个企业赖以生存的重要因素之一。而信息资源管理的核心内容就是信息资源的合理配置。信息资源的充分开发和有效利用则是信息资源管理的基本目标。在社会的多元开发与多层次组织中，信息资源的形态呈多样化趋势，各种形态的资源在形态转化中相互作用，成为一体，由此形成社会的信息资源结构，在企业中也是如此。

信息产生于人类的活动，就信息的状态而言，大致有三种：接受状态，即存在于人的头脑中，被人理解或吸收的状态；记录状态，即信息存在于各类载体中的状态；传递状态，即各种方式的信息传播。而从信息资源的存在方式来分的话，大致可以分为口头信息、文献信息和实物信息。而这些信息的掌握有两种状态，那就是个人的和公共的，其中公共信息掌握在公司、大学、科研机构等地方。由于信息在不同的机构和个人的掌握中，所以信息的交流和整合对于信息资源开发来说非常的重要。信息的交流过程有直接和间接之分。对于信息资源管理来讲，对于间接交流的部分，由于已经形成了较为固定和规范的信息文件，信息资源的开发和管理都是比较容易的，但是对于直接交流的部分，由于它的个性特征，很难进行规范化的管理，同时，这部分信息可能对于企业的决策来说非常重要，所以也是信息资源管理的一个重要部分。

对于信息资源管理来说，实现信息资源的有效配置，就要从开发信息资源着手，而开发信息资源就要从信息资源的交流过程入手。我们从上面的论述中知道，信息资源的交流大致分为两个层次，即直接交流和间接交流，而信息资源管理的难点就在于直接交流这一部分。根据信息不对称理论，在现实生活中，获得信息往往是非对称的，对于个人来说，所掌握的信息有两个部分：公共信息和私人信息；对于机构来说所掌握的信息就有公开信息、内部信息、专指性信息与浏览性信息。

如果将一个企业的决策过程或者行为方式用信息环境来衡量，所掌握的信息不完全、不充分或者只占有部分信息，就形成了信息不对称环境。信息不对称，会使行为过程发生扭曲，产生很多缺陷障碍，影响制度的正确执行，甚至降低企业的经济效益。对于决策者来讲，信息不对称对于企业的重要决策有着重要的影响。信息资源管理本来就是辅助企业决策的，必须尽可能地消除信息不对称的现象，因此研究信息不对称理论对于信息资源管理的工作有着重要的意义。

信息不对称环境会对于信息资源管理产生以下一些障碍。

首先是时滞现象。信息在活动过程中因为受各种因素的不良干扰与影响，有时就会出现信息过剩、信息阻塞或者信息过时。增加了获取信息的难度，表现出一种难以克服和无法避免的状态。

其次是限制现象。信息受到成本的制约，大量的搜寻、过度的检索会使信息本身的成本加大，从而在接受信息的时候受到约束。

最后是激励制度。直接交流的影响和信息制度的不健全，使得个人的信息不能够得到共享，浪费了大量的信息资源。

第二节　信息安全管理

信息安全是指信息网络的硬件、软件及其系统中的数据受到保护，不会由于偶然的或者恶意的原因而遭到破坏、更改、泄露，系统连续可靠正常地运行，信息服务不中断。

信息安全本身包括的范围很大，大范围包括国家军事政治等机密安全，小范围的当然还包括防范商业企业的机密泄露，防范青少年对不良信息的浏览，防范个人信息的泄露等。网络环境下的信息安全体系是保证信息安全的关键，包括计算机安全操作系统、各种安全协议、安全机制（数字签名、信息认证、数据加密等），直至安全系统，其中任何一个安全漏洞都可以威胁全局安全。信息安全服务至少应该包括支持信息网络安全服务的基本理论，以及基于新一代信息网络体系结构的网络安全服务体系结构。

信息安全是一门涉及计算机科学、网络技术、通信技术、密码技术、信息安全技术、应用数学、数论、信息论等多种学科的综合性学科。

从广义来说，凡是涉及网络上信息的保密性、完整性、可用性、真实性和可控性的相关技术和理论都是网络安全的研究领域。

一、威胁信息安全的主要来源

威胁信息安全的来源主要有以下六个方面：

1. 人为的失误

如操作员安全配置不当造成的安全漏洞，用户安全意识不强，用户口令选择不慎，用户将自己的账号随意转借他人或与别人共享都会对网络安全带来威胁。

2. 信息截取

通过信道进行信息的截取，获取机密信息，或通过信息的流量分析、通信频度、长度分析，推出有用信息，这种方式不破坏信息的内容，不易被发现。这种方式是在过去军事对抗、政治对抗和当今经济对抗中最常用的，也是最有效的方式。

3. 内部窃密和破坏

指内部或本系统的人员通过网络窃取机密、泄露或更改信息以及破坏信息系统。据美国联邦调查局1997年9月进行的一项调查显示，70%的攻击是从内部发动的，只有30%是从外部攻进来的。

4. 黑客攻击

黑客已经成为网络安全的克星。2000年2月7日至9日，著名的雅虎、亚马逊等8大顶级网站接连遭受来历不明的电子攻击，导致服务系统中断，整个因特网使用率2小时内下降20%，这次攻击使这些网站的直接经济损失达12亿美元，间接经济损失高达10亿美元。

5. 技术缺陷

由于认识能力和技术发展的局限性，在硬件和软件的设计过程中，难免留下技术缺陷，由此造成了网络的安全隐患。此外，网络硬件、软件产品多数依靠进口，如全球90%的计算机安装了微软的Windows操作系统，许多网络黑客就是通过微软操作系统的漏洞和后门进入网络的，这方面的报道经常见诸报端。

6. 病毒

1988年第一例病毒（蠕虫病毒）侵入美国军方互联网，导致8500台计算机染毒和6500台计算机停机，造成直接经济损失近1亿美元，此后这类事情此起彼伏。从2001年红色代码到冲击波和震荡波等病毒发作的情况看，计算机病毒感染方式已从单机的被动传播变成了利用网络的主动传播，不仅带来网络的破坏，而且造成网上信息的泄露，特别是在专用网络上，病毒感染已成为网络安全的严重威胁。另外，对网络安全的威胁还包括自然灾害等不可抗力因素。

以上对计算机网络的安全威胁归纳起来常表现为以下特征：

①窃听。攻击者通过监视网络数据获得敏感信息。

②重传。攻击者先获得部分或全部信息，而后将此信息发送给接受者。

③伪造。攻击者将伪造的信息发送给接受者。

④篡改。攻击者对合法用户之间的通信信息进行修改、删除、插入，再发送给接受者。

⑤拒绝服务攻击。供给者通过某种方法使系统响应减慢甚至瘫痪，阻止合法用户获得服务。

⑥行为否认。通过通信实体否认已经发生的行为。

⑦非授权访问。没有预先经过同意，就使用网络或计算机资源。

⑧传播病毒。通过网络传播计算机病毒，其破坏性非常高，而且用户很难防范。

二、信息安全管理的目标

针对以上安全威胁，信息安全管理需要达到以下目标：

1. 身份真实性

能对通信实体身份的真实性进行鉴别。

2. 信息机密性

保证机密信息不会泄露给非授权的人或实体。

3. 信息完整性

保证数据的一致性，能够防止数据被非授权用户或实体建立、修改、破坏。

4. 服务可用性

保证合法用户对信息和资源的使用不会被不正当地拒绝。

5. 不可否认性

建立有效的责任机制，防止实体否认其行为。

6. 系统可控性

能够控制使用资源的人或实体的使用方式。

7. 操作简单性

在满足安全要求的条件下，系统应当操作简单、维护方便。

8. 可审查性

对出现的网络安全问题提供调查的依据和手段。

三、信息安全技术

为了确保信息的安全，在实际应用中通常采用的安全技术有如下几种。

1. 病毒防范技术

计算机病毒实际上就是一种在计算机系统运行过程中能够实现传染和侵害计算机系统的功能程序。病毒经过系统穿透或违反授权攻击成功后，攻击者通常要在系统中植入木马或逻辑炸弹等程序，为以后攻击系统、网络提供方便。当前的杀毒软件正面临着互联网的挑战。目前，世界上每天有13~50种新病毒出现，并且60%的病毒都是通过互联网来进行传播。为了能有效保护企业的信息资源，要求杀毒软件能支持所有企业可能用到的互联网协议及邮件系统，能适应并及时跟上瞬息万变的时代步伐。在这些方面，国外的一些杀毒软件如 Norton、McAfee 等走在了前面。而国内的大部分杀毒软件大多专注在单机版杀毒上，虽然有部分厂商推出了网络版的杀毒产品，只是在桌面端及文件服务器上进行防护，防护范围依然较窄，所以国内杀毒软件厂商应及早加强在网关或邮件服务器上的防护。只有有效截断病毒的入口，才能避免企业及用户由于病毒的爆发而引起的经济损失。

2. 防火墙技术

防火墙技术是通过对网络作拓扑结构和服务类型上的隔离来加强网络安全的一种手段。它所保护的对象是网络中有明确闭合边界的一个网块，而它所防范的对象来自被保护网络外部的安全威胁。目前防火墙产品主要有如下几种：①包过滤防火墙：通常安装在路由器上，根据网络管理员设定的访问控制清单对流经防火墙信息包的 IP 源地址、IP 目标地址、封装协议（如 TCP/IP 等）和端口号等进行筛选。②代理服务器防火墙：包过滤技术可以通过对 IP 地址的封锁来禁止未经授权者的访问。但是它不太适合于公司用来控制内部人员访问外界的网络。对于有这样要求的企业，可以采用代理服务器技术来加以实现。代理服务器通常由服务端程序和客户端程序两部分构成，客户端程序与中间节点（Proxy Server）连接，这样，从外部网络就只能看到代理服务器而看不到任何的内部资源。因此，采用代理服务器技术要比单一的包过滤技术更为可靠，同时还会详细地记录下所有的访问记录。不足之处在于由于它不允许用户直接访问网络，会导致合法用户访问信息的速度变慢，此外要说明的一点就是并非所有的互联网应用软件都支持代理服务器技术。③状态监视防火墙：通过检测模块（一个能够在网关上执行网络安全策略的软件引擎）对相关数据的监测后，从中抽取部分数据（即状态信息），并将其动态地保存起来作为以后制定安全决策的参考。检测模块能支持多种协议和应用程序，并较易实现应用和服务的扩充。采用状态监视器技术后，当用户的访问到达网关操作系统之前，状态监视器要对访问请求抽取有关数据结合网络配置和安全规定进行分析，以做出接纳、拒绝、鉴定或给该通信加密等的决定。一旦某个访问违反了上述安全规定，安全报警器就会拒绝该访问，并向系统管理器报告网络状态。但它的配置非常复杂，而且会降低网络信息的传输速度。

3. 加密型技术

以数据加密为基础的网络安全系统的特征是：通过对网络数据的可靠加密来保护网络系统中（包括用户数据在内）的所有数据流，从而在不对网络环境作任何特殊要求的前提下，从根本上解决了网络安全的两大要求（即网络服务的可用性和信息的完整性）。采用加密技术网络系统的优点在于：不仅不需要特殊网络拓扑结构的支持，而且在数据传输过程中也不会对所经过的网络路径的安全程度做出要求，从而真正实现了网络通信过程端到端的安全保障。预计在未来 3~5 年内，采用加密技术的网络安全系统有望成为网络安全的主要实现方式。加密技术按加密密钥与解密密钥的对称性可分为对称型加密、不对称型加密、不可逆加密。在网络传输中，加密技术是一种效率高且灵活的安全手段，但是由于大部分数据加密算法都源于美国，且受到美国出口管制法的限制，无法在互联网上大规模使用，从而限制了以加密技术为基础的网络安全解决方案的应用。

4. 入侵检测技术

入侵检测技术主要分成两大类型：①异常入侵检测：是指能够根据异常行为和使用计算机资源的情况检测出来的入侵。异常入侵检测试图用定量方式描述可接受的行为特征，以区分非正常的、潜在的入侵性行为。异常入侵要解决的问题就是构造异常活动集并从中发现入侵性活动子集。异常入侵检测方法依赖于异常模型的建立，不同的模型构成不同的检测方法。异常检测是通过观测到的一组测量值偏离度来预测用户行为的变化，然后做出决策判断的检测技术；②误用入侵检测：是指利用已知系统和应用软件的弱点攻击模式来检测入侵。误用入侵检测的主要假设是，具有能够被精确地按某种方式编码的攻击，并可以通过捕获攻击及重新整理，确认入侵活动是基于同一弱点进行攻击的入侵方法的变种。误用入侵检测指的是通过按预先定义好的入侵模式以及观察到入侵发生的情况进行模式匹配来检测，入侵模式说明了那些导致安全突破或其他误用的事件中的特征、条件、排列和关系。一个不完整的模式可能表明存在入侵的企图。

5. 网络安全扫描技术

网络安全扫描技术主要包含以下内容：

① 端口扫描技术：端口扫描技术向目标主机的 TCP/IP 服务端口发送探测数据包，并记录目标主机的响应。通过分析响应来判断服务端口是打开还是关闭，就可以得知端口提供的服务或信息。端口扫描技术也可以通过捕获本地主机或服务器的流入流出 IP 数据包来监视本地主机的运行情况，它仅能对接收到的数据进行分析，帮助我们发现目标主机的某些内在的弱点，而不会提供进入一个系统的详细步骤。

② 漏洞扫描技术：漏洞扫描技术主要通过以下两种方法来检查目标主机是否存在漏洞：在端口扫描后得知目标主机开启的端口以及端口上的网络服务，将这些相关信息与网络漏洞扫描系统提供的漏洞库进行匹配，查看是否有满足匹配条件的漏洞存在；通过模拟黑客的攻击手法，对目标主机系统进行攻击性的安全漏洞扫描，如测试弱势口令等。若模拟攻击成功，则表明目标主机系统存在安全漏洞。

除了以上介绍的几种网络安全技术之外，还有一些被广泛应用的安全技术，如身份验证、存取控制、安全协议等。

第三节　信息工作者管理

一、计算机监控与个人隐私

在今天崭露头角的数字经济中，如果说有一个变化是最明显的，那就是近年来的许多显著收益都可以直接归功于互联网。对于绝大多数公司来说，互联网已经和计算机一起，成为不可或缺的技术。

然而，伴随着收益而来的也有痛苦。除了要为电子商务和在线获取信息付出高额费用外，互联网还悄悄地变成了员工的娱乐场。上网炒股票、下载音乐、赌博、打游戏、购书、看体育新闻、发电子贺卡，以及逛网上红灯区的人越来越多了，而且都是在上班时间。还有一些人总是在公司内发送笑话，浪费了本来就有些紧张的带宽和办公资源。

2000年1月，Saratoga研究所曾作过一项调查，发现大约2/3的美国公司都对员工上网有规定，有将近1/3的公司因此开除过员工。56%的公司承认知道有员工通过互联网赌博、观看色情内容，或者涉足其他与工作无关的活动。此外，美国管理协会1999年所作的一项调查还表明，企业员工全部上网活动中，50%以上都是与工作无关的。那么为此付出的代价总共有多少呢？一年有几十亿美元。

一些企业发现，如果对这一问题长期放任不管，总有一天会酿成恶果。例如，伽夫隆石油公司和微软公司这两个行业巨头发现，因为它们内部的E-mail流通情况依照法律有可能引发工作环境的敌意，它们各自为性骚扰官司支付了220万美元。实际上，为了避免遭遇这类情况，许多公司都购置了诸如Websense、Elron Softwaree、Sniff.com和JSB SurfControl等公司的先进的网络监控软件。

这些程序能记录下员工在键盘上敲击过的每一个键，甚至能捕捉到某个人最近删除的单词。还有同样的软件能探测出某个员工最近访问过哪些网站，并且在员工开始涉足网络空间中打着×号的角落时发出警报。据市场研究公司IDC的调查，在2001年7月，有80%的公司都在监控员工的在线行为，而在2000年春天时，这一数字是40%。以前，一些公司采用了过滤性软件程序，可以屏蔽某些网站和关键词，但是效果并不佳，因为很多员工能设法绕过这些程序。

那么这些监控措施是否侵犯了个人的隐私权呢，不止你一个人想到了这个问题。一些注重公民自由原则和个人隐私权的人早就对日益扩大的公司监控行为感到愤慨，即使它们是完全合法的。他们认为，制定严苛的制度和为员工能够访问哪些网站设定限制都是解决不了问题的，而应当想办法对每位员工的综合绩效进行考察。实际上，也有不少员工提出，鉴于工作经常侵犯了他们的家庭生活，他们在晚上和周末经常需要加班，因而工作场所也应该为他们提供一些个人和家庭生活的空间。

虽然大部分员工都将他们的这种业余活动限制在最低限度，但是，网上冲浪和放任上网正日益成为普遍存在的大问题，许多公司都已开始采取措施严加管束。有些公司装备了最新最尖端的监控系统，还有些公司将上网无度的员工停职或解雇。

施乐公司对于员工上网冲浪曾极为宽容，后来也决心要惩处过分违纪者。1999年10月，施乐公司因为炒掉40余名员工而上了众多报纸的头条，解雇原因是这些员工在工作场所登录了内容不适当的网站。有些人是在线赌博，有些是炒股或观看色情内容。其中有的员工在上班时间从事非业务活动的时间竟长达8小时。

自那以后，施乐还因此解雇过一些员工，而纽约时报、爱德华·琼斯投资公司、第一花旗银行以及道尔化学公司等也加入了这一行列。在道尔公司，因不适当地使用计算机资源，曾有50名员工被解雇，另有200人受到了纪律处分，包括停职。

该公司一名员工曾向部门领导抱怨同事间在传递一些不恰当的资料，引起了管理层的重视。于是公司开始严密监视其E-mail服务器，结果发现相当一批员工违犯了公司的E-mail纪律和反骚扰规定。道尔公司在做出纪律处分时，曾鼓励所有员工使用公司的员工帮助系统（Employee Assistance Program）寻求咨询。现在，该公司定期进行核查，并对员工加强了教育和沟通。

人力资源部门再也不能作壁上观了。宾夕法尼亚州的"在线嗜好研究中心"执行董事 Kimberly Young 博士认为，雇主们首先应当承认上网是容易使人们上瘾的，然后再制定公平而适宜的政策来解决这个问题。她说，不要采取严酷苛刻、毫不留情的措施，那样会疏远员工并有可能给公司惹来官司，而应当制定合情合理的政策，并对员工进行教育和培训。

Young 认为，所有雇主和人力资源工作者在制定涵盖整个公司范围的互联网应用政策时，都应当遵循一些基本原则。首要的是对现行的 IT 和人力资源政策进行评估，看看"公司是否已制定员工政策？是否对这些政策作过调整，以适应互联网时代飞快前进的步伐"？一旦企业明白了缺陷在哪里和应该怎样弥补，就能制定出公务 E-mail 及互联网运用的政策，并教育员工这些政策的意义及重要性，然后执行并不断强化这些政策。

Young 说，关键是要不断地进行沟通交流。要使突然弹出的提示语定期出现在每位员工的计算机上，并要求每个人都阅读并认可这些条款，才能够使政策深入人心。而且，她还强调一个行之有效的教育方法还应当包括有关上网容易成瘾的信息及其警示标志。最后，政策中还应包括对"上网成瘾"者如何进行"康复治疗"及对屡教不改者给予公正合理的惩罚的条款。一般来说，制定政策的目的是使有价值的员工回到正轨，而不是将他们抛弃。

最终的结果会使生产率提高、士气增强、损耗降低，还能使企业少惹上许多官司。Young 指出："互联网是一个改变了做生意的方式的神奇的交流工具。雇主和人力资源工作者如果能认识到随着互联网应用的深入而带来的问题会越来越多……他们就能使生产率得到提高，使公司在生意场上如鱼得水。"

随着互联网及其他新技术，诸如电话机上的无线网络浏览器和个人数字助理等越来越多的应用，可以预期新的更难以捉摸的"智斗"还会出现。关键是要在员工士气和生产率之间保持合理的平衡。

使问题更加复杂的是，因私上网实际上也能产生积极的影响。华盛顿的一家提供工作/生活计划服务的公司曾作过一项调查，发现 56% 的因私人原因上网的雇员都说这使得他们的工作做得更好，或者说使他们轻松愉快，感到压力有所减轻，大约 43% 的人称上网对他们的工作表现没有任何影响，无论是积极的还是消极的。

当然，将所有问题都澄清不是件简单的事。很显然，最基本的问题不是该不该连接因特网以及该不该让员工在线干私事，而是怎样使工作环境更有效率。制定一项专门的战略和可行的政策有助于使员工和管理者都能心情舒畅、干劲十足。归根结底，人力资源部门必须根据企业的需求、文化和价值观研究出策略。

二、信息工作者与人类工程学

人类工程学（Human Engineering），也称人体工程学或工效学（Ergonomics）。工效学 Ergonomis 源自希腊文"Ergo"，即"工作、劳动"和"nomos"即"规律、效果"，也即探讨人们劳动、工作效果、效能的规律性。按照国际工效学会所下的定义，人体工程学是一门研究人在某种工作环境中的解剖学、生理学和心理学等方面的各种因素；研究人和机器及环境的相互作用；研究人在工作、家庭生活中和休假时怎样统一考虑工作效率、人的健康、安全和舒适等问题的科学。日本千叶大学的小原教授认为：人体工程学是探知人体的工作能力及其极限，从而使人们所从事的工作趋向适应人体解剖学、生理学、心理学的各种特征。

人类工程学是第二次世界大战后发展起来的一门新学科，起源于欧美。原先是在工业社会中，开始大量生产和使用机械设备的情况下，探求人与机械之间的协调关系，作为独立学科已有40多年的历史。第二次世界大战中的军事科学技术，开始运用人类工程学的原理和方法，在坦克、飞机的内舱设计中，如何使人在舱内有效地操作和战斗，并尽可能减少人长时间地在小空间内的疲劳，即处理好：人机环境的协调关系。及至第二次世界大战后，各国把人类工程学的实践和研究成果，迅速有效地运用到空间技术、工业生产、建筑及室内设计中去，1960年创建了国际人类工程学协会。

及至当今，社会发展向后工业社会、信息社会过渡，重视"以人为本"，为人服务，人体工程学强调从人自身出发，在以人为主体的前提下对人们的衣、食、住、行以及一切生活、生产活动进行综合分析的新思路。其实人-物-环境是密切地联系在一起的一个系统，今后"可望运用人类工程学主动地、高效率地支配生活环境"。

1. 人类工程学与室内设计

人类工程学联系到室内设计，其含义为：以人为主体，运用人体计测、生理、心理计测等手段和方法，研究人体结构功能、心理等方面与室内环境之间的合理协调关系，以适合人的身心活动要求，取得最佳的使用效能，其目标应是安全、健康、高效能和舒适。

由于人类工程学是一门新兴的学科，人类工程学在室内环境设计中应用的深度和广度，有待于进一步认真开发，目前已开展的应用如下：

（1）确定在室内活动中人和人际交往所需空间的主要依据

根据人类工程学中的有关计测数据，以人的尺度、动作域、心理空间以及人际交往的空间等因素确定空间范围。

（2）确定家具、设施的形体、尺度及其使用范围的主要依据

家具设施为人所使用，因此它们的形体、尺度必须以人体尺度为主要依据；同时，人们为了使用这些家具和设施，其周围必须留有活动和使用的最小余地，这些要求都由人体工程科学地予以解决。室内空间越小，停留时间越长，对这方面内容测试的要求也越高，例如车厢、船舱、机舱等交通工具内部空间的设计。

（3）提供适应人体的室内物理环境的最佳参数

室内物理环境主要有室内热环境、声环境、光环境、重力环境、辐射环境等，室内设计时有了上述要求的科学参数后，在设计时就可能有正确的决策。

（4）对视觉要素的计测为室内视觉环境设计提供科学依据

人眼的视力、视野、光觉、色觉是视觉的要素，人类工程学通过计测得到的数据，为室内光照设计、室内色彩设计、视觉最佳区域等提供了科学的依据。

2. 室内环境中人的心理与行为

人在室内环境中，其心理与行为尽管有个体之间的差异，但从总体上分析仍然具有共性，仍然具有以相同或类似的方式作出反应的特点，这也正是我们进行设计的基础。

下面我们列举几项室内环境中人们的心理与行为方面的情况。

（1）领域性与人际距离

领域性原是动物在环境中为取得食物、繁衍生息等所产生的一种适应生存的行为方式。人与动物毕竟在语言表达、理性思考、意志决策与社会性等方面有本质的区别，但人在室内环境中的生活、生产活动，也总是力求其活动不被外界干扰或妨碍。不同的活动有其必需的生理和心理范围与领域，人们不希望轻易地被外来的人与物所打破。

室内环境中个人空间常需结合人际交流、接触时所需的距离全盘考虑。人际接触实际上根据不同的接触对象和场合，在距离上各有差异。赫尔以动物的环境和行为的研究经验为基础，提出了人际距离的概念，根据人际关系的密切程度、行为特征确定人际距离，可以分为：密切距离、人体距离、社会距离、公众距离。

每类距离中，根据不同的行为性质再分为接近相与远方相。例如在密切距离中，亲密、对对方有可嗅觉和辐射热感觉为接近相；可与对方接触握手为远方相。当然由于不同民族、宗教信仰、性别、职业和文化程度等因素，人际距离也会有所不同。

（2）私密性与尽端趋向

如果说领域性主要在于空间范围，则私密性更涉及在相应空间范围内包括视线、声音等方面的隔绝要求。私密性在居住类室内空间中要求更为突出。

日常生活中人们还会非常明显地观察到，集体宿舍里先进入宿舍的人，如果允许自己挑选床位，他们总愿意挑选在房间尽端的床铺，可能是由于生活、就寝时相对地较少受干扰。同样情况也见之于就餐人对餐厅中餐桌座位的挑选，相对地人们最不愿意选择近门处及人流频繁通过处的座位，餐厅中靠墙座位的设置，由于在室内空间中形成了更多的"尽端"，也就更符合散客就餐时"尽端趋向"的心理要求。

（3）依托的安全感

生活在室内空间的人们，从心理感受来说，并不是越开阔、越宽广越好，人们通常在大型室内空间中更愿意有"依托"的物体。

在火车站和地铁车站的候车厅或站台上，人们并不较多地停留在最容易上车的地方，而是愿意待在柱子边，人群相对散落地汇集在厅内、站台上的柱子附近，适当地与人流通道保持距离。在柱边人们感到有了"依托"，更具安全感。

（4）从众与趋光心理

从一些公共场所内发生的非常事故中观察到，紧急情况时人们往往会盲目跟从人群中领头的几个急速跑动的人的去向，不管其去向是否为安全疏散口。当火警或烟雾开始弥漫时，人们无心注视标志及文字的内容，甚至对此缺乏信赖，往往是更为直觉地跟着领头的几个人跑动，以致成为整个人群的流向。上述情况即属从众心理。同时，人们在室内空间中流动时，具有从暗处往较明亮处流动的趋向，紧急情况时语言的引导会优于文字的引导。

上述心理和行为现象提示设计者在设计公共场所的室内环境时，首先应注意空间与照明等的导向，标志与文字的引导固然也很重要，但从发生紧急情况时的心理与行为来看，对空间、照明、音响等需予以高度重视。

（5）空间形状的心理感受

由各个界面围合而成的室内空间，其形状特征常会使活动于其中的人们产生不同的心理感受。著名建筑师贝聿铭曾对他的作品（具有三角形斜向空间的华盛顿艺术馆新馆）

有很好的论述，贝聿铭认为三角形、多面点的斜向空间常给人以动态和富有变化的心理感受。

三、远程办公

2001年，英国有220万一周工作一天的远程办公人员，其中包括自由职业者。2005年，企业对这种灵活的工作职位的需求将大大超过供应。正如专门生产喷墨及多功能激光打印一体机（扫描、传真及复印为一体）的 Brother 公司的英国销售负责人 Phil Jones 所指出的那样，未来将有成千上万的职员成为远程办公人员。

研究指出，人们之所以想在家办公，主要原因是他们在家里办公所受干扰比较少，有更多的时间进行思考。欧盟的远程办公章程正在起草当中。

Sun 公司政府事务部的负责人 Richard Barrington 说，远程办公人员节省了1/4的办公室空间，每年节省的电费达到了270万英镑。这些人员每周也节省了2小时的时间用于工作。Sun 相信，他们推行的在家办公模式将使 Sun 的员工更加愉快，从而让生产效率更高。

在 Brother 公司的"智能办公室"的构想当中，IT 设备需要小型化，而且具有消费设备的外观。Brother 公司说，通过将墨盒从打印机的上部转移至打印机的底部，他们已经实现了上述要求，同时降低了打印噪音，节约了耗电，并缩短了打印时间。

但是，需要注意的是：当企业的触角延伸进家庭，60%的员工将需要学会自己处理 IT 故障，仅有29%的人能够依靠 IT 部门的协助。

IT 人员正在努力把远程办公变成现实。当然，不仅是 IT 部门，其他部门也要参与这项工作。不过，在许多思想前卫的机构中，IT 部门将充当这项工作的先锋。下面是让其他部门参与这项工作的最佳做法：

① 确定什么工作岗位能够在家里办公，这一类员工的数量有多少。

② 与公司这些领域的业务部门的领导人谈这个问题。向他们解释 IT 如何能够帮助实施向远程办公的转变。解释这种举措如何能够提高员工的忠诚度和减少跳槽。

③ 与这些设施的人员合作建立一个成本模型。确认这些员工在办公室内工作的设施成本，对比在家里全职工作或者他们进入企业办公楼之后共享办公室的兼职工作的成本。

④ 确定办公室工作环境和家庭工作环境的成本。需要考虑网络成本、服务台、硬件、软件、新的管理工具等因素。

⑤ 首先向首席信息官或者其他 IT 官员说明这个情况，让他们接受这个观点。根据企业文化，向企业管理团队提出这个问题并且赢得批准。

本 章 小 结

1. 信息资源管理是20世纪70年代末发展起来的，其发展经历了传统管理阶段、信息管理阶段和信息资源管理阶段。企业信息资源管理是信息资源管理在企业环境中的应用，尤其是企业过渡到知识管理阶段后，会发挥更大的作用。信息作为一种资源要素，是企业赖以生存的重要因素，信息不对称环境是信息资源管理的巨大障碍。

2. 信息技术是一柄双刃剑，不仅给人类带来了众多利益，同时也带来了安全威胁。威胁信息安全的来源主要有六个方面，并具有八个方面的特征。信息安全管理要达到八个方面的目标，信息安全技术为达到这些目标提供了保障。

3. 信息工作者是信息时代的基本组成人员，一方面企业要加强对信息工作者的监控，另一方面又要保护他们的个人隐私。除此之外，现代企业还要考虑信息工作者的工作环境，舒适的工作环境才能让信息工作者高效地工作。随着因特网的发展，远程办公也成为一种有效的工作方式。

参 考 阅 读

［1］ 马费成，赖茂生．信息资源管理．北京：高等教育出版社，2006．

［2］ 马费成，李纲，查先进．信息资源管理．武汉：武汉大学出版社，2001．

［3］ 霍国庆．企业信息资源集成管理战略理论与案例（21 世纪管理信息化前沿）．北京：清华大学出版社，2004．

［4］ 徐磊青．人体工程学与环境行为学．北京：中国建筑工业出版社，2006．

［5］ 罗盛．人体工程学．哈尔滨：哈尔滨工程大学出版社，2009．

思考与练习

1. 信息资源管理经历了哪几个发展阶段？
2. 信息不对称对信息资源管理带来了哪些障碍？
3. 威胁信息安全的来源有哪些？
4. 常用的信息安全技术有哪些？
5. 你认为该如何处理计算机监控与个人隐私的关系？
6. 在你使用的计算机环境中，你发现了哪些应用人类工程学的例子？

第九章　管理信息系统的现实与未来

本章主要内容如下：

第一节管理信息系统的传说与现实。本节具体介绍了四个常见的关于管理信息系统的传说，并分析其现实状态。

第二节管理信息系统的未来。信息技术是一个快速发展的领域，本节根据最新出现的信息技术预测了管理信息系统未来可能出现的变化。

第一节　管理信息系统的传说与现实

在管理信息系统的推广过程中，许多专家、学者、企业和组织对其作了令人印象深刻的描述。在这些描述之中，有些是比较切合实际的，有些仅仅是他们一厢情愿的美好预期，当然也不缺乏商业行为中的故意夸大其词。

下面我们介绍其中 4 个最著名的"传说"。

一、传说与现实 1

传说 1："管理信息系统可帮助企业节约各项业务成本，并大大提高工作效率。"

据美国生产与库存管理协会（American Production and Inventory Control Society, APICS）1995 年的统计，美国企业应用 MRP Ⅱ后的效益情况如表 9-1 所示。

表 9-1

项　目	变化百分比
库存量降低	35%
交货期拖延减少	80%
劳动生产率提高	20%~40%
制造成本降低	12%
管理人员减少	10%
利润增加	5%~10%

这些美妙的数据引起了全球"管理信息系统热"，每个企业都希望通过应用这样的管理信息系统来获益。在美国，公司信息技术支出年均增长 20%~30%。1997 年的《COMPASS 报告》估计全世界对信息技术的投资占了公司总支出的 7%，公司 60%的业务

营运与信息技术系统有关。

现实 1：应用管理信息系统时，如果不涉及生产和管理方式的彻底转变，不仅不会降低成本，反而会增加成本，也不会提高工作效率。

在 20 世纪 70 年代，即使在美国也只有少数企业能应用昂贵的管理信息系统。当管理信息系统尚未普及时，这些数据似乎是显而易见的。但是，进入 21 世纪后，这些神奇的数据突然神奇地消失了。越来越多的迹象表明，近几年来信息技术没能同步地创造出人们所期望的商业价值。诺贝尔经济学奖得主 Robert Solow 说："你可以随处看见计算机，但在统计报表中却不见其踪影。"决策支持系统专家 Michael Scott Morton 指出：从现有的宏观经济数据中看不出信息技术的影响。只有一小部分公司获益，大部分公司远离了期望目标，因此从总体上来说无法看到预期的利益。曾从事公司信息主管和 IT 咨询的专家 Paul A. Strassmann 在其著作《浪费的计算机》（*The Squandered Computer*）中说："没有人发觉对信息技术的更多投资会提高经济业绩，可以推测，更多的信息技术投资只是一个美好的计算机梦幻。"

一方面我们确实感觉到在管理活动中应用管理信息系统是有好处的，另一方面在实践中我们也确实出现了大量失败的应用案例，或者说没有获得预期的效益，这就是现在需要关注的"IT 悖论"。

二、传说与现实 2

传说 2："管理信息系统就是 ERP。"

20 世纪 90 年代，我国政府大力倡导"信息化"后，大量企业开始尝试应用管理信息系统。毕竟管理信息系统是舶来品，一般人从来没见过。在这个过程中，我们对管理信息系统必然会产生很多误解。

最开始，我们认为：管理信息系统就是要买计算机。我国旅游业评定三星级以上酒店的一条重要标准就是，计算机的拥有量。

当很多管理者发现，花"巨资"购买的计算机竟然成了员工玩游戏、看影碟的玩具后，深刻地认识到了软件的重要性，于是我们对管理信息系统的理解进一步过渡到：管理信息系统就是一套软件系统。

买一套国外的管理信息系统软件所需要的钱比购买硬件更多，对于我国的大多数企业来说都太昂贵了。于是，我们开始自力更生，先是高校相关专业的教师大量制造管理信息系统软件，然后就出现了软件公司。但是，我们很快发现，这些"所谓的"管理信息系统软件名不符实。做得好一点的还可以称为会计信息系统，其他的根本就是胡编乱造了，对企业不仅无益，反而有害。于是有些大企业的管理者一咬牙，干脆直接买美国软件。而欧美市场上应用比较成功的，就算制造业领域的 ERP（企业资源计划）了，于是很多人开始认为：管理信息系统就是指国外的 ERP。我国的用友和金蝶两大软件巨头，最开始做会计信息系统，随后改为做 ERP 了，并统治了国内中、低端市场。

现实 2：ERP（企业资源计划）是美国制造业领域从 MRP（物料需求计划）基础上发展起来的一种全面管理企业各项资源的信息系统，对于非制造业领域并不适合，尤其是服务业。

我国历史上没有经历过完整的工业化进程，我国的制造业与西方国家相比还有较大差距。突然要求他们过渡到信息化企业阶段，很多企业管理者无法理解信息化企业的运作机理，只能根据自己的经验去理解西方的管理理念，由此产生了很多类似的误解。管理信息系统并不存在普适标准，没有能适合各行各业的统一的管理信息系统软件。尽管世界上的一些大型 ERP 软件制造商试图做出能一统天下的、普适的管理信息系统软件，就像微软的 Windows 一样。像德国的 SAP 公司、美国的 IBM 公司、甲骨文公司，甚至我国的某些软件公司都宣称其软件能适合各行各业，这些公司显然过于夸大其词了。目前，ERP 是适合制造业的，对于服务业，有些软件公司也发展出了独立的 CRM（客户关系管理）软件。大型 ERP 软件制造商又进一步把 CRM（客户关系管理）的功能集成到他们的软件里，但这使 ERP 软件变得越来越庞大臃肿，而没有针对性，反而失去了客户。因此，我们不能简单盲从软件制造商的广告，而需要找到适合企业实际发展情况的软件。

三、传说与现实 3

传说 3："高层管理人员需要根据管理信息系统提供的综合信息来决策。"

按照传统观点，在正式组织中居于金字塔塔尖的高级管理人员，会依靠一套强大的管理信息系统，获取重要信息，帮助他们决策。卡耐基-梅隆大学企业管理研究院的著名学者赫伯特·A. 西蒙（Herbert A. Simon）由于"对经济组织内的决策程序所进行的开创性研究"而获得 1978 年的诺贝尔经济学奖。他认为：管理就是决策。他借助心理学的研究成果，对决策过程进行了科学的分析，概括出了他的决策过程理论。他进一步研究了利用计算机模型来模拟人们解决问题的思维过程，以及其他认识过程，并为公司决策人员提供"决策辅助系统"，成为西方决策理论学派的创始人之一。正是基于他以及相关学者的理论，人们认为高层管理人员需要根据管理信息系统提供的综合信息来决策。

现实 3：目前，高级管理人员的决策依据很少来源于管理信息系统，甚至与管理信息系统无关。

明茨伯格为了研究管理者工作的实际情况，曾亲自观察了五位 CEO 一个星期的繁忙活动，他观察到以下内容：

① 高级管理者半数以上的活动，持续时间不超过 9 分钟，持续时间超过 1 小时的活动仅占 10%，平均把 78% 的时间用于口头交流，93% 的谈话是事先安排好的，只有 1% 的时间用于随意的部门走动式沟通；

② 这五位 CEO 都把处理邮件看做负担。有一位管理者在周六的早晨用 3 个小时处理完了 142 封邮件。当他看到一份标准成本报告的邮件时，立刻把它扔到一边，说："我从来不看这种东西。"最后，他如释重负地说："终于摆脱了这些垃圾。"

③ 这五位 CEO 只对 40 份例行报告中的两份，以及 104 份定期报告中的 4 份立刻作出了回复。他们总计主动回复了 25 封邮件，其他的都置之不理。

④ 一个令人感兴趣的发现是：管理者们似乎都很喜欢"软"信息，尤其是流言飞语、道听途说和靠不住的猜测。

西蒙在 20 世纪 50 年代就对管理信息系统提出了决策自动化的预期，这个设想有些脱离现实了。虽然此时就已经产生了人工智能的思想，但是，此时的计算机显然和今天相比还非常原始。在科学如此发达的今天，非常令人困惑的是，人类竟然连自己都不了解，即人类还没有搞清楚大脑的工作原理，不知道思维的确切过程。为什么人类能作出如此复杂的决策，我们并不清楚，就更谈不上让计算机来帮我们决策了。西蒙同时也是人工智能的创始人之一（他也获得了图灵奖）。人工智能学者认为，计算机是可以具有智能的，是可以思维的，即可以逐渐代替人决策。而明茨伯格对此则持相反意见，他认为，人的思维与人潜在的"超能力"有关，所以计算机在人类的决策方面是无能为力的。西蒙显得过于乐观，而明茨伯格又似乎过于悲观了。无论结论是哪一个，恐怕人类还要经历比较漫长的时间探索才能有一个比较明确的结论。

四、传说与现实 4

传说 4："信息化带动工业化，实现中国的跨越式发展。"

"信息化"（informationization）一词最早于 20 世纪 60 年代出现在日本的一些学术文献中，当时对"信息化"这一概念主要是从产业角度进行阐述和界定的。20 世纪 70 年代，德国、欧共体和联合国教科文组织等国家及国际组织先后出台了一系列推动信息技术在社会中应用和发展的规划，这些规划都把信息基础设施作为重要一环。1993 年 9 月，美国克林顿政府正式提出建设"国家信息基础设施"（National Information Infrastructure，NII），俗称"信息高速公路"（Information Superhighway）计划，其核心是发展以 Internet 为核心的综合信息服务体系和推进信息技术在社会各领域的广泛应用。在其带动之下，许多发达国家和发展中国家相继出台了一系列国家信息基础设施建设规划，从而带动了全球信息化建设的浪潮。

我国政府对国家信息化建设高度重视，1997 年 4 月，中国第一次信息化工作会议正式提出了包括信息资源、信息网络、信息技术应用、信息技术和产业、信息化人才、信息化政策法规和标准六个要素的国家信息化体系的概念，并把国家信息化定义为：在国家统一规划和组织下，在农业、工业、科学技术、国防及社会生活各个方面应用现代信息技术，深入开发、广泛利用信息资源，加速实现国家现代化的进程。此后，中国政府明确提出了"信息化带动工业化"的中国跨越式发展战略。

现实 4：信息化并不仅仅是一个技术问题，同时还是一个文化问题、社会问题。

2009 年，来自 CNNIC 和 JPMorgan 的数据显示，中国互联网用户达到 3.22 亿，首次超过美国人口，中国互联网普及率达到 23.8%。这个数字似乎可以让我们自豪地向世界宣告：中国是世界第一大互联网国家。当传统制造业的厂房里迅速堆满了计算机键盘和电脑屏幕的时候，我们似乎感觉一夜之间骑上了奔腾的信息化骏马，甚至一度对信息文明的变革发出了"不过如此"的轻蔑声音。

但是，一组研究数据却敲醒了我们：1995 年，我们和美国的信息化差距只有四五年。2000 年的时候已经扩大到 20 年的距离。而现在有多大差距？我们或许不敢再提起。

1995 年，一位中国 IT 企业的老总去美国同行业公司访问，抱着试探的口吻提出要参观对方的开发实验室，对方竟欣然应允。这位老总走进实验室之后，却感觉自己恍如隔世，后来才弄明白，人家不怕看，原因是你根本看不懂。里面没有电子芯片，而尽是些瓶瓶罐罐，像生物实验室。原来，人家正在开发 30 年之后的蛋白质计算机。

美国《圣荷塞信使报》2006 年 7 月 23 日报道，辽宁省沈阳市辽中县有 63 家网吧，大多数网吧里坐满了年轻人，他们在虚拟的城堡里砍杀魔兽和积累金币。他们通过中间人把这些虚拟物品卖给富有而想以捷径取胜的欧美玩家。据报道，这种"金币农夫"在 2006 年的中国就已经有约 50 万人，并已形成产业。

信息文明改变了中国人的生活方式，但是又在多大程度上推动了生产力发展呢？信息文明在改变中国人生活方式的同时，为什么没能在产业领域释放出同等的生产力？悲观论调认为：中国缺乏成熟工业化时代的文化积累，又在信息化领域缺乏核心技术，在中国的传统文化背景下，自己无法产生与信息文明相匹配的管理思想。于是，在相当长一段时间里，很多中国企业更愿意相信西方跨国公司开出的先进的管理药方。

在信息化进程中，很多人把信息化对管理文化的变革武断地解读为管理工具的变革，管理的信息化只是意味着把算盘换成计算机键盘而已，对于骨子里的文化观念并不觉得落后，也不打算改变这种现状。这种思潮导致了很多企业的"伪信息化"，这是另外一种形式的生搬硬套，可以花钱买计算机、买软件、铺设信息网络，但绝对无心改变原有的管理观念。

一家小型化肥厂的老板振振有词："我们靠的是拉关系、批条子开拓市场，信息化本身换不来钱。"

一家大型零部件制造业的老总道出了另外一个缘由："要不是外国大客户逼着我们上信息化，我们才懒得弄这些华而不实的洋玩意儿。"

在这种语境的影响下，众多急功近利的小型 IT 服务公司，打着"本土化"信息服务的旗号，如雨后春笋般应运而生。这些所谓的 IT 公司既不花力气去做技术开发，也不花时间去培育和提高客户的管理意识，只不过是举着信息化这面堂皇的旗帜，陪同客户敷衍了事而已。

把信息化当成一种时髦工具的装饰，在信息化的过程中依然怀揣着封建时代的文化观念，必然生长为一个"伪信息化"文明的怪胎。

数据统计表明：占我国企业总数 99.6% 的 4000 万户中小企业，其中 74% 的企业信息化投入占销售收入的比重不足 1%，ERP 在大中型企业的实施率仅有 0.7%，而在这 0.7% 已实施 ERP 的企业中，其成功率不足 20%。然而，欧美发达国家在 20 世纪 90 年代就已经实现了 ERP 的成功普及，普及成功率达 85%。

中国并不缺乏有抱负的企业家，他们真诚地希望通过信息化实现经营方式的革新，但是很遗憾，他们大多数都失败了，个别企业甚至倒闭了，这样严酷的现实导致有的企业处于观望状态，有的企业在骨子里就否定了这种革新，继续玩他们的"中国式智慧"。

社会的历史发展进程是一个循序渐进发展的过程，较高阶段必须建立在以前的基础之上，否则就如马克思所说的，那是"惊险的一跃"。

第二节 管理信息系统的未来

自从工业革命以来，无数技术发明已经深刻地改变了我们的生活，改变了企业管理的模式。在信息时代，信息技术发明的速度越来越快，管理信息系统同样不可能总是一成不变。如果要探讨管理信息系统的未来，首先就要探讨信息技术的未来。下面我们从"后PC时代"和"云计算时代"两个方面来探讨信息技术的重大变化，然后再探讨知识工作者，最后指出了管理信息系统的变化方向。

一、后PC时代

如果以公元2000年作为科技史的一个分水岭，那么公元2000年之前可以称为"PC（Personal Computer）时代"；而公元2000年之后则被称为"后PC（Post-Personal Computer）时代"。

后PC时代是指将计算机、通信和消费产品的技术结合起来，以3C产品的形式（因为以上三者的英文都是以"C"字母开头的）通过Internet进入家庭。后PC时代以网路应用为主，各种电子设备也将具备上网功能。后PC时代的网路通信的两大特色为"无限"与"无线"。"无限"指的是上网的工具与应用将无所限制，"无线"代表的是人们将慢慢远离有线传输。

在后PC时代，网络将在人们的生活中扮演重要角色。未来网络使用者不一定要通过个人电脑上网，STB（Set-top-box，视讯解码器）、掌上型电脑、移动电话、可穿戴设备等电子产品亦可以提供上网功能，这是个人电脑功能被取代的例证之一。无线传输的方式，无论走到哪里，都可上网并传输资料。

如今，对于网络产品和专用设备如CE、手持计算机、网络计算机（NC）、专用计算机等，其易用性和可靠性深得用户的好评，不仅适合文档处理、玩游戏、上网浏览或接发电子邮件，也适合商务活动的要求。

伴随着20世纪90年代末计算机网络的成熟发展，人们开始考虑如何将客户终端设备变得更加智能化、数字化，从而使得改进后的客户终端设备轻巧便利、易于控制或具有某些特定的功能。为了实现人们在后PC时代对客户终端设备提出的新要求，嵌入式技术（Embedded Technology）提供了一种灵活、高效和高性价比的解决方案。伴随信息技术与网络技术的高速发展，嵌入式技术已被广泛地应用于科学研究、工程设计、军事技术以及文艺商业等方面，成为后PC时代IT领域发展的主力军。

后PC时代的变化主要包括四大中心转移和四大游戏规则改变。

1. 四大中心转移

① 从产业上讲，"后PC时代"是从以PC为中心过渡到以网络为中心。"后PC时代"最大的标志就是"PC日心说"的破灭。过去，PC成为产业至高无上的中心。但随着互联网的爆发，人们的注意力已经转向，PC不再是媒体、资本和市场的新焦点。

② 从应用来看，"后PC时代"是从以计算为中心转向以信息消费为中心。过去，产业改变了我们的工作。而今，产业将改变我们的生活，多样化的信息家电将成为主流。

③ 从模式上看，就是从以技术为中心转变为以消费者为中心。而今，消费者获取信息的需求成为新的发展动力。也就是说，"后PC时代"是一个还消费者以主权的时代，是一个依靠消费者的注意力来创造新价值的注意力经济时代。

④ 从价值来看，"后PC时代"是从以产品为中心转向以服务为中心。过去在复杂和脆弱的PC面前，人成了它的工具。今后，电脑将真正成为人的工具和玩具。此时，价值

的源泉不再是产品本身，而是体现在信息服务。

2. 四大游戏规则改变

这场革命的到来，将直接导致游戏规则的改变，必须重估一切价值。

① 过去比的是先进技术、功能性能、市场份额、利润收入，拼的是市场操作和企业运作。但几十年来，越来越快的技术节奏丝毫没有缓解我们需求的饥饿感。如今，比的将是实用、易用、专用、经济，比的是产品的特性。IT 业流行的厚厚的说明书将消失，我们信奉的"MHz、MB"将率先失效，市场最热门的将不再是最尖端、最先进、最完备的技术集成，而是一场新计算机、通信和家电的实用技术的融合。

② 从趋同到趋异，从共性到个性，产业将从竞争中解脱出来。在单调、雷同的 PC 市场，大家正在令人窒息的价格战中拼杀最后一点利润。而信息家电将寻回丧失多年的个性，重构产业空间。依靠单一标准垄断市场的时代将不复存在。市场将赋予更大的自由度和更多的活力。我们崇尚的微软、Intel 等品牌将逐渐淡化，新的时尚将会诞生。

③ 从封闭到开放，从竞争到合作。"PC 时代"的模式，注定了产业要在封闭的"羊肠小道"上追逐厮杀。而网络的本质就是对中心的解构，网络精神的精髓就是开放。"后PC 时代"是通信、计算机、消费电子、媒体、娱乐交叉融合的时代，注定了新的商机需要共同开拓，以创建新的产业价值链。

④ 重构一切价值体系。无论是产业、市场还是企业都面临一场脱胎换骨的重构洗礼。英特尔的"摩尔定律"将失效，或者说有效与否将无关紧要。PC 不会被淘汰，但是 PC产业本身也要重新洗牌、重新构建。

二、云计算与大数据时代

云计算（cloud computing）的概念由 Google 提出，该公司给出的设想是：云计算时代，可以抛弃 U 盘等移动设备，只需要进入 Google Docs 页面，新建文档，编辑内容，然后，直接将文档的 URL 分享给你的朋友或者上司，他就可以直接打开浏览器访问 URL。我们再也不用担心因 PC 硬盘的损坏而发生资料丢失的事件。当今社会，PC 依然是我们日常工作生活中的核心工具——我们用 PC 处理文档、存储资料，通过电子邮件或 U 盘与他人分享信息。如果 PC 硬盘坏了，我们会因为资料丢失而束手无策。而在"云计算"时代，"云"会替我们做存储和计算的工作。"云"就是计算机群，每一个群包括几十万台、甚至上百万台计算机。"云"的好处还在于，其中的计算机可以随时更新，保证"云"长生不老。Google 就有好几个这样的"云"，其他 IT 巨头，如微软、雅虎、亚马逊（Amazon）也有或正在建设这样的"云"。届时，我们只需要一台能上网的电脑，不需关心存储或计算发生在哪朵"云"上，但一旦有需要，我们可以在任何地点用任何设备，如电脑、手机等，快速地计算和找到这些资料。我们再也不用担心资料丢失。云计算模型如图 9.1 所示。

有人打了个比方：这就好比是从古老的单台发电机模式转向了电厂集中供电的模式。它意味着计算能力也可以作为一种商品进行流通，就像煤气、水电一样，取用方便，费用低廉。最大的不同在于，它是通过互联网进行传输的。

云计算的说法正在广为流行，Gartner 的高级分析师 Ben Pring 评价道："它正在成为

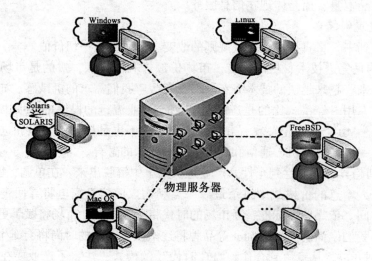

图 9.1   云计算模型

一个大众化的词语。"但是，问题是似乎每个人对于云计算的理解都不相同。作为一个对互联网的比喻，"云"是很容易理解的。但是一旦同"计算"联系起来，它的意义就扩展了，而且开始变得模糊起来。有些分析师和公司把云计算仅仅定义为计算的升级版——基本上就是互联网上提供的众多虚拟服务器。另外一些人把云计算定义得更加宽泛，他们认为用户在防火墙保护之外消费的任何事物都处于"云"中。

现在的社会是一个高速发展的社会，科技发达，信息流通，人们之间的交流越来越密切，生活也越来越方便，大数据就是这个高科技时代的产物。著云台的分析师团队认为，大数据（big data）通常用来形容一个公司创造的大量非结构化和半结构化数据，这些数据在下载到关系型数据库用于分析时会花费过多时间和金钱。大数据分析常和云计算联系到一起，因为实时的大型数据集分析需要像 MapReduce 一样的框架来向数十、数百或甚至数千的电脑分配工作。

"大数据"在互联网行业指的是这样一种现象：互联网公司在日常运营中生成、累积的用户网络行为数据。这些数据的规模是如此庞大，以至于不能用 G 或 T 来衡量。

大数据到底有多大？一组名为"互联网上一天"的数据告诉我们，一天之中，互联网产生的全部内容可以刻满 1.68 亿张 DVD；发出的邮件有 2940 亿封之多（相当于美国两年的纸质信件数量）；发出的社区帖子达 200 万个（相当于《时代》杂志 770 年的文字量）；卖出的手机为 37.8 万台，高于全球每天出生的婴儿数量 37.1 万……截至 2012 年，数据量已经从 TB（1024GB=1TB）级别跃升到 PB（1024TB=1PB）、EB（1024PB=1EB）乃至 ZB（1024EB=1ZB）级别。国际数据公司（IDC）的研究结果表明，2008 年全球产生的数据量为 0.49ZB，2009 年的数据量为 0.8ZB，2010 年增长为 1.2ZB，2011 年的数量更是高达 1.82ZB，相当于全球每人产生 200GB 以上的数据。到 2012 年，人类生产的所有印刷材料的数据量是 200PB，全人类历史上说过的所有话的数据量大约是 5EB。IBM 的研究称，整个人类文明所获得的全部数据中，有 90% 是过去两年内产生的。而到了 2020 年，全世界所产生的数据规模将达到今天的 44 倍。大数据智慧如图 9.2 所示。

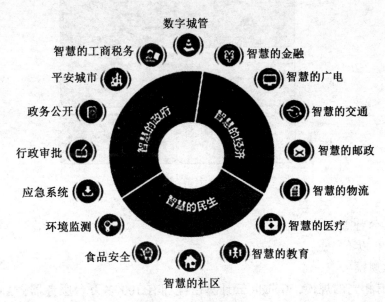

图 9.2　大数据智慧

物联网、移动互联网等是大数据的来源，而大数据分析则是为物联网和移动互联网提供有用的分析，获取价值。云计算又与大数据有什么关系呢？这个问题其实早在 2011 年，就有人分析，例如 EMC World 2011 的大会主题就是 "当云计算遇见大数据"。

云计算与大数据两者之间有很多的交集，业界主要做云的公司有谷歌、亚马逊等，都拥有大量大数据。EMC 总裁基辛格强调大数据应用必须在云设施上跑，这就是两者的关系——大数据离不开云。同时，支撑大数据以及云计算的底层原则是一样的，即规模化、自动化、资源配置、自愈性，这些都是底层的技术原则。因此基辛格认为大数据和云之间存在很多合力的地方。

另一方面，随着互联网信息量的激增，用户单个数据集达到数以 TB 计，有的客户甚至已达到 Pera 级（1000Tera）了，用现有的存储系统结构处理数据量级较小，而且只能处理单一数据源数据，面对大数据的压力。在处理大量级以及多数据源的数据能力非常弱。这也就是为什么 EMC 收购 Greenplum，支持开源的 Hadoop 计划的目的所在。基辛格很明白，大数据的挑战不仅仅在于存储和保护，数据分析能力的强弱，将成为这个时代的关键点：我们已经解决了数据存储和保护的问题，所需要的只是时间，但是海量数据分析的问题，我们还没有在大数据到来时做好准备。

从技术上看，大数据与云计算的关系就像一枚硬币的正反面一样密不可分（如图 9.3 所示）。大数据必然无法用单台的计算机进行处理，必须采用分布式计算架构。它的特色在于对海量数据的挖掘，但它必须依托云计算的分布式处理、分布式数据库、云存储和虚拟化技术。

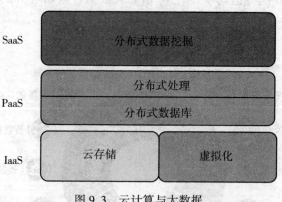

图 9.3　云计算与大数据

1. 云计算的特点

云计算具有以下特点：

（1）超大规模

"云"具有相当的规模，Google 云计算已经拥有 100 多万台服务器，Amazon、IBM、微软、Yahoo 等的"云"均拥有几十万台服务器。企业私有"云"一般拥有数百上千台服务器。"云"能赋予用户前所未有的计算能力。

（2）虚拟化

云计算支持用户在任意位置、使用各种终端获取应用服务。所请求的资源来自"云"，而不是固定的有形的实体。应用在"云"中某处运行，但实际上用户无需了解，也不用担心应用运行的具体位置。只需要一台笔记本或者一部手机，就可以通过网络服务来实现我们需要的一切，甚至包括超级计算这样的任务。

（3）高可靠性

"云"使用了数据多副本容错、计算节点同构可互换等措施来保障服务的高可靠性，使用云计算比使用本地计算机可靠。

（4）通用性

云计算不针对特定的应用，在"云"的支撑下可以构造出千变万化的应用，同一个"云"可以同时支撑不同的应用运行。

（5）高可扩展性

"云"的规模可以动态伸缩，满足应用和用户规模增长的需要。

（6）按需服务

"云"是一个庞大的资源池，可按需购买；云可以像自来水、电、煤气那样计费。

（7）极其廉价

由于"云"的特殊容错措施可以采用极其廉价的节点来构成云，"云"的自动化集中式管理使大量企业无需负担日益高昂的数据中心管理成本，"云"的通用性使资源的利用率较之传统系统大幅提升，因此用户可以充分享受"云"的低成本优势，经常只要花费几百美元、几天时间就能完成以前需要数万美元、数月时间才能完成的任务。云计算结构如图9.4所示。

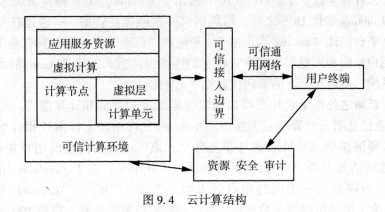

图9.4　云计算结构

2. 云计算的发展现状

云计算是个热度很高的新名词。由于它是多种技术混合演进的结果，其成熟度较高，又有大公司推动，发展极为迅速。Amazon、Google、IBM、微软和 Yahoo 等大公司是云计算的先行者。云计算领域的众多成功公司还包括 Salesforce、Facebook、Youtube、Myspace 等。

Amazon 使用弹性计算云（EC2）和简单存储服务（S3）为企业提供计算和存储服务。收费的服务项目包括存储服务器、带宽、CPU 资源以及月租费。月租费与电话月租费类似，存储服务器、带宽按容量收费，CPU 根据时长（小时）运算量收费。Amazon 把云计算做成一个大生意没有花太长的时间：不到两年时间，Amazon 上的注册开发人员就已达44万人，还有为数众多的企业级用户。由第三方统计机构提供的数据显示，Amazon 与云计算相关的业务收入已达 1 亿美元。云计算是 Amazon 增长最快的业务之一。

Google 当数最大的云计算的使用者。Google 搜索引擎就建立在分布于 200 多个地点、超过 100 万台服务器的支撑之上，这些设施的数量正在迅猛增长。Google 地球、地图、Docs 等也同样使用了这些基础设施。采用 Google、Docs 之类的应用，用户数据会保存在互联网上的某个位置，可以通过任何一个与互联网相连的系统十分便利地访问这些数据。目前，Google 已经允许第三方在 Google 的云计算中通过 Google App Engine 运行大型的并行应用程序。Google 值得称颂的是它不保守。它早已以发表学术论文的形式公开其云计算三大法宝：GFS、Map Reduce 和 Big Table，并在美国、中国等高校开设如何进行云计算编程的课程。

IBM 在 2007 年 11 月推出了"改变游戏规则"的"蓝云"计算平台，为客户带来即买即用的云计算平台。它包括一系列的自动化、自我管理和自我修复的虚拟化云计算软件，使来自全球的应用可以访问分布式的大型服务器池，使得数据中心在类似于互联网的环境下运行计算。IBM 正在与 17 个欧洲组织合作开展云计算项目。欧盟提供了 1.7 亿欧元作为部分资金。该计划名为 RESERVOIR，以"无障碍的资源和服务虚拟化"为口号。2008 年 8 月，IBM 宣布将投资约 4 亿美元用于其设在北卡罗来纳州和日本东京的云计算数据中心改造。IBM 计划 2009 年在 10 个国家投资 3 亿美元建 13 个云计算中心。

微软紧跟云计算步伐，于 2008 年 10 月推出了 Windows Azure 操作系统。Azure（译为蓝天）是继 Windows 取代 DOS 之后，微软的又一次颠覆性转型——通过在互联网架构上打造新云计算平台，让 Windows 真正由 PC 延伸到"蓝天"上。微软拥有全世界数以亿计的 Windows 用户桌面和浏览器，现在它将它们连接到"蓝天"上。Azure 的底层是微软全球基础服务系统，由遍布全球的第四代数据中心构成。

云计算的新颖之处在于它几乎可以提供无限的廉价存储和计算能力。纽约一家名为 Animoto 的企业已证明云计算的强大能力。Animoto 允许用户上传图片和音乐，自动生成基于网络的视频演讲稿，并且能够与好友分享。该网站目前向注册用户提供免费服务。2008 年初，该网站每天的用户数约为 5000 人。4 月中旬，由于 Facebook 用户开始使用 Animoto 服务，该网站在三天内的用户数大幅上升至 75 万人。Animoto 的创始人 Stevie Clifton 表示，为了满足用户需求的上升，该公司需要将服务器能力提高 100 倍，但是该网站既没有资金，也没有能力建立规模如此巨大的计算能力。因此，该网站与云计算服务公司 RightScale 合作，设计能够在亚马逊的云计算中使用的应用程序。通过这一举措，该网站大大提高了计算能力，而费用为每台服务器每小时 10 美分。这样的方式也加强了创业企业的灵活性。当需求下降时，Animoto 只需减少所使用的服务器数量就可以降低服务器支出。

在我国，云计算发展也非常迅猛。2008 年 5 月 10 日，IBM 在中国无锡太湖新城科教产业园建立的中国第一个云计算中心投入运营。2008 年 6 月 24 日，IBM 在北京 IBM 中国创新中心成立了中国第二家云计算中心——IBM 大中华区云计算中心；2008 年 11 月 28 日，广东电子工业研究院与东莞松山湖科技产业园管委会签约，广东电子工业研究院将在东莞松山湖投资 2 亿元建立云计算平台；2008 年 12 月 30 日，阿里巴巴集团旗下子公司阿里软件与江苏省南京市政府正式签订了 2009 年战略合作框架协议，计划于 2009 年初在南京建立国内首个"电子商务云计算中心"，首期投资额将达上亿元人民币；世纪互联推出了 CloudEx 产品线，包括完整的互联网主机服务"CloudEx Computing Service"，基于在线存储虚拟化的"CloudEx Storage Service"，供个人及企业进行互联网云端备份的数据保全服务等系列互联网云计算服务；中国移动通信研究院对云计算的探索起步较早，已经完成了云计算中心试验。中国移动通信董事长兼 CEO 王建宙认为云计算和互联网的移动化是未来的发展方向。

我国企业创造的"云安全"概念，在国际云计算领域独树一帜。云安全通过网状的大量客户端对网络中软件行为的异常监测，获取互联网中木马、恶意程序的最新信息，推送到服务端进行自动分析和处理，再把病毒和木马的解决方案分发到每一个客户端。云安全的策略构想是：使用者越多，每个使用者就越安全，因为如此庞大的用户群，足以覆盖互联网的每个角落，只要某个网站被挂马或某个新木马病毒出现，就会立刻被截获。云安全的发展像一阵风，瑞星、趋势、卡巴斯基、MCAFEE、SYMANTEC、江民科技、PANDA、金山、360 安全卫士、卡卡上网安全助手等都推出了云安全解决方案。瑞星基于云安全策略开发的 2009 年的新品，每天拦截数百万次木马攻击。据悉，云安全可以支持平均每天 55 亿条的点击查询，每天收集分析 2.5 亿个样本，资料库第一次命中率就可以达到99%。借助云安全，趋势科技现在每天阻断的病毒感染最高达1000万次。

2008年11月25日，中国电子学会专门成立了云计算专家委员会，聘任中国工程院院士李德毅为主任委员，聘任IBM大中华区首席技术总裁叶天正、中国电子科技集团公司第十五研究所所长刘爱民、中国工程院院士张尧学、Google全球副总裁/中国区总裁李开复、中国工程院院士倪光南、中国移动通信研究院院长黄晓庆六位专家为副主任委员，聘任国内外30多位知名专家学者为专家委员会委员。2009年5月22日，中国电子学会在北京中国大饭店隆重举办首届中国云计算大会。

互联网的精神实质是自由、平等和分享。作为一种最能体现互联网精神的计算模型，云计算必将在不远的将来展示出强大的生命力，并将从多个方面改变我们的工作和生活。无论是普通网络用户，还是企业员工，无论是IT管理者，还是软件开发人员，他们都能亲身体验到这种改变。

3. 大数据时代的四个特征

（1）数据量大（Volume）。大数据的起始计量单位至少是P（1000个T）、E（100万个T）或Z（10亿个T）。

（2）类型繁多（Variety）。数据类型繁多，包括网络日志、音频、视频、图片、地理位置信息等，多类型的数据对数据的处理能力提出了更高的要求。

（3）价值密度低（Value）。随着物联网的广泛应用，信息感知无处不在，信息海量，但价值密度较低，如何通过强大的机器算法更迅速地完成数据的价值"提纯"，是大数据时代亟待解决的难题。

（4）速度快时效高（Velocity）。大数据处理速度快，时效性要求高。这是大数据区分于传统数据挖掘最显著的特征。既有的技术架构和路线，已经无法高效处理如此海量的数据，而对于相关组织来说，如果投入巨大采集的信息无法通过及时处理反馈有效信息，那将是得不偿失的。可以说，大数据时代对人类的数据驾驭能力提出了新的挑战，也为人们获得更为深刻、全面的洞察能力提供了前所未有的空间与潜力。

三、知识工作者时代

1959年，德鲁克在《明日的里程碑》（*The Landmarks of Tomorrow*）一书中首次使用了"knowledge work and knowledge worker"即"知识工作与知识工作者"一词。1969年，德鲁克在《突变的年代》一书中谈道："一个崭新的知识工作者群体正在崭露头角，这一群体会使整个社会组织接受新的规范。"1992年，德鲁克在《管理未来》中谈道："生产要素既不是资本，也不是土地与劳动力，而是知识。从现在起，起决定作用的因素是知识。这个世界正在脱离劳动密集型、资源密集型和能源密集型的时代，进入知识密集型的时代。"德鲁克创造了"知识工作者"这个词汇，并使它成为全球时髦的字眼。

所谓"知识工作者"，就是运用知识工作的人，是用脑力劳动的专业人士，他们所从事的就是"知识工作"，知识工作者的工作就是创造知识。

但是，目前大多数的所谓"知识工作者"都是在做以体力劳动为主的工作，他们认真地奉命行事、拼命地工作，就是不去思考工作到底是什么，因为他们并没有领略到"思考"就是工作，也就是说，他们无法体会到"思考"才是知识工作者的本质所在。唯有通过思考，才能让知识工作者发挥其生产力，取得卓越成效。

只有极少数人通过"思考"不断地改进自己，通过知识、信息和创意，不断地与他人交流合作，使自己成为不折不扣的"知识工作者"。可见，知识工作者的定义，不在于他们接受的是什么教育、取得什么样的文凭，而在于他们如何"思考"，思考自己的贡献是什么，思考自己的长处在哪里、不足在哪里，如何与他人合作创造不一样的团队，思考怎么做才会有不一样的成果。

知识工作者的特点可以总结为以下几个方面：

① 知识工作者用信息来工作，并把信息作为产品；

② 知识工作者应具备利用信息工具来沟通的能力；

③ 知识工作者应具备应用"个人工作效率软件"来工作的能力；

④ 知识工作者将成为"信息系统开发者"；

⑤ 知识工作者应粗通各类业务，并精通其一；

⑥ 知识工作者是数据的挖掘者；

⑦ 知识工作者是未来的一般工作者。

四、管理信息系统的未来

今天的知识工作者不能将主要的精力放在"思考"活动上的关键原因在于，今天的管理信息系统还不能取代人从事日常的事务管理活动，即管理信息系统过于复杂、不易操作，同时以技术为中心，而不是以人为中心。这些原因导致管理者在处理日常事务时对管理信息系统的信任度较低。因此，信息技术将逐步走向"透明化"。"透明化"意味着看不见，信息技术将变得非常易于使用。当知识工作者操作管理信息系统时，他们不需要懂得技术实现的原理。

基于这两个方面的原因，我们认为，管理信息系统至少在未来有以下两个方面的重大变化：

1. 管理信息系统必须和心理学、行为学结合起来

管理学的目标应当是对科学、效率的追求和对人性的追求，二者不可偏废。目前的管理信息系统仅仅局限在对科学与效率的追求，作为知识工作者的人还不在其考虑的范围之内。因此，从心理学和行为学的角度研究管理信息系统是信息时代的基本要求。

2. 管理信息系统将不再只是为信息技术专业人员所掌握

1997 年，德鲁克在其著作中写道："毫无疑问，几年后的年轻人，正如他们现在使用打字机和电话一样，将把信息系统作为他们的普通工具。"信息系统设计人员早就倡导所谓从用户的需求来进行设计，但实际情况却是，软件设计人员和用户根本就不在一条轨道上。软件设计人员不断用信息技术新名词"恐吓"用户，让用户始终处于弱势群体状态。这种状态使得管理信息系统软件总是像一个美丽的花瓶，管理者常常只是用它来当摆设，在处理实际的关键问题时，总是把管理信息系统软件抛到一边。这种状况必须改变，而改变的途径就是让管理信息系统软件的设计变得非常简单，用户自己就可以做到。

本 章 小 结

1. 在管理信息系统的推广过程中，许多专家、学者、企业和组织对其作了令人印象深刻的描述。在这些描述之中，有些是比较切合实际的，有些仅仅是他们一厢情愿的美好预期，当然也不缺乏商业行为中的故意夸大其词，我们介绍其中 4 个最著名的"传说"，并逐一分析其"现实"状态。

2. 在信息时代，信息技术发明的速度越来越快，管理信息系统同样不可能总是一成不变。如果要探讨管理信息系统的未来，首先要探讨信息技术的未来。我们从"后 PC 时代"和"云计算时代"探讨信息技术的重大变化，然后再探讨知识工作者，最后指出了管理信息系统的变化方向。

参 考 阅 读

[1] [加] 亨利·明茨伯格. 明茨伯格论管理. 北京：机械工业出版社，2007.
[2] 孔祥重口述，张秋蓉等执笔. 后 PC 时代：21 世纪的科技生活盛宴. 台北：商讯文化事业公司，2000.
[3] [美] Michael Miller. 云计算. 北京：机械工业出版社，2009.
[4] 王鹏. 走近云计算. 北京：人民邮电出版社，2009.
[5] [美] 曼纽尔·卡斯特. 信息化城市. 南京：江苏人民出版社，2001.
[6] [美] 曼纽尔·卡斯特. 网络社会：跨文化的视角. 北京：社会科学文献出版社，2009.

思考与练习

1. 你在现实生活中接触到了哪些管理信息系统？这些管理信息系统是否降低了组织的成本，提高了工作效率？

2. 关于管理信息系统的四个传说与现实，你有不同观点吗？

3. 高级管理人员为什么会更重视小道消息？

4. 什么是"后 PC"时代？

5. 什么是"云计算"？

6. 除了文中提到的管理信息系统未来的变化，你认为还可能有其他的变化吗？

后　记

　　以管理信息系统命名的教材可以算是汗牛充栋了，很遗憾的是，一本适合于经济管理学科相关专业的教材却很难见到。

　　自从 20 世纪 90 年代开始，中国几乎所有的大学、所有的专业都开设了管理信息系统课程。这个时期出现的管理信息系统教材有一个统一的特点，其主要内容是围绕信息系统分析与设计展开的。我国也正是从 20 世纪 90 年代初开始信息化进程的，当时很多行业在计算机信息系统方面的应用几乎是空白，同时我国的软件业也只是刚起步。所以，当时理工类学科的课程设置里一般都有几门涉及计算机编程和信息系统分析与设计的课程，这种课程设置非常有利于学生的毕业分配，因为社会急需要大量这样的人才。一般而言，在这些课程设置里，管理信息系统的课程都不会孤立存在，都有好几门程序设计和数据库的先导课程。进入 21 世纪后，我国企业在应用管理信息系统和软件业开发管理信息系统上都已经积累了很多经验并拥有大量人才。仍然保持信息系统分析与设计特色的专业也逐步局限在计算机专业或信息管理专业了，其他学科和专业多半只保留管理信息系统这样一门课程了。由于不断有新的课程被开发出来，与管理信息系统相关的程序设计和数据库课程基本上都被砍掉了。这种变化只是让管理信息系统课程重新回到了它本来应该所处的位置，当社会不再需要大量信息系统分析与设计人才后，就不能再让所有的理工科专业（甚至是管理学专业）都把重心放在信息系统分析与设计上。这时候就产生了一个问题，对于非计算机或非信息管理专业，如何讲授管理信息系统这门课程。如果继续按照过去的教学体系，却没有程序设计和数据库这样的先导课程，学生无法理解课程内容。那么，我们就需要重新设定非计算机或非信息管理专业的管理信息系统课程教学目标了。

　　信息技术无处不在，无论你是学什么专业知识的学生，将来进入工作岗位都会接触管理信息系统。对于非计算机或非信息管理专业的学生来说，重点不是教会他们如何分析与设计信息系统，而是如何应用管理信息系统。他们将来都是某个管理信息系统的客户，而不是设计者。因此，我们的教学目标是培养信息时代的、能有效使用信息工具的知识工作者。围绕着这样一个目标，我们的课程内容就有了巨大变化。在简单介绍了管理信息系统的基本概念后，我们开始探讨信息技术和企业竞争优势的关系，以及信息技术带来的管理变革。然后，从深刻理解信息时代出发，进而探讨管理信息系统与组织的关系。对于数据库的相关知识，我们把它和管理决策结合在一起，并进而把数据仓库、数据挖掘和商务智能紧密联系。接着，再逐一介绍 ERP、电子商务、信息系统规划与开发和信息系统的管理。最后，我们谈了管理信息系统的现实与未来。根据这个内容安排，我们可以发现，信息系统分析与设计不再是中心，管理信息系统应用和管理学理论紧密结合才是中心。

　　本书是作者根据多年讲授管理信息系统课程的经验，在参考了大量相关著作的基础上逐步形成的。在这个漫长的过程中，作者得到了许多有着丰富教学经验和渊博知识的前辈的指导，如经济与管理学院技术经济与管理研究所的博士生导师徐绪松教授和有着丰富的 MBA 教学经验的李北平教授。在此，对他们表示深深的谢意并致以崇高的敬意。

曾凡涛
2018 年 1 月

图书在版编目(CIP)数据

管理信息系统/曾凡涛,曾子轩主编. —2 版. —武汉:武汉大学出版社,
2018.2
 21 世纪经济学管理学系列教材
 ISBN 978-7-307-19153-2

Ⅰ.管… Ⅱ.①曾… ②曾… Ⅲ.管理信息系统—高等学校—教材
Ⅳ.C931.6

中国版本图书馆 CIP 数据核字(2017)第 004934 号

责任编辑:陈 红 责任校对:汪欣怡 版式设计:马 佳

出版发行:**武汉大学出版社** (430072 武昌 珞珈山)
 (电子邮件:cbs22@whu.edu.cn 网址:www.wdp.com.cn)
印刷:湖北睿智印务有限公司
开本:787×1092 1/16 印张:18 字数:422 千字 插页:1
版次:2010 年 5 月第 1 版 2018 年 2 月第 2 版
 2018 年 2 月第 2 版第 1 次印刷
ISBN 978-7-307-19153-2 定价:35.00 元

21世纪经济学管理学系列教材

- 政治经济学概论
- 政治经济学（社会主义部分）
- 技术经济学
- 财政学
- 计量经济学
- 国际贸易学
- 管理信息系统
- 国际投资学
- 宏观经济管理学
- 跨国企业管理
- 信息管理概论
- 运筹学高级教程

- 统计学
- 经济预测与决策技术
- 会计学
- 人力资源管理
- 物流管理学
- 管理运筹学
- 经济法
- 消费者行为学
- 管理学
- 生产与运营管理
- 战略管理
- 国际企业管理
- 公共管理学
- 税法
- 组织行为学